U0330157

广东省优秀社会科学家文库（系列二）

朱桂龙自选集

朱桂龙◎著

中山大学出版社
·广州·

图书在版编目（CIP）数据

朱桂龙自选集/朱桂龙著 . - - 广州：中山大学出版社，2024. 11.
（广东省优秀社会科学家文库）. - - ISBN 978 - 7 - 306 - 08115 - 5

Ⅰ. C53

中国国家版本馆 CIP 数据核字第 20240BQ049 号

ZHU GUILONG ZIXUANJI

出 版 人：王天琪
策划编辑：嵇春霞　廖丽玲　潘惠虹
责任编辑：潘惠虹
封面设计：曾　斌
责任校对：徐馨芷
责任技编：靳晓虹
出版发行：中山大学出版社
电　　话：编辑部 020 - 84110283，84113349，84111997，84110779，84110776
　　　　　发行部 020 - 84111998，84111981，84111160
地　　址：广州市新港西路 135 号
邮　　编：510275　　　　　传　真：020 - 84036565
网　　址：http://www.zsup.com.cn　　E-mail：zdcbs@ mail.sysu.edu.cn
印 刷 者：佛山市浩文彩色印刷有限公司
规　　格：787mm×1092mm　1/16　27.25 印张　455 千字
版次印次：2024 年 11 月第 1 版　　2024 年 11 月第 1 次印刷
定　　价：95.00 元

朱桂龙

　　1964年11月生，安徽合肥人。现任华南理工大学工商管理学院二级教授、博士生导师，兼任中国科学学与科技政策研究会常务理事、中国高技术产业促进会副理事长。1986年安徽师范大学数学系本科毕业，1992年华东工学院（现南京理工大学）系统工程专业硕士毕业，2003年获中山大学管理学博士学位。2003年12月至2017年7月任华南理工大学工商管理学院副院长、院长，中国系统工程学会第八、九届理事会副理事长。

　　主要研究领域为科技系统工程、科技管理与科技政策、创新系统与管理，在学科管理与学科政策、跨学科研究组织与管理、区域创新系统与创新政策、企业创新体系与创新能力建设、创新网络、产学研协同创新等方面取得了突出的研究成果。迄今已在创新管理领域的国内外权威期刊《管理世界》、《新华文摘》、《科学学研究》、Technovation等国内外刊物发表论文200余篇，出版学术专著3部，并主持国家自然科学基金重点项目、教育部哲学社会科学重大课题攻关项目，以及其他国家和省部级科研课题40余项。研究成果获广东省哲学社会科学优秀成果一等奖、机械工业部科技进步二等奖、安徽省科技进步三等奖等各类奖项5次。先后被评为"南粤优秀教育工作者"、"珠江学者岗位特聘教授"、中国科学学与科技政策研究会"杰出贡献学者"等，2019年被评为广东省优秀社会科学家。

"广东省优秀社会科学家文库"（系列三）

出 版 说 明

　　哲学社会科学是人们认识世界、改造世界的重要工具，是推动历史发展和社会进步的重要力量。党的十八大以来，以习近平同志为核心的党中央高度重视发展哲学社会科学，习近平总书记亲自主持召开哲学社会科学工作座谈会，就哲学社会科学工作发表一系列重要讲话，作出一系列重要论述和指示批示，对构建中国特色哲学社会科学作出总体部署，有力推动哲学社会科学事业繁荣发展。党的二十届三中全会进一步明确提出"构建中国哲学社会科学自主知识体系"，这是党中央立足完成新的文化使命和哲学社会科学发展规律作出的重大部署，也是新时代我国哲学社会科学发展的战略目标。

　　广东省委省政府深入学习贯彻习近平文化思想，认真落实习近平总书记关于哲学社会科学的重要论述，着力加强组织领导、政策保障、人才培育，扎实推动全省哲学社会科学事业高质量发展。全省广大哲学社会科学工作者自觉立时代之潮头、通古今之变化、发思想之先声，积极为党和人民述学立论、建言献策，涌现出了一大批方向明、主义真、学问高、德行正的优秀社科名家，在推进构建中国哲学社会科学自主知识体系进程中充分展现了岭南学人担当、演绎了广东学界精彩。广东省委宣传部、省社科联组织评出的"广东省优秀社会科学家"就是其中的杰出代表，他们以深厚的学识修养、高尚的人格魅力、

1

先进的学术思想、优秀的学术品格和严谨的治学方法，生动展现了岭南学人的使命担当和时代风采。

遵循自愿出版原则，"广东省优秀社会科学家文库"（系列三）收录了第三届广东省优秀社会科学家中9位学者的自选集，包括（以姓氏笔画为序）卢晓中（华南师范大学）、朱桂龙（华南理工大学）、李凤亮（南方科技大学）、李庆新（广东省社会科学院）、李宗桂（中山大学）、吴承学（中山大学）、何自然（广东外语外贸大学）、陶一桃（深圳大学）、程国赋（暨南大学）。自选集编选的原则是：（1）尽量收集作者最具代表性的学术论文和调研报告，专著中的章节尽量少收。（2）书前有作者的"学术自传"，叙述学术经历，分享治学经验；书末附"作者主要著述目录"。（3）为尊重历史，所收文章原则上不做修改，尽量保持原貌。

这些优秀社会科学家有的年事已高，有的工作繁忙，但对编选工作都高度重视。他们亲自编选，亲自校对，并对全书做最后的审订。他们认真严谨、精益求精的精神和学风，令人肃然起敬，我们在此表示衷心的感谢和崇高的敬意！

我们由衷地希望，本文库能够让读者比较方便地进入这些当代岭南学术名家的思想世界，领略其学术精华，了解其治学方法，感受其思想魅力。希望全省广大哲学社会科学工作者自觉以优秀社会科学家为榜样，始终胸怀"国之大者"，肩负时代使命，勇于担当作为，不断为构建中国哲学社会科学自主知识体系，为广东在推进中国式现代化建设中走在前列作出新的更大贡献！

丛书编委会
2024 年 11 月

目录

1

第五辑　　创新网络

第六辑　　区域创新系统

学术自传

◎ 朱桂龙

我于 1964 年生于安徽省庐江县一个普通家庭。父亲在大队林场工作，母亲在家务农。他们淳朴善良、宽厚待人、关爱他人，深受邻里乡亲敬重，也让我从中领悟到许多做人做事的道理。我上中学时，正好赶上国家恢复高考制度，尤其是 1978 年全国科学大会召开后，伴随着向科学进军的号角，教育战线迎来崭新时代，学校抓教育教学的氛围，为我们这一代人的成长营造了一个良好的学习环境。得益于老师引导和鼓励，此间我的学习能力和学习兴趣不断提升，尤其是数理化。1982 年高中毕业后，我考入安徽师范大学数学系数学专业。

大学四年，在学习基础数学的必修课基础上，我选修了一些数学前沿类的课程，如数论、微分几何等。安徽师大数学系老师专业水准都比较高，课堂推演讲解很透彻，结合课程学习，课后我们还进行了大量的习题解析训练。四年的大学学习，不仅让我领略到数学无穷的奥秘，更培养了我对问题思考的逻辑推理能力。今天来看，这种能力为我此后学习工作，以及科研发展提供了很好的支撑，可谓打下了良好基础。

1986 年，我大学毕业后被分配到安徽一家化工企业，从事中学教育工作。1988 年，企业推行全面质量管理，找我给员工讲授这方面相关知识，这个工作让我对数学的应用，以及企业管理有了实际认识，也引发了我对之后学习方向的一些思考。

在企业工作三年后，我考取了南京华东工学院（现南京理工大学）系统工程专业硕士研究生。在研究生学习期间，我参与了导师孙东川教授主持的国家自然科学基金项目"外向型经济及其科技的发展模式与方法"和江苏省科委项目"技艺性智力密集型产业发展战略研究"两个课题研究。这两个课题的研究工作不仅增进了我对中国经济管理现实情境的认识，拓展了我的眼界，更重要的是让我对如何做管理研究的系统框架有了深刻的理解和认识。

1992 年硕士研究生毕业后，我进入合肥工业大学预测与发展研究所工作。当时，研究所正在承担国家自然科学基金一个重大项目"基础学科预测与发展评价系统的综合研究"，该项目一共有五个子课题，研究所承担三个子课题，天津大学和西安交通大学承担另外两个子课题。我协助所长陈玉祥教授承担重大项目子课题——"基础学科发展预测与评价理论与方法研究"。课题研究期间，我的大部分时间都在北京调研、查阅资料和文献，以及访谈科学家，包括去国家相关部委调研，查阅我国历次科技规划资料，去北京图书馆和科技情报所检索相关文献，拜访一些早期国家科学规划参与者、科学家，听其讲述其中的科学决策背景等。历时三年，我们顺利完成了子课题研究任务，并在研究基础上出版了成果专著——《科学选择的理论、方法及应用》（机械工业出版社，1994 年 7月）。1995 年，我申报的国家自然科学基金自由申请项目"关键技术选择及其跟踪系统研究"获得了立项资助。1996 年，重大项目成果获机械工业部科技进步二等奖。重大项目研究不仅锻炼了我的科研能力，更重要的是将我带进了科技管理与科技政策这个研究领域。1996 年，我被破格晋升为副研究员。时隔一年后，我再次被破格晋升为研究员。1998 年，我主持完成的研究成果《安徽省"九五"先进制造技术优先发展领域研究》获安徽省科技进步三等奖。

2000 年，我调入华南理工大学工商管理学院工作，同时进入中山大学管理学院跟随毛蕴诗教授攻读管理学博士学位。毛老师长期致力于产业、企业转型与升级、国际企业经营管理、企业成长与重组方面研究，是一位学界敬仰的大师。学习期间，我有幸参与了毛老师主持承担的国家自然科学基金重点项目"跨国公司在华策略与中国企业应对措施"研究。感谢毛老师，在他的引领和指导下，我不仅快速进入了企业管理领域，而且学会了如何从全球化的高度和视野来审视和认识企业经营和发展问题。

2003 年，华南理工大学工商管理学院换届，我任副院长，分管学院科研工作。2008 年，我转为主持工作的副院长，2009 年任院长，直至2017 年卸任。任学院副院长、院长期间，我组织学院申报了广东省普通高校人文社会科学重点研究基地项目、教育部"985 工程"二期建设项目等多个省部级科研基地项目，以及工商管理一级学科博士点申请，并获得批准，为学院学科建设和科研发展奠定了坚实基础，推动学院排名跻身国内前列。2016 年，在第四轮学科评估中，学院管理科学与工程学科被评为 A－，工商管理学科被评为 B＋；2017 年，中国大学管理学排行榜公布，华南理工大学管理学位列第 12 名，较 2009 年的 34 名显著提升了 22 名；2019 年，世界软科中国最好学科排名中，学院管理科学与工程排名第 10，工商管理学科排名第 14，双双进入前 5%。2012 年，我被广东省委教育工作委员会授予"南粤优秀教育工作者"称号。

改革开放为中国科技创新发展不断注入活力，并为科技管理与科技政策研究提出了一系列理论和实践课题。置身于这一伟大时代，在研究中我始终坚持将理论研究与中国现实情景结合，基于中国科技管理与创新发展实践，开展学术研究。与时代发展相应，服务于中国创新发展需要，三十年来，我的学术研究领域从早期的学科管理与学科政策，延伸到其后的科技创新管理与创新体系建设，以及现在的产学研协同创新，研究工作主要聚焦于跨学科研究、国际技术转移、企业技术创新、产学研合作、创新网络和区域创新系统六个方面。

学科管理与学科政策：在参与国家自然科学基金重大项目了课题"基础学科发展预测与评价理论与方法研究"研究工作的基础上，围绕国家自然科学基金委员会学科管理与资助政策中科技发展优先领域评价，以及跨学科研究组织管理与政策研究等主题，我先后主持承担了国家自然科学基金委员会"十五"优先资助领域遴选问题研究（M98205）、国家自然科学基金委员会跨学科研究发展与资助政策研究（M97202）、国家自然科学基金委员会学科交叉资助问题预研究（M96205）等课题研究。基于对跨学科研究组织管理问题的认识和思考，1998 年，我申报的国家自然科学基金自由申请项目"跨学科研究发展历程、理论及组织管理问题研究"获得了立项资助。我的一些研究报告和相关成果引起了有关部门和学术界的广泛关注。发表于《科技导报》的论文《科学交叉在当代科学、国民经济和社会发展中的作用》被《新华文摘》全文转载。2000 年 10 月，国家自然科学基金委员会管理科学部主任、全国人大副委员长成思危先生，在安徽考察工作期间专门约我就跨学科研究组织管理问题进行讨论。先生的高瞻远瞩和启迪，让我对跨学科研究组织与管理的重要性和其中的问题有了更加系统深入的理解。

科技创新管理与创新体系建设：科技是第一生产力，中国科技的发展，国际竞争力的提升，产业和企业创新能力建设是关键。这不仅需要我们重视和提高科研机构、大学等基础性科学和基础性研究，而且要我们努力提升企业和产业科技创新能力，强化以企业为中心的技术创新体系建设。来广东工作和攻读企业管理专业博士学位，主要是希望能在这个改革开放重地，将自己的研究工作拓展到企业和产业科技创新方面。攻读博士学位期间，在毛老师的指导下，我将博士学位论文题目确定为《外商在华直接投资技术转移——影响因素、过程及溢出效应分析》，围绕外商在华直接投资技术转移对中国企业和产业创新发展的影响开展研究。企业和产业创新能力和创新体系建设离不开政府的支持，2002年受广州市科技局委托，我承担了广州市科技计划管理体系研究项目。该项研究进一步拓展了我的研究视野和研究领域，从过去关注基础科学研究，国家层面的科技发展，转向地方科技发展和技术创新，以及科技与经济的结合。此后，我先后主持完成了多项关于广州市和广东省科技管理与科技发展的研究课题，包括"广州市与周边城市科技的协同研究""广州市科技规划'十五'执行情况及'十一五'发展思路研究""智慧城市建设理论与实践研究""广东省'十二五'科技发展规划战略研究""广东企业集群技术创新过程、模式及发展对策研究"等。其中《智慧城市建设理论与实践研究》专著成果获2017年广东省哲学社会科学优秀成果一等奖。2001年，受广东省经济和信息化委员会委托，我的团队作为学术支持，全程参与了广东省省级企业技术中心认定和评价工作，此项工作一直延续近二十年，工作中我们每年走访考察上百家企业。2017年，我的团队作为学术支持，全程参与了南方传媒集团、中国建设银行科技金融创新中心联合举办的"榜样的力量——'FIT粤'科创先锋大赛"，并向社会发布《珠三角企业创新发展报告》。该项工作得到了政府、企业和社会的高度认可和肯定，产生了广泛的社会影响力。上述这些工作让我们对企业技术创新能力和创新体系建设实践有了实实在在的认识，这不仅让我们从中发现企业创新发展的大量现实问题和理论问题，更为我们研究分析这些问题提供了大量的实证研究素材。

产学研协同创新研究：推进产学研协同创新是各国政府增强企业创新能力的共同行动，以及国家创新体系建设的关键环节和突破口。改革开放以来，我国产学研合作取得长足发展，尤其是广东，其制造业高速发展，成为世界制造工厂和制造基地，产学研合作为企业的创新发展提供了有力支持和支撑。但是外源型产业发展路径，以及产业共性技术能力基础比较薄弱，使得我国产学研合作发展现实情境比较特殊，其中的影响因素更多，也更加复杂。现实中我国产学研合作始终缺乏长效机制，总体效率和效能水平一直不高。对广东企业考察交流，让我们对这一情境、问题和困境感知更加深刻。直面我国产学研合作创新发展现实情景，我在 2003 年提出了"虚拟科研组织"和"产学研合作创新网络组织"的概念，相关研究得到了同行的高度关注。截至本书出版前，论文《产学研合作创新网络组织模式及其运作机制研究》总引用超过 400 次，下载超过 5000 次。2008 年，我申报的国家自然科学基金项目"以产业技术为导向的产学研联盟组织模式与治理机制研究"获得了立项批准。2010 年，受广东省科技厅委托，我主持承担了"广东省部产学研创新联盟组织模式与运行机制研究"课题。基于对产学研合作在我国科技创新体系建设和创新驱动发展的重要性认知与理解，2011 年，我向国家自然科学基金委员会管理科学部提出立项开展"我国产学研合作理论与实践研究"重点项目的建议。建议得到了国家自然科学基金委员会管理科学部的积极响应和学界同行的认可，并被列入重点项目指南。2012 年，我主持申报了该项目并获得立项资助。同年，我还主持承担了教育部哲学社会科学研究重大课题攻关项目——"协同创新的理论、机制与政策研究"课题。两个项目在系统剖析产学研协同创新主体异质性、主体能力结构水平差异、情境差异，以及合作目标多重性和差异性等多要素交互影响基础上，研究构建了基于能力结构视角的中国产学研协同创新 S－C－P 理论体系框架，以及以产学研为核心的协同创新理论框架。2017 年、2018 年，两个项目研究成果均获得验收专家组的高度肯定并被评为"优秀"。2016 年，我作为项目协调人的研究团队获批成为广东省自然科学基金研究团队。2017 年，我带领的研究团队获批被列入广东省科技厅"重大科技项目与平台实施效果第三方评估智库"。2019 年，该智库被列入"中国智库索引"来源智库。中国学术期刊网数据显示，近年来，以我带领的团队论文成果为重要支撑，华南理工大学在产学研协同创新领域重要期刊发文量一直位于全国发文机构前列，成为该领域全国研究的高地。

我于 1996 年开始指导硕士研究生，2004 年开始指导博士研究生。作为导师，我要求学生要勤奋，业精于勤；要有耐力，耐得住寂寞，努力打好理论基础，学术研究不能急于求成；要认真，一丝不苟，精益求精；要有创新思维，敢于质疑；要求真务实，坚持问题导向研究。问题是创新研究之本，认识问题、发现问题，以及分析和解决问题的能力培养是学术育人的核心和关键。因此，在研究生培养中，我倡导学生将知识学习和问题思考相结合，在学习中思考问题，在思考中学习知识，努力塑造问题思考式学习氛围。

近年来，中国管理学科研究取得了飞速发展，研究队伍、研究生规模和论文成果成倍增长。在学科研究繁荣发展的同时，我们得到了一些，如研究方法、研究工具更加严谨、科学，但我们也失去很多，如一些研究和论文脱离实际，缺乏问题。相比得到的，我们失去的更多是本。管理离不开情景，中国经济、科技和社会发展现实情景，为中国管理学科研究提供了一系列新问题、新思维和新思考，如何在"照着讲"基础上，实现"接着讲"，讲好中国管理故事，凝练中国管理智慧，传播中国声音，需要我们不忘初心，正本清源，守正创新。令人欣慰的是学界已经在为之努力，我相信，在全社会倡导高质量发展的今天，中国管理学科研究高质量发展的步伐会更加坚实。

朱桂龙自选集

第一辑

跨学科研究

试析我国科技规划中的科学选择

新中国成立以来，为了发展我国的科学技术事业，国家先后制定了一系列科技发展规划。在这些规划的编制过程中，规划的编制者们不仅进行了大量的技术选择，而且也进行了大量的科学选择。事实上，无论十二年规划中提出的基础学科发展方向，还是十年规划中提出的发展基础学科的41项重点课题，以及八年规划中确立的有关基础性研究的63项重点项目，都是科学选择活动在科技规划编制过程中的集中体现。可以说，正是这种选择活动使我国的科学技术得以迅速发展，并为解决国家重大技术问题中的基础理论问题，为国家的经济建设和社会发展做出了积极贡献。

一、科学选择过程

纵观我国历次科技规划的编制，可以看到，在不同时期由于政治背景和经济条件的不同，科技规划的编制过程也有很大的差异。早期规划的编制基本上采取"自上而下"的指令性方式，如1956年编制的十二年规划；而在20世纪80年代以后，随着我国经济和科技体制改革的发展与管理水平的提高，科技规划的编制基本上采取"自上而下和自下而上相结合"的方式，如1985年编制的十五年科技规划。作为规划内容的一个重要组成部分，科学选择活动贯穿于整个科技规划编制过程中，并与规划的编制同步进行。因此，形式上有什么样的规划编制过程，相应地就有什么样的科学选择过程，但是，由于科学发展具有极强的探索性和不确定性，把握其发展方向需要有深厚的专业领域知识背景，需要科学家们特别是杰出科学家们集思广益，通过他们的远见卓识来把握科学发展的前沿。因此，科学选择活动和科技规划编制过程又有所区别，表现在即使是"自上而下"的规划过程中也包含着一定的"自下而上"的成分，如在十二年规划的科学选择过程中，就包含了部门管理机构领导组织科学界的专家、学者进行非正式的协商讨论和科学界的专家、学者提出建议，继而由规划制定机构组织专家、学者和领导者评议选择的上下交流的过程。即便在总的科技规划编制过程中，也包含了一个在总的指导方针下，由规划委员会组织专家进行讨论，将各部门形成规划初稿综合到一起逐级选择和筛选的过程。

二、科学选择的原则（准则）

我国历次科技规划的编制都是在一定的时代背景下进行的，并有明确的指导方针与指导思想，它们贯穿于整个规划的编制过程中，为规划中的科学选择与技术选择准则的确定指明了方向。科学选择是依照一定的准则进行的，选择准则的确立是科学选择的核心。从事后评价的角度，我们对历次科技规划提出的优先考虑的基础学科、研究领域、研究方向和重点项目的确定进行了详细的分析，发现这些学科、领域、研究方向和重点项目大都紧紧围绕规划所处的时代背景以及规划所确定的指导方针与指导思想。以1956年编制的十二年规划为例，规划当时所处的时代背景是：在全国人民的共同努力下，我国国民经济发展的第一个五年计划要求更大规模地开展经济建设，全部或部分完成国民经济各部门的技术改造，实现社会主义工业化。而这一总目标的实现有赖于科学技术的发展，需要科学技术发展给予更有力的支持。从科技发展现状来看，我国当时的科学事业中，不仅一些重大的复杂的技术问题，就连某些比较一般性的问题，也还不能完全依靠自己的力量来解决，必须依靠兄弟国家的帮助。许多最新技术的应用还处在萌芽阶段，和这些新技术有直接联系的某些重要科学部门，如原子核物理、空气动力学、电子学、半导体物理学等几乎还是空白。在对国家建设事业的需要和我国科学技术力量的现状及其可能的发展速度进行综合分析后，规划首先提出了我国科学研究的发展思路是：在自力更生的前提下，掌握世界上已有的科学成就，然后再在这个基础上继续前进，并据此确定了"重点发展，迎头赶上"的规划指导方针和迅速壮大我国的科学技术力量，力求某些重要的和急需的部门在十二年内接近或赶上世界先进水平，使我国建设中一些复杂的科学和技术问题能够逐步依靠自己的力量加以解决，做到更好更快地进行社会主义建设的规划指导思想，以及由任务带动学科发展的规划原则和产学选择思路。提出对于科学的空白部门必须迅速加以填补，原来较有基础的部门必须迅速加以提高和加强，务需迅速摆脱我国在科学技术方面的落后现象，在十二年内接近或赶上世界先进水平。可以说这些目标、方针的确定为十二年规划的科学选择指明了方向。用归纳演绎法，我们对十二年规划提出的优先考虑的基础学科、研究领域和研究方向的确定进行了详细的评价分析，发现十二年规划中科学选择大都遵循以下准则：

（1）支持对国家生产技术基础和重大技术问题直接提供理论基础的学科和领域。

（2）支持与当时最新技术发展有直接联系的某些重要学科。

（3）支持有较好的基础，国家也比较急需，可望进一步得到提高和加强、取得成绩的学科领域。

（4）支持国内基础比较薄弱的，但对科学和国民经济的发展有重大影响的学科领域。

（5）积极地积累本国的科学储备，注意发展那些对科学发展有重大影响或具有生长作用的学科和领域。

（6）支持充分发挥我国资源优势和地理特点的学科及领域的研究。

三、科学选择与技术选择的关系

从选择的角度来说，规划的编制过程实质上就是选择过程。从我国历次编制的科技规划的内容来看，技术选择，即技术规划内容的主体；科学选择，即基础学科或基础性研究规划，都作为重要组成部分寓于科技规划之中。科学选择蕴含于科技规划中的一个重要因素是强调科学或基础性研究应为科技规划的主体——技术规划服务，为解决重大关键技术的基础理论问题提供理论支撑。我国科技规划的一个重要特点是科技发展服务于社会经济和政治军事发展目标的需要，因此，根据国家经济发展和增强国防能力的需求确定该发展什么样的技术，是我国历次科技规划中技术选择的主要思路。但是，如何发展这些经过选择确定下来的技术，则不能单纯依靠技术领域本身的努力来解决，没有一定的科学理论研究作为基础，技术上就不可能有根本的进步和创新，科学研究和科学成果是技术发展的基础与依据。正因为如此，我国历次编制的科技规划中的科学选择有很大一部分是为技术选择的各项任务服务，为国家重大技术发展提供理论依据，以及为高新技术的发展提供科学基础，当然也包括科学自身发展的需要。这一点可以从一些规划内容中看出，如十二年规划中，在对力学科学进行规划时明确指出，流体力学的发展重点应该是结合高速高空飞行研究高速飞机空气动力学问题、亚音速飞行和超音速飞行中的边界层理论，并进一步提出应结合火箭的研究发展超高音速空气力学和稀薄气体力学的研究；结合航海事业开展船舶造波理论和推进理论以及水翼理论研究，发展旋转机械中流体力学的研究，以提高涡轮机和气压机的效率；着重发展和水利建设、石油工业等有密切关系的含颗粒流体力学、渗漏理论和多相流体力学等。

应当看到，科技规划制定的时代背景不同，科学选择与技术选择之间的关系也有所不同。在新中国成立初期，我国科技规划中科学选择的一个明显特点是：科学选择既独立于技术选择，又服务于技术选择，并和技术选择紧密结合在一起。这种选择原则充分体现了在我国社会主义建设的初始阶段，科学发展必须服务于国家大规模经济建设和增强国力的需要，服务于技术发展和社会发展的需要，形成了国家需要和社会需求为主导的科学选择方向。可以说，这在当时基础薄弱、资源有限的情况下，是唯一可行的正确措施。这一选择准则的优点是强调基础性研究在整个社会发展和经济建设中的历史功能，注重理性的科学认识和社会发展目标的统一性；不足之处，是容易忽略对合理科学结构自身的建设。

20 世纪 80 年代后期，随着我国科技实力的增强和科技管理体制改革的深入，国家明确了科技发展的三个层次，基础性研究作为国家科技发展的一个相对独立的组成部分逐步形成。这时规划中的科学选择除了服务于技术选择外，同时还注重科学自身发展的需要和知识的积累，注重对世界科学前沿的跟踪与占领。这一点可从我国基础性研究计划和攀登计划的重大项目的遴选标准中看出。在这一时期成立的国家自然科学基金会的主要宗旨是支持基础研究和应用研究，其资助项目的选择过程和选择标准更鲜明地体现了这种变化。

参考文献

［1］陈玉祥，朱桂龙.科学选择的理论、方法及应用［M］.北京：机械工业出版社，1994.

［2］国家科学规划委员会.1965—1967 年科学技术发展规划（草案）［A］.1956.

［3］国家科学技术委员会.1963—1972 年科学技术发展规划（草案）

［A］.1963.

［4］ 国家科学技术委员会.1978—1985 年科学技术发展规划（草案）
　　　［A］.1978.

［5］ 国家科学技术委员会.1985—2000 年科学技术发展规划（草案）
　　　［A］.1985.

（原载《科学学与科学技术管理》1996 年第 1 期，与吴锋合著）

科学交叉在当代科学、国民经济和社会发展中的作用

科学交叉是科学综合化发展的一个具体表现，近代和现代科学发展的历史表明，科学上的重大突破、新的生长点乃至新学科的产生，常常在不同的学科彼此交叉和相互渗透的过程中形成。科学交叉作为科学技术研究的一个极其重要的组成部分，其产生与发展的动力源泉也同科学技术的整体一样，一是由于科学内部的自身发展提出的科学问题，要求科学系统自我整合；二是国民经济与社会发展中产生的综合性问题，要求通过学科间的科学交叉协作来予以解决。科学交叉的形成与发展极大地推动了经济与科技的发展和社会的进步。大量的事例分析表明，在科学系统内部，科学间的交叉、渗透有三个功能：有利于树立新的科学观念，活跃人们的研究思维；有利于开拓科学的前沿领域，产生新的学科，推动学科向前发展；有助于研究和解决科学技术发展中的重大问题。而在科学系统外部，科学交叉有助于解决社会发展中的重大问题，有力地推动国民经济建设的发展。

一、有利于树立新的科学观念，活跃人们的研究思维

科学在交叉发展过程中，不断产生新概念，揭示新规律，形成新理论和新的科学方法，它们拓展着人们的知识领域和认识途径，改变着人们在过去历史条件和认识水平上所产生的科学观念，以及判断事物的传统态度和标准，从而形成"大科学"观以及多维综合性、创造性和开放性的新思维方式。

现代科学发展的日益高度综合、交叉表明，科学发展已步入"大科学"时代。其显著特点在于：研究问题的整体性、理论概括的综合性，以及考察问题的动态性。大科学观的确立，是有史以来科学观念的重大变革，它有力地冲击着人们旧的科学思想观念。大科学观把科学视为完整和统一体系的社会现象，世界各个方面都烙上科学的印记，蕴含着科学的意

念，体现着科学的发展。大科学观考察科学的发展，不仅着眼于历史性的演化过程，同时着眼于科学、技术、经济、社会特大系统的协同过程，并且注重科学的技术化、物化和社会化。

科学交叉的产生与发展，将人类认识事物的思维方法向前推进了一大步，即从孤立的缺乏联系的认识方法向着揭示事物间的普遍联系和建立整体性的认识方法跨越了一大步。如：爱因斯坦相对论，开创了关于整体的多维立体的思维方式，科学地揭示了事物中的各要素（物质、运动、时间、空间）不能脱离事物整体而独立存在的基本性质；玻尔的互补原理提出了对微观世界获得整体认识的一种新的思想，提供了对微观世界整体图像的一种描述方式；而系统论的核心是系统的整体性，它启示人们运用系统方法研究和思考问题，突破传统的思维方式的局限，废弃单一化、"一刀切"的旧思想方法，建立起多维性、创造性和开放性的新思维方法。

二、有利于开拓科学的前沿领域，产生新的学科，推动学科向前发展

科学技术研究的交叉综合表现在学科的发展上就是新概念、新定律、新理论不断产生，新的科学领域的不断开拓和新兴交叉学科的兴起。自第二次世界大战（简称"二战"）以来，随着学科间的交叉、融合的深入，学科领域急剧增加。在科学最发达的美国，战后不久还只有 50 多个专业，20 年后竟分解为 900 多个专业。例如物理学，1956 年为 10 个分支领域共74 个专业，1968 年为 12 个分支领域共 154 个专业，12 年间专业数量竟翻了一番。再如物理学中的理论物理学，1954 年只有一个领域，包括核子、原子和固态几个专业，而到 1968 年仅固态物理就被划分为 27 个专业。当今自然科学已被承认的分支学科总计大约 2000 种，其中有交叉关系的不下半数，如物理化学、生物物理、生物化学、量子化学、生物力学等可以说都是科学交叉发展的结果。

地学的演变是科学交叉发展的一个典型。地学在 20 世纪，特别是在20 世纪 50 年代以后，有了迅速的发展，已经形成了庞大的地学体系。一个重要的原因，就是综合利用了各门学科的理论和方法来研究地球，产生了许多交叉学科，开拓出新的研究领域。19 世纪后半期，英国地质学家

史密斯首先把生物学理论引入地质学，创立了生物地层学，从而揭开了近代地质科学革命的序幕。稍后，19世纪末20世纪初，化学理论和实验方法进入了地质学，使人类对地质现象的认识由定性描述步入了定量分析的化学地质时代。20世纪30年代至50年代，物理学进入地质学，产生了人类对地球结构层次和深度认识上的飞跃，出现了一系列新学科，因而使地质学的发展进入物理地质时代。20世纪60年代以来，宇航技术进入地质学，使人类对地球的认识跨入宇航地质时代。一系列新学科如天文地质学，特别是行星地质学和宇航地质学等相继形成和发展。

科学交叉具有这种知识增殖作用的原因，首先在于科学交叉有能力突破学科的局限性，能获得全面、正确的认识。因为稍微复杂的客观现象，都是由许多部分、方面通过错综的联系而结成的一个整体，对它们的认识，只有通过多种方法、多种途径才能得到提高。

其次，科学交叉可以同时揭示物质运动形式的多样性，现代自然科学的发展，往往要求同时测量系统的一组参数。如高能物理中的粒子"几何重建"、微科学中的多重技术综合处理等。这些都是"单参数"仪器在科学实验中无能为力的。

再次，科学交叉填补了各门科学之间的鸿沟，丰富和发展了原有概念的内涵。科学交叉能够产生新的理论、新的认识和新技术。其中，有些理论是几种矛盾着的理论的互补，有些是全新理论。例如，德国物理学家普朗克在综合维恩和瑞利—金斯关于黑体辐射的规律公式时，得出了一个经验公式。这个公式在短波区域近似于维恩公式，而在长波区域则近似于瑞利—金斯公式。一个公式解释了两个相反的极端现象，因而它的理论思想是全新的。这就是能量辐射不连续的"能量子"概念。

三、有助于研究和解决科学技术发展中的重大问题

现代自然科学重大的理论突破和理论问题的解决，大多是科学交叉的产物。重大新技术的出现，不再只是来源于单纯经验性的创造发明，它更经常地来源于科学研究的交叉。在科研中，常出现这样的现象：一个学科中出现的重大理论问题，在该学科内长期得不到解决，而冲破该学科的局限，采取多学科联合探究的方式，往往能产生重大突破。

如DNA的双螺旋结构这一划时代重大理论的形成就充分体现了生物

学与物理学的完美结合。其实早在沃森、克里克登台之前，就有第一流的学者将目标对准 DNA。杰出的物理学家魏尔金斯、富兰克林以其一流的 X-衍射技术，拍下了许多精美的 DNA 结构照片，但囿于图片本身所提供的信息，得出 DNA 结构的三链模型。鲍林因成功地提出蛋白质的 α-螺旋结构而荣获诺贝尔奖，此时，他已敏锐地将研究重点从蛋白质转向 DNA，但令人费解的是，鲍林也提出了一个具有三链的 DNA 模型，从而误入歧途。另一方面，查伽夫作为一个第一流的生化学家，已经通过测定表明，在不同物种的 DNA 大分子中，腺嘌呤始终等于胸腺嘧啶，而鸟嘌呤始终等于胞嘧啶，同时，DNA 中四种核苷酸的数量和相对比例在各个物种中却大不相同，这是两个非常关键的结论，并且为 DNA 双螺旋结构中起重要作用的碱基配对原则奠定了科学基础。可惜查伽夫的工作仅到此为止，他未能借助于物理学的技术进一步探索 DNA 的立体模型，于是成了一个半山腰的探索者而未能攀上胜利的顶点。

与这些早已声誉卓著的大学者相比，沃森、克里克在科研的道路上可说仅处于起跑线上。沃森毕业于芝加哥大学生物系动物学专业，可说是个合格的生物学家；而克里克"二战"前是一名物理学家，在"二战"结束之后才转向生物学研究，当时正在卡文迪许实验室攻读博士学位。但他们的优势正在于他俩的携手合作，直接体现了生物学家与物理学家的"联姻"。在研究过程中，克里克熟悉实验仪器，善于从物理学角度进行计算、校对数据；沃森则善于从生物学角度出发考虑问题，他认为在生物体的外形构造中，螺旋型是一种常见体型。既然如此，就完全有理由假定，生物体内的微观构造应呈螺旋型构造，由此就排斥了认为蛋白质的结构是 α-螺旋结构，DNA 就不可能仍是螺旋型构造的看法。接下来，他们在分析 X-衍射图片资料的基础上，先是提出一个三链模型，而后又发觉与事实不符。这时生物学家特有的敏感提醒了沃森：既然生命界中最普遍的现象就是两性配对生殖，作为生物体遗传信息载体的 DNA 当然应呈双链构造。正是在同一问题上，鲍林回忆道："我现在很惊讶当时所犯的错误（指提出三链模型），我没有忘记德尔布吕克曾向我建议：基因也许由两个互补分子所构成，但由于某些理由，三链结构却吸引着我，这个假设似乎使得对结构的探索简单化了。"毫无疑问，鲍林和魏尔金斯更多地是从物理学角度，从图片本身所能提供的信息来考虑 DNA 结构问题，这样难免会误入歧途。与此相反，查伽夫作为一流生化学家，却缺少物理学的视角与手段。而在分子的层次探索 DNA 奥秘，正需要从生物学和物理学视角的交叉点上着手考虑。荣誉的桂冠最后属于初出茅庐的两位青年学者，这是理所当然的事情。

另外，一些古老的传统学科通过与现代科学交叉或接受其他科学的思维方法，建立了解决重大社会问题的理论。如地理学在长期的分化过程中，没有相应地发展综合性的研究方向，所以在第二次世界大战后，面对土地、粮食、资源、环境、生态等重大问题就显得无能为力。尔后，地理学家们吸收现代科学的综合交叉思维方法，经过相当的努力，明确了自己的研究对象，这就是地球表面客观存在着的各种自然地理综合体。因此，地理学的任务就是要用整体的观点、综合的方法，研究各种等级、各种类型的自然地理综合体的形态、结构，以及各种要素间的多种联系。又由于地貌学、气候学、生物地理和地图学的发展，为进行综合研究提供了大量精确资料，特别是引用了相邻学科的理论和方法，以及新的技术（特别是遥感、电子计算机）装备，从而使自然地理综合体的研究大大精确化。

四、有助于解决社会发展中的重大问题

社会在发展进步的同时，也面临着一系列重大问题，如人口、资源、环境、防灾减灾等。这些问题都比较复杂，涉及的影响因素也比较多，具有高度综合性。对于它们的解决，单一学科往往显得束手无策，需要多学科交叉综合。

如 20 世纪 60—70 年代，我国水利工作者依靠由天文学、气象学、水文学、泥沙学等多门学科相结合而形成的新兴交叉学科"日地气象水文学"，采用古今结合的分析方法，发现了黄河河床变化的一系列重要规律，对 1964 年、1967 年、1977 年的大水，1977 年的黄河中游暴雨，1965 年、1969—1974 年、1978 年的水量偏少等，都做出了准确的预报，从而大大降低了灾害所带来的损失。

又如，20 世纪 80 年代初期诞生的地球系统科学是一门新兴综合性交叉科学，具有在更高层次上进行综合和交叉研究的特点。它的出现标志着地学、生物学交叉发展的深度和广度，是当今和今后几十年内自然科学领域内最活跃的一个前沿科学领域。地球系统科学的产生一方面是当前人类

社会所面临的一系列重大而紧迫的全球环境变化问题，需要从系统的角度予以解决；另一方面是各个学科长时间的科学积累，为学科间的交叉产生奠定了科学基础。地球系统科学的研究成果可为政府在环境和可持续发展等重大问题上的决策提出科学依据，从而产生直接的和长期的促进环境和社会协调发展的效益。

五、有力地推动国民经济建设的发展

科学技术是第一生产力，科学技术在自身发展的同时，也为社会创造着巨大的物质财富。科学交叉作为科学技术研究的一个极其重要的组成部分更是如此，科学交叉的产生与发展离不开经济发展这一外部环境，解决国民经济发展产生的综合性理论问题是科学交叉产生与发展的一个极其重要的动力源泉。就研究属性而言，科学交叉有科学范畴，如基础科学间的交叉，也有技术范畴，如技术科学间的交叉。无论是属科学范畴间的交叉，还是属技术范畴间的交叉，如同科学技术发展的作用一样，都有力地推动着国民经济建设的发展。

如结构化学特别是有机结构化学的发展有力地推动了生物学与化学的交叉渗透，形成了新的交叉学科——生物化学这一当代生物学的重要基础学科。以此为基础，1929 年，瑞士科学家揭示了 19 世纪 60 年代从外科医用绷带上的脓细胞中得到的一种不同于蛋白质的含磷物质"核酸"的结构，并首次发现"核酸"是由脱氧核糖核酸（DNA）和核糖核酸（RNA）组成。1953 年 4 月，美国科学家沃森和英国科学家克里克在英国剑桥大学合作建立起了划时代的 DNA 双螺旋结构的分子模型。到 1969 年，科学家已用实验证实了 20 种氨基酸的遗传密码是以三联体核苷酸的形式为代表，并测出了这 20 种氨基酸的遗传密码。这意味着遗传密码代表着生命现象所必须具备的基本条件。以此为基础，20 世纪 70 年代为了适应基因的碱基序列分析和调节控制等研究的需要，形成了生物精细技术——重组 DNA 技术。重组 DNA 技术即基因工程的成功不仅给农业、医药等行业带来了新的发展天地，而且也大大提高了人类生活质量，有力地推动了社会的进步。

参考文献

［1］路甬祥.科学技术：社会经济发展的基石和源泉［J］.中外科技政策
　　与管理，1996（2）：1－7.

［2］陈容霞.经典物理学对生物学的渗透及其意义评价［J］.自然辩证法
　　研究，1994（1）：44－48.

［3］藤福星.交叉科学研究的战略意义［J］.科学技术与辩证法，1992
　　（4）：46－50.

（原载《科技导报》1997年第5期，《新华文摘》1997年第8期全文
转载，与杨永福、海峰合著）

对 NSFC 鼓励学科交叉研究的政策认识

学科交叉是科学综合化发展的一个具体表现，科学发展史表明，科学上的重大突破、新的生长点乃至新学科的产生，常常在不同的学科彼此交叉和相互渗透的过程中形成。学科交叉研究的发展在整个科学发展中具有举足轻重的作用，重视学科交叉研究的发展意义重大。

一、国家自然科学基金鼓励学科交叉研究实践

国家自然科学基金委员会（National Natural Science Foundation of China，简称 NSFC）自成立以来，一直十分重视对学科交叉研究工作的支持，并根据基础性研究特点和国家发展目标的需要，在委一级、科学部以及学科组三级管理层次上，通过优先资助领域、专门领域的设立，以及重大、重点和面上三类项目对学科交叉进行资助，初步形成了"矩阵式"资助体系。即：在保持按传统学科设置的纵向资助基本格局的基础上，通过设立优先资助领域和专门领域，从横向把相关学科联系起来，形成纵横相辅相成的资助体系。

（一）委一级层次

1. 优先领域的设置

考虑到学科发展存在不平衡的客观规律，NSFC 在持续稳定地支持自由探索的同时，从学科布局和国情的需要出发，遴选出一些意义重大的领域，以期引起有关方面和科学界的重视，并通过统筹安排，给予优先支持。NSFC 优先资助领域的遴选充分考虑学科交叉研究，并将"把握学科前沿，促进学科交叉"列为遴选原则之一。基于这一原则，"九五"期间共遴选出 17 个前沿与交叉领域，占 50 个优先领域的 34%。

2. 专门研究领域的设置

为推动学科交叉研究，自 1989 年起，NSFC 根据领域研究的发展状况和国民经济建设发展的需要，在项目指南中设立专门领域，至 1997 年共

设立了环境科学、全球变化、极地研究、减轻自然灾害四个专门领域。专门领域的设立大大推动了这些交叉研究领域的发展，如全球变化自 1989 年起列为专门领域后，引起委内各阶层的高度重视，同时也较好地引导了科学界项目申报。据统计，1986—1995 年，全委共资助有关全球变化项目的经费达 5000 余万元，约占同一时期经费总额的 4%。

3. 重大项目形式的支持

当前社会经济发展中提出的重大科学问题往往是一些综合性问题，综合和交融了多学科的知识与方法。现代科学技术的重大发现也往往是多学科的交叉和知识密集结合的结果。正是基于这一认识，NSFC 自"八五"起，为着重推动重大项目的学科交叉与综合性研究，建立了相应的资助模式和运行机制，其中包括：从总经费中专划一笔经费用于支持跨科学部组织的重大项目，"八五"专划经费占总经费的 1/3，"九五"增至 40%，预计"九五"的 56 个重大项目中，有 27 个是跨科学部的交叉研究课题。

4. 重点项目形式的支持

NSFC 重点项目的遴选十分重视科学前沿领域交叉研究。"九五""重点项目立项、评审、管理试行办法"第四条规定：重点项目应该体现……重视学科的交叉和渗透原则；第八条规定：鼓励组织学科交叉研究重点项目，并对其中跨学部重点项目给予经费匹配。由于政策导向，重点项目的组织都较好地体现了学科间的交叉与融合。据统计，在"八五"组织的 300 项重点项目中，属一级学科间交叉研究的项目有 73 项，占 24.3%，属一级学科内部的交叉研究项目有 141 项，占 47%，两项合计占 71.3%。

5. 面上项目的支持

面上项目是 NSFC 最基本的资助类型，NSFC 一贯鼓励支持面上项目的学科交叉研究。尽管面上项目规模较小，研究内容比较单一，但近年来资助的面上项目中，学科交叉项目仍占有相当的比例。据统计，1993—1996 年累计资助填报双学科代码的项目 6455 项，占资助总数的 45.3%，其中跨科学部项目 879 项，跨一级学科项目 2423 项，分别占资助总数的 6.2% 和 17%。1997 年 NSFC 划拨 500 万元用于支持面上跨科学部项目的研究。

（二）学部层次

1. 在项目指南中明确对交叉研究的鼓励，打消申请者的顾虑

NSFC 项目指南是科学家提出研究项目申请并确定其学科投向的指导纲领。

近年来，有关科学部在指南编写中增加了对学科交叉研究的阐述，并在学科代码中增加了本学科与其他学科交叉研究项目一栏，以明确对学科交叉研究的支持态度，并使学科交叉项目有代码可填。

2. 为学科交叉项目预留一定比例的经费，成立临时性交叉学科评审组

由于学科交叉项目涉及的知识领域比较多，且尚处于发展初期，对其他全通晓的同行很少，大多数同行专家只熟悉其中的部分领域。在评审中，单个学科评审组专家的评议意见往往也难以全面反映项目的真实状况，同时由于经费的限制，客观上加重了"本学科利益至上"的学科保护主义倾向。为消除上述不利因素，近年来有关科学部为学科交叉研究项目预留一定比例的经费，并利用学部召开评审会时机成立一个由各学科学术威望较高、涉及的学科面较宽的专家组成的临时评审组，对各学科提交的学科交叉项目进行评议。此举取得了一定的效果。

（三）学科层次

学科交叉是当今科学发展的必然趋势，顺应这一发展趋势是学科组织管理工作的重点，为此，各学科一方面开展本学科发展战略的研究工作，通过发展战略的研究，加大对本学科与其他学科的交叉情况的认识；另一方面在项目的评议与组织管理工作中"淡化"学科间的界限，注重对交叉研究的支持，取得了良好的资助效果。例如机械学科自 1986 年以来，在先进制造技术方面资助了重大、重点和面上项目共 629 项，起到了有力的先导作用。

二、存在的问题

毋庸置疑，上述这些部署极大地推动了我国学科交叉研究的持续快步发展，但是由于受历史上形成的传统学科分类及学科组织管理结构的制约，以及学科保护主义的影响和管理体制惯性运行的束缚，当前学科交叉研究仍被挤在传统学科圈子的夹缝中。在组织与管理方面还存在着诸多问题，主要表现在：

（一）学科组织管理结构的细化倾向

NSFC 目前七个学部共设立 58 个学科评审组，与国外一些基金机构相比，学科组织机构设置过于细化。研究分析表明，学科划分过细会带来两方面问题：一是一些交叉的、综合性以及跨学科的研究项目找不到适当的报审学科，申请人不得不削足适履地投于某一学科，结果造成申请项目不是被排斥就是被否决的局面；二是造成本应密切联系的学科之间交流上的障碍，产生资助领域交错、项目重复等问题。

（二）评议方法有待改进

关于 NSFC 同行评议的适应性。一项专家问卷调查结果显示，在学科交叉项目、有创新思想项目以及传统科研项目三类项目中，专家们认为，现行的同行评议方法效果为"优良"的人数比例分别为 57%、70.1%、74.5%，学科交叉项目的适应效果为最差。地球物理学科调查结果表明，1996 年地球物理学科面上项目申请总数为 309 项（其中交叉型项目 114 项），资助总数为 61 项（其中交叉型项目 18 项），非交叉型项目批准率为 22.1%，交叉型项目批准率为 15.7%。显然，交叉型项目的批准率要大大低于非交叉型项目的批准率。

三、政策思考

（一）逐步调整增量经费投入结构，进一步强化现行的矩阵式资助体系

NSFC 业已形成的"矩阵式"的资助体系充分发挥了领域设置的灵活变化特点，保持了学科组织管理结构应具有一定的相对稳定性的要求。它既能较好地体现国家在一个时期阶段学科交叉研究发展的重点，又能实现对科学整体发展的统筹考虑和全面规划，保持科学发展的稳定性与继承性。几年来的发展实践证明，这一资助体系在支持与鼓励学科交叉研究方面具有一定的成效。但另一方面，由于缺乏专门性资助经费，目前 NSFC

专门领域的设立实际仅对其相关学科及申请者起一种资助方向的指导作用。总体而言，各相关学科对于领域的资助仍处在一种分散的、自由的环境，这在一定程度上为人们统筹考虑领域的总体发展带来了困难，妨碍了重大成果的取得，因此，这一资助格局还有待于进一步深化。我们认为，"九五"NSFC在总结"八五"经验的基础上，一方面增设一些对国家科学技术、国民经济和社会发展有重大影响，且我国有一定基础、发展也较成熟的学科交叉领域为专门领域；另一方面，通过对增量经费投入结构的调整，对这些专门领域匹配一定的专项经费，以推动其整体发展。

（二）调整现行的学科划分与设置，努力化解学科划分与设置细化的影响

通过调整学科划分与设置来实现资源的优化配置是当今众多发达国家普遍采用的政策调控方式。科学的交叉发展需要一个宽松的组织管理环境。当前，NSFC学科划分中的细化已在一定程度对学科交叉研究的组织管理带来不利，因此，应调整现行的学科划分与设置，以努力化解学科划分细化的影响。

（三）设置学科交叉研讨会专项基金，为学科交叉产生和发展创造良好环境

学科交叉的产生与发展重在交流。有关专家调查结果显示，专题研讨会是不同学科专家进行交流的最主要方式，且近90%的专家认为，NSFC有必要和很有必要单劈一块经费以支持学科交叉研讨。应当说，在组织和支持学科交叉研讨方面，NSFC的确具有很多优势条件，其资助的研究课题所创出的为数众多的学科交叉点，为其组织学科交叉专题研讨提供了科学基础。另一方面，其开展的学科发展战略研究，对各学科与相关学科交叉点的全面分析和论证，以及"九五"全委优先资助的学科交叉领域研究，为开展学科交叉研讨提供了管理基础，为此，我们建议NSFC设立学科交叉专题研讨会基金，为不同学科人员间的交流、讨论提供支持。

（四）完善评审系统，鼓励和支持学科交叉项目的研究

有关调查显示，现行的同行评审系统在一定程度上不适应对学科交叉型项目的评议。因此，从组织管理机构、评议专家库、评议方法及准则四

方面来逐步完善评审系统，建立学科交叉型项目的评议体系，应是未来NSFC 鼓励和支持学科交叉研究工作的重点。

（五）增加学科交叉项目资助强度，在研究经费上予以倾斜

由于学科交叉项目研究内容的跨学科性，涉及研究单位往往是两个或两个以上，研究人员也比一般性项目人员多，为使不同学科研究人员在思想上真正融合，在研究中还需进行大量的研讨、协调工作。因此，应适当增加学科交叉项目的资助强度，在研究经费上予以一定的倾斜。

参考文献

［1］国家自然科学基金委员会.1997 年度国家自然科学基金项目指南［M］.北京：高等教育出版社，1996.
［2］沈新尹.美国国家科学基金会对跨学科和学科交叉研究的支持及启示［J］.中国科学基金，1997（1）：68－72.

（原载《科学学与科学技术管理》1997 年第 12 期，与赵学文、刘作仪合著）

刍议跨学科研究的界定

跨学科研究是科学综合化发展的一个具体体现，近代和现代科学发展史表明，科学上的重大突破、新的生长点乃至新学科的产生，常常在不同的学科彼此交叉和相互渗透的过程中形成。跨学科研究对于推动科学进步、解决经济建设和社会发展的重大综合性问题，具有重要作用。对此，科学共同体已经达成比较广泛的共识，问题在于跨学科研究如何判据和界定。

对于什么是跨学科研究，也即如何界定跨学科研究，现有的著述和文章涉及不多。由于文化背景的不同，中外学者就此问题的论述也有很大的差异。

一、国内对其理解的误区

在我国，目前对于"跨学科"概念的理解还是一个误区，在很大程度上人们将其理解为"交叉学科"。但即便对"交叉学科"的理解也存在着较大的分歧。见诸各种中文文献的有关"交叉学科"的不同解释在 10 种左右，其含义可归纳以下三种类型：

（一）认为新学科、新兴学科、边缘学科、横向学科、横断学科就是"交叉学科"或包涵于其中

这种解释有三种不同的表述：

（1）具有明显的交叉性和边缘性，是在某些传统学科的交叉点和边缘部分重合的基础上产生、发展起来的，或称为交叉学科或称为边缘学科。

（2）就新学科而言，已形成分支学科、交叉学科、边缘学科、综合学科、横断学科、新层学科和比较学科等类型。

（3）由于科学发展出现了明显的饱和现象，而在这种情况下，人类强大的科学能力又不能弃置不用，于是就发生了一系列交叉学科（边缘

学科、综合学科、横断学科等）。

（二）认为"交叉学科"是一种学科群

这种解释有三种不同的表述：

（1）交叉学科是覆盖众多学科的新兴学科群，它包括边缘学科、横断学科、综合学科、软学科、比较学科和超学科6种类型，是所有交叉学科的总称。

（2）所谓交叉学科，是指由不同学科、领域或部门之间相互作用，彼此融合形成的一类学科。

（3）交叉科学，从本质上来说，乃是在社会科学和自然科学之间的宽阔的交叉地带出现的包括边缘学科、横断学科、综合学科在内的新生学科群落。

（三）认为交叉学科是一种跨学科性的协作攻关和跨学科研究性的科学实践活动

这种解释有四种不同的表述：

（1）凡是突破一个专门学科的原有界限，研究内容或研究方法涉及两门或两门学科以上的这种研究领域都可归到交叉科学名下。

（2）交叉学科是对跨学科规律、方法、趋势的总体研究。

（3）交叉学科不仅是一个理论的概念，它也是，或者首先是一种实践活动，是不断修正学科概念、原理、界线和界面的组织活动。

（4）交叉学科是指具有不同学科背景的专家所从事的联合的、协调的、始终一致的研究。

上述三类表述中，前两类将"交叉学科"表述成"学科"或"学科群"，而后一类则将"交叉学科"表述成一种科学实践活动。这种表述上的差异，既反映了人们对"交叉学科"的重视，又反映了人们在"交叉学科"的认识上的分歧，混淆了"跨学科"与"交叉学科"两者之间的区别。

二、国外关于跨学科问题的认识

对于什么是跨学科？西方学者 G. 伯杰在《跨学科——大学的教学和

科研问题》文集中对跨学科做了解释，指出跨学科是两门或两门以上学科之间紧密的和明显的相互作用，包括从思想的简单交流到学术观点、方法、程序、认识、术语和各种数据的相互整合，以及在一个相当大的领域内组织的教育、研究。

美国的大规模跨学科研究兴起于战后所进行的一系列"大科学"工程，至今发展已比较成熟。由于其本身对于学科的界限就比较模糊，人们对于跨学科的认识比较自然，也很深刻。美国跨学科问题研究学者克莱因（Julie Thompson Klein）在其著述《跨学科历史、理论实践》中曾对跨学科的定义及产生形式作了一番概述。他认为：

（一）跨学科（interdisciplinarity）通常用以下四种方式之一来定义

（1）通过举例，指明它采用何种形式（to designate what form it assumes）；

（2）通过动机分析（by motivation），阐释它为何引发（to explain why it takes place）；

（3）通过相互作用规则（by principles of interaction），说明学科相互作用过程；

（4）通过等级术语（by terminological hierarchy），区分被特别标明学科间整合程度。

（二）跨学科的产生有四种形式：借鉴、解决问题、主题内容或方法的相辅相成和跨学科

（1）借鉴（borrowing）有以下几个标志：

伪跨学科（pseudo interdisciplinarity）：指分析手段的借鉴，如数学模型和计算机模拟的借鉴；

辅助性跨学科（auxiliary interdisciplinarity）：指方法的借鉴，不管为了达到偶尔暂时的目的还是为了参加学科保持更成熟和持久的关系；

线性跨学科（linear interdisciplinarity）：用来描述一个学科被属于另一学科原理或定律"合法化"；

方法借鉴（method interdisciplinarity）：指用于其他学科的方法；

概念借鉴（concept interdisciplinarity）：指一个模型或概念不是补充就

是代替了另一门学科中的模型和概念。

（2）问题的解决（the solution of problem）有以下几个形式：

复合型跨学科（composite interdisciplinarity）：指一个问题的工具或手段的解决；

约束型跨学科（restrictive interdisciplinarity）：指集中于一个具体目标的学科间的有限的相互影响；

问题型跨学科（problem interdisciplinarity）：以一个复杂、疑难的问题为中心的研究，该研究涉及的学科不止一个，或在两个领域的边界地带找到解决办法。

（3）主题内容或方法的相辅相成（the increased consistency of subject matter and methods）有以下几个形式：

补充型跨学科（supplementary interdisciplinarity）：指在相同要素基础上的学科间的部分重叠；

统一型跨学科（unifying interdisciplinarity）：描述主题与"个别的理论整合与方法的接近"的一致性发展。

（4）跨学科：跨学科通常用来表示存在于紧密联系的多学科共同体间的知识。

边界跨学科或相邻跨学科指两个学科已经接近到有重叠领域的地步，在这重叠领域两个学科都可作贡献，因为在该领域每一个学科都有工作可做，但每个学科都不能自己提供足够的概念、方法和工具。

此外，还有一些西方学者也对跨学科进行了解释，他们或指出跨学科意味着参与学科间的互惠吸收，或指出问题的存在是相互作用的基础，或指出多学科人员协同工作是必要的。

三、关于跨学科之我见

（一）科学知识间的相互联系

综合中外学者的论述，我们认为，广义地看，跨学科泛指科学知识间的相互联系。由于这种联系要通过人的科学研究活动才能得以体现，所以狭义地看，跨学科又特指研究主体根据学科间的内在联系，创造开发跨学科知识产品的科学研究活动。这其中问题的存在和多学科人员的共同参与以解决这一共同感兴趣的问题是一项研究活动是否具有跨学科性的必要条件。它具有以下几方面特点：

（1）普遍联系性：跨学科产生与发展表明，科学与同自然界一样，其内在具有普遍联系的特点。自然界本身固有的联系、作用以及运动转化，是跨学科研究产生与发展的客观基础。

（2）方向性：跨学科研究的产生不是主观臆断的，跨学科问题的存在及其解决是跨学科研究产生与发展的导引。

（3）团体性：跨学科研究涉及多个学科，因此其产生与发展离不开多学科人员的协同合作。

（二）跨学科研究活动的表现形式

根据我国科技研究发展的实际，我们认为，现阶段我国跨学科研究活动的表现有以下三类形式：

（1）研究所要解决的问题虽然是一个单学科问题，但在研究中要借助相关学科的高技术手段来测试用经典或常规方法无法获得的指标、数据或分析处理纷纭复杂的各种信息，得出单一学科研究无法得到的一些全新结论。

（2）跨学科研究活动是综合性研究。不同学科、专业的研究人员相互结合，针对同一问题，从不同侧面寻求问题的本质和规律，以求整体性、综合性结论。

（3）所要解决的问题是一个跨学科问题，其提出就体现了不同学术思想和学术理论间的碰撞、互补、衔接，研究所要构建的理论是一个融合了多个学科理论的全新体系。

就跨学科研究发展来看，上述三类形式有一个方法、理论和思想上的层次递进。比较而言，第三种形式的交叉更值得我们关注，其实质就是科学创新。

为了解科学界对我们上述总结的三种类型跨学科的反映，考察现阶段我国跨学科研究状况，我们对"七五""八五"国家自然科学基金委员会重大项目负责人进行了一次通讯调查，有39人对此表述全面性发表了自己的见解，其中36人认为该表述比较全面地概述了目前我国跨学科研究的发展形式，而认为不全面的只有3人。在此后对于其承担的重大项目的研究属于上述哪种交叉征询，认为其研究工作属于以上第一种类型的交叉的有9人，属于以上第二种类型交叉的有27人，属于以上第三种类型交叉的有 8 人，有 4 人认为其研究工作的交叉性不强。调查结果表明：①对于上述目前我国跨学科研究发展形式的表述科学界比较认同。②目前我国跨学科研究活动大多属综合性研究，真正体现不同学术思想和学术理论的交叉融合的研究为数甚少，重大科研项目如此，一般性的研究活动就更是如此。

应该说，上述跨学科三类研究活动的表述，为我们评定一项研究活动是否具有跨学科性提供了判定准则。但是由于各学科性质不同（基础与应用基础），以及发展状况的差异，因此，在实践中如何依据上述分类准则，对所申报的项目进行甄别，还需具体情况具体分析。

参考文献

［1］杨永福，朱桂龙，等.科学交叉与交叉学科探析［J］.科学学研究，1997（4）：5 – 10.

［2］KLEINJ T. Interdisciplinarity history, theory, and practice ［J］. Wayne State University Press Detroit，1990.

［3］金吾伦.跨学科研究引论［M］.北京：中央编译出版社，1997.

（原载《科学学研究》1998 年第 3 期，与毛家杰、杨永福、海峰合著）

朱桂龙
自选集

第二辑

国际技术转移

国际技术在中国技术转移影响因素分析

中国加入 WTO 后，随着投资环境进一步优化，外商在华直接投资的步伐也日益加快。据国家外经贸部外资司统计，2000 年流入我国的外商直接投资额为 408 亿美元，2001 年为 468 亿美元，2002 年则达到 527 亿美元，年均增长 13.6%。美国《财富》杂志 2002 年排名的全球 500 家最大公司中，目前约有 400 家已经在华投资，投资企业涉及制造业领域的比例达 73%。近年来，随着外商在华投资规模的不断扩大，投资项目技术水平呈现不断提升的态势。

一、影响外商直接投资技术转移的关键因素

外商通过直接投资进行技术转移是一项系统工程，受到来自系统内部和外部众多要素的影响。目前国内外学者认为其中的关键要素包括：技术供方、技术受方、政府、技术能力、技术转移障碍和转移渠道（如图 1

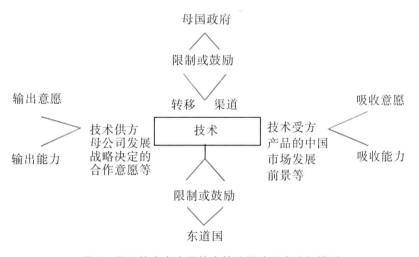

图 1　国际技术在中国技术转移影响因素分析模型

所示）。技术供方和受方的意愿与技术能力在技术转移中起着至关重要的作用，转移的技术内容取决于技术供方战略和其子公司的能力两个因素。政府作为参与者在技术转移过程中具有重要影响，尤其是东道国政府。技术转移渠道决定技术转移内容、学习机制和溢出效应。技术转移的障碍与区域、行业、参与者和采用的渠道关系密切，并体现为经济价值、技术控制权和文化三种冲突。

（一）技术供方

技术供方通常指技术的占有者。在外商直接投资技术转移过程中，它指的是外国投资者。输出意愿与输出能力是技术供方的两个基本特征。当供方的技术能力高于接受者，而且它的需求完全或部分与接受者一致时，技术转移才会发生。它包括如下因素：①母公司发展战略决定的合作意向；②产品的中国市场发展前景；③母公司的技术能力；④母公司对中国社会、政治、经济环境的估计和判断；⑤转移时机选择和技术选型；⑥产品生产技术与组织管理技术的一体化协同转移；⑦转移方式（合资、合作和独资等）选择等。

（二）技术受方

技术受方是技术转移过程中的另一端。对于技术受方来说，接受意愿和接受能力在技术转移中起着至关重要的作用。一是其获得企业发展的内在技术的意愿。二是建立在企业工艺技术基础上吸收转移技术的能力。显然，技术受方对引进技术水平的选择应与其技术创新能力相匹配。它包括如下因素：①本土受方企业的技术能力；②本土受方企业发展战略决定的合作意向等。

（三）政府

供、受双方的政府在技术转移过程中同样是一个重要的参与者。与东道国政府相比，母国政府的影响相对较弱，除国防和一些高技术领域外，大多数国家对对外投资并不加以限制。东道国政府对跨国公司的技术转移具有重要影响。大多数发展中国家，特别是亚太地区的国家，东道国政府不仅是宏观经济政策的制定者，而且是许多技术转移的参与者。主要包括如下因素：①投资地产业环境；②投资地政府优惠政策等。

（四）技术

OECD 和邓宁的许多研究都表明，跨国技术转移是一种技术球的系统转移，其转移技术球规模和结构应与技术供方和技术受方之间技术差距相匹配，并认为外国投资进入另外一个国家或地区的前提是其在产品生产或者管理方面的技术领先于本土企业。在发达国家之间转移的技术球内部结构很简单，而且通常表现在具体的某些生产技巧上。与之相反，发达国家与发展中国家之间转移的技术球内部结构却非常复杂。任何硬件技术的移植都需要软件技术或媒质件技术的配合，组织管理也必须与生产技术相配。但对于发展中国家来说，由于长期以来形成的重技术轻管理观念，技术接受方往往忽视对组织管理技术的转移。同时管理技术的转移需要的环境更复杂，文化上的冲突与协同对其转移的影响具有诸多不确定性，这使得管理技术的转移与生产技术的转移具有一样的难度。

（五）转移渠道

跨国公司的技术转移分为内部化和外部化两种，对其所拥有和控制的子公司，跨国公司实行内部化技术转移，对其他公司实行外部化转移。外商投资所有权形式的不同，其在技术转移中引起的技术学习方法、机会、结果也将不同，并对转移渠道产生影响，决定技术转移内容和技术转移机制。内部化和外部化两者最根本的区别在于，前者公司继续具有直接所有权，可以对技术实施控制及与技术相关联的知识资源的利用，而后者没有。但企业间技术联盟与网络的发展已逐渐模糊了技术转移内部化和外部化方式之间的区别。

跨国公司技术转让的方式受技术性质、卖方战略、买方能力以及东道国政府政策影响。在不考虑公司战略与东道国政府政策因素情况下，技术移动越复杂、速度越快，供应商的规模越大、跨国水平越高、越专业化，购买方的技术能力越弱，公司就越倾向于内部化转让。而技术越稳定、越简单，卖方的规模越小、越缺乏国际经验，技术多样化程度越高，公司就越倾向于外部化转让。

（六）转移障碍

技术在供方和受方之间的转移并不是一个简单的过程，受到多方面形成的转移障碍的影响。技术转移的障碍与区域、行业、参与者和采用的渠道关系密切。一般而言，经济价值冲突、技术控制权上的冲突和不同文化背景引起的冲突是技术转移障碍形成的主要原因。技术转移中，外来技术系统将对东道国的社会制度、价值系统、技术设施等产生一定作用和影响。这些作用和影响在文化背景或政治环境存在巨大差异时将被放大，从而对转移过程起到抑制作用。

二、外商在华直接投资技术转移影响因素实证分析

外商在华直接投资技术转移受多种因素影响。根据对外商直接投资技术转移理论，对影响外商直接投资技术转移关键因素进行分析，以及根据国内外学者对外商直接投资技术转移影响因素的阐述，我们设计了问卷，并通过跟踪访问收集相关信息来进行实证分析。

根据问卷调查结果，按照重要性进行评分，0 分表示"不重要"，9 分表示"非常重要"，分值越高表明该因素对外商技术转移影响越大。用 SPSS 10.0 对调查结果进行了初步的描述性统计分析，统计结果见表1。

表1　外商在华直接投资技术转移影响因素

影响因素	均值	方差	非常重要/%	重要/%	变异系数	重要性排序
母公司发展战略决定的合作意向	6.98	1.26	51.0	35.3	0.180	1
本土受方企业发展战略决定的合作意向	5.12	0.77	16.3	49.0	0.151	12
母公司的技术能力	5.85	0.88	21.2	53.8	0.150	4
本土受方企业的技术能力	5.22	0.86	12.2	55.1	0.164	11
转移时机选择	5.63	0.76	28.9	36.5	0.136	8
技术选型	5.37	0.73	21.6	43.2	0.135	10
转移方式(合资、合作和独资等)选择	4.70	0.71	9.3	46.3	0.150	13
投资地的产业环境	5.78	0.97	17.7	60.8	0.168	5
投资地政府的优惠政策	5.65	0.93	17.4	58.7	0.165	7

续表

影响因素	均值	方差	非常重要/%	重要/%	变异系数	重要性排序
母公司所在国政府的政策与支持	4.48	0.70	8.0	46.0	0.157	14
产品的中国市场发展前景	6.22	0.96	39.2	33.3	0.154	2
产品生产技术与组织管理技术的一体化协同转移	5.38	0.83	14.9	53.2	0.154	9
母公司对中国社会、政治、经济环境的估计和判断	5.66	0.98	16.0	62.0	0.174	6
母公司与本土受方企业相互了解，包括合作意向、技术需求、产品市场、生产要素市场、技术能力和历史背景等	5.98	0.94	22.9	56.3	0.156	3

说明：变异系数＝标准差÷样本均值，即相对标准差，是衡量样本差异的指标，系数越大表明差异越大。

表1中，均值反映了被调查者对影响因素重要性的认识程度，变异系数则反映了被调查者主观认识的差异性。各因素的实证研究结果如下：

（一）技术供方因素的影响

1. 母公司发展战略决定的合作意向

"母公司发展战略决定的合作意向"对其在华企业技术转移的影响上，列于所有因素的第1位，其分值为6.98，有51.0%认为它是非常重要的，35.3%认为其重要。这一因素表现为其在华发展动机，包括：对中国市场追求及其全球化网络布局、对当地自然资源（劳动力和原料）的追求、政府的优惠待遇，以及进一步拓展成熟技术的价值等。外商在华发展的动机深刻影响着其转移技术的先进性和技术转移效果。相对而言，以"对中国市场追求"为动机的外商，选择技术的先进性和转移效果最好。如广州标致和其后的广州本田，前者法国标志公司在华发展以"进一步拓展成熟技术的价值"为动机，后者日本本田公司在华发展以"对中国市场追求"为动机。动机的差异导致了其转移技术的差异，前者为国际水平中拟淘汰的技术车型，后者为国际先进水平技术。外商在华发展的动机是动态的。随着中国经济的发展和与全球经济的进一步融合，"对中国市场追求"正逐步成为外商在华发展的主要选择。

2. 产品的中国市场发展前景

"产品的中国市场发展前景"对其在华企业技术转移的影响上，列于所有因素的第 2 位，其分值为 6.22，有 39.2% 认为它是非常重要的，33.3% 认为它重要。这表明中国市场的巨大潜力会推动在华外商企业加强技术转移活动。产品是技术的具体表现，新产品必然带来新技术，因此，技术转移的关键在新产品引进。样本企业认为，中国市场的国际化使得产品在中国市场的发展日益与其在国际市场发展同步，企业唯有不断引进新产品，加快技术转移步伐，才能保持市场优势。加入世界贸易组织以来，外商在中国的汽车企业，不断推出新产品，加强其在华研发投入和技术转移深刻地说明了这一点。

3. 母公司的技术能力

"母公司的技术能力"对其在华企业技术转移的影响上，列于所有因素的第 4 位，其分值为 5.85，有 21.2% 认为它是非常重要的，53.8% 认为其重要。母公司的技术能力对其在华投资企业技术转移的影响上，表现在：母公司的技术能力越强，其带来的技术与本土企业技术的差距优势也越大，技术的转移能力也越强。重要性排序是根据均值从高到低排列。

4. 母公司对中国社会、政治、经济环境的估计和判断

"母公司对中国社会、政治、经济环境的估计和判断"对其在华企业技术转移的影响上，列于所有因素的第 6 位，其分值为 5.66，有 16.0% 认为它是非常重要的，62.0% 认为其重要。母公司对中国社会、政治、经济环境的估计和判断主要涉及母公司对中国社会和政治的稳定性，政府对外商投资的态度和保护（如投资保护和知识产权保护等），以及经济发展状况的判断等。其影响主要体现在转移战略和意愿，以及对研发机构的投资等。

5. 转移时机选择和技术选型

"转移时机选择"和"技术选型"对其在华企业技术转移的影响上，列于所有因素的第 8、10 位，其分值为 5.63 和 5.37。对于"转移时机选择"有 28.9% 认为它是非常重要的，36.5% 认为其重要；对于"技术选型"有 21.6% 认为它是非常重要的，43.2% 认为其重要。母公司对转移时机选择和技术选型主要涉及技术的生命周期、技术在母公司技术体系中

的地位和作用，母公司的全球一体化战略，以及中国市场对技术发展的需求及其配置要素的完备性等。随着外商逐步进入中国市场，中国对外开放进程加快，中国本土企业技术水平不断提升，以及中国市场的国际化竞争程度加剧，外商在中国转移技术的时机也越来越成熟，转移技术的先进性也越来越高。从20世纪90年代末开始，外商逐渐加大了在华技术转移步伐，并呈现出"由逐步进入到大幅度转让技术""由被动的硬性技术转让到自觉的技术投入""由单纯的技术转让向研究开发经营战略的转变"，以及"产业结构转移与技术投入同步进行""技术投入与发展配套相结合"等特点。

6. 产品生产技术与组织管理技术的一体化协同转移

"产品生产技术与组织管理技术的一体化协同转移"对外商在华企业技术转移的影响上，列于所有因素的第9位，其分值为5.38，有14.9%认为它是非常重要的，53.2%认为其重要。母公司对产品生产技术与组织管理技术的一体化协同转移主要涉及技术转移的内容和结构。其影响主要体现在技术转移效果方面，即在华企业的技术能力发展。技术转移是一种能力系统转移。越是先进的技术，其转移效果对转移的系统性要求越高。调查结果表明，外商在华企业的技术能力发展不是其技术转移的主要目标，或者外商在华企业转移技术的先进性不高。

7. 转移方式（合资、合作和独资等）选择

"转移方式（合资、合作和独资等）选择"对外商在华企业技术转移的影响上，列于所有因素的第13位，其分值为4.70，有9.3%认为它是非常重要的，46.3%认为其重要。转移方式（合资、合作和独资等）选择主要涉及转移技术的控制权等。其影响主要体现在技术价值和转移技术的溢出效果方面，即外商母公司转移技术与中国本土企业的技术差距，以及转移后对本土企业的溢出效应。笔者分析了外商直接投资技术转移的渠道及其特点，分析表明，从控制权的角度，对于先进性和专有性高的技术，外商通常采用独资的方式进行技术转移，而对于一般性技术外商采用的转移方式具有较高的模糊性，受其他成分的影响较大。调查结果表明，外商对其在华企业转移技术价值不高是造成外商对其技术转移方式关注力不强的主要原因。随着中国市场竞争国际化程度的加强，以及中国知识产权保护状况的好转，在华外商企业开始加大在中国转移技术的先进性，对独资方式的偏好开始越来越强。

（二）技术受方因素的影响

1. 本土受方企业的技术能力

"本土受方企业的技术能力"对其在华企业技术转移的影响上，列于所有因素的第 11 位，其分值为 5.22，有 12.2% 认为它是非常重要的，55.1% 认为其重要。本土受方企业的技术能力是一种系统能力，包括产品开发、生产技术，以及组织管理方面的技术。既表现为现有的产品及其生产硬件设备，也表现为技术文件、资料，以及规程、制度、经验和技能等。本土受方企业的技术能力对技术转移的影响主要体现在对外商转移技术的吸收与发展方面。本土受方企业的技术能力越强技术转移的效果也就越明显。

2. 本土受方企业发展战略决定的合作意向

"本土受方企业发展战略决定的合作意向"对其在华企业技术转移的影响上，列于所有因素的第 12 位，其分值为 5.12，有 16.3% 认为它是非常重要的，49.0% 认为其重要。"本土受方企业发展战略决定的合作意向"主要表现在：引进新产品及其生产技术、获得资金、利用外方的国际市场网络、获得优惠政策，以及提升企业管理水平等。受方企业的合作意向决定了其在技术转移中的态度和对技术供方的要求。但是，调查结果显示，这一意向在技术转移中影响力度并不大。决定技术转移的主要因素在于外商母公司，以及中国市场环境的要求。

（三）东道国环境因素对技术转移的影响

1. 投资地的产业环境

"投资地的产业环境"对外商在华企业技术转移的影响上，列于所有因素的第 5 位，其分值为 5.78，有 17.7% 认为它是非常重要的，60.8% 认为其重要。"投资地的产业环境"主要涉及产业发展的市场环境（如消费者的追求、上游企业的配套能力和下游企业的需求等），以及产业政策环境（包括产业结构和产业组织政策等）。投资地产业环境的影响主要体现在外商在华技术转移的区位选择上。

2. 投资地政府的优惠政策

"投资地政府的优惠政策"对外商在华企业技术转移的影响上，列于所有因素的第 7 位，其分值为 5.65，有 17.4% 认为它是非常重要的，

58.7%认为其重要。"投资地政府的优惠政策"主要涉及投资地对外商投资的财政税收优惠政策。投资地政府优惠政策的影响主要体现在外商在华技术转移的区位选择上。

（四）母公司所在国政府对技术转移的影响

母公司所在国政府对技术转移的影响主要表现为"母公司所在国政府的政策与支持"。调查显示，"母公司所在国政府的政策与支持"对外商在华企业技术转移的影响上，列于所有因素的最后一位，其分值为4.48，有8.0%认为它是非常重要的，46.0%认为其重要。这表明母公司所在国政府对外商技术转移作用有限。

（五）技术供方与受方共同因素对技术转移的影响

技术供方与受方共同因素对技术转移的影响主要体现为"母公司与本土受方企业相互了解，包括合作意向、技术需求、产品市场、生产要素市场、技术能力和历史背景等"。调查显示，"母公司与本土受方企业相互了解，包括合作意向、技术需求、产品市场、生产要素市场、技术能力和历史背景等"，列于所有因素的第3位，其分值为5.98，有22.9%认为它是非常重要的，56.3%认为其重要。这表明这一因素的影响很大。

三、结论

实证分析结果显示，外商母公司在技术转移中居主导地位，其发展战略决定的合作意向，以及产品在中国市场的发展前景对其在华技术转移发展具有非常重要的影响；母公司的技术能力，以及母公司对中国社会、政治、经济环境的估计和判断对其在华技术转移发展具有重要影响，而转移方式（合资、合作和独资等）选择、转移时机选择、技术选型则居于一般重要地位。本土受方企业在技术转移中居从属地位，其技术能力和发展战略决定的合作意向在整个技术转移中居一般重要地位。从区位因素来看，投资地产业环境，以及投资地政府优惠政策都具有重要影响。相对于东道国，母公司所在国政府的政策与支持对技术转移的影响较弱。技术转移过程是外商母公司与本土的互动过程。因此，母公司与本土受方企业相互了解，包括合作意向、技术需求、产品市场、生产要素市场、技术能力和历史背景等对技术转移的成功具有重要影响。

参考文献

[1] 汪志乐. 2002—2003 跨国公司在中国投资报告 ［M］. 北京：中国经济出版社，2003（1）：9.

[2] 毛蕴诗. 跨国公司战略竞争与国际直接投资 ［M］. 广州：中山大学出版社，2001.

[3] 张华. 国际技术转移与产业结构调整 ［J］. 技术经济与管理研究，1999（5）：82 - 83.

[4] 穆荣平. 国际技术转移影响因素分析 ［J］. 科学学研究，1997（4）：68 - 73.

[5] 崔新建. 外商对华直接投资的决定因素 ［M］. 北京：中国发展出版社，2001.

[6] 李蜀北. 发展中国家如何获得跨国公司的技术转让 ［J］. 经济世界，2000（4）：92 - 93.

[7] 储雪林，陈晓剑. 技术转移中的文化因素分析 ［J］. 运筹与管理，1994（2）：72 - 76.

[8] 王春法. 技术扩散的三个特点：跨国公司与国际技术转移 ［J］. 瞭望新闻周刊，2000（16）：18 - 19.

[9] 谭红平，石建民. 浅论跨国公司与国际技术转移 ［J］. 经济评论，1997（3）：14 - 17.

（原载《科学学与科学技术管理》2004 年第六期，与李卫民合著）

外商直接投资行业间技术溢出效应实证分析

一、前言

近年来，许多国家尤其是发展中国家纷纷制定各种"一揽子"的激励政策，鼓励跨国公司前来投资。它们相信 FDI 能够通过溢出效应（spillover effect）的方式促进当地的技术进步，帮助本国经济走上内生化的增长道路。虽然这种信念确有其理论上的合理性，但有关的经验证据却不容乐观：至少就发展中国家和转型经济国家而言，迄今微观层面的研究基本上未能发现 FDI 行业内正溢出的证据[1]。

至于为什么实证结果会与理论预期不符，国外学者提出过各种不同的解释。就本文的研究需要，我们将其分为以下三类：第一类是条件溢出的观点。目前大多数学者都认为，FDI 技术溢出并不是无条件、自动发生的。照此推断，现有结果只能说明：①研究对象确实没有满足 FDI 溢出发生的必要条件；②研究者本身就没有控制住某些关键因素对溢出效应的影响。第二类观点强调计量估计过程的严谨性。例如，是否选取了微观层的面板数据，是否遗漏了不可观测的变量，是否考虑了内生性的解释变量问题等。显然，这些研究方法上的问题也会直接影响到估计结果的客观性。最后一类观点认为，以往的研究是在一个错误的地方寻找 FDI 溢出[2]。从逻辑上说 FDI 溢出机制更有可能是在行业间运行，而非以前所预期的行业内。因此，FDI 的前、后向联系效应更有理由成为研究者关注的目标。我们发现，目前国内还很少有学者留意第三类观点。为此，本文选用行业层面板数据，考察了 FDI 对中国工业部门行业间溢出的情况，以弥补当前研究之不足。

二、相关文献回顾

(一) FDI 行业间技术溢出——理论背景

早期的理论文献一般把跨国公司拥有的先进技术视作公共物品，因此FDI溢出能"自动发生"。然而，Wang 和 Blomstrom（1992）认识到，无论是跨国公司还是当地企业，都在为实现利润最大化而进行各自的投资决策，它们之间存在策略性的相互作用（即博弈关系）[3]。因此，在"溢出效应市场"上，就不应该只考虑东道国及其当地企业一方的意愿和能力。从某种程度上说，由于在国际技术转移中处于主导地位，跨国公司的意志对于决定哪种方向（水平/垂直）上的溢出发生其实影响更大。

首先，为实现利润最大化，跨国公司希望尽可能地减少水平溢出。因为模仿和劳动力流动会导致其公司特定优势的扩散，它们将很难再与那些对当地市场、消费者偏好更加熟悉的本土企业竞争，所以跨国公司会采取策略性行动，关闭这二条FDI行业内收益的溢出通道。[4,5]

其次，跨国公司愿意（甚至有意地）提供垂直溢出，因为通过与当地企业的前、后向联系，它们能够从对下游顾客或上游供应商的知识扩散中获益。[6-8]

总之，在跨国公司看来，当技术在其子公司的上下游扩散时，FDI溢出代表了一种收益，而在行业内扩散时则意味着一种损失。以前的实证研究中恰恰忽视了这一点。

(二) 国外经验证据

相比多年来行业内溢出研究上的丰硕成果，目前行业间溢出的经验证据无疑单薄得多。事实上，在 Kugler（2000）以前，还没有哪位学者考虑过用计量经济学技术检验 FDI 行业间效应的可能性[6]。近几年，少数国外学者正是由此入手，从而取得了自 Caves（1974）以来有关溢出效应研究的一大突破。姜瑾（2006）对此进行了较为全面的回顾与分析[9]。

从现有经验证据中，我们可以发现两点共识。

（1）FDI的行业间溢出确实存在，且较行业内溢出而言更为重要和现实。

（2）这种行业间的联系效应能否发生也受到某些因素的影响，如技术差距、出口导向、来源地差异以及外资所有权程度等。至于其确切影响，上述研究结果不一（只能说发现正溢出的较多）。我们注意到，这些研究大多都未能考虑样本的选择性偏差以及溢出变量与微观样本单元之间的层面冲突等问题；如果纠正了此类问题，结论可能更加客观、令人信服。

三、数据、模型与变量

（一）数据描述

本文计量所用的行业数据根据 2001—2004 年《中国工业经济统计年鉴》以及 2000—2004 年《中国科技统计年鉴》中相关资料整理得来。为保持口径的连续性，原始数据集中没有包括 2002 年行业分类调整中删除的"武器弹药制造业""木材及竹材采运业"以及新增的"其他采矿业""工艺品及其他制造业""废弃资源和废旧材料回收加工业"。此外，"石油和天然气开采业"由于外资数量过少，因而也没有包括在内。在剔除上述部门之后，原始数据集中包含了新《国民经济行业分类》国家标准（GB/T4754—2002）中 35 个二位码的工业部门 1999—2003 年的 175 个观测值。考虑到本文重点是测度 FDI 的行业间联系效应，故投入产出表中的数据极为关键。为最大限度地利用这些技术系数，我们按《1997 年中国投入产出表》的统计口径，对这 35 个部门进行了归口，重组为最终数据集中的 21 个部门。

关于数据的选取：外资企业数据直接采自"外商投资和港澳台投资工业企业"对应指标，内资企业数据则由行业内"全部国有及规模以上非国有工业企业"与外资企业对应指标相减而来。这些数据所需的平减指数，如各年份的工业品出厂价格指数、固定资产投资价格指数、城市居民消费价格指数等，摘自《中国统计年鉴（2005）》；而实证中涉及的"直接消耗系数"取自中国投入产出学会官方网站提供的《1997 年中国投入产出表》。

（二）模型与变量定义

为测度 FDI 参与对中国工业部门内资企业生产率的影响，本文通过加入垂直溢出变量，将 Liu 等（2001）、Flores 等（2002）的模型扩展[10,11]，得到以下计量方程：

$$LP_{it} = \alpha + \beta_1\,CI_{it} + \beta_2\,ES_{it} + \beta_3\,LQ_{it} + \beta_4\,RD_{it} + \beta_5\,TG_{it} + \beta_6\,HS_{it} + \beta_7\,FS_{it}$$
$$+ \beta_8\,BS_{it} + \lambda_i + \eta_t + \varepsilon_{it} \tag{1}$$

这里，下标 i 和 t 分别代表行业和时间，λ_i 为不可观测的行业效应，η_t 为不可观测的时间效应，ε_{it} 为随机扰动项，它服从独立同分布。其余变量具体含义如下：

LP 为全员劳动生产率，以"工业增加值"与"全部从业人员年平均人数"之比表示。为消除时间价格因素的影响，我们以 1999 年为基期，用分行业的工业品出厂价格指数对其他年份的各部门工业增加值（当年价格）进行调整。

CI 为资本密集度，即"固定资产净值年平均余额"除以"全部从业人员年平均人数"。由于《中国统计年鉴》中没能给出分行业的固定资产投资价格指数，因此本文通过各年度总体的固定资产投资价格指数直接对最终数据集中的 21 个部门数据进行缩减，基期同样为 1999 年。

ES 为企业规模，以"产品销售收入"与"企业单位数"之比表示。"产品销售收入"的缩减方法与"工业增加值"相同。

LQ 为劳动力质量或人力资本，以"科技活动人员"占"全部从业人员年平均人数"的比率表示。

RD 为 R&D 强度，以"科技活动经费内部支出总额"占"产品销售收入"的比率表示。为剔除通胀因素，我们同样以 1999 年为基期，用各年份的城市居民消费价格指数对前者进行平减。

TG 为技术差距，以内外资企业间"全员劳动生产率"之比表示。

HS 为 FDI 水平溢出效应，以外资企业"工业总产值"占全行业（即"全部国有及规模以上非国有工业企业"）的比例表示。

FS 为 FDI 前向联系效应，定义为除行业 i 本身外，其所有上游行业 k 中外资企业产出所占比例的加权平均，即 $FS_{it} = \sum_{k,\,k\neq i} \alpha_{ik}\,HS_{kt}$。式中权重 α_{ik} 是产出部门 i 的产品（货物或服务）提供给各投入部门 k 中间使用的数量，该参数可以从投入产出表——"直接消耗系数表"中各行取得（剔除对角线上的元素是因为前面的水平溢出变量 HS 已经考虑了这种行业内效应）。

BS 为 FDI 后向联系效应，定义为除行业 i 本身外，其所有下游行业

m 中外资企业产出所占比例的加权平均，即 $BS_{it} = \sum_{m,m \neq i} \alpha_{im} HS_{mt}$。式中权重 α_{im} 是投入部门 i 在生产过程中消耗各产出部门 m 的产品（货物或服务）的数量，该参数采自投入产出表——"直接消耗系数表"各列（剔除对角线上元素的理由同上）。

（三）面板数据模型的设定

由于本文所探讨的问题包含横截面与时间序列上的信息，我们决定采用面板数据模型。严格地说，在进入正式回归分析之前，我们首先要在以下三种模型设定之间做出选择：混合 OLS、双向固定效应模型和随机效应模型。其中，混合 OLS 与双向固定效应模型之间的比较，以 F 统计量进行检验；混合 OLS 与随机效应模型之间的比较，以 Lagrange Multiplier（LM）检验进行；双向固定效应模型与随机效应模型之间的比较，以 Hausman 检验进行。

四、实证检验结果与分析

（一）多重共线性检验

模型（1）的建模思想主要源于 Liu 等（2001）提到的"生产率溢出模型"[10]。然而，把劳动力质量与 R&D 强度一同纳入回归模型，我们怀疑可能会引起多重共线性问题。因为这二者均可视为企业自主研发能力的指代[12]，为此应该加以检验。

从各解释变量之间的相关系数来看①，LQ 与 RD 间的 Spearman rank 相关系数与 Pearson 相关系数分别高达 0.785 和 0.738，且均在 1% 水平上显著。相比之下，其他解释变量之间的相关系数及显著性均在可接受的范围之内。为进一步确认这一问题，我们采用了 Gujarati（1995）提到的辅助回归法。结果发现，当以劳动力质量为被解释变量时，其拟合度高达 0.704（调整后的 R^2 亦达到 0.686）；而以其他解释变量做同样尝试时，除 R&D 强度稍高些外（0.619），基本上均在 0.2 ~ 0.4 之间。这表明，

---

① 因篇幅所限，文中省略了"国外行业间溢出实证研究一览""变量的统计性描述""解释变量之间的相关系数"等表格以及一些细节性描述，如有需要，可向作者索取。

如果 *LQ* 与 *RD* 同时进入模型，确实可能会产生多重共线性问题。因此，后文的分析中，我们将 *LQ* 与 *RD* 分别作为企业吸收能力的代理变量。

（二）回归分析结果

我们以内资工业企业为样本对模型（1）进行回归分析。估计结果见表 1。在 OLS_1、FE_1 和 RE_1 中，企业吸收能力的代理变量是劳动力质量；在 OLS_2、FE_2 和 RE_2 中，相应的代理变量是 R&D 强度。由于面板数据同时包含了横截面和时间序列上的信息，容易产生异方差性和序列相关性问题，为此我们采用估计的广义最小二乘法（EGLS）进行回归分析，其中混合 OLS 与双向固定效应模型选择横截面加权，而随机效应则用 Swamy-Arora 方式加权。

从表 1 中可以发现，除了资本密集度、企业规模、技术差距三个变量均保持高度显著性之外，其他变量尤其是三种溢出变量在不同模型设定下得到的结果是完全不同的，这向我们强烈地暗示了正确选择模型类型的重要性。另外，值得注意的是，除了双向固定效应模型之外，其余两种设定下的 D–W 值都相当低（均在 0 和 1.46 之间），表明存在严重的正自相关。

表 1   模型（1）的估计结果

	OLS_1	FE_1	RE_1	OLS_2	FE_2	RE_2
CI	0.145 *** (0.015)	0.122 *** (0.026)	0.170 *** (0.021)	0.151 *** (0.015)	0.132 *** (0.026)	0.179 *** (0.022)
ES	0.958 *** (0.328)	2.567 *** (0.699)	2.641 *** (0.383)	1.227 *** (0.285)	2.727 *** (0.727)	2.586 *** (0.425)
LQ	44.132 *** (10.274)	− 14.765 * (7.644)	− 9.061 (7.490)			
RD				94.896 *** (19.230)	10.386 (12.777)	15.824 (15.234)
TG	5.253 *** (0.627)	2.905 *** (0.720)	5.618 *** (0.604)	4.969 *** (0.558)	3.003 *** (0.727)	5.920 *** (0.598)

	OLS$_1$	FE$_1$	RE$_1$	OLS$_2$	FE$_2$	RE$_2$
HS	− 0. 332	14. 179 ***	4. 090 ***	− 0. 457	14. 177 ***	3. 850 **
	(1. 141）	(2. 043）	(1. 432）	(1. 084）	(2. 168）	(1. 614）
FS	− 2. 160	41. 506 ***	5. 214 *	− 2. 564 *	40. 106 ***	5. 146 *
	(1. 580）	(8. 613）	(2. 645）	(1. 548）	(8. 822）	(3. 084）
BS	− 14. 235 ***	− 52. 856 **	10. 400	− 13. 211 ***	− 44. 086 *	9. 389
	(4. 089）	(22. 094）	(7. 431）	(3. 820）	(24. 553）	(8. 617）
Adj. R^2	0. 740	0. 984	0. 686	0. 752	0. 974	0. 693
D − W	0. 419	1. 965	0. 853	0. 478	1. 934	0. 927
F	50. 25	180. 18	33. 41	53. 62	129. 45	34. 59
Obs.	105	105	105	105	105	105
OLS/FE	26. 36 ***			25. 03 ***		
OLS/RE	595. 58 ***			560. 13 ***		
FE/RE			61. 13 ***			59. 16 ***

注：括号内数字为标准差。***、**、*分别表示在 1%、5%、10% 水平上显著。软件为 Eviews 5. 0。

再从面板模型设定的检验结果来看，无论企业吸收能力的代理变量为谁，F 检验、LM 检验和 Hausman 检验均拒绝各自的原假设 H$_0$，表明采用双向固定效应模型和随机效应模型都优于混合 OLS，而双向固定效应模型又优于随机效应模型。因此，下面的讨论将围绕双向固定效应模型的估计结果展开。

从表 1 第 3 列和第 6 列来看，在控制了行业效应和时间效应之后，调整后的 R^2 基本上在 0. 98 左右，说明模型拟合得非常好；D − W 值亦在 2. 0 附近，表明模型不存在自相关。除代理变量外，其他的控制变量和溢出变量在两种情况下的系数估计值相当接近，并且绝大多数是在 1% 水平上显著。但以下两点非常值得关注：

（1）代表企业吸收能力的劳动力质量和 R&D 强度，前者虽统计性显著（10% 的水平上），但系数估计值为负；而后者的系数估计值虽为正值，但统计性不显著。事实上，在进行变量的统计性描述时，我们已经发现，除 C39、C40、C41 等极少数行业外，其他行业的这两个指标都非常之低。它说明，在样本研究期内资企业不仅劳动力质量并无明显改善，而且从行业角度来看，研发投入依然相当有限。

Liu 等（2001）在考察中国电子业的情况时，曾发现人力资本是内资企业生产率水平最重要的决定因素。但我们注意到，电子业恰恰是国内劳动力质量最高的行业。从本质上看，我们的结果与 Liu 和 Lin（2004）类似，他们在检验 FDI 对中国制造业部门的后向联系效应时，发现劳动投入变量的系数估计值居然为负，对此他们认为是内资企业中大量冗员所导致的结果[13]。综合上述因素，本文认为，发现劳动力质量和研发投入对内资企业生产率水平的贡献不显著，甚至为负应该是可以理解的。

（2）与国内现有文献一致，我们发现 FDI 与国内下游企业间的前向联系与内资企业的生产率水平显著正相关。但是，就 FDI 与国内上游企业间的后向联系而言，我们发现后向联系效应不仅显著性较低（分别在 5% 和 10% 的水平上），且其系数估计值为负。据我们所知，目前除 Smarzynska 和 Spatareanu（2002），Yudaeva 等（2003），Thangavelu 和 Pattnayak（2006）外，还没有发现后向联系效应显著为负的，反倒是发现前向联系效应为负的多一些[14-16]。但是，与上述文献一样，我们目前也无法给出严谨的理论解释。

（三）最优差距区间

Flores 等（2000）以葡萄牙的行业层面板数据，考察了一个很有意义的问题。他们希望确定当内外资企业之间的技术差距处于什么样的特定区间时，FDI 的行业内溢出能实现最大化。结果发现，当内资企业生产率为外资企业生产率的 50% ～ 80% 之间时，溢出效应最大。Proenca 等（2002）对 Flores 等（2000）的模型略做了修改，以波兰的企业层面板数据进行了类似的研究，他们发现的"最优区间"则是 60% ～ 95%。二者结论有些差异的原因可能是对技术差距使用了不同的界定[17]。

现在，我们自然联想到一个问题：为了实现 FDI 的行业间溢出最大化，内外资企业间的技术差距应该处于一个什么样的区间才好呢？解决这一问题的关键在于技术差距区间的划分。我们没有套用 Flores 等（2000）和 Proenca 等（2002）的区间选择，而是根据本研究中 TG 的直方图，设定了以下一系列区间：20% ～ 60%，20% ～ 70%，30% ～ 70%，30% ～

80% , 40% ～ 80% , 40% ～ 95% , 50% ～ 80% , 50% ～ 95% , 60% ～ 95% 。然后，我们定义一个虚拟变量 D：如果某行业在某时期的技术差距在预设的区间内，其值取 1，否则为 0。将该虚拟变量分别与三个溢出变量构建交互项后，新模型如下：

$$LP_{it} = \alpha + \beta_1\, CI_{it} + \beta_2\, ES_{it} + \beta_3\, LQ_{it} + \beta_4\, HS_{it} \times D_{it} + \beta_5\, FS_{it} \times D_{it} +$$
$$\beta_6\, BS_{it} \times D_{it} + \lambda_i + \eta_t + \varepsilon_{it} \tag{2}$$

式中其余变量定义同模型（1）。

表 2 报告了当企业吸收能力的代理变量为 LQ 时，不同技术差距下 FDI 技术溢出的情况。由于在 20% ～ 60% , 30% ～ 80% , 40% ～ 80% 这三个预设区间内，变量 D 与所有溢出变量的交互项均不显著，故没有报告其估计结果。从表 2 中不难发现，随着技术差距区间的上移，BS 与 TG 交互项的系数估计值保持负值，但绝对值增加，由不显著变为高度显著；而 FS 与 TG 交互项的系数估计值则不断减小，显著性变化没有规律；在各个预设区间内，HS 与 TG 交互项均不显著。就数值上而言，前向联系效应的最优差距区间是 30% ～ 70% ；而对于后向联系效应而言，相应区间则为 60% ～ 95% （不过是负溢出最大化）。

表 2 不同差距区间的检验

	Gap 20% ～ 70%	Gap 30% ～ 70%	Gap 40% ～ 95%	Gap 50% ～ 80%	Gap 50% ～ 95%	Gap 60% ～ 95%
CI	0. 115 ***	0. 106 ***	0. 112 ***	0. 101 ***	0. 111 ***	0. 098 ***
	(0. 029)	(0. 029)	(0. 031)	(0. 026)	(0. 027)	(0. 025)
ES	3. 582 ***	3. 571 ***	3. 540 ***	3. 450 ***	3. 301 ***	3. 244 ***
	(0. 641)	(0. 584)	(0. 543)	(0. 523)	(0. 528)	(0. 520)
LQ	− 12. 607	− 9. 463	− 12. 206	− 10. 068 *	− 11. 339 *	− 14. 228 **
	(7. 901)	(7. 860)	(8. 988)	(5. 756)	(6. 597)	(5. 867)
HS * D	− 1. 128	− 0. 945	1. 265	− 0. 128	1. 195	1. 417
	(0. 886)	(0. 854)	(0. 863)	(0. 693)	(1. 115)	(0. 901)
FS * D	3. 734 **	4. 107 ***	2. 337	1. 933 **	1. 452	0. 779
	(1. 556)	(1. 568)	(1. 852)	(0. 763)	(1. 163)	(1. 190)

	Gap 20%～70%	Gap 30%～70%	Gap 40%～95%	Gap 50%～80%	Gap 50%～95%	Gap 60%～95%
$BS*D$	-1.758 (3.525)	-4.424 (3.163)	-6.321^{***} (2.052)	-6.432^{***} (1.718)	-9.818^{***} (2.052)	-9.926^{***} (3.429)
Adj. R^2	0.985	0.987	0.981	0.994	0.990	0.994
D-W	1.65	1.69	1.79	1.95	1.84	1.78
F	229.4	254.4	181	651.6	346.7	679.5
Obs.	105	105	105	105	105	105

注：同表1。

以上结果也有些出人意料：①在考虑技术差距交互作用的情况下，行业内溢出失去了显著性，这与 Flores 等（2000）和 Proenca 等（2002）的发现完全不同；②技术差距与后向联系效应显著负相关，却与前向联系效应显著正相关，这看来也有点奇怪。我们认为，第一个问题可能与本文采用的数据聚合层次有关。一般认为，竞争是 FDI 行业内溢出效应的主导机制[6]，而市场竞争激烈与否同企业间的技术差距显然有很大关系。竞争应该是在细分市场上进行的，在二位码这么高的聚合层次上，技术差距对竞争效应的影响可能很难体现出来。但是，这种聚合层次对考察行业间溢出的影响相对会小一些，因为我们至少可以从投入产出表中明确发现行业间的供应链关系。

对于第二个问题，我们的理解是：如果内外资企业间的技术差距太大，当地供应商就很难满足外资企业对中间投入品的质量要求，后者只有放弃当地采购，而改为从母国供应商或其他途径进口。这样一来，外资企业对中间投入品的需求效应就无法体现。然而，在前向联系中情况则不同，作为供应商的外资企业向内资企业提供高质量的中间投入品，此时的技术差距反而能为学习效应的发生提供可能。毕竟在竞争性的市场中，买方一般都能拥有更多的话语权。

当然，对于以上这种最优区间检验，Flores 等（2000）和 Proenca 等（2002）都曾强调他们的发现只是数据驱动的（data-driven finding），本文同样如此。进行这种尝试，除了进一步证实技术差距在 FDI 溢出中的关键作用外，我们的主要目的还是希望为以前研究中所说的"适中的技术差距"赋予一个相对精确的量化概念，同时把它扩展到行业间溢出研究中去。

五、结论

本文选取行业层面板数据，考察了 FDI 对中国工业部门内资企业行业间溢出效应的存在性。相比国内现有的行业层研究，本文在计量经济学检验上做了如下改进：①考虑了解释变量间的多重共线性问题。在 Liu 等（2001）的"生产率溢出模型"中，我们怀疑劳动力质量和 R&D 强度一同进入，可能会造成严重的多重共线性。相关的检验也证实了这一点。②考虑了不可观测的时间和行业效应。在国内文献和很多国外文献中，实际上是直接采用单向固定效应模型，这里进行的 F 检验、LM 检验和 Hausman 检验向我们表明了在二种面板模型之间进行正确选择的必要性。而在研究内容创新方面，我们把 Flores 等（2000）和 Proenca 等（2002）有关技术差距最优区间的分析从行业内溢出拓展到了行业间溢出，从而为考察技术差距对 FDI 溢出效应的确切影响增添了新的经验证据。

从本文的分析结果中，我们可以得出以下两点重要启示：

（1）从行业层面看，作为衡量自主创新能力的主要指标，内资企业的劳动力质量和研发投入均不容乐观，前者对企业劳动生产率增长的贡献甚至为负。因此，今后内资企业除了进一步加大研发投入外，更关键的还是应该在减少冗员的同时，努力提高企业员工的素质，从而改善劳动力的质量。

（2）FDI 是产生了显著的行业内溢出和前向联系溢出，但同时也给上游内资企业的生产率增长带来了不利影响。这至少说明上游的内资企业并没有从外资进入所导致的需求扩大中获取预期的规模收益，原因可能是上游企业提供的中间投入品还达不到外资企业的要求，故而后者只有从海外供应商那里进口。因此，今后除了内资企业自身的努力外，政府也应该有步骤地逐渐减少"三来一补"企业的数量和规模，鼓励更多的外资企业加入我国内资企业产品的采购链中来。

参考文献

［1］GORG H, D GREENAWAY D. Much ado about nothing? do domestic firms really benefit from foreign direct investment［J］. The World Bank Research Observer, 2004, 19（2）: 171 – 197.

［2］JAVORCIKB S. Does foreign direct investment increase the productivity of domestic firms? In search of spillovers through backward linkages［J］. American Economic Review, 2004, 94（3）: 605 – 627.

［3］WANG J, BLOMSTRÖM M. Foreign investment and technology transfer: a simple model［J］. European Economic Review, 1992, 36（1）: 137 – 155.

［4］MARKUSEN J R, VENABLESA J. Multinational firms and the new trade theory［J］. Journal of International Economics, 1998, 46（2）: 183 – 203.

［5］ETHIER W J, MARKUSEN J R. Multinational firms, technology diffusion and trade［J］. Journal of International Economics, 1996, 41: 1 – 28.

［6］KUGLER M. Spillovers from foreign direct investment: within or between industries［R］. Mimeo, University of Southampton, 2005.

［7］RIVERA-BATIZ F L, RIVERA-BATIZ L A. The effects of direct foreign direct investment in the presence of increasing returns due to specialization［J］. Journal of Economic Development, 1990, 34（2）: 287 – 307.

［8］MARKUSEN J R, VENABLESA J. Foreign direct investment as a catalyst for industrial development［J］. European Economic Review, 1999, 43（2）: 335 – 356.

［9］姜瑾. 国外 FDI 行业间溢出效应实证研究综述［J］. 外国经济与管理, 2006（7）: 59 – 64.

［10］LIU X, PARKER D, VAIDYA K, et al. The impact of foreign direct investment on labour productivity in the Chinese electronics industry［J］. International Business Review, 2001（10）: 421 – 439.

［11］FLORES R M, FONTOURA M P, SANTOS R G. Foreign direct investment spillovers: additional lessons from a country study［R］. Working Paper 4/2002, Department of Economics, ISEG, Technical University of Lisbon, 2002.

［12］王红领, 李稻葵, 冯俊新. FDI 与自主研发: 基于行业数据的经验研

究 ［J］. 经济研究, 2006 (2): 44 - 55.

［13］ LIU Z, LIN P. Backward linkages of foreign direct investment: evidence from China ［DB］. http: //www. cctr. ust. hk/articles/pdf/LinPing, pdf, 2004.

［14］ SMARZYNSKA B, SPATAREANUM. FDI spillovers through backward linkages in Romania: some determinants ［R］. Mimeo, World Bank, 2002.

［15］ YUDAEVA K, KOZLOV K, MELENTIEVAN, et al. Does foreign ownership matter? The Russian experience ［J］. Economics of Transition, 2003, 11 (3): 383 - 409.

［16］ THANGAVELU S M, PATTNAYAKS S. Linkages spillovers and foreign ownership: evidence from the Indian pharmaceutical firms ［R］. Development Economics Working Papers 22579, East Asian Bureau of Economic Research, 2006.

［17］ PROENCA I, FONTOURA M P, CRESPO N. Productivity spillovers from multinational corporations in the Portuguese case: evidence from a short time period panel data ［EB/OL］. ［2002 - 02 - 18］. https: //www. repository. utl. pt/bitstream/10400. 5/2738/1/wp62002. pdf.

（原载《财经研究》2007 年第 1 期, 与姜瑾合著）

外商直接投资、垂直联系与技术溢出效应
—— 来自中国工业部门的经验证据

一、引言

进入 20 世纪 90 年代后，围绕外商直接投资（FDI）流向的政府间竞争日趋激烈，各东道国（尤其是发展中国家）纷纷运用财政、金融等政策激励乃至规制变革等手段，鼓励跨国公司前来投资。它们相信 FDI 能够通过技术溢出（technological spillovers）的方式促进当地的技术进步，帮助本国经济走上内生化的增长道路。然而，以这种技术外部性作为 FDI 激励政策的理论依据，其合理性却一直未能得到经验分析的支持：至少就发展中国家和转型经济国家而言，迄今为止微观层面板数据研究基本上发现的是 FDI 负溢出、无溢出或统计性不显著的证据[1]。

几年前，有些学者敏锐地认识到，以往研究中其实只考察了 FDI 通过模仿、劳动力流动与竞争等途径产生的行业内溢出（intra – industry spillovers），却忽略了通过前向与后向联系方式产生的行业间溢出（inter – industry spillovers）。为此，他们另辟蹊径，开始致力于 FDI 垂直联系效应的实证研究，目前结果与理论预期较为一致。在充分借鉴这些最新研究成果的基础上，本文以行业层面板数据，考察了 FDI 对中国工业部门内资企业技术溢出的情况。我们关注的核心问题是：在中国工业部门，是否存在 FDI 的行业间溢出；如果存在，是正溢出还是负溢出？内外资企业间的技术差距对行业间溢出有何影响？我们认为，上述问题的研究不仅具有重要的理论意义，在当前强调着力提高利用外资质量的大背景下，它们也是政府决策部门关心的问题。

本文其余部分结构安排如下：第二部分回顾并分析国外在 FDI 行业间溢出研究上的最新进展；第三部分描述数据、构建面板模型、定义变量，

第四部分报告计量检验结果并给予相应的解释；最后一部分为结论。

二、相关文献回顾

（一）FDI 行业间技术溢出：理论背景

早期的理论文献（Koizumi & Kopecky，1977；Findlay，1978；Das，1987）一般将跨国公司拥有的先进技术视为公共物品，因而溢出效应可以"自动发生"。然而，Wang 和 Blomstrom（1992）认识到，无论是跨国公司还是当地企业，都在为实现利润最大化而进行各自的投资决策，它们之间存在策略性的相互作用（即博弈关系）。[2]因此，在"溢出效应市场"上，就不能光考虑东道国及其当地企业一方的主观意愿。从某种程度上说，由于在国际技术转移中处于主导地位，跨国公司的意志对于决定哪种方向（水平/垂直）上的溢出实际发生应该影响更大。

首先，为实现利润最大化，跨国公司希望尽可能地减少水平溢出。因为模仿与劳动力流动会导致其公司特定优势的丧失，它们将不再可能做到"与那些对当地市场、消费者偏好、管理实践体验更深刻的当地企业成功地竞争"[3]，所以跨国公司将采取策略性行动，关闭这二条 FDI 行业内效率收益的溢出通道。例如，与拥有通过反向工程（reverse engineering）吸收所有权技术能力的当地竞争者地理上毗邻，对跨国公司肯定不利，因此它们将选择在潜在竞争者无法侵蚀其市场份额的地方设立子公司。[4]如此一来，作为跨国公司有意使模仿时滞（imitation lag）最大化的结果，即使行业内溢出被物化，技术性知识的租金消散也将随时间持续而减轻[5]。而为了阻止劳动力流动效应的发生，跨国公司会考虑向那些能保守商业机密的管理人员支付"效率工资"，以防止后者为换取更高的报酬或改善工作条件而投靠当地竞争对手（Blomstrom et al.，2001）；Sinani 和 Meyer（2004）同样认为，通过更高的工资诱惑，跨国公司可以吸引到当地最好的工人，因此劳动力流动效应为负也是非常可能的[6]。

其次，跨国公司愿意（甚至有意地）提供垂直溢出：通过与当地企业的前、后向联系，它们能够从对下游顾客与上游供应商的知识扩散中获益。一方面，对当地市场的渗透在跨国公司子公司与产出品用户之间产生的前向联系和信息流动对其极有帮助[7]；另一方面，筹供（sourcing）产生的后向联系导致知识转移到上游部门。Rivera-Batiz 和 Rivera-Batiz（1990）曾强调跨国公司增加对当地中间投入品的需求所导致的静态效应[8]，而 Markusen 和 Venables（1999）则发现了中间投入品和服务在供给与需求两方面的扩张对东道国生产率的动态效应[9]。不仅是上游部门的当地企业能从中受益，而且对跨国公司也有好处。对于子公司的上下游企业，溢出所导致的成本降低不会给跨国公司带来租金损失。

总之，在跨国公司看来，当技术在其子公司的上下游扩散时，FDI 溢出代表着一种收益，而在行业内扩散时则意味着一种损失。典型的 FDI 将与以下情形有关：较少的直接竞争者和许多的投入品供应商，导致有限的行业内溢出而行业间效应为正（Kugler，2005）。换言之，FDI 溢出本质上更有可能发生在垂直方向上，而非水平方向上[10]。

（二）国外经验证据

相比多年来行业内溢出研究上的丰硕成果，目前行业间溢出的经验证据无疑单薄得多。事实上，在 Kugler（2000）之前，还没有学者考虑过用计量经济学技术检验 FDI 行业间效应的可能性，而这恰恰是一种较行业内溢出更为现实的外部性。近几年，一些国外学者正是由此入手，取得了自Caves（1974）以来有关溢出效应研究的一大突破（见表1）。

表1　国外行业间溢出文献一览

研究者	国家	数据年代与类型	主要结论
Schoors & van der Tol（2002）[11]	匈牙利	1997—1998 公司层横截面	存在非负的部门内溢出；存在正的后向联系溢出与负的前向联系溢出；部门间效应在经济上比部门内效应更重要
Smarzynska（2002）[12]	立陶宛	1997—2000 公司层面板	存在通过后向联系的行业间正溢出，但前提是二者间的技术差距适中；产品主要面向当地市场的企业从后向联系中获益更多；没有证据表明存在行业内溢出

续表

研究者	国家	数据年代与类型	主要结论
Blalock & Gertler (2003)[13]	印度尼西亚	1988—1996 公司层面板	下游的 FDI 促进了上游的当地企业生产率增长，证明垂直供应链是一种技术转移的途径，从而解释了跨国公司投资的动机
Javorcik et al. (2004)[14]	罗马尼亚	1998—2000 公司层面板	当地供应商的生产率与下游部门中来自美洲与亚洲的 FDI 参与正相关，与来自欧洲的 FDI 参与负相关
Mucchielli & Jabbour (2004)[15]	西班牙	1990—2000 公司层面板	存在通过后向联系的行业间正溢出，行业内溢出为负；相比当地市场导向且部分股权的 FDI，出口导向且独资的 FDI 为当地供应商提供了更多的技术转移机会
Javorcik (2004)	立陶宛	1996—2000 公司层面板	存在通过外资公司（非全资子公司）与其当地上游供应商的后向联系产生的 FDI 生产率正溢出，但没有证据表明存在行业内溢出以及通过前向联系产出的生产率溢出
Harris & Robinson (2004)[16]	英国	1974—1995 公司层面板	竞争和"吸收能力"效应有时要超过潜在的收益，从而导致负溢出；行业间溢出一般比行业内溢出更普遍
Thangavelu & Pattnayak (2006)[17]	印度	1989—1998 公司层面板	存在正的行业内溢出；由于内、外资企业间技术差距较大，通过后向联系的行业间溢出为负；但外资参与对当地企业的总效应为正

说明：Schoors 和 van der Tol（2002）因数据有限，故将两年的数据合并做横截面处理以匹配匈牙利 1998 年的投入产出表。该文中前、后向联系的定义与他人相反，作者对其结论做了修改。

从表1中可以得出两点结论：FDI 的行业间溢出确实存在，且较行业内溢出而言更为重要或者说普遍；这种行业间的联系效应能否发生可能受某些因素的影响，如技术差距、出口导向、FDI 的来源差异以及外资所有权程度等。至于其确切影响，上述研究结果不一（只能说发现正溢出的比较多）。我们注意到，这些文献中很多都未考虑样本的选择性偏差以及溢出变量与微观样本单元之间的层面冲突等问题；如果对此予以纠正，也许结论会更加客观、令人信服。

三、数据、模型与变量

（一）描述数据

本文计量所用数据主要根据 2001—2004 年《中国工业经济统计年鉴》中相关资料整理得来。为保持统计口径的连续性，原始数据集中没有包括 2002 年行业分类调整中删除的 "武器弹药制造业" "木材及竹材采运业" 以及新增的 "其他采矿业" "工艺品及其他制造业" "废弃资源和废旧材料回收加工业"。另外，"石油和天然气开采业" 由于外资数量过少，因而也没有包括在内。在剔除上述部门之后，原始数据集中包含了新《国民经济行业分类》国家标准（GB/T4754—2002）中 35 个二位码工业部门 1999—2003 年的 175 个观测值（《2001 年中国工业经济统计年鉴》收录了 1999、2000 两年的数据）。考虑到本文重点是测度 FDI 的行业间联系效应，故投入产出表（IO）中的数据极为关键。为最大限度地利用这些技术系数，我们按《2002 年中国投入产出表（42 个部门）》的统计口径，对这 35 个部门进行了归口①，重新集结为最终数据集中的 21 个部门（所有的数据折减均在归口前完成）。以下回归分析就建立在这 5

---

① 具体归口方法如下：黑色金属矿采选业、有色金属矿采选业合并到金属矿采选业；食品加工业、食品制造业、饮料制造业、烟草加工业合并到食品制造与烟草加工业；服装及其他纤维制品制造业，皮革、毛皮、羽绒及其制品业合并到服装皮革羽绒及其制品业；木材加工及竹、藤、棕、草制品业，家具制造业合并到木材加工及家具制造业；造纸及纸制品业，印刷业、记录媒介的复制，文教体育用品制造业合并到造纸印刷及文教用品制造业；化学原料及化学制品制造业，医药制造业，化学纤维制造业，橡胶制品业，塑料制品业合并到化学工业；黑色金属冶炼及压延加工业，有色金属冶炼及压延加工业合并到金属冶炼及压延加工业；普通机械制造业，专用设备制造业合并到通用、专用设备制造业。其余 13 个名称相同的行业不变。

年期间的 105 个观测值上。

关于数据的选取，外资企业数据直接采自"外商投资和港澳台投资工业企业"对应指标，内资企业数据则由行业内"全部国有及规模以上非国有工业企业"与外资企业对应指标相减而来；这些数据所需的平减指数，如各年份的工业品出厂价格指数、固定资产投资价格指数、城市居民消费价格指数等，摘自《中国统计年鉴（2005）》；而实证中涉及的"直接消耗系数"取自国家统计局刚刚公布的《2002 年中国投入产出表》。①

（二）构建面板模型与定义变量

为测度 FDI 参与对中国工业部门内资企业的溢出效应，本文借鉴目前国外学者一般的建模思想（如 Harris & Robinson，2004；Javorcik，2004），构建出以下基础模型：

$$ln \, Y_{it} = \beta_0 + \beta_1 \, InK_{it} + \beta_2 \, InL_{it} + \beta_3 \, InConc_{it} + \beta_4 \, InHS_{it} +$$
$$\beta_5 \, InFS_{it} + \beta_6 \, InBS_{it} + \lambda_i + \eta_t + \varepsilon_{it} \qquad (1)$$

式中，下标 i 和 t 分别代表行业和年份；λ_i 为不可观测的行业效应，目的在于控制不随时间而变的行业特定影响；η_t 为不可观测的时间效应，是一个不随行业的不同而变化的变量，它解释了所有没有被包括在回归模型中与时间有关的效应；ε_{it} 为随机误差项，它服从独立同分布（$i. i. d$）。其他变量具体含义如下：

Y：内资企业的总产出，以"工业总产值"表示。为消除年代价格因素的影响，我们以 1999 年为基期，用分行业的工业品出厂价格指数对其他年份各部门的工业总产值（当年价格）进行调整。因《中国统计年鉴（2005）》中工业品出厂价格指数的行业划分与本文原始数据集中的 35 个部门口径不一，我们采用了类似于喻世友等（2005）的归口方法[18]。

K：内资企业的资本存量，以"固定资产净值"表示。由于统计年鉴

① 中国的投入产出表（IO）每 5 年修订一次。最新公布的《2002 年中国投入产出表》提供了两种规格的产业关联表，一种是 42×42 产品部门（主要基于二位码层次），一种是 122×22 产品部门（主要基于三位码层次）。限于数据的可得性，我们目前只能向前一种规格的关联表归口，同时还必须假定研究期内各行业的直耗系数不变。当然，后面的假设在国外研究中亦普遍存在（如 Yudaeva et al.，2003；Harris & Robinson，2004）；据我们所知，目前仅有 Jabbour 和 Mucchielli（2004）在对西班牙的研究中，有条件采用四个连续年份的 IO 表。

中并没有提供各年份、分行业的固定资产投资价格指数，因此我们必须估算一个这样的指数序列。这里借鉴了朱钟棣和李小平（2005）的思路：首先，将固定资产投资价格指数 P_{it} 分为建筑安装工程价格指数和设备价格指数[19]，并采用如下公式：

$$P_{it} = W_{jt} P_{jt} + W_{st} P_{st} \tag{2}$$

其中，P_{jt} 为各年份建筑安装工程价格指数，摘自《中国统计摘要（2006）》；P_{st} 为设备价格指数，与朱钟棣和李小平（2005）一样，我们采用各行业工业品出厂价格指数。W_{jt} 和 W_{st} 分别为建筑安装工程费用和设备费用占固定资产投资的比例；为得到这两个各年份、分行业的权重值，我们利用 2000—2004 年的《中国固定资产投资统计年鉴》，将各行业的基本建设投资和更新改造投资中的"建筑安装工程""设备工器具购置（加上'其他费用'）"分别加总，从而求出其各自在总投资中所占的比例。然后，我们再用得到的价格指数序列对年鉴中的账面资产净值进行如下平减：

$$K_{it} = K_{it_0} + \sum_{t_0+1}^{t} \Delta k_{it} / P_{it} \tag{3}$$

式中，K_{it_0} 为 1999 年的固定资产净值；Δk_{it} 为 t 年的固定资产净值增加额，以相邻二年的固定资产净值相减得出。

L：内资企业的劳动投入，以"全部从业人员年平均人数"表示。

$Conc$：行业集中度。由于无法获取大样本的企业数据，目前在国内研究中要计算一个严格意义上的 Herfindal 指数非常困难。我们这里采用另外一种衡量市场竞争程度的指标——Lerma 指数。Cheung 和 Pascual（2004）曾提出测算行业 Lerna 指数的办法[20]：①

$$PCM_{ijt} = \frac{VA_{ijt} - W_{ijt}}{Y_{ijt}} \tag{4}$$

式中，PCM（price cost margin）为 Lerma 指数，W 为劳动力成本，VA 为增加值，Y 为总产值；i 代表行业，j 代表国别。鉴于数据可得性，我们采用该法来构建所需的行业集中度变量（略去其中的国别维度），以全行业（即"全部国有及规模以上非国有工业企业"）的"工业总产值"表示 Y，

---

① 陈羽（2005）亦用该法测算过中国制造业的行业集中度，不过他并未说明当《中国劳动统计年鉴》中劳动力成本出现数据缺失的情况下如何处理。

以"工业增加值"表示 VA，以"工资总额"表示 W。因 2000 年和 2001 年的《中国劳动统计年鉴》中只有"采矿业""制造业""电力、燃气及水的生产和供应业"三个门类的工资总额，并未报告这期间各部门的数据，为此我们把 2001—2003 年各部门"工资总额"占相应门类的比率进行算术平均，再反推出 1999 年和 2000 年各部门的工资总额。然后，我们用各年份的城市居民消费价格指数对"工资总额"进行平减，而"工业增加值"的折算方法与"工业总产值"相同。

HS：FDI 水平溢出（horizontal spillovers）效应，以外资企业"工业总产值"占全行业的比例表示。我们希望通过它捕捉到 FDI 通过模仿、劳动力流动和竞争这三种途径产生的行业内净效应。由于该变量（以及下文的技术差距 TG）属于指标间的比率关系，所以不必进行价格调整，直接使用相应指标的当年值计算。

FS：FDI 前向联系（forward linkages）效应，定义为除行业 i 本身外，其所有上游行业 k 中外资企业产出所占比例的加权平均，即：

$$FS_{it} = \sum_{k,k \neq i} a_{ik} \cdot HS_{kt} \tag{5}$$

式中权重 a_{ik} 是产出部门 i 的产品（货物或服务）提供给各投入部门 k 中间使用的数量，该系数可以从投入产出表——"直接消耗系数表"中各行取得（剔除对角线上的元素是因为前面的水平溢出变量 HS 已经考虑了这种行业内效应）。构建这一变量目的在于体现作为顾客的当地企业与外资企业供应商之间的联系强度。

BS：FDI 后向联系（backward linkages）效应，定义为除行业 i 本身外，其所有下游行业 m 中外资企业产出所占比例的加权平均，即：

$$BS_{it} = \sum_{m,m \neq i} a_{im} \cdot HS_{mt} \tag{6}$$

式中权重 a_{im} 是投入部门 i 在生产过程中消耗各产出部门 m 的产品（货物或服务）的数量，该系数采自投入产出表——"直接消耗系数表"各列（剔除对角线上元素的理由同上）。构建这一变量的目的在于反映作为供应商的当地企业与外资企业顾客间的联系强度。

表 2 提供了上述各变量的描述性统计。

表2　各变量的描述性统计

变量		均值	标准差	最大值	最小值
被解释变量	lnY	7.5732	1.1736	9.4989	4.6356
解释变量	lnK	7.0405	1.0862	9.5798	5.0987
	lnL	4.9682	0.9746	6.3992	2.6333
	$Conc$	0.2431	0.0662	0.4743	0.0941
	HS	0.2556	0.1896	0.7708	0.0030
	FS	0.0887	0.0954	0.3734	0.0022
	BS	0.0701	0.0431	0.2405	0.0193
	$TG-lp$	0.5283	0.2513	1.2600	0.0700
	$TG-ci$	0.5844	0.2503	1.2700	0.1600

说明：TG 为技术差距，见下文。

四、计量结果与分析

（一）基础模型的检验结果

由于本文采用了国外常用的面板数据（panel data）模型，因此在进入正式分析之前，我们首先需要在以下三种模型设定之间做出选择：混合数据普通最小二乘法（pooled OLS）、双向固定效应（two-way fixed effect）模型和随机效应（random effect）模型。另外，考虑到面板数据同时包含横截面数据和时间序列数据上的信息，比较容易产生异方差和序列相关性问题，为此我们采用估计的广义最小二乘法（EGLS）进行回归分析，其中混合 OLS 与双向固定效应模型选择横截面加权，而随机效应则采用 Swamy-Arora 方式加权。

我们以内资工业企业为样本对模型①进行回归，估计结果见表3。从中不难发现，除了行业集中度 $Conc$ 保持高度显著之外，其余变量在不同的模型设定下得到的结果完全不同，这向我们强烈地暗示了正确选择模型类型的重要性。就具体检验结果而言，F 检验、LM 检验均拒绝各自的原

① 由于样本行业的数目限制，我们无法建立双向随机效应模型。因此，这里的随机效应实际上为个体随机效应。

假设 H_0，表明采用双向固定效应模型和随机效应模型都优于混合 OLS；但 Hausman 检验的结果出人意料，相应的 x^2 值居然为负，表明我们应该选择随机效应模型。联系到现有溢出研究中大多是直接采用单向固定效应模型，这一发现尤其值得关注。因此，下面的分析我们将围绕随机效应模型的估计结果展开。

（1）从传统要素投入来看，资本存量的系数估计值显著为正，而劳动投入的系数值为负，虽然统计性不显著。后一结果与国内其他面板研究（如王耀中、刘舜佳，2005[21]；周燕、齐中英，2005[22]；严兵，2006[23]）截然不同，但与 Liu 和 Lin（2004）比较吻合，他们在检验 FDI 对中国制造业部门的后向联系效应时，同样发现劳动投入的系数值为负（且在 1% 的水平上），对此他们解释为内资企业中大量冗员所导致的结果。我们认为，出现上述分歧与前者采用的面板模型设定有关。从表 3 中可以发现，在混合 OLS 下，资本存量与劳动投入的系数估计值同样显著为正。

（2）就溢出效应而言，水平溢出变量 *HS*、前向联系效应 *FS* 和后向联系效应 *BS* 的系数估计值为正，且均在 1% 的统计性水平上显著。这表明，FDI 的行业内和行业间参与确实导致了内资企业的产出增长。具体来说，以外资企业产出份额衡量的外资参与每增加 1 个百分点，在上述三种方向上可以分别带动内资企业产出增加 0.2158、0.3513 和 0.7322 个百分点。我们注意到，在产出弹性上后两种效应要比第一种大得多，这与前述国外学者的研究结果极为吻合，它表明通过 FDI 垂直联系产生的行业间溢出在经济上的确是一种较行业内溢出更为重要的国际技术转移途径。

表 3 基础模型的估计结果

	OLS	双向固定效应	随机效应
lnK	0.3182 *** (0.0446)	0.0778 (0.0893)	0.9190 *** (0.0871)
lnL	0.7902 *** (0.0604)	0.1990 *** (0.0597)	− 0.0740 (0.1040)
lnConc	− 0.5357 *** (0.1116)	0.3044 *** (0.0913)	0.7287 *** (0.1549)

	OLS	双向固定效应	随机效应
lnHS	0. 2837 *** (0. 0319)	− 0. 0488 (0. 0377)	0. 2158 *** (0. 0509)
lnFS	− 0. 0166 (0. 0266)	0. 3061 *** (0. 0970)	0. 3513 *** (0. 0939)
lnBS	− 0. 3888 *** (0. 0744)	− 0. 2498 (0. 1846)	0. 7322 *** (0. 1478)
Time dummy	no	yes	no
Industry dummy	no	yes	yes
Adj. R^2	0. 98	0. 99	0. 75
Prob > F	0. 000	0. 000	0. 000
Obs.	105	105	105
F test（OLS vs. FE）	215. 5		
P − value	0. 000		
LM test（OLS vs. RE）	29. 1		
P − value	0. 000		
Hausman test（FE vs. RE）			− 394. 4
P − value			

说明：括号内数字为标准差。***、**、* 分别表示在 1%、5%、10% 的统计水平上显著。为节省篇幅，回归结果中将常数项省去。软件为 EViews 5. 0。

（二）技术差距的影响

一般相信，当地企业与跨国公司之间存在技术差距是 FDI 行业内溢出发生的必要条件。溢出效应的大小应该是二者间技术差距的增函数，因为技术差距的扩大能增加当地企业通过模仿外国技术达到更高效率水平的机会（Findlay，1978；Wang & Blomstrom，1992）。但是，技术差距不能太大，否则当地企业将无法吸收跨国公司的先进技术。技术扩散并非源于知识存量的参与对其他公司的一种自动和直接的效应，它同样需要接受者有能力吸收并且采用这样的技术（Wang & Blomstrom，1992；Perez，1997；Kinoshita，2001）。因此，为了从 FDI 技术溢出中获益，当地企业与跨国公司之间的技术差距应该适中。

Kokko（1994）为评价技术差距对 FDI 溢出效应的影响做出了开创性的贡献。他在考察部门技术特征对溢出程度的作用时，发现技术差距的影响是中性的[24]。不过，他相信技术差距过大可能对 FDI 溢出的发生不利。因为在此情况下，跨国公司将在"飞地（enclaves）"中经营，与当地企业没有任何联系。既然没有学习的机会，溢出也就不可能物化。Kokko 等（1996）选取乌拉圭的数据，将样本按当地企业与跨国公司之间的技术差距高、低分组，结果在后一组中发现了 FDI 正溢出，证明只有当技术差距适中时，FDI 技术溢出才会发生[25]。Kanturia（1998）、Tsou 和 Liu（1998）、Imbriani 和 Rreganati（1999）、Girma 和 Wakelin（2000）等进行了同样的尝试，结论基本一致。

那么，技术差距对 FDI 的行业间溢出影响如何呢？Smarzynska（2002）、Jabbour 和 Mucchielli（2004）分别选取立陶宛与西班牙的数据，考察了它对 FDI 后向联系效应的作用。Smarzynska（2002）将样本分成"无（或负）差距""差距适中""差距较大"三组，她发现后向联系溢出只有在技术差距适中时才会发生（但在任何分组内，行业内溢出都是不显著的）。Jabbour 和 Mucchielli（2004）则通过构建二者间连乘变量的方法，证实技术差距与后向联系溢出负相关。

为考察技术差距对中国工业部门 FDI 行业间溢出的影响，本文也构建了一个变量 TG，并采用以下二种方式界定：内外资企业间全员劳动生产率之比（$TG - lp$），其中全员劳动生产率定义为"工业增加值"与"全部从业人员年平均人数"的比率；内外资企业间资本密集度之比（$TG - ci$），其中资本密集度定义为"资产合计"与"全部从业人员年平均人数"的比率。该变量的统计性描述见表 2 最后二行。如果我们认同劳动生产率、资本密集度可以反映企业的技术水平高低，那么 TG 值越低，表明二类企业间的技术差距越大。

首先，我们构建技术差距与溢出变量间的二个交互作用项 $HS * TG$，$FS * TG$ 和 $BS * TG$，并将其依次引入基础模型，新的计量方程如下：

$$Y_{it} = \gamma_0 + \gamma_1 k_{it} + \gamma_2 l_{it} + \gamma_3 conc_{it} + \gamma_4 hs_{it} \times tg_{it} + \gamma_5 fs_{it} +$$
$$\gamma_6 bs_{it} + \lambda_i + \eta_t + \varepsilon_{it} \tag{7}$$

为简洁起见，这里以小写字母表示相应变量的对数化形式，交互项为 *FS * TG* 和 *BS * TG* 时方程形式类似。

表4报告了估计结果。其中的第1～3列，技术差距的代理变量采用内外资企业间全员劳动生产率之比，而第4～6列相应的代理变量为资本密集度之比。从中可以发现，各种情况下，资本存量与行业集中度依然显著为正，且系数估计值比较接近；而劳动投入只有在第5列，即当代理变量采用资本密集度之比，同时考虑它与前向联系效应的交互作用时，才在10%的统计性水平上显著。从技术差距对FDI溢出效应的影响来看，三个交互项均显著为负，表明内外资企业间的技术差距不利于溢出效应的发生。这一结果与Jabbour和Mucchielli（2004）完全一致。

严兵（2006）选取中国35个工业部门的面板数据，发现内外资企业间的技术差距对行业内溢出有促进作用[26]。他认为，近年来内资企业的技术水平和竞争能力已经跨越了让外资产生正溢出的"发展门槛"，从而使溢出效应成为企业间技术差距的增函数。我们对这一结论表示怀疑。从逻辑上来说，过大的技术差距显然对内资企业展开同业竞争不利，而竞争恰恰是FDI行业内溢出的主导机制（Kugler，2005）。至于技术差距为什么会成为后向联系效应的阻碍因素，我们认同Jabbour和Mucchielli（2004）的解释：即，如果当地供应商与外资企业的技术差距较大，后者将不会考虑从当地采购专用的中间投入品，因为即便它们愿意转移技术，当地供应商也没有能力吸收。而对于前向联系效应而言，我们可以借鉴Schoors和van der Tol（2002）的观点：在投入品行业的FDI主要还是面对产出品行业中生产率已经较高的外资企业，因为下游的当地企业无力使用这样高质量却比较昂贵的投入品。

表4 技术差距与溢出效应

	TG − lp			*TG − ci*		
	（1）	（2）	（3）	（4）	（5）	（6）
lnK	0. 8605 *** (0. 0828)	0. 9546 *** (0. 0748)	0. 8354 *** (0. 0842)	0. 8017 *** (0. 0868)	0. 8913 *** (0. 0793)	0. 7563 *** (0. 0892)
lnL	− 0. 0409 (0. 0968)	0. 1344 (0. 0849)	− 0. 0473 (0. 0999)	0. 0328 (0. 1016)	0. 1716 * (0. 0882)	0. 0621 (0. 1081)

64

续表

	TG – lp			TG – ci		
	（1）	（2）	（3）	（4）	（5）	（6）
$lnConc$	0.5435 ***	0.5298 ***	0.6605 ***	0.5804 ***	0.5336 ***	0.6548 ***
	（0.1477）	（0.1590）	（0.1538）	（0.1499）	（0.1579）	（0.1547）
$lnHS$		0.2498 ***	0.2778 ***		0.2249 ***	0.2488 ***
		（0.0471）	（0.0477）		（0.0486）	（0.0496）
$lnHS *$ $lnTG$	– 0.0586 ***			– 0.1013 ***		
	（0.0136）			（0.0214）		
$lnFS$	0.3713 ***		0.3024 ***	0.3427 ***		0.2771 ***
	（0.0847）		（0.0902）	（0.0872）		（0.0951）
$lnFS *$ $lnTG$		– 0.0435 ***			– 0.0944 ***	
		（0.0099）			（0.0167）	
$lnBS$	0.7021 ***	0.5349 ***		0.6059 ***	0.3972 ***	
	（0.1353）	（0.1377）		（0.1436）	（0.1487）	
$lnBS *$ $lnTG$			– 0.0851 ***			– 0.1397 ***
			（0.0140）			（0.0205）
Adj. R^2	0.737	0.746	0.767	0.746	0.770	0.788
F	49.67	51.84	58.26	51.82	59.09	65.42
Prob > F	0.000	0.000	0.000	0.000	0.000	0.000
Obs.	105	105	105	105	105	105

说明：括号内数字为标准差。***、**、*分别表示在1%、5%、10%的统计水平上显著。为节省篇幅，回归结果中将常数项省去。软件为 EViews 5.0。

五、结 论

本文选取行业层面板数据，考察了 FDI 对中国工业部门内资企业产出增长的影响，重点是检验行业间技术溢出的存在性。主要贡献在于：针对国内溢出文献中忽略不可观测的时间和行业特定效应的问题，本文进行的

F 检验、LM 检验和 Hausman 检验强烈地显示出在三种面板数据模型之间进行选择的重要性，尤其是在发现 Hausman 检验的 x^2 值为负的情况下。引入了关键的控制变量——行业集中度。由于数据限制，国内现有的溢出研究基本上对此予以回避。从估计结果中，我们可以发现，该变量在各种模型设定下都呈高度显著性。而在研究内容创新方面，我们把 Smarzynska（2002）、Jabbour 和 Mucchielli（2004）有关技术差距对后向联系效应影响的研究拓展到整个的 FDI 行业间技术溢出，从而为考察技术差距这一关键的 FDI 溢出效应影响因素增添了新的经验证据。

从本文的实证结果中，我们可以进一步得出以下两点重要的政策启示。

（1）FDI 的行业间联系是较模仿、劳动力流动、竞争机制更为重要的技术转移途径。就产出弹性而言，行业内溢出的贡献是存在的，但 FDI 的前、后向联系效应则更为显著，以外资企业占行业产出份额衡量的外资参与每增加 1 个百分点，可以带动上、下游的内资企业产出增加 0.7322 和 0.3513 个百分点。因此，内资企业今后应努力与上下游的外资企业建立更加紧密的协作关系，借助其技术支持尽快提升自身实力，以便从 FDI 的垂直联系中获取更多的溢出收益。

（2）内外资企业间较大的技术差距无论是对行业内溢出，还是对行业间溢出都是不利的。在对该变量进行统计分析时，我们已经发现，在许多的制造业部门中，这种技术差距收敛的速度还是相当快的；反观一些采掘业与公共事业部门，如"煤炭采选业""电力、蒸汽、热水的生产和供应业""煤气生产和供应业"等，内外资企业间的技术差距却始终比较大。我们应该认识到，在发达国家越来越强大的政治压力下，同意外资大规模进入这些行业只是迟早的事。因此，对于这些垄断性行业，政府或行业组织应该考虑给予更多的激励措施，帮助它们尽快缩小与外资企业间的技术差距。

参考文献

［1］GORG H，D GREENAWAY D. Much ado about nothing？Do domestic firms really benefit from foreign direct investment［J］. The World Bank Research Observer，2004，19（2）：171 – 197.

［2］WANG J，BLOMSTRÖM M. Foreign investment and technology transfer：a simple model [J]. European Economic Review, 1992, 36 (1): 137 – 155.

[3] BLOMSTRÖM M, KOKKO A, GLOBERMAN S. The determinants of host country spillovers from foreign direct investmen: review and synthesis of the literature [M] // Pain N. Inward investment technological change and growth. London: Palgrave Macmillan, 2001: 65 – 86.

[4] MARKUSEN J, VENABLES T. Multinational firms and the new trade theory [J]. Journal of International Economics, 1998, 46 (2): 183 – 203.

[5] ETHIER W J, MARKUSEN J R. Multinational firms, technology diffusion and trade [J]. Journal of International Economics, 1996, 41: 1 – 28.

[6] SINANI E, MEYER K. Spillovers of technology transfer from FDI: the case of Estonia [J]. Journal of Comparative Economics, 2004, 32: 445 – 466.

[7] KUGLER M. Spillovers from foreign direct investment: Within or between industries? [D]. Mimeo, University of Southampton, 2005.

[8] RIVERA-BATIZ F, RIVERA-BATIZ L. The effects of direct foreign direct investment in the presence of increasing returns due to specialization [J]. Journal of Economic Development, 1990, 34 (2): 287 – 307.

[9] MARKUSEN J R, VENABLESA J. Foreign direct investment as a catalyst for industrial development [J]. European Economic Review, 1999, 43 (2): 335 – 356.

[10] JAVORCIKB S. Does foreign direct investment increase the productivity of domestic firms? In search of spillovers through backward linkages [J]. American Economic Review, 2004, 94 (3): 605 – 627.

[11] SCHOORS K, VAN DER TOL. Foreign direct investment spillovers within and between sectors: evidence from Hungarian data [R/OL]. [2006 – 09 – 20]. https: //wps-feb. ugent. be/Papers/wp_02_157. pdf.

[12] SMARZYNSKA B. Spillovers from foreign direct investment through backward linkages: Does technology gap matter? [R]. Washington D. C. : The World Bank, 2002.

[13] Blalock G, Gertler P J. Technology from foreign direct investment and

welfare gains through the supply chain [R]. Department of Applied Economics and Management, Cornell University, 2003.

[14] JAVORCIK B S, SAGGI K, SPATAREANU M. Does it matter where you come from? Vertical spillovers from foreign direct investment and the nationality of investors [R]. World Bank Policy, Research Working Paper 2004: 34 –49.

[15] MUCCHIELLI J, JABBOUR L. Technology transfer through backward linkages: The case of the Spanish manufacturing industry [EB/OL]. [2006 –09 –20]. https: //www. etsg. org/ETSG2003/papers/jabbour. pdf.

[16] Harris R, Robinson C. Productivity impacts and spillovers from foreign ownership in the United Kingdom [J]. National Institute Economic Review, 2004 (1): 9 –75.

[17] THANGAVELU S M, PATTNAYAK S S. Linkages spillovers and foreign ownership: evidence from the Indian pharmaceutical firms [R]. Development Economics Working Papers 22579, East Asian Bureau of Economic Research, 2006.

[18] 喻世友, 史卫, 林敏. 外商直接投资对内资企业技术效率的溢出渠道研究 [J]. 世界经济, 2005, (6): 44 –52.

[19] 朱钏棣, 李小平. 中国工业行业资本形成、全要素生产率变动及其趋异化: 基于分行业面板数据的研究 [J]. 世界经济, 2005, 28 (9): 51 –62.

[20] CHEUNG Y, PASCUAL A G. Market structure, technology spillovers, and persistence in productivity differentials [J]. International Journal of Applied Economics, 2004, 1 (1): 1 –23.

[21] 王耀中, 刘舜佳. 基于前后向关联分析的外商直接投资与技术外溢 [J]. 经济评论, 2005 (6): 31 –34.

[22] 周燕, 齐中英. 基于行业特征的外商直接投资溢出效应分析 [J]. 中国软科学, 2005 (5): 142 –147.

[23] 严兵. 外商直接投资行业内溢出效应及相关影响因素分析 [J]. 经济评论, 2006 (1): 41 –46.

［24］ KOKKO A. Technology, market characteristics, and spillovers ［J］. Journal of Development Economics, 1994 (43): 279 – 293.

［25］ KOKKO A. Productivity spillovers from competition between local firms and foreign affiliates ［J］. Journal of International Development, 1996 (8): 517 – 530.

［26］ 陈羽. 市场竞争与外商直接投资技术转移: 来自中国制造业的证据 ［J］. 财经研究, 2005 (10): 64 – 76.

（原载《南方经济》2007 年第 2 期, 与姜瑾合著）

朱桂龙自选集

第三辑

企业技术创新

企业外部知识获取路径与企业技术创新绩效关系实证研究

　　20世纪90年代以来，以网络和通信技术为核心的信息技术革命，使世界经济进入了以信息、网络和知识等为主要内容的新经济时代。面对变化迅速且难以预测的买方市场，企业不再只是依赖于对稀缺资源的占有，而是通过不断的学习、知识创造以及提高技术创新能力来获取竞争优势。但是，企业的技术创新活动是一个运用知识改造世界的过程。知识是创新的基础，获取知识就成为影响创新绩效的关键。

　　对企业技术创新来说，所需的知识主要包括两个方面：对企业外部环境的认知和对企业运作的各种理论、方法、手段的了解。前者主要由OECD在1996年提出的知识四个内涵中know-what，有关于事实的数据，包括了企业技术创新相关的市场需求信息、技术发展信息和政府政策信息等；而后者则是知识的另外三个内涵：know-why，即知道为什么，指原理和规律方面的知识；know-how，即知道怎么做，指操作的能力，包括技术、技能、技巧和诀窍等；know-who，即知道谁知道什么，是一种人际知识，以便可能接触有关专家并有效地利用他们的知识。这三种知识，在企业中，就体现为与企业技术创新密切相关的市场开发知识、技术研发知识和创新管理知识。

　　知识的缺乏，已经成为制约我国企业技术创新发展的一个重要瓶颈。官建成通过对我国企业与欧洲工业企业技术创新的比较分析后指出，缺乏创新知识，主要指技术知识与市场知识，是创新的主要障碍之一[1]。官建成的研究显示，41.7%的被调查企业认为，创新知识缺乏是一个重要的创新障碍因素。广东省科委的一项调查也印证了这个观点[2]。

　　综上所述，可知知识是企业技术创新的核心。然而，外部知识的获取，也对企业的技术创新绩效产生重大影响。但是必须注意到，不同的国家环境要素对最优的知识获取途径有着显著的影响[3]。那么，在中国的现实条件下，以什么样的途径获取外部知识，才能更好地提高企业的技术创新绩效，这就成了一个值得研究的课题。本研究将以86家2006年广东省级技术中心企业为例，对这个问题加以研究。

一、知识获取的路径

知识获取行为是知识管理的一部分，这种管理行为被定义为"为满足现有需要的关键知识管理过程，以识别、拓展现有和需要的知识资产，并发展新的机会"[4]。目前，有很多的研究说明，外部知识对企业创新有重大影响，也描述了多种知识获取的路径。总的来说，主要分为以下三大类别：①直接的外部知识获取；②与外部组织的合作；③人才流动。

（一）直接的外部知识获取

直接获取外部知识，指的是企业有意识地通过种种手段搜索各种企业所需要的知识。这些知识包括：对某个产品、进程、企业的了解，对总体的市场、技术、政策的现状与趋势的把握，以及对各种管理和技术的专业知识的掌握等。具体来说，企业所需的外部知识有：①针对整个市场的知识；②针对技术发展趋势的知识；③针对具体目标，如某个产品、项目、技术的市场、技术的信息知识；④没有明确直接的目标，但可能对企业产生潜在影响的相关知识。

从企业的实践上看，案例中大部分企业（70家，占总数的81.40%）成立了专门的信息部门，负责收集有关的市场和技术信息。企业建立了把供应商、客户和咨询单位包括在内的网络系统，寻找收集针对整个市场、技术环境的知识，并提供市场调研报告和技术发展趋势报告，为企业的未来发展提供建议。另外，没有成立信息部门的企业，也有专门的人员负责收集与企业有关的市场和技术信息。

针对具体目标的信息知识，企业主要以项目调研的形式获得，案例中有66家企业（占总数的76.74%）有固定的项目调研员对具体的产品进行技术市场分析，并且撰写分析报告；其他的20家企业，也以各种形式分析项目，获得所需的知识。

对潜在知识，企业主要通过购买各种知识源来获取。这些知识源包括：商业技术期刊、数据库与互联网。案例中的企业全部拥有一种以上的知识源，其中13家企业（占总数的15.12%）购买了与本行业相关的数据库，34家企业（占总数的39.53%）建立了独立的期刊资料室，所有的企业都开通了互联网。企业通过对这些知识源的整理使用，为企业的科研与商业行为提供支撑。

（二）与外部组织的合作

Polanyi 把知识分为显性知识（explicit knowledge）和隐性知识（tacit knowledge）。知识的显性和隐性特征体现出知识是否能够编码和是否能以正式而系统的语言进行表达传输的性质。所谓显性知识是指能够以现实数据和编码的形式来进行系统而便利的沟通，可以清晰地表述并完整地向他人转移的知识。隐性知识是指更深层次的、个人拥有的知识，是无形且不易被形式化的、很难与他人共享、交流和理解的知识，它是个人长期创造和积累的结果。人的知识更多的是以隐性知识形式存在的。由于隐性知识自身的特点，它的传播非常困难。这些知识深深地隐含在人们的社会关系之中，对于获得的过程具有高度的依赖性，隐性知识的转移主要是在人与人之间直接面对面接触过程中进行的转移，是人们在工作、生活和学习过程中发生的一种接触性传播。与外部企业的合作就提供了这样一个接触的渠道，所以，Almeida 等[5] 指出，与外部组织建立正式和非正式的协作和联合，是获取外部知识的一个很重要的途径。通过有效率的合作学习，参与合作的组织可以得到大量的好处，在创新型企业中尤其如此。通过组织间的合作，企业不仅可以直接获得显性知识，即研发合作的成果；通过企业人员间的接触交流，各种难以表述的知识也得以在企业间扩散。

从企业的实践上看，企业交流与合作的对象主要包括产学研、企业供应链上的伙伴以及处于竞合状态下的竞争对手。由于我国企业发展历史普遍较短，无论是研发实力还是资金实力都比较有限，产学研就成为企业研发的一个重要选择。案例中有 70 家企业（占总数的 81.40%）与外部组织合作建立了某种形式的研究机构，合作的对象包括国内外企业、高校以及咨询机构。其中，有 39 家企业（占总数的 45.35%）在海外建立了研究机构，68 家企业（占总数的 79.07%）在国内建立了合作机构，这些组织间合作以长期合作的方式存在。

组织间合作更常见的是项目合作。企业与外部组织合作，主要是产业内与产业间的伙伴企业，为了实现某个技术或商业目标，以项目合作的方式组合。具体的合作方式多样，但某一方为主体，另一方或多方提供人员、设备、资金支持，是项目合作的主要形式。所有的企业在近三年内，都有与外部组织合作的行为。2005 年，案例中合作项目最多为 79 项，这些项目合作主要是短期合作，项目目标达成后，合作就自然结束。

（三）人才流动

人才是知识的重要载体。知识，特别是隐性知识，往往只能通过人的经验和"干中学"获得，并嵌入在组织成员身上。因而，这些知识很难与拥有它的人分离开来。通过人才流动来获得企业所需要的知识，就可以直接避免组织间知识转移的种种障碍，从而能够成为企业获取外部知识的一个重要手段[6]。

在实践层面上，通过人才交流实现外部知识获取有三种方式：①外部人才的直接引进；②外部专家到企业的中短期工作；③内部人才的外部培训交流。直接引进外部人才，是企业获取外部知识的最常规的手段。特别是从竞争企业中引进人才，企业将可以获得急需的、依附于人才的显性知识与隐性知识，直接拓展了企业的知识边界。2005 年，案例中有 86 家企业最少引进 1 人，最多引进 455 人。

外部专家到企业进行中短期的工作，实际上是企业与外部合作的一种形式，不过合作的对象是个人而不是组织。比如，J 化工企业聘请了中科院院士与工程院院士等多名专家作为企业顾问，并建立了专家工作室。一方面，这些专家可以利用企业的设备资源进行研发；另一方面，企业可以直接获得专家们的工作成果。另外，通过与专家们的接触交流，也实现了隐性知识向企业内部的流动。近三年来，案例中有 81 家企业（占总数的 94.19%）邀请外部专家到企业工作。

内部人员的外部培训交流，指的是将企业内部人员外派参加各种培训或交流活动，包括参加商业技术培训、参加学术会议、到国内外先进企业进行考察学习等。当外派人员回到企业，也就将各种在交流中获得的显性知识与隐性知识带回企业内部。案例中所有企业近三年来都有这种行为。

二、创新绩效指标与模型的建立

（一）技术创新绩效指标

由于技术创新是一项技术或产品从创新思路的产生，到研究开发、试制和实现首次商业化的整个过程，这个过程包括了技术研发与产业化两个方面。通过借鉴前人的成果，我们采用了2005年企业实现新产品/新项目数、新产品销售额占全部销售额的比重、企业获得专利数三个指标来代表企业的创新绩效。

企业实现新产品/新项目数、新产品销售额占全部销售额的比重这两个指标援引自OECD在1992年颁布的《奥斯陆手册》，但《奥斯陆手册》将创新产品分为渐进型和突破型两种。由于数据的可获得性，我们现在无法准确区分样本企业的创新产品的类型，故用实现全部新产品数表示。同样的，获得专利数量这个指标，也在《奥斯陆手册》列出。对这些指标的独立性已经经过了验证。

（二）模型的建立

综上所述，我们可以建立外部知识获取路径对企业创新绩效影响模型（如图1所示）。外部知识通过直接的获取、与外部组织的合作以及人才流动三条路径流向企业内部，从而推进企业创新绩效。其中，直接的外部知识获取只能获取显性知识；而与外部组织的合作和人才流动可以同时获取显性知识与隐性知识。通过对模型数据的分析，我们将可以得到各个途径分别对创新绩效的影响程度。

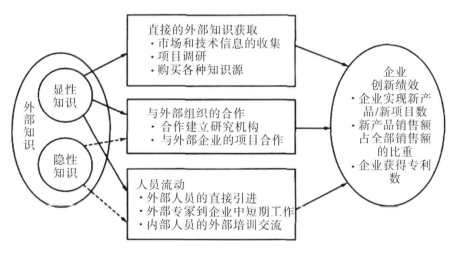

图1 外部知识获取路径对企业创新绩效影响模型

（三）数据的获得

本研究采用的数据来自广东省技术创新评估中心所提供的省级以上技术中心企业的年度评审材料。样本企业共 86 家，每家企业都有 2003—2005 年的数据。其中，直接的外部知识获取部分的数据是定性数据，我们采用专家评分法，对每家企业的每个子项进行打分，代表企业在每个子项的表现水平；与外部组织的合作以及人才流动是定量数据，每个子项发生的数量直接代表了企业的表现。考虑到技术创新投入与产出之间的时滞效应，3 年的数据不能简单累加，我们赋予了 2003 年、2004 年、2005 年不同的权重值，分别是 3、2、1。通过加权求和，作为每个子项的值。

为了排除企业规模大小对分析结果的影响，我们将 86 家企业分为两组：第一组企业的 2005 年销售收入小于 8 亿元，共 48 家；第 2 组企业的年销售收入大于 8 亿元，共 48 家。分别对两组数据进行 Pearson 相关分析，分析结果见表 1、表 2。

表 1　第一组企业创新绩效 Pearson 分析结果

2005 年销售收入小于 8 亿元（$N=48$）	企业实现新产品/新项目数	新产品销售额占全部销售额的比重	企业获得专利数
市场和技术信息的收集	0.069	-0.142	-0.004
购买各种知识源	-0.240	0.017	-0.200
项目调研	0.017	-0.139	-0.124
与外部企业的项目合作	0.395**	-0.161	-0.044
合作建立研究机构	0.143	0.133	0.104
外部人员的直接引进	0.285*	0.036	0.064
外部专家到企业中短期工作	-0.040	0.153	-0.161
内部人员的外部培训交流	0.070	0.435**	-0.064

注：*0.05 水平统计显著，双边检验；**0.01 水平统计显著，双边检验。

表2 第二组企业创新绩效 Pearson 分析结果

2005 年销售收入大于 8 亿元（$N = 48$）	企业实现新产品/新项目数	新产品销售额占全部销售额的比重	企业获得专利数
市场和技术信息的收集	0.011	-0.006	0.116
购买各种知识源	-0.006	-0.014	0.000
项目调研	0.201	-0.020	0.196
与外部企业的项目合作	0.242	-0.203	0.374 *
合作建立研究机构	0.348 *	0.110	0.527 **
外部人员的直接引进	0.559 **	0.394 **	0.890 **
外部专家到企业中短期工作	0.333 *	0.230	0.640 **
内部人员的外部培训交流	0.516 **	0.214	0.537 **

注：* 0.05 水平统计显著，双边检验，** 0.01 水平统计显著，双边检验。

三、结语

从分析结果看，随着企业规模的变化，外部知识获取路径对技术创新影响的差异变化比较明显。这也说明，从组织间合作获取知识与企业本身实力有关。这可能就是为什么国外研究结果与本研究结论有所差异的原因。

（一）对外部知识直接获取的分析

Duchesneau[7]与 Khan[8]指出，总体的技术、市场信息收集（包括专门的分析、连接互联网、购买科学与商业期刊等）对创新企业来说是很重要的。但对我国企业来说，直接的外部知识获取对于技术创新的影响并不大，与外部组织的合作与人员流动才是企业获取外部知识的关键。这也验证了显性知识相对于隐性知识更加宝贵。

但作为已经公开的显性知识，企业从中获得的知识对创新绩效的帮助很小。通过对样本企业的分析，我们发现，直接针对具体产品、技术的项目分析，对企业而言意义更大一些，尤其在企业的商业能力方面；而缺乏针对性的广泛知识获取只能作为辅助手段。

（二）对组织间合作的分析

国外的研究文献显示，与大学或研究机构合作[9]、与其他企业的项目合作[10]可以使企业从外部组织获得大量知识，提高创新绩效。从分析的结果看，不同规模的企业，相同的路径对技术创新绩效有着不同的影响。对于小企业来说，组织间合作，尤其是项目合作，对技术创新的影响显著。而与科研机构合作，只对规模较大的企业有影响，特别是在技术上的影响。

从所分析的案例企业的实际来看，规模较大的企业往往能找到实力更强的合作伙伴，能够从合作中获取的知识的质与量都明显高于规模小的企业。通过组织间合作，大企业能获得核心技术知识；对于小企业来说，组织间合作则没有这种效果。

（三）对人才交流的分析

人才对提升企业知识量是非常重要的，在培育企业技术创新与技术扩散上发挥了关键作用[11]。对于我国企业来说，人才引进同样重要，尤其在大企业中，人才引进对所有绩效指标的影响都很显著。

外部专家到企业中短期工作对企业影响的分析显示：对小企业来说，更多专家的到来，对技术创新的影响不显著；而对规模大的企业，引进专家对技术突破有重要影响。通过对样本的分析，我们发现导致这种结果的一个因素：小企业引进的专家更多的是商业、经济、管理方面的专才，他们可以帮助企业进行市场分析、流程再造等企业优化活动，提高企业经营效率，从而提高利润，但对技术创新的影响不大；而规模大的企业引进的专家往往是高水平的技术人才，如前文所述的J化工企业，就通过与专家的合作，实现技术突破。

从分析结果看，内部人员的外部培训交流，对于两组企业都有比较显著的影响。可见，对于知识保有量较少的中国企业来说，通过对内部人员的外部培训交流，可以有效地获取知识，提高企业绩效。

综上所述，可以给出以下结论：对于我国的制造业企业来说，获取知识，提高创新绩效最好最直接的手段是人才引进；通过人员培训与交流，也可以有效获取知识。对于规模大的企业，与外部组织进行产学研合作和项目合作，对企业创新的帮助很大，特别是在获得技术知识上；而小企业建立研究机构的意义并不明显，通过项目合作获取商业知识与技术知识是比较可行的路径。在知识直接获取方面，针对项目的分析是获得商业知识的一个重要手段，其他只能作为补充。

参考文献

[1] 官建成.中国创新管理前沿［M］.北京：北京理工大学出版社，2004：215－230.

[2] 高洪深，丁娟娟.企业知识管理［M］.北京：清华大学出版社，2003：200－203.

[3] MASON G，BELTRAMO J P，PAUL J J. External knowledge sourcing in different national settings：a comparison of electronics establishments in Britain and France［J］. Rescarch Policy，2004，33：53－72.

[4] QUINSTAS P，LEFRERE P，JONES C. Knowledge management：a strategic agenda［J］. Long Range Planning，1997，30：385－391.

[5] ALMEIDA P，DOKKO G，ROSENKOPF L. Start-up size and the mechanism of external learning：increasing opportunity and decreasing ability［J］. Research Policy，2003，32：301－315.

[6] ZANDER U，KOGUT B. Knowledge and the speed of the transfer and imitation of organizational capabilities：an empirical test［J］. Organization Science，1995（6）：76－92.

[7] DUCHESNEAU T D，COHN S F，DUTTON J E. A study of innovation in manufacturing：determinants，processes and methodological issues［M］. Orono：Social Science Research Foundation Institnte，University of Maine，1980.

[8] KHAN A M，MANOPICHETWATTANA V. Innovative and non innovative small firms：types and characteristics［J］. Management Science，1989，35：597－606.

[9] BONACCORSI A，PICCALUGA A. A theoretical framework for the evaluation of university-industry relationships［J］. R&D Management，1994，24（4）：229－247.

［10］ BIDAULT F, FISCHER W. Technology transactions networks over mar-
kets ［J］. R&D Management, 1994, 24 (4): 373 – 386.

［11］ SIANESI B, VAN REENEN J. The returns to education: macroeconom-
ics ［J］. Journal of Economic Surveys, 2003, 17: 157 – 200.

（原载《科技进步与对策》2008 年第 5 期，与李汝航合著）

环境动态性对技术创新和绩效关系的调节作用

创新是一个民族进步的灵魂，是国家兴旺发达的不竭动力。十几年来，技术创新一直是政府、学者和企业家们共同关注的重要问题[1]。与过去相比，我国企业的技术创新能力也得到了很大的提高。大多数学者认同技术创新对于企业绩效的提高有推动作用，而且这一假设也得到了许多实证研究的支持[2-4]。然而，当前我国企业不仅面临着科技进步、经济全球化、经济转型因素等带来的冲击，企业的生存和竞争环境将变得更加复杂和难以预测。主要表现在竞争对手数量增加、产品生命周期缩短、消费者需求变化加快、技术转移和扩散加速等方面。环境因素是组织管理研究中不可忽视的权变因素，一直受到国内外学者的关注。在日趋动态的行业环境下，技术创新（包括产品创新和工艺创新）是否依然有助于企业市场绩效的提高？如果是，那么在动态行业环境下技术创新对企业市场绩效的影响机制是如何的？回答这些问题，不仅有助于进一步完善和丰富技术创新相关的理论，而且可以指导我国企业在动态的行业环境下更好地利用技术创新来提高企业绩效。因此，本研究以广东省的企业为对象，探讨了技术创新（工艺创新和产品创新）对企业市场绩效的影响，以及环境动态性对工艺创新和产品创新与市场绩效关系的调节作用。

一、理论基础与研究假设

创新的研究可以追溯到 1912 年熊彼特的名著《经济发展理论》中关于创新的论述，他将创新概念纳入经济发展理论中，认为创新在经济发展中起了非常大的促进作用。关于创新的定义和分类，不同的学者是持不一样的意见的[5-9]。熊彼特认为创新是企业家对生产要素所做的新组合，不仅包括技术创新，还包括市场、供应链以及组织形式等方面创新。Wolfe 认为创新是指组织采用一个新的理念或行为，创新可能是一个新的产品、新的服务、新的技术，或是一种新的管理方法[10]。从内容上看，对创新的定义和分类，有四种不同的观点：产品观点、工艺（过程）观点、产品和工艺观点，以及多元的观点。可见，前三种观点是狭义上的创新，仅指包括产品、工艺创新在内的技术创新；而多元的观点则认为还应该包括市场、政策制度、组织形式等管理创新。综合上述不同研究的观点，本文研究的"技术创新"仅指狭义上的创新，包括产品创新和工艺创新，但并不包括其他形式的管理创新。

（一）技术创新对企业绩效的影响

从企业实践上看，技术创新可以为企业带来许多好处，例如企业可以通过创新来节省成本、提高员工的工作效率、开拓新的市场、增强企业的竞争能力等。这些由技术创新带来的优势必然会有助于企业建立其核心竞争力，从而获得比竞争对手更高的利润率。

实证研究方面，国内外大多数的学者均认为技术创新对企业绩效有显著的正向影响[11-13]。Subramanian 和 Nilakanta 认为技术创新与组织效率和组织有效性之间都有直接的关系，当组织较早进行技术创新时可以提升组织的有效性，而当组织采用一致性的技术创新时则会提高组织的效率[14]。Hurley 和 Hult 认为技术创新可以帮助组织改善或提升技术，以降低单位成本；而产品创新则可以获得较大的且具有吸引力的市场。[15]官建成和史晓敏对我国制造业创新型企业的技术创新能力进行了调查，发现技术创新对企业创新绩效有显著正向影响。[2]谢洪明和韩子天的研究显示，技术创新对组织绩效无显著直接的正向影响，但是技术创新通过管理创新对组织绩效有正向影响。[16]谢洪明、刘常勇和陈春辉在研究市场导向与组织绩效的关系时发现，组织学习与创新的影响是重要的中介变量，创新对组织绩效有显著正向影响。[12]胡川运用博弈理论分析了工艺流程创新对市场结构及绩效的影响效应，结果显示在一定的条件下，工艺流程创新在产业内企业中的深入展开，将引起消费者剩余和社会总剩余的持续改善。[17]李宝新和岳亮的研究表明技术创新和绩效之间具有正相关关系。[18]李忆、司有和通过对我国 397 家企业的调查研究，发现探索式创新、利用式创新对企业绩效均有显著正向影响。[13]

基于对企业实践的分析和国内外文献的探讨，本文提出假设如下：

H1：工艺创新对市场绩效有显著的正向影响。

H2：产品创新对市场绩效有显著的正向影响。

（二）环境动态性对技术创新与绩效关系的调节作用

在科技进步、经济全球化、经济转型因素的冲击下，我国企业的生存和竞争环境必然变得更复杂和难以预测，而行业环境尤然。消费者需求的变化、技术的改进、发明创新的涌现、竞争对手策略的改变等都是当前动态行业环境的主要特征。环境因素已经成为企业发展不可忽视的重要因素之一，同时也是组织管理研究中需要重点关注的权变因素。

国外已有不少学者探讨了外部环境、企业决策与绩效之间的关系，国内也有一些学者在研究组织时考虑了外部环境的作用，但是很少有论及环境动态性对创新与绩效关系的调节作用，相关的实证研究就更不多见了。焦豪、周江华和谢振东在研究创业导向与绩效关系时分析了环境动态性的调节作用，分别从顾客需求变化的速度、产品技术变化速度、政府政策变化速度和市场竞争程度四个方面来剖析环境动态性，结果显示环境动态性调节了创业导向中的风险承担性与绩效间的关系。[18] 李忆和司有和将创新分为探索式创新和利用式创新，并分析了环境动态性和环境竞争性对创新与绩效关系的调节作用，发现只有环境竞争性对创新与绩效关系有显著的调节作用，而环境动态性的调节作用不显著。[13]

在环境动态性高时，行业中技术更新、消费者偏好和需求、竞争策略等频繁变化，这使得现有的产品和工艺很容易遭到淘汰。为了继续生存和建立新的竞争优势，企业将不得不进行产品创新和工艺创新。而企业的这一行为又反作用于环境，客观上使得行业环境更趋于动态化。可见，环境与创新之间的互动是比较复杂的，阐明两者间的关系不仅能丰富相关理论，还有助于企业更好地进行决策。

基于对企业实践的分析和国内外文献的探讨，本文提出假设如下：

H3：环境动态性对工艺创新与市场绩效间关系有显著的调节作用。

H4：环境动态性对产品创新与市场绩效间关系有显著的调节作用。

二、研究设计

（一）调查程序与样本情况

本研究在正式调查前进行了企业实地考察、访谈，对 40 个企业进行了预试，并结合有关建议对问卷的语句进行了修改。正式的问卷调查在广东省的深圳、广州、佛山、东莞、珠海五个市展开。共发出问卷 1800 份，回收问卷 415 份，回收率为 23.1%；其中有效问卷 399 份，有效率为 22.2%。受访者中企业高层管理人员占 55.1%，中层管理人员占 32.6%，其他的占 12.3%。

（二）研究量表及其信度效度分析

技术创新是指企业在产品和工艺两个方面的创新，包括产品创新和工艺创新两方面[5,6]。产品创新是指技术上有变化的产品的商业化，或是采取新的服务；而工艺创新是指产品的生产技术的变革，它包括新工艺、新设备和新的工艺流程。对于产品创新和工艺创新的衡量参考了林义屏、黄俊英、董玉娟[20]和谢洪明、刘常勇、陈春辉[12]等研究中关于技术创新的衡量指标，并进行了预试和修正。工艺创新包括 3 个项目，产品创新包括 4 个项目（见表 1）。

环境动态性是指企业所在行业中消费者需求、产品价格、技术改进、发明创新以及企业所处市场地位等变化的快慢程度。环境动态性的测量参考了谢卫红和蓝海林[21]的研究，经过预试编制出 5 个项目（见表 1）。

关于企业绩效衡量的方法非常多，有主观和客观之分，也有内容侧重点不同之分。本文主要从市场绩效上衡量企业的绩效，包括市场占有率、销售增长率、销售利润率和市场开拓 4 个项目（见表 1）。

表 1　变量的信效度分析结果

变量	项目	CITC	Cronbach's α if Item Deleted	因子负荷	α 系数
工艺创新	1. 公司添购的新工具或设备对提高效率有很大的帮助	0.567	0.712	0.60	0.76
	2. 员工经常可以想出许多改善产品工艺或作业流程的方法	0.663	0.600	0.65	
	3. 公司经常引进一些可以改善工艺或作业流程的新技术	0.558	0.722	0.61	

续表

变量	项目	CITC	Cronbach's α if Item Deleted	因子负荷	α系数
产品创新	1. 公司有相当高的利润是来自新开发的产品或服务	0.606	0.763	0.73	0.80
	2. 公司经常开发一些能被市场接受的新产品或服务	0.566	0.779	0.66	
	3. 员工经常采用一些新的产品零组件或服务项目以提高公司绩效	0.694	0.717	0.79	
	4. 与同行相比较，公司有更多数量的专利权	0.616	0.757	0.68	
市场绩效	1. 公司对市场占有率的满意度	0.546	0.620	0.65	0.71
	2. 公司对销售增长率的满意度	0.520	0.637	0.59	
	3. 公司对销售利润率的满意度	0.452	0.679	0.60	
	4. 公司对市场开拓绩效的满意度	0.482	0.660	0.64	
环境动态性	1. 与三年前相比，公司所在行业技术改进频率	0.692	0.692	0.87	0.78
	2. 与三年前相比，公司所在行业创新、发明频率	0.500	0.759	0.59	
	3. 与三年前相比，公司所在行业产品价格和质量的变化程度	0.558	0.743	0.61	
	4. 与三年前相比，公司所在行业中消费者个性化需求变化程度	0.531	0.751	0.56	
	5. 与三年前相比，公司在其所处行业中的市场地位变化程度	0.519	0.753	0.60	

注：所有因子负荷均具有显著性（$p < 0.001$）。

上述量表均采用 5 点利克特量表，各量表的信度和效度分析结果见表1。可见，各量表的 Cronbach's α 值均超过 0.7，项目的 CITC 值均超过 0.40，表明量表的信度较高。而验证性因子分析显示，各因子负荷均大于

0.5，拟合指数分别如下：$\chi^2(d.f) = 424.42(98)$，$RMSEA = 0.091$，$SRMR = 0.062$，$NFI = 0.94$，$NNFI = 0.94$，$CFI = 0.95$，$GFI = 0.88$，$AGFI = 0.84$。可见，CFA 的结果比较理想，各量表具有良好的聚合效度和结构效度。

三、研究结果

（一）描述性统计分析

本研究首先对未标准化前的工艺创新、产品创新、环境动态性、短期绩效和长期绩效等变量进行了简单的描述性统计，得到上述各个变量的均值、标准差和相关系数。由表 2 可知，各个变量间的相关系数均具有显著性。另外，本文还对样本企业的行业属性、企业性质、企业年龄、员工人数和资产总额等控制变量进行分组，具体见表 3。

表 2　变量的均值、标准差相关系数

变量	均值	标准差	1	2	3	4
工艺创新	3.714	0.695	1.00			
产品创新	3.659	0.752	0.72	1.00		
环境动态性	3.532	0.664	0.61	0.65	1.00	
市场绩效	3.678	0.749	0.73	0.68	0.56	1.00

注：表中所有的相关系数都具有显著性（$p < 0.001$）。

表 3　控制变量分组情况

行业属性	频数	百分比/%	企业性质	频数	百分比/%	行业年龄	频数	百分比/%
高科技	286	71.7	民营	207	51.9	≤10 年	187	46.9
非高科技	113	28.3	非民营	192	48.1	>10 年	212	53.1

员工人数	频数	百分比/%	资产总额	频数	百分比/%			
≤300 人	151	37.8	≤4000 万	187	46.9			
>300 人	248	62.2	>4000 万	212	53.1			

（二）假设检验

本文将检验工艺创新和产品创新对企业市场绩效的影响，以及环境动态性在工艺创新和产品创新对企业市场绩效影响过程中所起的调节作用。根据 Aiken 和 West[22] 以及温忠麟、侯杰泰和张雷[23] 的建议，在分层回归分析之前，已经将工艺创新、产品创新（自变量）和环境动态性（调节变量）进行了标准化变换。采用强迫进入法，分四步进行回归：第一步，控制变量进入模型；第二步，控制变量和自变量同时进入模型；第三步，控制变量、自变量和调节变量同时进入模型；第四步，控制变量、自变量、调节变量以及自变量与调节变量的乘积项同时进入方程。

如表 4 所示，分别检验工艺创新和产品创新对企业市场绩效的影响以及环境动态性在上述影响过程中的调节作用。由模型 1、模型 2 可知，工艺创新的回归系数为 0.522（$p < 0.001$），其解释了市场绩效 45.5% 的变异。因此，工艺创新对企业市场绩效有显著的正向影响，假设 1 获得支持。而由模型 1、2、3 和 4 可知，当工艺创新和环境动态性的乘积项进入方程后，乘积项的回归系数为 −0.127 且具有显性著（$p < 0.001$），R^2 的改变量 $\triangle R^2$ 为 0.029（$p < 0.001$）。因此，环境动态性对工艺创新影响市场绩效有显著的调节作用，假设 3 获得支持。

同理，由模型 1、模型 5 可知，产品创新的回归系数为 0.485（$p < 0.001$），其解释了市场绩效 40.6% 的变异。因此，产品创新对企业市场绩效有显著的正向影响，假设 2 获得支持。而由模型 1、5、6 和 7 可知，当产品创新和环境动态性的乘积项进入方程后，乘积项的回归系数为 −0.148 且具有显性著（$p < 0.001$），R^2 的改变量 $\triangle R^2$ 为 0.030（$p < 0.001$）。因此，环境动态性对产品创新影响市场绩效有显著的调节作用，假设 4 获得支持。另外，根据方差膨胀因子 VIF 来检验变量间的多重共线性，结果显示各模型中的变量间均不存在多重共线性。由上述分析可知，假设 1、假设 2、假设 3 和假设 4 均获得支持。

表 4　分层回归分析结果

因变量	市场绩效						
	模型 1	模型 2	模型 3	模型 4	模型 5	模型 6	模型 7
常数项	3.818 ***	3.764 ***	3.730 ***	3.805 ***	3.700 ***	3.677 ***	3.756 ***
控制变量							
行业属性	−0.015	−0.063	−0.062	−0.046	−0.039	−0.041	−0.017
企业性质	−0.318 ***	−0.128 *	−0.085	−0.068	−0.126 *	−0.085	−0.065

续表

因变量	市场绩效						
	模型 1	模型 2	模型 3	模型 4	模型 5	模型 6	模型 7
企业年龄	-0.092	-0.018	-0.001	0.002	-0.054	-0.031	-0.039
员工人数	0.311 ***	0.084	0.105	0.114 *	0.214 ***	0.218 ***	0.223 ***
资产总额	-0.071	-0.003	-0.011	-0.044	0.025	0.010	0.002
自变量							
工艺创新		0.522 ***	0.442 ***	0.414 ***			
产品创新				0.485 ***	0.397 ***	0.364 ***	
调节变量							
环境动态性			0.134 ***	0.135 ***		0.142 ***	0.151 ***
乘积项							
工艺创新 × 环境动态性				-0.127 ***			
产品创新 × 环境动态性							-0.148 ***
R^2	0.083	0.538	0.557	0.586	0.488	0.508	0.538
$\triangle R^2$		0.455	0.019	0.029	0.406	0.020	0.030
Adjusted R^2	0.071	0.530	0.549	0.577	0.480	0.499	0.528
F	6.936 ***	376.778 ***	16.543 ***	26.691 ***	303.683 ***	15.435 ***	24.095 ***

注: * 表示 $p < 0.05$, ** 表示 $p < 0.01$, *** 表示 $p < 0.001$。

最后，为了进一步了解环境动态性在工艺创新和产品创新对企业市场绩效影响过程中的调节作用，按照 Aiken 和 Wes 的建议和做法画出调节效应图[22]。以工艺创新的平均值加减一个标准差和环境动态性的平均值加减一个标准差所形成的四种组合，分别代入非标准化系数所构成的回归方程，得出四个端点的值后画出图 1。同理，产品创新也按照上述方法得出四个端点值并画出图 2。由图 1 和图 2 可以看出，环境动态性调节了工艺创新和产品创新对企业市场绩效的影响（斜率存在显著差异）。虽然在环境动态性高时，工艺创新和产品创新可以带来更高的市场绩效，但是，在环境动态性低时，工艺创新和产品创新对企业市场绩效的影响更为显著（在图中表现为其斜率更大）。也就是说，与环境动态性高相比，环境动态性低时企业进行工艺创新和产品创新的边际产出更高。

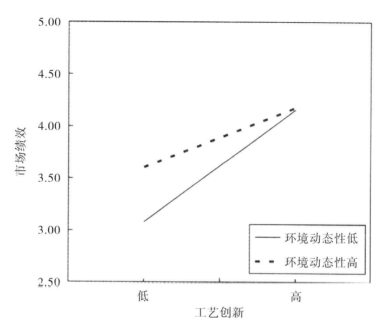

图 1　环境动态性对工艺创新和绩效关系的调节

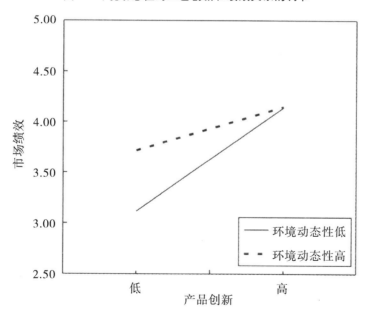

图 2　环境动态性对产品创新和绩效关系的调节

四、结果讨论与建议

（一）结果讨论

分析结果表明，所有研究假设均获得支持，即工艺创新和产品创新对企业市场绩效均有显著的正向影响，环境动态性不仅对工艺创新和企业市场绩效的关系有显著的调节作用，而且对产品创新和企业市场绩效的关系也有显著的调节作用。本文的主要贡献和创新在于揭示了环境动态性在创新和绩效关系间的调节作用。本研究的结论不仅丰富了工艺创新、产品创新以及环境动态性等相关研究的文献资料，而且还可以为我国企业在动态环境下的工艺创新和产品创新提供理论依据。

首先，对于工艺创新和产品创新对企业市场绩效的影响作用，本文的结论与大多数关于技术创新和企业绩效关系研究的结论是一致的[2,12]。虽然 Subramanian 和 Nilakanta[14]，Hurley 和 Hult[15]，谢洪明和韩子天[16]，胡川[17]，李宝新和岳亮[18] 等学者的研究均表明技术创新是对企业绩效有正向的影响，但是他们并没有进一步研究不同种类的技术创新对企业绩效的影响。而李忆和司有和的研究则将创新划分为探索式创新、利用式创新，且发现两者均对绩效有显著正向影响[13]。而本文则将技术创新划分为工艺创新和产品创新，并通过实证研究发现工艺创新和产品创新对企业市场绩效均有显著的正向影响。

另外，关于环境动态性在工艺创新、产品创新和企业绩效关系间的调节作用，很少有实证研究曾对此进行分析。在理论分析上，一般认为，在动态环境下企业更需要创新，因而创新对企业绩效的促进作用在动态环境中将更显著[19,24]。李忆和司有和分析了环境动态性和环境竞争性对创新与绩效关系的调节作用，发现仅有环境竞争性对创新与绩效关系有显著的调节作用[13]。由此可见，环境动态性对创新和绩效关系的影响并未取得一致的看法。而本文的研究结果则表明，虽然在环境动态性高时，工艺创新和产品创新可以带来更高的市场绩效，但是与环境动态性高相比，环境动态性低时企业进行工艺创新和产品创新的边际产出更高。该结论与"动态环境下企业更需要创新，因而动态环境下创新对绩效的影响更显著"的逻辑并不一致，主要原因有三个方面。

（1）环境动态性高时，消费者需求和行业技术等变化快，使得现有的产品和工艺被快速淘汰和替代，原来投入创新的成本还未回收就被迫进入一轮的创新。相反，在环境动态性低时，行业中技术比较稳定，消费者需要和偏好变化缓慢，由技术带来的不确定性和风险较低，企业可以比较准确地进行预测和计划，并且有足够的时间延长产品生命周期以获取收益。

（2）从动态的角度来看，新一轮的产品创新和工艺创新将会客观上加速行业技术变革，增加环境动态性。这说明行业环境客观上也受到了技术创新的影响，而这种影响在实证研究中并没有加以控制，因而可能会造成偏差。

（3）创新一般可分为技术创新和管理创新，本文仅得出"技术创新在环境动态性低时的边际产出更高"，而管理创新的影响机制是否相同并未得到验证。与技术创新相比，管理创新比较灵活和柔性，其与行业环境间的交互作用更明显，有效的管理创新将使企业更容易适应动态变化的环境。

（二）研究局限与未来展望

本研究的对象仅局限在广东省，没有对我国其他省份的企业进行调查，因此结论是否能推及至全国有待进一步的研究。为了利于问卷的回收，本文在研究设计中对自变量和因变量的量表没有采取不同被试者填写，因此可能存在"共同方法变异"。另外需要指出的是，本文是横截面的研究，得出的结论不足以描述环境的动态变化过程对创新和绩效关系的影响，如果未来能进行纵向研究将有助于进一步了解变量间的关系。最后，本文是以内容为依据将技术创新分为工艺创新和产品创新，未来若能按创新的程度将其分为渐进式创新和激进式创新，探讨动态环境下渐进式创新和激进式创新如何影响企业绩效将会进一步深化该研究。

参考文献

［1］许庆瑞，郭斌，王毅. 中国企业技术创新：基于核心能力的组合创新［J］. 管理工程学报，2000（14）：1-9.

［2］官建成，史晓敏. 技术创新能力和创新绩效关系研究［J］. 中国机械工程，2004，15（11）：60-64.

［3］辛冲，石春生，吴正刚. 结构导向组织创新、技术创新与组织绩效的

牵引效应 [J]. 研究与发展管理, 2008, 20 (1): 45 - 51.

[4] 马文聪, 朱桂龙, 蒋峦. 创新是组织公民行为影响绩效的中介变量吗?: 基于高科技行业的实证研究 [J]. 科学学研究, 2010, 28 (2): 307 - 315.

[5] DAMANPOUR F. Organizational innovation: ameta - analysis of effects of determ in ants and moderators [J]. Academy of Management Journal, 1991, 34 (3): 555 - 590.

[6] 傅家骥, 姜彦福, 雷家骕. 技术创新: 中国企业发展之路 [M]. 北京: 企业管理出版社, 1992: 13 - 20.

[7] 柳卸林. 技术创新经济学 [M]. 北京: 中国经济出版社, 1993: 1 - 9.

[8] LUMPKIN G T, DESS G G. Clarifying the entrepreneurial orientation construct and linking it to performance [J]. Academy of Management Review, 1996, 21 (1): 135 - 172.

[9] 芮明杰. 管理创新 [M]. 上海: 上海译文出版社, 1997: 1 - 39.

[10] WOLFE R A. Organizational innovation: review, critique and suggested research directions [J]. Journal of Management Studies, 1994, 31 (3): 405 - 430.

[11] DAMANPOUR F, EVAN W M. Organizational innovation and performance: the problem of "organizational lag" [J]. Administrative Science Quarterly, 1984 (29): 392 - 409.

[12] 谢洪明, 刘常勇, 陈春辉. 市场导向与组织绩效的关系: 组织学习与创新的影响: 珠三角地区企业的实证研究 [J]. 管理世界, 2006 (2): 80 - 94.

[13] 李忆, 司有和. 探索式创新、利用式创新与绩效: 战略和环境的影响 [J]. 南开管理评论, 2008, 11 (5): 4 - 12.

[14] SUBRAMANIAN A, NILAKANTA S. Organization innovativess: exploring the relationship between organization determinants of innovation. Types of innovations, and measures of organizational performance [J]. International Journal of Management Science, 1996, 24 (6): 631 - 647.

[15] HURLEY R F, HULT G T. Innovation, market orientation, and organizational learning: an integration and empirical examination [J]. Journal of Marketing, 1998, 62 (3): 42 - 54.

［16］谢洪明，韩子天. 组织学习与绩效的关系：创新是中介变量吗？：珠三角地区企业的实证研究及其启示［J］. 科研管理，2005（5）：1 – 10.

［17］胡川. 工艺流程创新对市场结构及绩效影响的量化研究［J］. 经济社会体制比较，2006（3）：87 – 89.

［18］李宝新，岳亮. 公司治理、技术创新和企业绩效的实证研究［J］. 山西财经大学学报，2008，30（3）：90 – 95.

［19］焦豪，周江华，谢振东. 创业导向与组织绩效间关系的实证研究：基于环境动态性的调节效应［J］. 科学学与科学技术管理，2007（11）：70 – 76.

［20］林义屏，黄俊英，董玉娟. 市场导向、组织学习、组织创新与组织绩效间关系之研究：以科学园区信息电子产业为例［J］. 管理评论（台湾），2004，23（1）：101 – 134.

［21］谢卫红，蓝海林. 结构视角的组织柔性化研究［M］. 北京：经济科学出版社，2004：52 – 88.

［22］AIKEN L S，WEST S G. Multiple regression：testing and interpreting interactions［M］. California：Sage Publications，1991：9 – 24.

［23］温忠麟，侯杰泰，张雷. 调节效应与中介效应的比较和应用［J］. 心理学报，2005，37（2）：268 – 274.

［24］陈劲. 永续发展：企业技术创新透析［M］. 北京：科学出版社，2001：3 – 25.

（原载《科学学研究》2011 年第 3 期，与马文聪合著）

知识源化战略、吸收能力对企业创新绩效产出的影响研究

一、引言

知识作为企业最重要的创新战略资源之一，是最有价值的无形组织资源与能力的基础元素，需要企业进行战略性管理[1]。组织知识分为知识存量（knowledge stock）和知识流（knowledge flow）[2]，为了在知识快速更新的动态环境中取得并维持竞争优势，企业必须不断产生新知识流以积累和更新知识存量[3]。尽管知识重要，但企业却经常缺乏创新所需知识，因此不得不内部开发或从外部知识源获取[4]。

知识源化战略（knowledge sourcing strategy）是企业通过知识创造或者获取来产生流入知识流的一种策略，企业内部 R&D 创造知识为内部知识源化战略，外部合作创造与获取知识为外部知识源化战略[3]。企业的知识源化战略对其创新的影响早已受到学者的关注。最初研究多关注内部知识创造，Cohen 和 Levinthal（1989）发现企业 R&D 投入显著产生创新，并同时发展企业的学习或吸收能力。虽然多数研究表明企业 R&D 投入提高创新绩效，但王君彩、王淑芳（2009）利用我国电子信息行业的相关数据却发现，企业 R&D 投入和其绩效并不存在显著相关关系[5]。近年随着技术的快速变化，学者开始将注意力转向外部合作创新研究上。Ya-makawa et al.（2011）基于 5 个产业的 95 家企业 8 年的面板数据，研究发现企业加入的探索型合作联盟数量显著影响其绩效水平[6]。但是 De Man 和 Duysters（2005）通过分析 30 篇合作与创新关系的实证研究后发现，企业的外部合作对其创新绩效的影响存在正向、负向与中性的不同结论[7]。综合研究视角的学者则认为，一个组织使用所有可能的知识源对创新至关重要[8]。例如，Cassiman 和 Veugelers（2006）发现同时进行内部 R&D 与外部合作的企业比单纯进行内部或者外部创新活动的企业取得更高的产品创新绩效[9]。从现有相关理论研究来看，企业内、外部知识源化战略对其创新绩效影响的不一致结论产生的原因至今仍未有较为系统

的解释。实践中，我国已经将合作创新提到了建设创新型国家的战略高度。而同时，企业对内部 R&D 的重视也在逐年递增，例如我国大中型工业企业 2010 年的内部 R&D 投入就是 2006 年的 2.43 倍[①]。但目前企业内、外部知识战略对其绩效作用机制的研究仍然缺乏，理论研究上的不一致结论将对我国企业知识战略选择以及创新实践造成严重阻碍。

由此可见，企业内、外部知识源化战略对其创新绩效影响的研究仍有待进一步完善与补充。第一，企业内、外部知识源化战略对创新的影响是否存在差异需要进一步实证研究。第二，企业知识源化战略对创新绩效的作用路径与内在机制需要更深入的探讨。企业知识源化战略对其创新绩效的影响并非直接作用关系，企业不但需要从来源产生或获取知识流，而且需要消化与应用这些知识，才能最终实现创新绩效产出[10]。Zahra 和 George（2002）提出，吸收能力的两个维度在创新中作用不同，实际吸收能力（RAC）通过知识应用帮助企业直接取得竞争优势，而潜在吸收能力（PAC）则通过外部知识的获取与消化帮助企业维持竞争优势[11]。从现有研究来看，尚缺乏将 PAC 与 RAC 作为独立的变量纳入企业知识源化战略对创新绩效的影响机制的研究框架中。特别是吸收能力在知识源与技术创新之间扮演的"双重角色"：作为已有知识存量，其能够调节这一关系的强度[12]；而作为动态能力，其能通过企业内、外部创新活动产生的知识流来提高[13]，也一直未得到系统的研究。而这些又是研究企业技术创新过程与实践发展的重要问题。本研究尝试构建企业内、外部知识源化战略、吸收能力对创新绩效产出影响的综合分析框架，然后使用广东省 343 家省级技术中心企业的创新实践数据进行实证检验，从而探索企业知识源化战略对其创新绩效产出的影响过程与机制。

二、研究设计

（一）吸收能力概念与维度

吸收能力作为识别与应用企业外部技术机会的动态能力[10,11]，Cohen 和 Levinthal（1990）将其定义为"识别外部信息的价值，并消化和应用

---

① 资料来源：《中国统计年鉴 2011》，见中华人民共和国国家统计局网站（http://www.stats.gov.cn/tjsj/ndsj/2011/indexch.ht）。

以实现商业化的能力"，并认为其具有很强的路径依赖特性，需要通过积累来获取[10]。Kim（1998）认为，吸收能力是组织学习能力和解决问题的技能，并将其分为已有知识基础与学习努力程度两个维度[14]。Zahra 和 George（2002）从一个过程视角，将吸收能力定义为一系列组织常规与过程的集合，企业通过获取、消化、转化与应用知识而产生的一种动态组织能力。这四个过程被划分为两个维度：PAC 和 RAC。PAC 包括知识的获取和消化，是企业识别和获取新的外部知识，并对其进行分析、处理、解释与理解；RAC 包括知识的转化与应用，企业结合已有知识与新获取的知识发展出新的见解与新推论，同时运用这些转化了的知识到实际问题解决中去[11]。这两个维度对创新的作用是既独立又互补，RAC 通过产生创新绩效使企业取得竞争优势，而 PAC 则是增强企业资源的使用柔性来维持其竞争优势[11]。本文将借鉴 Zahra 和 George（2002）对吸收能力的维度划分进行进一步的研究。

（二）研究假设

1. 企业内部 R&D 投入对吸收能力的影响

内部 R&D 作为企业的内部知识源[3]，被视为一个组织的过程，企业通过这个过程接触和利用每个成员的知识[15]。吸收能力的发展是需要积累的、路径依赖的，而且涉及高强度的内部 R&D 投入[16]。Cohen 和 Levinthal（1990）认为，产业内技术的改变通常与企业的内部 R&D 活动紧密相连，因此企业应用外部知识的能力是其内部 R&D 活动的副产品[10]。Zhang 等（2007）指出，R&D 投入是吸收能力的重要影响因素之一，企业投入方式的不同将对组织知识宽度（breadth）与深度（depth）产生不同的影响，最终产生不同创新绩效水平[12]。因此，本文认为企业内部 R&D 投入能够促进高效的内部沟通，从而增强吸收能力。本文假设：

H1a：企业 R&D 投入促进 PAC 提升。

H1b：企业 R&D 投入促进 RAC 提升。

2. 企业外部 R&D 合作对吸收能力的影响

近年来，企业外部 R&D 合作已经成了一个重要的知识源化战略。由于专有知识的隐性与组织嵌入性决定了其难以通过市场进行交换[15]，因此项目的合作能够使企业接触到嵌于其他组织内部的知识，同时通过转移与模仿从伙伴处学习，并联合开发新知识[3]。Fosfuri 和 Tribo（2008）发现，外部 R&D 合作显著提高企业获取与消化知识的能力。[17] Van wijk et al.（2001）发现，知识外部接触的广度与深度将影响一个企业对探索新的或相关的外部知识的倾向。[18] 企业通过与外部组织的合作能够获得多样化的知识以提高其新知识获取与消化能力[11]；同时通过模仿或学习其他组织的能力而提升自身对于相关知识的应用[19]。R&D 合作作为最重要的企业外部知识来源，本文假设：

H2a：企业 R&D 合作水平正向影响 PAC。

H2b：企业 R&D 合作水平正向影响 RAC。

3. 企业外部 R&D 合作对创新绩效产出的影响

Todtling et al.（2009）通过对 400 家奥地利企业的调查发现，企业合作创新显著影响新产品创新绩效。[20] Suseno 和 Ratten（2007）在研究中将知识分为两类：技术专有知识与市场专有知识，并认为它们是提高合作绩效的关键，如果只有一类知识，而缺少另一类知识，那么对于提高企业创新绩效是不充分的。他们指出，在一个每个伙伴都能为合作带来特有知识的 R&D 合作中，伙伴能从相互的学习机会中受益的可能性更高。[21] 这均显示了企业在 R&D 合作中可以吸取不同类型的知识，而且企业与外部知识源互动越多，则将有更多机会从合作伙伴处学习所需技术与市场知识，从而提高创新绩效产出。考虑到创新绩效产出的技术成功（创新绩效）与市场成功（新产品财务绩效）的二维属性[22]，本文假设：

H2c：企业 R&D 合作水平与创新绩效正相关。

H2d：企业 R&D 合作水平与财务绩效正相关。

4. 知识基础广度的调节作用

知识基础广度是一个企业拥有知识领域的范围，具有宽广知识基础的企业熟悉知识的许多领域，因此能够尝试更多的路径去探索新领域[23]。Kim（1998）认为，知识基础是吸收能力的重要影响因素，较高知识基础将促使企业吸收能力快速提升。[14] Zahra 和 George（2002）认为，组织以前（prior）的经验对知识获取能力有重要的影响，而以前的创新经验正是企业知识基础的重要来源。因此本文假设：

H3a：企业拥有的知识基础越广，其 PAC 越强。

当使用内部 R&D 作为一个知识源的时候，主要挑战是通过解释现有知识的新应用来创造知识以及探索新的领域。Lin 和 Wu（2010）发现，企业的知识基础将影响其 R&D 投入的绩效，具有多元化知识基础的企业倾向于通过内部 R&D 应用已有知识。[3]可见，以前的相关知识基础能够促进内部 R&D 的知识创造[3]，而创造出来的新知识又将进一步增加企业的知识积累，从而提高其知识获取与消化能力。因此本文假设：

H3b：企业拥有的知识基础广度正向调节其 R&D 投入与 PAC 之间的关系。即，企业知识基础越广，其 R&D 投入对 PAC 的影响越强。

一个在相关领域中的多元化知识基础可以使企业依靠联想式学习（将新知识归类到以前的知识结构中）更加容易地吸收合作伙伴的知识，特别是隐性（tacit）知识。Grant（1996）发现组织缺少相应的知识存量，则过大的知识落差会造成对新知识的理解困难，从而形成对于知识源知识获取的障碍。[24]Ahuja 和 Katila（2001）研究发现当内外部知识基础包含相同元素时，组织更易识别与消化外部知识。[25]但是也有学者指出，伙伴间的知识重叠度过高将降低企业知识的获取。[26]鉴于不同的研究结论，本文假设：

H3c：企业知识基础广度显著调节外部 R&D 合作水平与 PAC 之间关系。

5. 吸收能力对创新绩效产出的影响

Zahra 和 George（2002）认为，PAC 帮助企业识别和获取新的外部知识，而 RAC 则使企业能够结合已有知识与新获取的知识发展出新的见解与新推论，同时将其应用到实际问题解决中去。[11]知识进入企业内部后必须通过企业的成员进行分享、转化，同时与内部产生的知识整合[17]，才能实现创新。Yeoh（2009）在分析中提出企业 PAC 与 RAC 之间存在正相关关系。[22]本文认为，企业通过其 PAC 获取越多的新知识，才能有更多的知识内部整合从而实现新知识创造与应用。因此假设：

H4a：企业 PAC 正向影响其 RAC。

吸收能力与企业创新绩效产出关系能被从两个层面表达：企业由知识源获得知识直接增强创新能力（例如，从伙伴企业获取的市场知识或信息直接用于产品创新），企业从知识源获得技术后与自身现有知识结合进行知识的转化与应用从而实现产品创新（创造出新知识）。Zahra 和 George（2002）认为，PAC 与 RAC 两个维度对创新的作用是既独立又互补，RAC 通过产生创新绩效（新产品）使企业取得竞争优势，而 PAC 则是增强企业资源的使用柔性来维持其竞争优势。[11]因此提出假设：

H4b：企业 PAC 与创新绩效正相关。

H5a：企业 RAC 正向影响创新绩效。

创新财务绩效作为企业创新产品市场运作的体现必然受到技术信息与市场信息的作用，那么企业从外界获取与应用信息的能力必会对其产生较大影响。同时，在 Yeoh（2009）的研究中认为 RAC 和企业财务绩效之间的关系应该被企业的创新绩效所中介。[22]因此本文假设：

H4c：企业 PAC 与财务绩效正相关。

H5b：企业 RAC 正向影响财务绩效。

H6：企业创新绩效提升财务绩效。

基于以上假设分析，本文的实证模型如图 1 所示。

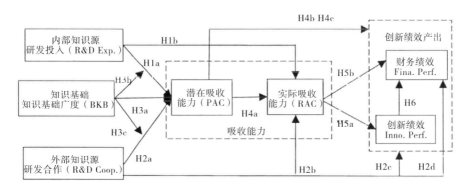

图 1　知识源化战略、吸收能力与创新绩效产出关系的实证模型

（三）研究样本

本文以广东省技术中心企业为研究样本，使用 2009 年广东省经贸委对 347 家省级技术中心企业进行的大规模问卷调查数据，观测值包括企业特征、R&D 投入和创新产出等 40 多项客观数据与信息。在 347 份问卷中，4 份调查问卷的部分数据出现异常，被视为无效问卷，最终采用 343 家有效企业数据，数据样本特征见表 1。省级技术中心企业致力于通过整合内、外部知识资源推动企业形成技术与市场的紧密结合机制，以提升竞争力为主旨重点解决投资与技术、技术与市场相分离等问题，因此具有研究的典型性。

表 1　样本企业特征描述

企业特征	企业数	比重/%	企业特征	企业数	比重/%
所属行业			企业规模（职工总数）		
机械	94	27.41	大型企业 >2000 人	88	25.66
电子	79	23.03	中型企业 300～2000 人	226	65.89
轻工	67	19.53	小型企业 <300 人	29	8.45
石化	35	10.20	总数	343	100
建材	29	8.45	研发投入（万元）		
医药	17	4.96	>10000	33	9.62
冶金	14	4.08	5000～10000	29	8.45
其他	12	2.33	1000～5000	160	46.65
	343	100	500～1000	88	25.66
			<500	33	9.62
				343	100

（四）变量的界定与测量

1. 自变量

企业通过内部知识源化战略产生知识流是以内部 R&D 投入（R&D Exp.）经费作为衡量。[8]为避免不同变量间的数量级差异对回归分析造成影响，因此对 R&D 投入进行了取自然对数（ln）处理。外部知识源化战略是企业通过与外部组织合作获得知识与发展新技术的一种方式。[27]基于 Yamakawa 等（2011）研究中采用企业参与联盟的数量反映其战略导向的测量方式[6]，本研究认为倾向于外部知识源化战略的企业将更多地与外部合作，因此采用企业对外的 R&D 合作（R&D Coop.）项目数测量其外部知识源化战略。

标准的制定表现出企业在所处行业中至关重要的地位与能力，所以其在企业战略中扮演了重要角色。每一个国际、国家、行业标准都可能覆盖一个或者多个技术领域。例如，通信企业中的标准制定就需要包含大量的技术知识基础在光纤、计算机和微电子等领域[28]。由此可知，企业拥有的国际、国家、行业标准数可以作为一个企业技术知识基础广度（BKB）

的最好代理（proxy）。

2. 因变量

吸收能力：虽然吸收能力的测量方式在学术界一直存在争议，但近年来一些使用客观数据的学者多倾向于使用人力资源和专利数量来测量吸收能力[13,29-32]。本文基于前人的测量方式，用当年来企业技术中心从事R&D 工作的外部专家人数和企业技术中心高级专家人数来测量企业获取与消化知识的能力[13]，即 PAC；用当年企业获国家和省自然科学、技术发明、科技进步奖数目与企业被受理的发明专利申请数来测量企业的知识转化与应用能力[32]，即 RAC。

创新绩效产出：本研究通过创新绩效与财务绩效两个维度来测量企业的创新绩效产出[22]。基于前人的测量方式，创新绩效（Inno. Perf.）是由企业当年完成的新产品、新工艺开发项目数来衡量；财务绩效（Fina. Perf.）使用企业新产品的销售收入进行测量，并取对数（ln）处理。

3. 控制变量

企业创新绩效也许受益于规模与范围经济，而且大企业有可能积累更高的吸收能力水平[26]。因此，本研究将企业规模（firm size）作为控制变量，使用企业职工总数进行测量，并对其取自然对数（ln）处理以消除偏差。

三、实证结果

（一）描述性统计分析

表 2 显示了描述性统计结果，报告了均值、标准差和变量之间的相关系数。表中相关系数均低于 0.65，显示变量间并不存在多重共线性。可以看到，内部 R&D 投入、外部 R&D 合作与创新绩效产出正相关（$p < 0.01$），与 PAC、RAC 正相关（$p < 0.01$）；企业 PAC 与 RAC 正相关（$p < 0.01$）；RAC 与创新绩效产出之间存在正相关关系。

表2　变量的均值、标准差和相关系数

	Mean	S. D.	1	2	3	4	5	6	7	8
1 Inno. Perf.	24.912	50.966	1.000							
2 Fina. Perf.	10.105	1.578	0.350**	1.000						
3 RAC	6.6433	21.031	0.285**	0.259**	1.000					
4 PAC	37.445	55.639	0.266**	0.469**	0.413**	1.000				
5 Firm size	7.081	1.1081	0.383**	0.595**	0.276**	0.465**	1.000			
6 R&D Exp.	7.549	1.2687	0.392**	0.610**	0.374**	0.519**	0.638**	1.000		
7 BKB	4.405	7.577	0.223**	0.308**	0.508**	0.344**	0.264**	0.382**	1.000	
8 R&D Coop.	6.195	9.767	0.515**	0.327**	0.359**	0.385**	0.422**	0.419**	0.469**	1.000

注：**. Correlation is significant at the 0.01 level (2 – tailed).

（二）假设检验

本文将检验企业知识源化战略对其创新绩效产出的影响，以及这一过程中 PAC 与 RAC 的中介效应和知识基础广度的调节作用。本文使用回归分析更深入地探索相关分析表中得到的结论，并采用温忠麟等（2005）所提出的中介效应与调节效应检验方法[33]对相应假设进行实证检验。对于整个模型，我们选择4个分层回归（hierarchical regression）分析来检验提出的假设，靠逐步加入控制变量、解释变量、调节变量与互动项来估计他们对因变量的相对解释贡献度。

表3报告了 PAC 方程的 OLS 估计值。Model 1A 是忽略了核心变量，仅仅显示加入了控制变量的基本模型。Model 1B 和 Model 1C 逐步加入我们的需要检验的解释变量与互动项。正如由 R^2 所显示的，变量的逐步增加加强了模型的拟合度。作为控制变量，企业规模确实如预期一样，对 PAC 有显著影响。结论数据支持了假设 H1a，H2a 和 H3a。在 Model 1C 中，R^2 – value 0.391 明显高于 Model 1B 的 R^2 – value 0.333，两互动项的回归系数均在 0.01 水平上显著，由此可以判断，互动项提高了整个模型的拟合度，假设 H3b 得到支持。但知识基础与 R&D 合作的互动系数显著为负（ – 0.06，$p < 0.01$），这表示知识基础负向调节企业 R&D 合作与 PAC 之间的关系，H3c 得到负向支持。

表 3　PAC 的影响因素

	Dependent variable：PAC		
	Model 1A	Model 1B	Model 1C
Firm size	23. 328 ** (2. 408)	9. 540 *** (2. 984)	9. 150 *** (2. 877)
R&D Exp.		13. 226 *** (2. 671)	7. 001 ** (2. 811)
BKB		0. 891 ** (0. 381)	− 8. 432 *** (1. 708)
R&D Coop.		0. 692 ** (0. 308)	1. 005 *** (0. 328)
BKBxR&D Exp.			1. 161 *** (0. 208)
BKBxR&D Coop.			− 0. 060 *** (0. 021)
Constant	− 127. 725 *** (17. 255)	− 138. 022 *** (18. 696)	− 88. 275 *** (20. 013)
Number of obs.	343		
R^2	0. 216	0. 333	0. 391
F test		41. 968	35. 712

注：$^{*} p < 0.1$，$^{**} p < 0.05$，$^{***} p < 0.01$，Standard error in parentheses.

表 4 显示了企业知识源化战略、PAC 对于其 RAC 的影响作用。正如 H4a 中假设的一样，PAC 与 RAC 之间呈现显著的正向相关；内部 R&D 正向影响 RAC，H1b 得到证实。但从 Model 2C 发现，R&D 合作对 RAC 的影响被 PAC 完全中介，H2b 得到部分支持。

表 4　RAC 的影响因素

	Dependent variable：RAC		
	Model 2A	Model 2B	Model 2C
Firm size	0. 472 （1. 158）	− 0. 043 （1. 130）	− 0. 330 （1. 152）

	Dependent variable：RAC		
	Model 2A	Model 2B	Model 2C
R&D Exp.	2.816** (1.033)	1.848* (1.046)	1.751* (1.048)
BKB	1.087*** (0.147)	1.078*** (0.136)	1.015*** (0.145)
R&D Coop.	0.202* (0.119)		0.146 (0.118)
PAC		0.084*** (0.021)	0.081*** (0.021)
Constant	−23.994*** (7.255)	−14.887** (7.470)	−12.639* (7.681)
Number of obs.	343		
R^2	0.303	0.330	0.333
F test	36.388	41.271	33.379

注：$^*p<0.1$，$^{**}p<0.05$，$^{***}p<0.01$，Standard error in parentheses.

表 5 反映了创新绩效的影响因素。Model 3D 的结果支持 H5a 的假设。而结合表 4（model 2C）与 Model 3D 的结果发现，企业的 PAC 对于创新绩效的影响被 RAC 完全中介，此 H4b 得到部分支持。同时 Model 3D 证实了企业 R&D 合作对其创新绩效的显著影响作用（H2c），从而验证了 R&D 合作对我国企业创新的重要性。

表 5 创新绩效的影响因素

	Dependent variable：Inno. Perf.			
	Model 3A	Model 3B	Model 3C	Model 3D
Firm size	17.623*** (2.301)	15.239*** (2.587)	14.407*** (2.585)	9.023*** (2.486)
PAC		0.102** (0.520)	0.042 (0.054)	−0.200 (0.051)

	Dependent variable：Inno. Perf.			
	Model 3A	Model 3B	Model 3C	Model 3D
RAC			0.436 ***	0.226 *
			(0.132)	(0.125)
R&D Coop.				2.127 ***
				(0.275)
Constant	−99.868 ***	−12.639 *	−81.578 ***	−52.935 ***
	(16.487)	(7.681)	(17.6443)	(16.722)
Number of obs.	343			
R²	0.147	0.157	0.183	0.306
F test		31.560	25.221	37.109

注：$^*p<0.1$，$^{**}p<0.05$，$^{***}p<0.01$，Standard error in parentheses.

表 6 显示了企业创新财务绩效影响因素的检验结果。从 Model 4A 和 Model 4B 可知，R&D 合作与 RAC 均对企业的创新财务绩效产生显著正向影响。但在 Model 4B 和 Model 4C 中，R&D 合作的影响作用被其他因素完全中介，H2d 得到部分支持；Model 4D 则显示，企业创新绩效正向影响其财务绩效，H6 得到支持；企业 RAC 对财务绩效的影响被创新绩效完全中介，H5b 得到部分支持；PAC 对于创新财务绩效具有正向显著影响作用（0.007，$p<0.01$），H4c 得到支持。

表 6 创新财务绩效的影响因素

	Dependent variable：Fina. Perf.			
	Model 4A	Model 4B	Model 4C	Model 4D
Firm size	0.797 ***	0.779 ***	0.760 ***	0.632 ***
	(2.301)	(0.070)	(0.070)	(0.073)
R&D Coop.	0.015 *	0.011 (0.008)	0.006 (0.008)	−0.003 (0.009)
	(0.008)			
Inno. Perf.			0.004 **	0.004 **
			(0.002)	(0.002)

	Dependent variable：Fina. Perf.			
	Model 4A	Model 4B	Model 4C	Model 4D
PAC				0. 007 *** (0. 001)
RAC		0. 006 * (0. 004)		0. 001 (0. 004)
Constant	4. 374 *** (0. 474)	4. 478 (0. 479)	4. 591 * (0. 478)	5. 300 *** (0. 491)
Number of obs.	343			
R²	0. 361	0. 366	0. 372	0. 411
F test	95. 321	64. 554	66. 472	46. 574

注：$^* p < 0.1$，$^{**} p < 0.05$，$^{***} p < 0.01$，Standard error in parentheses.

四、研究结论与展望

（一）主要研究结论

本文以广东省 343 家技术中心企业为研究样本，探讨了企业知识源化战略对创新绩效产出的作用路径与机制。研究发现，企业知识源化战略与创新绩效产出的关系并非单纯的直接影响研究所能解释，吸收能力与知识基础在其间起到了关键的中介与调节作用。

（1）企业内、外部知识源化战略均对其创新绩效产生影响，但作用路径并不同。企业内部 R&D 将通过直接影响其 PAC 与 RAC 作用于创新绩效。这一结论与 Cohen 和 Levinthal（1990）的研究相一致[10]。而外部 R&D 合作虽然对 PAC 有直接影响，但却对 RAC 并没有直接作用。这表明企业应用外部新知识的能力（例如，产生专利）较难直接从外部 R&D 合作中学习，企业核心的应用能力需要通过内部 R&D 进行培养。从这个视角来看，内部 R&D 与外部合作之间不但存在互补（complementary）关系而且存在补充（supplementary）关系，这与 Cassiman 和 Veugelers（2006）

认为同时进行内部 R&D 与外部合作的企业能够取得更高的创新绩效[9]的结论相一致。

（2）企业 PAC 与 RAC 对其创新绩效产出存在异质的影响。RAC 主要对新产品创新绩效起到直接作用；而 PAC 则正向影响 RAC，同时直接提升企业创新财务绩效。这一发现拓展了邓颖翔和朱桂龙（2009）的研究结论，并且验证了 Zahra 和 George（2002）关于 PAC 与 RAC 在企业创新过程中影响作用的理论分析。

（3）企业内部知识源化战略与其知识基础广度之间存在显著的协同效应，企业外部知识源化战略与其知识基础广度之间则存在替代效应。本文发现，知识基础越广的企业越倾向于通过内部 R&D 投入而非外部 R&D 合作积累知识。这一结论正好与 Lin 和 Wu（2010）的研究结论[3]互为补充，他们研究了企业知识基础深度对其知识源化战略选择的影响。本文则进一步完善了不同类型知识基础在创新中的影响作用的研究。

一方面，本文的结论揭示了企业内、外部知识源化战略对其创新绩效产出的作用机制，为当前学术界知识源化战略与创新绩效之间的不一致实证结论提供了一种解释途径。另一方面，本文也证明了没有任何一种知识源战略是适合于所有的企业，也没有企业能够始终使用同一种战略来取得并维持竞争优势。我国企业应该根据自身知识基础特征选择知识源化战略，企业除了应该合理选择其内、外部知识源化战略外，还需要注重潜在吸收能力与实际吸收能力的均衡培养与发展，从而更加有效地获取持续性竞争优势。如排除企业自身知识基础的影响时，企业需要同时进行内部 R&D 与外部合作以取得更高的创新绩效产出。但考虑企业知识基础广度的影响作用后，拥有较为宽广的知识基础的企业则应注重通过内部 R&D 战略发展知识转化与应用能力，从而将其外部获取的知识进一步应用于商业化产品开发中，这可能使其创新成本更低并更有效率；而知识基础广度较弱的企业则应该重视通过外部 R&D 合作培养能力与获取新知识，这样才能更有效地为持续性创新提供知识来源。但我们必须清楚，以上结论是与企业的能力发展阶段密切相关，实践中随着企业能力的更新与知识基础的变化，其对知识源化战略的选择也会随之演化。

（二）研究局限与未来展望

虽然本文进行了较为系统的实证分析，但也存在两点需要进一步探讨的问题。

（1）研究并未区分 R&D 合作的对象。不同伙伴也许会为企业带来不同的知识流，因此未来研究可以在此整合框架下对合作伙伴的类型做进一步区分。

（2）企业知识基础特性（广度、深度与程度）对战略选择均有显著影响，因此未来也许能够尝试通过对企业知识基础进行更为全面、细致的划分，比较研究不同企业的创新战略选择对绩效产出的作用机制的差异。

参考文献

[1] RANFT A L, LORD M D. Acquiring new technologies and capabilities: a grounded model of acquisition implementation [J]. Organization science, 2002, 13: 420 – 441.

[2] DECAROLIS D M, DEEDS D L. The impact of stocks and flows of organizational knowledge on firm performance: an empirical investigation of the biotechnology industry [J]. Strategic management journal, 1999, 20 (10): 953 – 968.

[3] LIN B, WU C. How does knowledge depth moderate the performance of internal and external knowledge sourcing strategies? [J]. Technovation, 2010, 30: 582 – 589.

[4] CARAYANNOPOULOS S, AUSTER E R. External knowledge sourcing in biotechnology through acquisition versus alliance: a KBV approach [J]. Research Policy, 2010, 39 (2): 254 – 267.

[5] 王君彩, 王淑芳. 企业研发投入与业绩的相关性: 基于电子信息行业的实证分析 [J]. 中央财经大学学报, 2009 (12): 57 – 62.

[6] YAMAKAWA Y, YANG H, LIN Z. Exploration versus exploitation in alliance portfolio: Performance implications of organizational, strategic, and environmental fit [J]. Research Policy, 2011, 40 (2): 287 – 296.

[7] DE MAN A P, DUYSTERS G. Collaboration and innovation: a review of the effects of mergers, acquisitions and alliances on innovation [J]. Technovation, 2005, 25 (12): 1377 – 1387.

[8] MUROVEC N, PRODAN I. Absorptive capacity, its determinants, and influence on innovation output: cross-cultural validation of the structural

model ［J］. Technovation, 2009, 29 （12）: 859 – 872.

［9］ CASSIMAN B, VEUGELERS R. In search of complementarity in innova-
tion strategy: internal R&D and external knowledge acquisition ［J］. Man-
agement Science, 2006, 52 （1）: 68.

［10］ Cohen W M, Levinthal D A. Absorptive capacity: a new perspective on
learning and innovation ［J］. Administrative Science Quarterly, 1990,
35 （1）: 128 – 152.

［11］ ZAHRA S A, GEORGE G. Absorptive capacity: a review, reconceptual-
ization, and extension ［J］. Academy of management review, 2002, 27
（2）: 185 – 203.

［12］ ZHANG J, BADEN-FULLER C, MANGEMATIN V. Technological
knowledge base, R&D organization structure and alliance formation: evi-
dence from the biopharmaceutical industry ［J］. Research policy, 2007,
36 （4）: 515 – 528.

［13］ 邓颖翔, 朱桂龙. 吸收能力在创新过程中的中介作用研究: 来自珠
三角企业的经验证据 ［J］. 科学学与科学技术管理, 2009 （10）:
85 – 89.

［14］ KIM L. Crisis construction and organizational learning: capability building
in catching-up at Hyundai Motor ［J］. Organization Science, 1998:
506 – 521.

［15］ GRANT R M. Toward a knowledge-based theory of the firm ［J］. Strategic
management journal, 1996, 17 （10）: 109 – 122.

［16］ AHUJA G. The duality of collaboration: inducements and opportunities in
the formation of interfirm linkages ［J］. Strategic management journal,
2000, 21 （3）: 317 – 343.

［17］ FOSFURI A, TRIBO J A. Exploring the antecedents of potential absorp-
tive capacity and its impact on innovation performance ［J］. Omega,
2008, 36 （2）: 173 – 187.

［18］ VAN WIJK R, VAN DEN BOSCH F, VOLBERDA H. The impact of
knowledge depth and breadth of absorbed knowledge on levels of explora-
tion and exploitation ［C］. 2001.

［19］ ROTHAERMEL F T, DEEDS D L. Exploration and exploitation alliances in biotechnology: a system of new product development [J]. Strategic management journal, 2004, 25 (3): 201 – 221.

[20] TODTLING F, LEHNER P, KAUFMANN A. Do different types of innovation rely on specific kinds of knowledge interactions? [J]. Technovation, 2009, 29 (1): 59 – 71.

[21] SUSENO Y, RATTEN V. A theoretical framework of alliance performance: the role of trust, social capital and knowledge development [J]. Journal of Management & Organization, 2007, 13 (1): 4 – 23.

[22] YEOH P L. Realized and potential absorptive capacity: understanding their antecedents and performance in the sourcing context [J]. The Journal of Marketing Theory and Practice, 2009, 17 (1): 21 – 36.

[23] KAUFFMAN S, LOBO J, MACREADY W G. Optimal search on a technology landscape [J]. Journal of Economic Behavior & Organization, 2000, 43 (2): 141 – 166.

[24] GRANT R M. Prospering in dynamically-competitive environments: organizational capability as knowledge integration [J]. Organization science, 1996, 7: 375 – 387.

[25] AHUJA G, KATILA R. Technological acquisitions and the innovation performance of acquiring firms: a longitudinal study [J]. Strategic Management Journal, 2001, 22 (3): 197 – 220.

[26] 杨菊萍, 贾生华. 知识扩散路径, 吸收能力与区域中小企业创新 [J]. 科研管理, 2009, 30 (5): 17 – 25.

[27] CASSIMAN B, VEUGELERS R. Complementarity in the innovation strategy: internal R&D, external technology acquisition, and cooperation in R&D [J]. IESE Research Papers, 2002: 1 – 39.

[28] FALKENBERG L E, WOICESHYN J, KARAGIANIS J. Knowledge sourcing: internal or external? [J]. Organizational Learning and Knowledge 5th International Conference, 2003.

[29] 吴晓波, 陈颖. 基于吸收能力的研发模式选择的实证研究 [J]. 科学学研究, 2010, 28 (11): 1722 – 1730.

[30] MUSCIO A. The impact of absorptive capacity on SMEs' collaboration [J]. Economics of Innovation and New Technology, 2007, 16 (8): 653 – 668.

[31] VINDING A L. Absorptive capacity and innovative performance: a human capital approach [J]. Economics of Innovation and New Technology, 2006, 15 (4 - 5): 507 - 517.

[32] GEORGE G, ZAHRA S A, WHEATLEY K K, et al. The effects of alliance portfolio characteristics and absorptive capacity on performance: a study of biotechnology firms [J]. The Journal of High Technology Management Research, 2001, 12 (2): 205 - 226.

[33] 温忠麟, 侯杰泰, 张雷. 调节效应与中介效应的比较和应用 [J]. 心理学报, 2005, 37 (2): 268 - 274.

（原载《科研管理》2014 年第 3 期, 与付敬合著）

跨界搜寻对组织双元能力影响的实证研究
——基于创新能力结构视角

动态竞争环境下，企业需要兼顾现有知识开发与潜在知识探索的双元能力，以适应技术与市场环境的非连续性变革[1]。自 March 提出"探索"与"开发"以来，学者们将其拓展到组织学习[2]、战略管理[3]、创新管理[4]等领域，组织通过构建双元性克服核心刚性与能力陷阱，以提升应对环境变化的敏感性[5]。然而，由于两类活动所需组织架构、思维方式的差异，二者之间表现为普遍、连续与嵌套的张力关系，导致组织面临权衡与取舍悖论[6]。因此，如何整合内外部创新资源、提升双元能力成为企业管理者关心的焦点问题。

为破解该困境，学者们首先在组织内部实现结构、情境或领导双元，力求实现双元能力的内部均衡[7]。同时，Jansen 认为外取方式可以突破资源约束，利用层级、空间的情境分离缓解二元张力。[8]这种解决机制仍以情境双元为基础，其突破在于利用外部资源来协调内部矛盾[9]，尤其在组织能力有限的前提下，利用外部资源提升技术能力成为企业融入开放式创新体系的必然选择[10]，而跨界搜寻也成为其识别、获取与整合外部资源的逻辑起点[11]。然而，现有跨界搜寻与组织能力关系的研究多停留在理论层面，对于"跨界搜寻能否有效提升组织双元能力""不同维度跨界搜寻对双元能力是否存在差异影响"等问题未做解答，尤其缺乏中国情境下的理论与实证检验。

与发达国家相比，针对新兴市场的研究有其情境特殊性：一方面，新兴市场中企业技术能力水平相对较低，这与领先企业能力提升层次存在差异。中小企业更倾向于通过集成创新获得竞争优势，即侧重于培养开发能力，而参与探索式创新的程度较低，这决定了后发企业技术能力结构的特殊性。另一方面，资源、能力有限进一步制约了搜寻策略最优化，导致企业技术能力提升进程更加复杂[12]。以协同创新为例，中国企业侧重于获得产品技术或应用性共性技术，而学研机构的职能却是提供基础技术与基础性共性技术[13]，双方在组织属性、社会职能等方面存在本质差异，必然限制了企业技术能力的结构优化。因此，如何有效协调跨界搜寻策略，实现组织技术能力的持续提升，对于后发国家企业尤为重要。

基于此，本文利用广东、山东等地区的企业样本，基于创新能力结构视角，从组织—技术维度解构中国企业的跨界搜寻行为，探索新兴市场中跨界搜寻行为对组织双元能力的影响机制，以及探索与开发能力之间的关系。研究结论不仅是对现实情境下协同创新行为的深层次剖析，同时也揭示了合作主体能力结构与目标定位差异的关键问题，具有重要的理论与现实意义。

一、理论基础与研究假设

（一）理论视角

创新能力结构是合作主体通过参与不同类型科研活动，而处于技术供给链不同职能环节的一种能力状态。企业、高校等机构在组织属性、社会职能等方面的本质差异，导致组织跨界搜寻的目标、途径与内容存在明显不同。企业隶属于"技术王国"，为了获取最大化利润而致力于研发成果私有化，通过商业机密或专利竞赛转变为排他性专有技术，其搜寻目标是共性技术与产品技术，为其从事试验发展活动提供基础支撑；而高等院校隶属于"科学共和国"，以基础研究与应用研究为主，产出具有较强公共属性的成果[14]，为企业技术创新提供基础技术与共性技术。因此，创新能力结构与水平决定了组织跨界搜寻目标与策略。

以"硅谷模式"为例，企业与高校、公共实验室等合作，储备产业内/间的竞争前技术；也可通过行业协会、专业会议等媒介，获取前沿的产品设计与市场需求信息；还可与同行业企业联合攻关关键共性技术，推动不同领域间的技术融合[11]。与之对应，企业通过开展不同类型研究活动获得技术链不同环节的知识基础。高校注重基础研究，可为企业提供基础技术和基础性共性技术；公共或私人实验室侧重于应用研究，在基础知识转化与应用方面具有优势；而企业以产品设计与开发为主，研发重点在于共性技术转化与专有技术研发[15]。综上，如何实现跨界搜寻目标与内容的匹配，不仅取决于组织自身的技术能力状况，同时还受到产业环境与技术发展阶段的共同约束。

现实情境下，针对创新能力结构的剖析，为解构中国企业跨界搜寻行为与能力提升路径提供了新的视角，即在自主创新能力薄弱的前提下，企业高度嵌入产学研合作的技术供给体系，高校、科研院所等成为关键外部知识源；同时，企业迫切需要相对成熟的产品技术，更需提升共性技术研发能力[13]。在此视角下，中国企业跨界搜寻行为可划分为组织与技术两类边界，基于组织边界可细分为科技驱动型和市场驱动型跨界搜寻，分别对应高校、科研院所与企业、商会、协会等提供不同类别知识的机构；而基于技术边界可细分为共性技术导向和产品技术导向跨界搜寻，分别定位于共性技术与产品技术两种技术类别。与之对应，不同维度搜寻行为对组织技术能力的提升层次存在差异，这与中国企业的要素禀赋、能力结构、创新分布等特点相适应，从而呈现出适合中国现实情境的"行为—能力"提升路径。

（二）跨界搜寻边界

开放式创新背景下，企业将面临更加多元化的外部资源，跨界搜寻模式与边界成为国内外学者们关注的焦点[16,17]。基于组织边界，Nelson 等将搜寻行为划分为本地搜寻与远程搜寻，二者在知识认知、搜寻空间与时间等方面存在差异[18]；Laursen 和 Salter 进一步用搜寻深度与广度表征跨界搜寻行为的特征[11]；Sidhu 等从供给、需求和市场三个维度细分跨界搜寻，分别涉及供应商知识、客户知识和竞争对手知识[19]。因此，现有研究虽然涵盖了内部与外部、本地与远程、深度与广度等二分边界，但是对不同边界内组织属性及其对组织能力的差异影响缺乏针对性分析。

从搜寻内容来看，企业跨界搜寻的根本目标是异质性知识或合作伙伴。Katlia 基于时间边界将外部搜寻知识分为新知识与旧知识[20]，Rosen-kopf 等将光盘产业专利数据分为行业内与行业外搜寻知识[21]，Li 等将目标知识分为两类：一类与价值链上的职能环节相关，比如科学、技术与市场知识；另一类与搜寻时间、空间与认知维度相关，用于表征搜寻方式与程度[22]。因此，现有研究忽略了跨界搜寻中目标技术的层次，即从技术发展过程来看，企业搜寻目标是基础技术、共性技术，或是产品技术，不同层次技术对企业创新能力水平与结构的影响差异巨大。总之，提升企业自主创新能力，需要综合考虑组织与技术边界的搜寻行为，既要根据企业创新战略寻找合适的知识源，同时也要考虑组织内外部技术能力结构的耦合问题。据此，本文提出如下假设：

H1：现实情境下，中国企业跨界搜寻行为包括组织边界和技术边界两个维度，基于组织边界可细分为科技驱动型、市场驱动型跨界搜寻，基于技术边界可细分为共性技术导向和产品技术导向跨界搜寻。

（三）跨界搜寻与组织双元能力

1. 基于组织边界的跨界搜寻与组织双元能力关系

科技驱动型跨界搜寻主要是跨越组织边界对科学、技术等知识源的搜寻行为，其搜寻对象主要包括高等院校、科研院所、公共研究机构，以及商业实验室等[11]。企业技术创新向高校、科研院所开放有利于提升能力与绩效，尤其对于科技驱动型产业，开放度与外部资源、互补性资产整合效率之间存在"最优开放点"。Chen 等发现，提升外部搜寻广度、深度能够显著促进组织 STI 和 DUI 创新绩效，而搜寻导向对于知识源选择、能力结构优化产生不同的影响效果[10]。因此，科技驱动型跨界搜寻是企业获取关键技术的重要路径，能够有效改善组织技术能力的层次与结构。

针对不同能力，由于该类搜寻行为定位于获取、转移科研主体的前沿知识，对企业搜寻策略、整合方式以及能力层次的需求不同。相对企业专利而言，公共研发机构所申请专利引用频率更高，更容易催生重大原始创新，尤其是交叉领域所得专利成果，对企业探索能力的提升效果更加显著[25]。Sidhu 等认为，与技术供给方（包括母公司、商业实验室等）的合作研发，能够培养企业应对复杂环境的动态能力，特别机会识别与整合重构的开发能力。[19]因此，实施科技驱动型跨界搜寻策略有利于满足不同层次的能力需求，面临产业升级与开放竞争的双重压力，我国企业更应充分利用外部科研机构的创新资源，实现组织内外部优势资源与能力结构的有效匹配。据此，本文提出如下假设：

H2a：科技驱动型跨界搜寻对于企业探索能力具有显著的正向影响。

H2b：科技驱动型跨界搜寻对于企业开发能力具有显著的正向影响。

市场驱动型跨界搜寻主要是跨越组织边界对产品设计、顾客需求、工艺改进等市场信息的搜寻行为，其对象包括供应商、竞争对手、行业协会、商会、专业会议等[11]。及时反馈市场信息是创造新知识与新产品的必要步骤，一方面，该搜寻行为有助于将分散的市场信息系统化处理，开拓全新的或改变企业现有价值网络，实现商业模式的全面创新；另一方面，搜寻过程能够拓展潜在的合作伙伴关系，增加创造新产品与新技术的市场机会。Kim 和 Inkpen 对跨界研发联盟研究发现，成员多元化不仅为联盟引入了前沿技术信息，商会、协会以及供应商参与也为创新活动提供了互补性信息，促使企业不断探索新技术、开发新产品。[24]

从作用效果来看，该类搜寻行为将面对形式多元化、属性差异化的目标对象，从而成为企业研发新技术与新产品的重要知识源[25]。组织变革不仅取决于企业对内外部资源的整合能力，同时伴随新的商业模式、顾客需求、设计潮流等推动，从而进一步影响技术能力结构的协调过程[26]。具体到双元能力，基础研究能够培养组织进行探索式创新的潜在能力，而系统整合供应商、制造商、顾客等市场信息则有利于组织不断取得渐进性创新成果，两种创新过程分别对应于组织探索与开发能力的有效提升[23]。因此，市场驱动型跨界搜寻丰富了企业获取外部信息的途径，实现了动态信息与研发策略的有效衔接，对于企业技术与服务创新具有重要的推动作用。据此，本文提出如下假设：

H2c：市场驱动型跨界搜寻对于企业探索能力具有显著的正向影响。

H2d：市场驱动型跨界搜寻对于企业开发能力具有显著的正向影响。

2. 基于技术边界的跨界搜寻与组织双元能力关系

根据 Tassey 对技术类别的定义，基于过程视角可将技术划分为基础技术、共性技术与产品技术[15]，并且三类技术在供给主体、应用领域、自身属性方面存在根本差异。基于对现实情境下中国企业技术能力结构的分析，本文将企业搜寻行为定位于共性技术、产品技术导向跨界搜寻。

由于各国产业发展水平存在差异，对共性技术的需求层次与领域也明显不同。发达国家追求信息、生物和新材料等高技术领域的产业内/间共性技术，从而实施任务导向的竞争前技术研发策略；发展中国家更希望提升传统制造产业的共性技术、产业内共性技术和工艺共性技术，则采取扩散导向的共性技术供给策略[27]。对于中国企业而言，通过跟踪和预测产业关键共性技术，提升企业探索主导技术路径的控制能力，避免技术方向错误而导致的全局性失败。同时，关键共性技术的二次创新是实现技术跃迁的重要契机，对于提升后发国家产业竞争力具有显著促进作用。总之，共性技术的研发与获取优化了区域产业发展结构，催生了新能源、新材料等战略性新兴产业，并在微观层面提升了企业探索新技术、开发旧知识的技术能力，为企业、产业创新能力的整体提升创造了基础条件。据此，本文提出如下假设：

H3a：共性技术导向跨界搜寻对企业探索能力具有显著的正向影响。

H3b：共性技术导向跨界搜寻对企业开发能力具有显著的正向影响。

相对而言，产品技术是生产某项产品的专门知识、操作经验和技术的总和，是在共性技术基础上进一步创新和衍生的具体技术形态[15]。产品技术具有更强的私有属性，并且应用领域也仅限于某一类产品，在一段时间内成为支撑企业的核心竞争力[27]。Nerkar 认为，重大原始创新更多依赖于基础技术与新兴技术的融合，而对现有技术的深入开发将带来产品生产工艺的渐进性改进。[28] 突破性创新需要更多的基础性知识，与高校、公共研发机构合作是获取该类知识的重要途径，也是构建二阶能力的潜在过程[29]。因此，与共性技术相比，产品技术导向跨界搜寻更侧重于获取较为成熟的专有技术，其目标是优化现有生产流程、改进当前产品工艺，而对产业技术发展轨迹的影响不大，即较少促进企业探索能力的根本提升。据此，本文提出如下假设：

H3c：产品技术导向跨界搜寻对企业开发能力具有显著的正向影响。

（四）组织双元能力之间的关系

根据 March 的概念界定，探索与开发活动在资源、结构、文化等方面存在根本差异，导致二者处于组织创新连续体的两个极端[1]。随着研究深入，Gupta 等学者对探索与开发的绝对二分法提出了质疑，认为二元张力的约束条件可以通过双元性来解决，比如，通过构建双元型组织协调二者在组织结构与文化方面的张力[31]，通过引入外部资源协调二者对组织有限资源的过度竞争[9]，通过培养动态能力促进组织适应外部环境的敏感性[29]。同时，Lin 等认为，间断均衡与双元均衡模式为解决二元张力提供了理论基础[32]，后续研究进一步肯定了二者之间相互影响的前提假设。

以新产品开发为例，企业探索与开发能力能够并存且相互促进，二者通过组织内与组织间学习行为不断自我更新[30]。Rothaermel 认为，新产品开发以探索式创新联盟为起点，以开发式联盟完成产品的市场化过程为终点，二者之间呈现明显的继承关系。[33] 同时，组织技术能力成长存在明显的路径依赖，选择探索式创新进行产品革新的同时，在一定程度上忽视渐进性创新的影响，从而呈现能力成长的锁定效应，该效应促使核心能力保持刚性状态，阻碍了企业根据环境变化所做出的适应性措施，极其容易陷入"成功陷阱"或"失败陷阱"。综上，组织双元能力已经突破了绝对割裂的状态，随着与吸收能力、动态能力理论的相互融合，探索与开发之间的张力将得到更有效解决。据此，本文提出如下假设：

H4：企业探索能力对开发能力具有显著的正向影响。

二、研究设计

（一）研究样本

本研究采用问卷调查方式采集数据。为了获取更准确、可靠的基础数据，在选择样本时设定了如下标准：第一，样本来源于科技经济相对发达、具有产学研合作基础的地区；第二，企业隶属于从事一定研发活动的制造类行业；第三，填写人需具备三年以上研发管理经验。基于此，本文选择广东、山东、浙江作为样本区域，考虑到问卷应答率、时间成本等因素，采用现场发、政府机构代发、朋友代发、电子邮件四种方式，在2012年9月至2012年12月发放调查问卷1934份，回收问卷432份，其中有效问卷338份，有效回收率为17.48%。在样本中，公司规模在5000万以上的有137家，占40.5%；企业成立15年以上的有94家，占27.8%，5年以上的有306家，占90.5%；样本企业涉及制药、电子、仪器仪表、通信设备、化学制品等行业。

根据Armstrong等提出的非回应偏差检验方法[34]，本文比较了2012年9月的44份问卷和2012年12月的51份问卷中的三个关键变量：企业规模、所有制和成立时间，T检验结果未呈现显著差别，说明研究样本不存在严重的非回应偏差。同时，通过单一被试自我报告将不可避免出现共同方法偏差，本文通过反向编码问题、反复修改问项、强调问卷匿名等方式，在一定程度上降低了同源误差问题。后续Harman单因子测试表明，主成分分析所提取的四个因子解释了总变异量的69.3%，其中第一个因子解释了33.16%，说明样本数据的共同方法偏差问题在可接受范围内。

（二）变量测量

为保证变量测量的有效性，本研究选用国内外学者普遍认同的量表进行测量，通过"翻译—回译"进行语义校正与修改，并由企业管理者对问卷语句进行评估，以保证语境和内容符合管理实践。

对于组织双元能力，现有研究采用专利属性、科研项目、R&D经费等测量[21,26]。与客观指标相比，量表具有概括、全面、易操作等优势，并能够实现对潜变量的清晰刻画。例如，He 等用"引入新一代产品""扩展产品范围""开发新市场""进入新技术领域"表征探索活动，用"提高现有产品质量""提高生产柔性""降低产品成本""提高产量或降低能耗"表征开发活动[26]。在此基础上，Jansen 将双元能力量表拓展到 7 个题项，取得了较高的信度与效度，并被 Sidhu 和 Raisch 等学者相继沿用。本文借鉴 Jansen 和 Sidhu 的量表，结合实地考察与专家建议，采用"公司经常发现并利用市场上的潜在机会"等三个题项测量探索能力，采用"公司定期对现有产品或服务进行渐进性改进"等三个题项测量开发能力。

由于边界、内容与目标差异，跨界搜寻的测量方式与层次也有不同定位。客观指标方面，Katila 等采用专利数量、专利引用等指标，分别表征组织、行业、区域、时间等边界的跨界搜寻行为[20,28]；Laursen 和 Salter 采用组织搜寻外部知识源的情况来测度跨界搜寻，弥补了专利测量的缺陷[11]。量表测量方面，Sidhu 等把搜寻边界细分为供给、需求和空间三个维度，分别采用"关注行业内技术发展水平""竞争对手瞄准本组织顾客的情况""组织熟悉本区域运营机会的程度"等题项描述跨界搜寻行为[19]。基于此，本文借鉴 Laursen 和 Sidhu 的量表，结合中国企业创新能力结构现状，对搜寻边界和内容作了情景化修正，最终分别采用"公司经常与高校、科研机构开展联合人才培训活动"等九个题项，以及"公司所在创新联盟内成员大多面临行业共性技术难题"等八个题项来测度基于组织、技术边界的跨界搜寻。此外，本文还采用企业规模、所有制属性、成立时间和行业类别作为控制变量。

三、实证分析

（一）描述性统计

本文运用 SPSS 16.0 对各变量数据进行了描述性统计分析，从而得到各变量的均值、标准差，以及 Pearson 相关系数（见表 1）。

表 1　各变量的均值、标准差与 Pearson 相关系数

变量	均值	标准差	1	2	3	4	5	6
1. 科技驱动型跨界搜寻（SS）	4.44	1.29	1.000					
2. 市场驱动型跨界搜寻（MS）	4.65	1.24	.412**	1.000				
3. 共性技术导向跨界搜寻（GT）	5.57	0.85	.272**	.353***	1.000			
4. 产品技术导向跨界搜寻（PT）	5.61	0.91	.181**	.216**	.141**	1.000		
5. 探索能力（ER）	5.26	1.011	.192**	.145**	.013	.038	1.000	
6. 开发能力（EI）	5.23	1.086	.151**	.097*	.056	.043	.648**	1.000

注：*** 表示 $p < 0.001$，** 表示 $p < 0.01$，* 表示 $p < 0.05$，下同。

（二）信度与效度分析

本文采用 Cronbach's α 系数检验问卷的信度，科技驱动型与市场驱动型跨界搜寻的 α 系数分别为 0.934、0.793，共性技术、产品技术导向跨界搜寻的 α 系数分别为 0.849、0.900，探索能力、开发能力的 α 系数分别为 0.828、0.891。根据侯杰泰等[35]的处理标准，各变量的 α 系数值均在可接受范围内，表明调查问卷的信度良好。

根据 Sidhu 等[19]研究设计，进一步构建两两配对的检测模型，从而检验各个维度的区别效度。如表 2 所示，每对变量组成的检测模型分别经过约束和未约束两步检测程序，并逐对标记其 χ^2 与 $\Delta\chi^2$ 值。从结果来看，6 对模型的未约束模型 χ^2 值都小于约束模型，表明各个变量之间不存在两两完全相关关系，相反具有较高的区别效度。因此，将跨界搜寻划分为组织与技术边界的前提下，进一步将其细分为科技驱动型与市场驱动型、共性技术与产品技术导向跨界搜寻具有理论与实证方面的合理性，从而验证了本研究所提假设 H1。

表2 跨界搜寻的区别效度检验结果

配对检测	约束模型 χ^2	未约束模型 χ^2	$\Delta\chi^2$
1. *SS & MS*	87.36	64.58	22.78 ***
2. *SS & GT*	94.28	83.45	10.83 ***
3. *SS & PT*	101.34	94.83	6.51 ***
4. *MS & GT*	93.66	82.97	10.69 ***
5. *MS & PT*	96.47	83.15	13.32 ***
6. *GT & PT*	86.27	74.16	12.11 ***

（三）结构模型分析

本文利用 AMOS 16.0 对初始结构方程进行分析检验，结果见表3。从拟合结果来看，初始结构模型的 χ^2 值为348.047（自由度 $df=215$），χ^2/df 值为1.619，RMSEA 系数为0.071，小于0.10；NFI、GFI 系数分别为0.895 和0.884，均小于0.9。除了 χ^2/df、RMSEA、CFI 和 TLI 等拟合指标达到了可接受范围之外，其他拟合指标（如 NFI、GFI）均不在拟合接受范围内，说明初始结构模型的拟合效果并不理想。其原因可能是所构建概念模型本身存在一些问题，也可能是调查问卷所获得数据造成的偏差。因此，针对初始模型拟合结果不理想、部分路径未能通过检验的情况，有必要对初始模型进行微调与修正，并检测其各项拟合指标是否可以达到标准。

表3 初始结构模型的拟合结果

路径	路径系数	S. E.	C. R.	P
探索能力 <——科技驱动型跨界搜寻	0.367	.039	3.926	***
探索能力 <——市场驱动型跨界搜寻	0.037	.028	1.306	0.192
探索能力 <——共性技术导向跨界搜寻	0.452	.050	1.052	***
开发能力 <——科技驱动型跨界搜寻	0.016	.037	0.153	0.278
开发能力 <——市场驱动型跨界搜寻	0.254	.026	0.547	***

续表

路径	路径系数	S. E.	C. R.	P
开发能力 <——共性技术导向跨界搜寻	0.196	.046	1.430	*
开发能力 <——产品技术导向跨界搜寻	0.308	.046	0.182	***
开发能力 <——探索能力	0.088	.059	1.019	***
χ^2 348.047	RMSEA 0.071		CFI 0.927	
df 215	NFI 0.895		GFI 0.884	
χ^2/df 1.619	TLI 0.915			

根据初始拟合结果，本研究进一步做了两个方面的修正。其一，利用 AMOS 给出的参考性修改指标 MI，增加残差项之间的相关关系。如果变量的修改指标比较大，说明初始模型没有考虑变量间的强相关关系，从而不满足路径分析的条件，需要对初始模型做出调整，主要是增加残差间的协方差关系。一般而言，若当 a = 0.05 水平时，对 MI > 3.84 以上的参数路径进行修改是适当的[35]。其二，根据初始模型检验中的路径检验结果，通过增加或删除自变量间的路径关系，对模型进行微调。

针对初始拟合中未通过显著性检验的路径，通过先后固定"市场驱动型跨界搜寻→探索能力""科技驱动型跨界搜寻→开发能力"路径的方式，进一步对模型进行修正。从修正模型来看，整体拟合系数与变量间路径系数均得到显著改善，因此，修正后的结构方程模型最终删除了上述两条路径。同时，在简化模型基础上，本文对变量内部的残差关系进行了修正，通过增加残差间协方差关系对模型进行微调，以逐步消除模拟偏差。例如，初始拟合模型中"共性技术导向跨界搜寻→开发能力"的路径系数显著性较低（P 值 = 0.038），考虑到 GT3 与 GT5 问项均关于共性技术攻关计划，在一定程度上存在关联性，便将两个问项的残差项相连。通过重复修正与拟合，最终得到最优模型的拟合结果（如图 1 所示）。

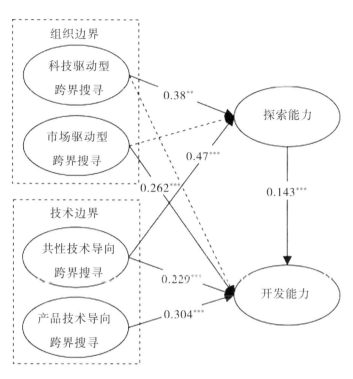

图1 跨界搜寻对组织双元能力影响机制的最优结构模型

（四）结果讨论

1. 基于组织边界的跨界搜寻：异质性知识源与能力结构的匹配关系

跨界搜寻是企业实施外部知识源战略的重要举措，对不同属性科研主体内部知识的有效整合，在一定程度上体现、并深化了开放式创新体系。从拟合结果来看，科技驱动型、市场驱动型跨界搜寻对组织探索、开发能力的路径系数分别为 0.38、0.262，且均具有较高显著性（$p < 0.01$，$p < 0.001$），假设 H2a、H2d 得到验证。

外部知识源具有更强的异质性，能够有效促进企业内部的技术革新与能力改善。与 Laursen 和 Salter[11] 观点一致，本文发现新兴市场中企业与高校、供应商、客户等外部主体的协同关系，考虑了企业技术供给链各个环节参与主体的职能特征，将跨界搜寻维度细分与内容定位相结合，从而检验出了不同类别科研机构对组织技术能力提升层次的差异化影响。与现有文献相比，该研究结论做了如下拓展：一方面，基于中国现实情境细分组织维度的跨界搜寻行为。中国企业技术能力水平相对较低，且层次差别较大，对其搜寻目标与范围的界定尤为重要，以高校、科研院所为代表的科技驱动型主体，以及以供应商、商业协会为代表的市场驱动型主体，成为我国企业获取技术与市场信息的重要来源。另一方面，搜寻范围与企业技术能力结构的匹配关系。本文将技术能力细分为探索与开发能力，组织聚焦于相似技术搜寻有利于提升开发能力，即构建"一阶能力"，而通过跨界搜寻与外部整合可以培育组织的探索能力，即构建"二阶能力"，这与假设 H2a、H2d 的结果相一致。

2. 基于技术边界的跨界搜寻：组织双元能力提升与结构改善的保障机制

跨界搜寻是改善组织技术能力结构的关键路径，对不同类别技术信息的搜寻与整合，有助于企业协调研发能力与创新战略，针对性提升不同层次的技术能力[28]。从拟合结果来看，共性技术导向跨界搜寻对组织探索、开发能力的路径系数分别为 0.47、0.229，且均达到了 0.1% 的显著性水平，支持假设 H3a、H3b；产品技术导向跨界搜寻对开发能力的路径系数为 0.304，并且具有 0.1% 的显著性水平，假设 H3c 得到验证。

基于技术维度的搜寻策略侧重于技术或知识类别界定，比如产业内/间技术、相似/非相似技术、技术与市场知识等[21]，不同类别技术对企业能力与绩效存在差异化影响。以此为基础，本文结合我国企业能力结构与产业技术供求体系，将跨界搜寻行为聚焦于获取共性技术和产品技术，发现二者分别对组织双元能力产生显著影响，该结论印证了跨界搜寻是影响企业技术能力的前因变量，也凸显了消除中国企业创新能力分布不均衡的必要性。同时，假设 H3 进一步揭示了跨界搜寻对组织双元能力的影响路径与效果存在差异，即相对于开发能力，共性技术导向跨界搜寻对探索能力的影响效果更加明显，而产品技术导向跨界搜寻仅对开发能力存在显著促进作用，这与假设 H2a、H2d 观点一致，同时也为注重关键共性技术、突破技术瓶颈约束提供了理论支撑。上述结论深化了 Sidhu 等[19] 关于组织搜寻与绩效关系的研究成果，通过现实情境下企业所需技术定位与能力层次细分，针对性解决了跨界搜寻、能力提升到绩效改善的路径问题。

3. 组织双元能力之间的关系：二者表现为有条件的协同互动关系

尽管双元能力在结构、文化与资源方面存在差异，但是二者之间并非不可调和，可以通过构建双元型组织、妥协或外包、专业性市场交易等打破资源约束，实现双元能力的平衡或耦合互动。从拟合结果来看，探索与开发能力之间的路径系数为 0.143，且具有较高显著性（$p < 0.001$），假设 H4 得到验证。与 Isobe 等[36]观点一致，探索与开发均不会绝对独立、相互排斥，二者共同作用于组织运营与战略绩效，同时受到组织间协同关系、技术波动性等因素影响。该结论丰富了组织双元能力关系的研究成果，弥补了当前过度关注二者平衡、互动关系的研究缺陷。此外，本研究中企业探索对开发能力的促进关系得到了验证，而反向影响关系未得到理论支持，这与中国企业技术能力偏低、结构单一的现状关系密切，无法通过长期技术积累实现突破性创新，而只能对现有成果进行集成性、渐进性改进，"山寨"产品便是典型实例。

4. 创新能力结构视角：揭示适合中国现实情境的"行为—能力"提升路径

意识到主体目标差异、技术供求错位等问题，中国企业更加关注搜寻行为与能力结构的匹配，尝试选择与要素禀赋、能力水平相适宜的创新模式[37]，创新能力结构则为深刻揭示中国企业"行为—能力"提升路径提供了新的视角。从检验结果来看，一方面，基于技术能力势差、主体属性差异的搜寻策略，其技术—组织维度的内容界定与中国现实情境相呼应，H1 通过检验进一步印证了该视角的合理性。与发达国家不同，本文没有将基础技术作为搜寻目标，与高校、科研院所等合作定位于应用性共性技术层面，这与我国企业吸收能力偏弱、能力结构不均衡的现状密不可分。另一方面，不同维度搜寻行为对企业能力层次的提升效果不同，这为企业合作伙伴选择、搜寻策略制定提供了借鉴依据，同时也破除了 R&D 崇拜、无序性合作研发等扭曲行为[37]，H2a、H3c 等通过检验说明了"行为—能力"提升路径的可行性。与中国企业创新分布特点一致[38]，与外围创新相关的"一阶能力"可通过搜寻产品技术、市场信息不断积累，而支撑核心创新、系统创新的"二阶能力"则需要投身基础研究、攻克共性技术等方式获取，这也为缓解过度搜寻、协调二元张力提供了有价值的解决思路。

四、结论与启示

1. 结论

本文基于创新能力结构视角，从组织—技术维度解构中国企业的跨界搜寻行为，探讨了不同维度搜寻行为对组织双元能力的差异化影响，并检验了探索与开发能力之间的作用机理，在前人研究基础上取得了一定的进展。

（1）虽然现有研究涉及跨界搜寻的维度划分与内容界定，却忽视了新兴市场中企业能力层次与搜寻目标的匹配性[22]。本研究基于当前企业技术供求体系提出创新能力结构视角，从组织—技术维度解构了中国企业的跨界搜寻行为，揭示了不同维度搜寻行为的目标与特点，弥补了组织搜寻在维度界定与情境嵌入方面的不足。

（2）以往研究关注跨界搜寻与组织运营、创新绩效的关系，却忽视了跨界搜寻对组织技术能力的影响[36]。本文在重新界定跨界搜寻维度的基础上，关注基于组织—技术边界的跨界搜寻对组织双元能力的差异化影响，发现科技驱动型、共性技术导向跨界搜寻对探索能力的显著正向影响，而市场驱动型、共性技术和产品技术导向跨界搜寻对开发能力呈显著促进作用，从而深化了跨界搜寻和双元能力关系的理论与实证研究。

（3）许多研究指出，组织双元能力存在结构、文化与资源方面的本质差异，进而导致二者之间存在张力关系[1]。本文进一步发现，双元能力之间并非绝对排斥或不可协调，探索能力对开发能力具有显著的正向影响，该结论突破了 March 对双元性的理论预设，丰富了组织双元性领域的实证研究成果。

2. 启示

基于上述结论，本文提出三点管理建议。

（1）对于后发企业而言，利用外部资源提升创新能力是其构建核心竞争力的必由路径。跨界搜寻打破了"非此地发明"与"非此地销售"的思维定式，为我国企业技术能力"破壁—实践—跃迁"提供了基础条件，而如何有效搜寻、整合所需的目标知识与合作伙伴成为企业要解决的首要问题。

（2）开放式创新体系内蕴含了丰富的创新资源，企业应根据自身能力水平与发展定位，提升搜寻、整合与转化外部知识的技术能力，尤其注重不同类型搜寻对象、目标知识与能力结构的匹配性。比如，提升探索能力需要企业利用科研机构的前瞻性知识弥补自身技术势差，该类知识多为技术供给链上游的基础技术或共性技术。

（3）企业需依据能力结构客观定位探索与开发活动，合理配置组织内部有限的创新资源。这意味着后发企业需要在双元能力之间做出平衡，并通过互补整合机制促进探索与开发之间的良性互动，避免过度路径依赖而陷入"能力陷阱"或"失败陷阱"。

参考文献

[1] MARCH J. Exploration and exploitation in organizational learning [J]. Organization Science, 1991, 2 (1): 71 – 87.

[2] BENNER M, TUSHMAN M. Exploitation, exploration, and process management: the productivity dilemma revisited [J]. Academy of Management Review, 2003, 28 (2): 238 – 256.

[3] 臧金娟, 李垣, 魏泽龙. 双元模式选择对企业绩效的影响: 基于跨层视角的分析 [J]. 科学学与科学技术管理, 2012, 33 (9): 105 – 112.

[4] JANSEN J, SIMSEK Z, CAO Q. Ambidexterity and performance in multi – unit contexts: cross-level moderating effects of structural and resource attributes [J]. Strategic Management Journal, 2012, 33 (11): 1286 – 1303.

[5] O'REILLY C, TUSHMAN M. Organizational ambidexterity: past, present and future [J]. Academy of Management Perspectives, 2013, 27 (4): 324 – 338.

[6] FANG C, LEE J, SCHILLING M. Balancing exploration and exploitation through structural design: the isolation of subgroups and organizational learning [J]. Organization Science, 2010, 21 (3): 625 – 642.

[7] GIBSON C, BIRKINSHAW J. The antecedents, consequences, and mediating role of organizational ambidexterity [J]. Academy of Management Journal, 2004, 47 (2): 209 – 226.

[8] JANSEN J, BOSCH F, VOLBERDA H. Exploratory innovation, exploitative innovation, and performance: effects of organizational antecedents and environmental moderators [J]. Management Science, 2006, 52 (11): 1661 – 1674.

[9] BADEN-FULLER C, VOLBERDA W. Strategic renewal: how large complex organizations prepare for the future [J]. International Studies of Management & Organization, 1997, 27 (2): 95 – 120.

[10] CHEN J, CHEN Y, VANHAVERBEKE W. The influence of scope, depth, and orientation of external technology sources on the innovative performance of Chinese firms [J]. Technovation, 2011, 31 (8): 362 – 373.

[11] LAURSEN K, SALTER A. Open for innovation: the role of openness in explaining innovation performance among U. K. manufacturing firms [J]. Strategic Management Journal, 2006, 27 (2): 131 – 150.

[12] WU A, WEI J. Effects of geographic search on product innovation in industrial cluster firms in China [J]. Management and Organization Review, 2013, 9 (3): 465 – 487.

[13] 朱桂龙. 产学研与企业自主创新能力提升 [J]. 科学学研究, 2012, 30 (12): 1763 – 1764.

[14] 隋立祖, 周敏, 寇宗来. "逐利"与"求名": 产学研合作中的目标差异和利润分成 [J]. 世界经济文汇, 2011 (1): 38 – 55.

[15] TASSEY G. The functions of technology infrastructure in a competitive economy [J]. Research Policy, 1991, 20 (4): 345 – 361.

[16] 张文红, 赵亚普, 施建军. 创新中的组织搜寻: 概念的重新架构 [J]. 管理学报, 2011, 8 (9): 1387 – 1392.

[17] LI H, ZHANG Y, LYLES M. Knowledge spillovers, search, and creation in China's emerging market [J]. Management and Organization Review, 2013, 9 (3): 395 – 412.

[18] NELSON R, WINTER T. An evolutionary theory of economic change [M]. Cambridge MA: Harvard University Press, 1982.

[19] SIDHU J, COMMANDEUR H, VOLBERDA H. The multifaceted nature of exploration and exploitation: value of supply, demand, and spatial search for innovation [J]. Organization Science, 2007, 18 (1): 20 – 38.

[20] KATLIA R. New product search over time: past ideas in their prime [J]. Academy of Management Journal, 2002, 45 (5): 995 – 1010.

[21] ROSENKOPF L, NERKAR A. Beyond local search: boundary-spanning, exploration, and impact in the optical disk industry [J]. Strategic Management Journal, 2001, 22 (4): 287 – 306.

[22] LI Y, VANHAVERBEKE W, SCHOENMAKERS W. Exploration and exploitation in innovation: reframing the interpretation [J]. Creativity and Innovation Management, 2008, 17 (2): 107 – 126.

[23] SCHOENMAKERS W, DUYSTERS G. The technological origins of radical inventions [J]. Research Policy, 2010, 39 (9): 1051 – 1059.

[24] KIM C, INKPEN A. Cross-border R&D alliances, absorptive capacity and technology learning [J]. Journal of International Management, 2005, 11 (2): 313 – 329.

[25] AHUJA G, KATILA R. Where do resources come from? the role of idiosyncratic situations [J]. Strategic Management Journal, 2004, 25 (8/9): 887 – 907.

[26] HE Z, WONG P. Exploration vs. exploitation: an empirical test of the ambidexterity hypothesis [J]. Organization Science, 2004, 15 (4): 481 – 494.

[27] 李纪珍，邓衢文. 产业共性技术供给和扩散的多重失灵 [J]. 科学学与科学技术管理, 2011, 32 (7): 5 – 10.

[28] NERKAR A. Old is gold? the value of temporal exploration in the creation of new knowledge [J]. Management Science, 2003, 49 (2): 211 – 229.

[29] DANNEELS E. Organizational antecedents of second-order competences [J]. Strategic Management Journal, 2008, 29 (5): 519 – 543.

[30] GUPTA A, SMITH K, SHALLEY C. The interplay between exploration and exploitation [J]. Academy of Management Journal, 2006, 49 (4): 693 – 706.

[31] FANG C, LEE J, SCHILLING M. Balancing exploration and exploitation through structural design: the isolation of subgroups and organizational learning [J]. Organization Science, 2010, 21 (3): 625 – 642.

[32] LIN Z, YANG H, DEMIRKAN I. The performance consequences of ambidexterity in strategic alliance formations: empirical investigation and computational theorizing [J]. Management Science, 2007, 53 (10):

1645 – 1658.

[33] ROTHAERMEL F, DEEDS D. Exploration and exploitation alliances in biotechnology: a system of new product development [J]. Strategic Management Journal, 2004, 25 (3): 201 – 221.

[34] ARMSTRONG J, OVERTON T. Estimating non-response bias in mail surveys [J]. Journal of Marketing Research, 1977, 14 (3): 396 – 402.

[35] 侯杰泰，温忠麟，成子娟. 结构方程模型及其应用 [M]. 北京：教育科学出版社，2004.

[36] ISOBE T, MAKINO S, MONTGOMERY D. Technological capabilities and firm performance: the case of small manufacturing firms in Japan [J]. Asia Pacific Journal of Management, 2008, 25 (3): 413 – 428.

[37] 余泳泽，张先轸. 要素禀赋、适宜性创新模式选择与全要素生产提升 [J]. 管理世界，2015 (9): 13 – 31.

[38] 谢伟. 中国企业技术创新的分布和竞争策略：中国激光视盘播放机产业的案例研究 [J]. 管理世界，2006 (2): 50 – 63.

（原载《科学学研究》2016 年第 7 期，与肖丁丁合著）

企业的知识披露策略对产学研合作的影响研究

在开放创新的环境中，科学和产业的联系越来越紧密，企业对于基础研究的关注越来越大，并逐步对基础研究提供资助[1]。一些研究学者认为，企业支持公开发表行为是从大学吸收科学知识的入场券，能促进企业快速占领前沿高地，开拓先行者优势。[2]而在"第三使命"下的高校研究，符合巴斯德象限特征，既有基于兴趣动机驱动的纯基础研究，也有商业利益驱动的应用研究，还有基于双重动机驱动的有应用导向的基础研究。[3]因此，对于大学和企业而言，产学研合作是获取外部创新资源的一种重要途径，有助于双方获得互补性资源和异质性的知识，从而降低成本和提升研究的质量。[4]

然而，在产学研合作情境下，存在一个紧张的关系，也就是企业的经济偏好和科学家的学术偏好存在冲突。[1]对于科学家而言，制度规范和职业实践决定了通过发表论文来披露研究成果的重要性。为了获得科学知识发现的优先权，科学家们尽可能快地毫无保留地发表研究成果。[5]显然，基于发表物的奖励对于大学的科学家们的职业生涯是至关重要的，实证也证明了在参与产学研合作的科学家对于发表文章有强烈的偏好。[6]在拜杜法案实施后，大学有强烈的意愿去激励学术研究申请专利，促进研究成果的扩散。然而一些研究学者认为，过分强调学术研究的商业价值可能会阻碍科学研究的进程，以科学知识的生产和传播牺牲的研究的商业化可能会导致发表的质量下降、延迟发表或不发表的现象。[7]对于企业而言，Laursen 和 Salter 提出"开放的矛盾"，认为企业通过外部资源来进行创新可能削弱企业从外部知识获得租金的权利。[8]企业关注的是研究项目的利益最大化，这意味着企业要谨慎地考虑研究结果的披露，不管是发表论文还是申请专利保护。然而企业往往没有发表出版物的兴趣，事实上披露对于企业的投资回报是有损害的，相反，企业更倾向于保密或者是对知识进行独占。[9,10]因此，企业在寻求产学研合作伙伴时会对知识披露权的问题进行协商，当披露策略更倾向于科学家的开放科学偏好时，协商的成本相对较低。[6]然而，企业也会担心知识产权的可编码性会阻碍产学研的合作。[9]

现有的研究尝试分别从企业和高校的角度进行了初探，从企业的角度研究独占性策略对合作创新的关系[8]，企业对科学知识披露的偏好因素研究等[1,10,11]；从高校的角度研究专利行为对论文发表的影响[7]，也有研究正式的知识产权是否阻碍科学知识的流动问题[3]。纵观现有的研究并没有对产学研合作关系中的知识披露问题进行解答，因此，本研究试图回答从企业的视角，探究何种类型的知识披露策略更能促进产学研合作这一研究问题，进而弥补研究的空白。

一、文献综述和研究假设

（一）知识披露策略

在面临知识披露决策时需要考虑两个因素：第一，考虑到对未来产生潜在兴趣的科学知识，因此会选择发表，最主要的表现是发表论文；第二，考虑到立即有用的知识产生，因此会申请专利公开保护。如果二者都不考虑的话，则将导致知识是保密的状态。因此，Gans 等研究学者将知识披露策略分成四类，分别是保密、专利、专利—论文组合和论文，独占的程度越来越小，开放的程度越来越高。[1]保密：大量的发明在很长一段时间里是在保密机制下运行的，创造的知识是不被传播的。专利：专利制度有助于保护企业免受模仿竞争，首先在于竞争者进入此领域的成本较高，其次是专利可以完全阻止进入，也就是进入壁垒较高。论文：科学知识能够通过同行评阅的期刊进行评估、认证和披露，而研究者因此能够获得名声和荣誉。[8]专利—论文组合：如果知识对科学研究和商业应用均有帮助，那么会考虑同时申请专利和论文组合来披露，而这种方式中专利和论文或多或少地存在共同的知识片。[3]一方面，可能产生重大突破性创新时会发表在论文上，同时专利又涵盖了知识的直接应用；另一方面，可能是专利和论文的内容高度一致，即披露的是同样的知识。

（二）产学研合作的广度和深度

产学研合作的研究非常成熟，有从过程的视角将产学研合作过程分成学者参与阶段和学者商业化阶段[9]，有从活动的视角将产学研合作分为正式合作和非正式合作等[7,10]。在本文中，主要关注的是正式的产学研合作，主要有合作研究、合同研究以及咨询类等[10]。通过借鉴 Laursen 等研究学者提出的广度和深度来刻画产学研合作的多样性和强度问题，广度是用产学研合作伙伴的数量来表征，而深度则是用产学研合作伙伴的次数来表征[11]，他们进一步发现在企业独占性策略的强度和外部搜索的广度以及合作创新的广度呈凹函数关系[6]。同样，Iorio 等研究学者用广度和深度来刻画知识转移活动的两个主要特征，广度体现多样性的问题，而深度显示强连接的特性。[9]

（三）知识披露策略和产学研合作

在创新过程中存在两个显著的相反趋势，一方面，专利作为一种非常重要的独占工具；另一方面，企业在创新过程中需要从外界获得资源构建合作网络关系，通过专利来独占创新的收益[12]。对企业而言，对知识的过多保护可能会错过与创新系统中不同合作伙伴共享知识的机会。[6]同样，开放创新的相关文献显示，独占对于开放也有一定的促进作用[13]。而对于高校而言，知识产权会私有化科学发现，阻碍科学知识的流动和扩散，进而限制科学的进步。[14]也有一些研究学者发现知识产权的保护激励了学者的新发现走出象牙塔进入商业实践应用，填补产学研合作鸿沟。[3]有研究者实证发现专利对于学者的论文发表有促进作用。[15]

企业对于投资者的价值存在保护的责任与高校学者有将研究结果与同行进行交流的责任的差异使得在产学研合作过程中关于研究结果的披露问题带来了挑战[3]。对于企业，坚持保密的知识产权披露机制则需要给高校人员支付更高的财务补偿，以实现自己的合作目标[8,15]。而对于高校而言，以解决企业实践问题而非推动自己研究的产学研合作动机使得学者的研究下移至应用研究层面，出现了基础研究和应用研究之间的"倾斜问题"[15]。研究还发现对于那些小型创新企业而言，选择专利的独占策略比保密更能促进创新的合作。[16]而且，保密对于继续维持频繁的合作关系则比较困难。[17]因此，本文提出以下假设：

H1a：专利策略比保密策略对产学研合作广度的正向影响更显著。

H1b：专利策略比保密策略对产学研合作深度的正向影响更显著。

科学发表在某种程度上，是开放的一种象征，是进入科学共同体的入场券。在知识密集型产业领域，如生物科技和制药学产业，进行基础研究的企业会采取公开发表策略。科学发表能够向公共资助机构释放一种能力信号，帮助企业在专利竞赛中获得先发的竞争优势，而且企业遵守学术披露的规范会给高校方释放一种有意愿合作的信号。[8]对于高校而言，如果从事和企业合作的机会成本过高的话，则对于这类的合作兴致不大。[18]高校学者的激励机制往往促进研究成果的披露，而与企业的合作往往会受到披露方式的限制，比如保密和延迟发表的要求，但高校学者也不一定是较弱的谈判方，一些企业会接受公开发表的披露方式以获得高校方的认同以促进更加正式的合作，促进企业更加的开放。[11,23]因此，本文提出以下假设：

H2a：论文策略比专利策略对产学研合作广度的正向影响更显著。

H2b：论文策略比专利策略对产学研合作深度的正向影响更显著。

专利—论文组合披露方式能提供多种披露选择，能同时满足高校方和企业方，既可以发表科学论文，还可以申请知识产权保护。[3]越来越多的大学学者倾向于选择这种双知识披露的路径。[12]研究者发现来源于专利—论文组合中的科学发表相比于那些没有发现专利文件的科学发表而言获得更多的科学引文。[5]因此，本文提出以下假设：

H3a：专利—论文组合策略比专利策略对产学研合作广度的正向影响更显著。

H3b：专利—论文组合策略比专利策略对产学研合作深度的正向影响更显著。

知识密集型产业相比于其他产业的企业更倾向于选择专利策略。研究学者以德国的创新型小企业为样本发现，知识密集型制造业产业的企业更倾向于选择专利保护或者保密的独占策略，非知识密集型制造业和服务业的企业更倾向于选择不进行任何的保护。[16]当企业和高校合作的时候，尤其研发密集型或者基于科学创新的小企业而言，更倾向于选择专利作为独占创新收益的一种重要工具。[17]如在化工和制药行业，专利作为最有效的独占工具，是因为复制一项创新的成本远远低于最初发明的成本。[19]然而，对于许多创新企业而言，其不仅依赖于内部的知识创造，也需要整合外部的创新资源，尤其对于那些知识密集型的产业而言，科学研究是发明产生的重要知识来源，如制药、生物科技和化工等产业更倾向于公开发表。[8]因此，本文做出以下假设：

H4a：在知识密集型产业的企业，专利策略比论文策略对产学研合作广度的正向影响更显著。

H4b：在知识密集型产业的企业，论文策略比专利策略对产学研合作深度的正向影响更显著。

二、数据和变量测度

（一）数据

本研究数据来源于广东省省级企业技术中心2012年和2013年制造业企业的调研材料，知识披露策略等相关数据来源于调研材料中产学研合作研究、合同研究和咨询等正式文件，相关二手数据具有较高的权威性和真实性。剔除无效和缺失样本，本文共获得431家企业有效样本数据。

在区域上，样本覆盖广东四大区域：珠三角、粤东、粤西和粤北。

在行业分类上，依据我国《国民经济行业分类》进行样本企业所属行业分类，对样本数相对较少的行业进行合并处理成其他类，最终获得九类行业，包含：电子、化工、机械、家电、建材、轻工、医药、有色和其他。进一步依据OECD的提法，将制造业划分成知识密集型制造业和其他制造业，知识密集型制造业主要包含高技术产业和中高技术产业，有航空航天器制造、制药、电子、化学制品等，而其他制造业主要包含中低技术产业和低技术产业，包含金属制品、船舶、食品、纺织等。

（二）变量测度

本研究涉及的变量主要有三大类，分别是因变量、自变量和控制变量。

1. 因变量

对于因变量，主要有两个变量，分别是产学研合作广度和深度，广度和深度的测度主要借鉴的是 Laursen 和 Salter 的研究[11]，广度即产学研合作高校中的合作伙伴的数量，深度即和同一所高校合作的最高次数，均是计数型变量。

2. 自变量

对于自变量，四类知识披露策略分别是商业科学、保密、公开科学和专利—论文组合。[1]在产学研合作的合同和协议等上，对于研究结果的披露方式进行分类，若只选择专利的披露方式则是商业科学，记为1；选择保密则记为2；只选择论文的披露方式则是公开科学，记为3；同时选择专利和论文则记为4。

3. 控制变量

对于控制变量，主要借鉴 Laursen 和 Salter 的研究[6]，主要有企业的规模大小、企业的研发强度以及企业是否是在 2000 年以后成立、区域因素、行业因素以及时间因素等六个控制变量。企业的规模大小主要是以企业的员工来测度（log），企业的研发强度主要是用企业的研发费用占营业收入的占比来测度，企业是否是在 2000 年以后成立、区域因素、行业因素和时间因素则用虚拟变量来表征。

三、结果分析

（一）描述性分析

表1和表2给出了本文主要变量的描述性统计，从表1可以看出，样本中平均每个企业的产学研合作广度为2.285，即平均和不足3个高校进行合作；平均每个企业的产学研合作深度为1.775，即平均和同一所高校进行合作不超过2次。

表1　主要变量的描述性统计

序号	变量名称	观测个数	均值	标准差	最小值	最大值
1	广度	431	2.285	1.342	1.000	9.000
2	深度	431	1.775	1.215	1.000	9.000
3	企业大小（log）	431	2.791	0.412	1.650	4.570
4	企业成立（2000年前后）	431	0.520	0.500	0.000	1.000
5	企业 R&D 强度	431	0.0481	0.040	0.001	0.521

从表2发现，40.14%的企业选择了保密策略，29.47%的企业选择了专利策略，其次是专利—论文组合策略（26.22%），选择论文策略的企

业最少，仅有 4.18%。与选择专利这一知识披露策略的企业相比较发现，在广度平均值维度，选择保密的企业要小，选择论文的最大，其次是专利—论文组合策略，在深度上有同样的研究发现。但是上面的研究分析并未考虑企业特征等变量，因此准确的结论需要进一步开展回归分析。

表2　不同类型知识披露策略的描述性统计

知识披露策略（kds）	取值	企业数	广度		深度	
			平均值	方差	平均值	方差
专利（CS）	0	304	2.365	1.367	1.793	1.269
	1	127	2.095	1.263	1.732	1.065
保密（SE）	0	258	2.461	1.450	1.988	1.368
	1	173	2.023	1.115	1.457	0.838
论文（OS）	0	413	2.262	1.318	1.738	1.176
	1	18	2.833	1.757	2.611	1.685
专利与论文组合（PP）	0	318	2.096	1.228	1.632	1.029
	1	113	2.814	1.503	2.177	1.554

（二）回归分析

由于因变量是非负整数值，属于计数型特征，负二项分布模型和泊松分布模型常被用来处理此类问题[6]。因此，本文用负二项分布模型进行回归分析，然后用泊松分布模型进行稳健性检验，以确保研究结果的准确性。为了避免变量之间的多重共线性问题，在进行回归分析时，选择逐步回归的方法，首先只考虑主要解释变量和被解释变量之间的简单模型开始，然后在此基础上逐步加入控制变量对模型进行扩展。本文选择 R 软件来执行分析，主效应研究结果见表3，预测线如图1所示。

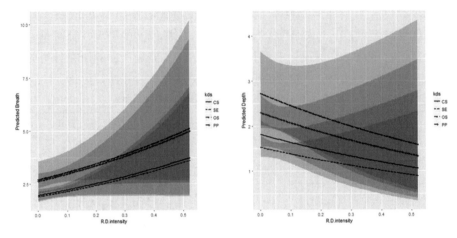

图1　不同知识披露策略下研发强度和产学研合作广度、深度的关系

在负二项分布模型研究结果中，模型1和3是未加入控制变量的研究结果，模型2和4是加入控制变量后的研究结果。在模型1中，论文和专利—论文组合的系数为正，并且分别在0.05和0.001的水平上显著，这表明，相对于参照组专利策略而言，论文策略下预期的产学研合作广度的计数值（log）要高0.302，专利与论文组合策略下预期的广度的计数值（log）要高0.295。在模型2中，加入控制变量后，论文和专利与论文组合的系数为正，仍然分别在0.05和0.001的水平上显著，这表明，相对于参照组专利策略而言，论文策略下预期的产学研合作广度的计数值（log）要高0.317，专利与论文组合策略下预期的广度的计数值（log）要高0.287，假设H2a和H3a分别得到了支持。而保密的系数虽然为负，但显著性未通过检验，因此，假设H1a并未得到支持。同时还发现，R&D强度对产学研合作广度的提升有显著的正向作用。在模型3中，论文和专利与论文组合的系数为正，并且均在0.05的水平上显著，这表明，相对于参照组专利策略而言，论文策略下预期的产学研合作深度的计数值（log）要高0.410，专利—论文组合策略下预期的广度的计数值（log）要高0.229。在加入控制变量后，研究结果发生变化，在模型4中，保密的系数为 - 0.183，且在0.05的水平上通过显著性检验，表明专利策略下预期的产学研合作深度的计数值（log）要比保密的高0.183，H1b得到了支持。论文和专利与论文组合的系数均为正，并且均在0.05的水平上显著，

这表明相对于参照组专利策略而言，论文策略下预期的产学研合作深度的计数值（log）要高 0. 397，专利与论文组合策略下预期的广度的计数值（log）要高 0. 234，H2b 和 H3b 分别得到了支持。而此时，R&D 强度的系数虽然为负值，但显著性未通过验证。而企业大小和是否在 2000 年前成立均对产学研合作的广度和深度无显著的影响。

为了确定知识披露策略（kds）在统计上的显著性，进一步比较了有 kds 和无 kds 的模型的方差分析，研究结果发现 Pr（Chi）值小于 0. 001，两自由度卡方检验表明，知识披露策略对于产学研合作广度和深度的预测有统计学含义。为了稳健性检验，进一步用泊松分布进行了检验，研究结果见表 3，发现与负二项分布模型无任何差异，唯独 2 Log-Likelihood 值发生细微的变化，同时本文也计算了负二项分布模型和泊松分布模型的 Chi-squared 值来检定模型的适配度，发现 Chi – squared 值均比较小，进一步表明二者的研究结果无多大差异，验证了本文的研究结果比较稳健。

从回归分析的研究结果发现，R&D 强度是一个重要的影响因素，因此，本文简化研究模型，主要从知识披露策略（kds）和 R&D 强度两个变量构建了产学研合作广度和深度预测函数（如图 1 所示）。图 1 表明，对于采用同一知识披露策略的企业而言，研发强度越大的企业，其产学研合作的广度越大，而产学研合作的深度越小。对于处于同一 R&D 强度水平的企业而言，在产学研合作广度维度，论文策略和专利与论文组合策略显著高于专利策略和保密策略，而前者之间的差异不大，后者之间的差异也不大；在产学研合作深度维度，四种类型的知识披露策略之间存在显著差异，论文策略明显高于其他三类策略，其次是专利与论文组合策略，专利策略第三，而保密策略处于最低位。

表3 负二项模型回归分析结果

	负二项分布模型								Poisson 分布模型								
	广度				深度				广度				深度				
	Model 1		Model 2		Model 3		Model 4		Model 5		Model 6		Model 7		Model 8	
	Coeff.	Std. err.	Coeff.	Std. err.	Coeff.	Std. err.	Coeff.	Std. err.	Coeff.	Std. err.	Coeff.	Std. err.	Coeff.	Std. err.	Coeff.	Std. err.
专利	参照组				参照组				参照组				参照组			
保密	-0.035	0.081	-0.033	0.082	-0.173	0.092	-0.183*	0.093	-0.035	0.081	-0.033	0.082	-0.173	0.092	-0.183*	0.093
论文	0.302*	0.153	0.317*	0.154	0.410*	0.161	0.397*	0.162	0.302*	0.153	0.317*	0.154	0.410*	0.161	0.397*	0.162
专利-论文组合	0.295***	0.083	0.287***	0.084	0.229*	0.093	0.234*	0.093	0.295***	0.083	0.287***	0.084	0.229*	0.093	0.234*	0.093
企业大小（log）			0.079	0.079			-0.134	0.092			0.079	0.079			-0.134	0.092
成立（2000年前后）			0.004	0.065			0.017	0.074			0.004	0.065			0.017	0.074
R&D 强度			1.406*	0.684			-1.466	1.097			1.406*	0.684			-1.466	1.097
区域变量控制	没有		有		没有		有		没有		有		没有		有	
行业变量控制	没有		有		没有		有		没有		有		没有		有	
时间变量控制	没有		有		没有		有		没有		有		没有		有	
常量	0.739***	0.061	0.388	0.288	0.549***	0.067	1.105**	0.336	0.739***	0.061	0.388	0.288	0.549***	0.067	1.105**	0.336
观测值	431		431		431		431		431		431		431		431	
2Log-Likelihood	-1404.324		-1399.869		-1273.383		-1268.641		-1404.319		-1399.864		-1273.378		-1268.635	

注：*** 在 0.001 水平；** 在 0.01 水平；* 在 0.05 水平。

为了进一步比较知识密集型产业和其他产业的差异影响，研究运用负二项回归模型分别对两组样本进行了比较分析，研究结果见表4。Model 9～12 分别是知识密集型产业未加入控制变量和加入控制变量后的研究结果，研究显示，无论是否加入控制变量，专利与论文组合的系数为正且在 0.05 的水平上显著，这表明相对于参照组专利策略而言，专利与论文组合策略下企业预期的产学研合作广度和深度的计数值（log）要高。Model 13～16 分别是其他产业未加入控制变量和加入控制变量的研究结果，研究发现，在 Model 13 和 14 中，无论是否加入控制变量，专利与论文组合的系数为正且在 0.05 的水平上显著，这表明相对于参照组专利策略而言，专利与论文组合策略下企业预期的产学研合作广度的计数值（log）要高，然而在 Model 15 和 16 中，显著性均未得到验证。因此，H4a 和 H4b 均未得到支持。但研究发现，在广度维度，知识密集型产业和其他产业未出现显著性的差异，而在深度维度，知识密集型产业的企业，相对于参照组专利策略而言，专利与论文组合策略下的预期的产学研合作的深度更大，而其他产业的显著性未通过。因此，为了比较广度维度上的差异性，研究关注的不是预测值的大小，而是比例的问题，所以研究将在加入控制组的广度维度的模型系数进行指数化，发现对于知识密集型产业的企业而言，采用专利与论文组合策略下的产学研合作广度增加的概率是专利策略下的产学研合作广度增加的概率的 1.316 倍，而对于其他产业的企业而言，采用专利与论文组合策略下的产学研合作广度增加的概率是专利策略下的产学研合作广度增加的概率的 1.380 倍。结果表明其他产业的企业选择专利与论文组合策略比专利更能促进产学研合作广度的提升，而知识密集型产业的企业选择专利与论文组合策略比专利更能促进产学研合作深度的提升。

表 4　不同类型产业的负二项模型回归分析结果

	知识密集型产业								其他产业							
	广度				深度				广度				深度			
	Model 9		Model 10		Model 11		Model 12		Model 13		Model 14		Model 15		Model 16	
	Coeff.	Std. err.	Coeff.	Std. err.	Coeff.	Std. err.	Coeff.	Std. err.	Coeff.	Std. err.	Coeff.	Std. err.	Coeff.	Std. err.	Coeff.	Std. err.
专利	参照组				参照组				参照组				参照组			
保密	−0.034	0.120	−0.043	0.121	−0.142	0.137	−0.162	0.138	−0.032	0.111	−0.022	0.111	−0.198	0.125	−0.197	0.125
论文	0.373	0.219	0.419	0.220	0.418	0.240	0.347	0.242	0.241	0.214	0.219	0.216	0.404	0.217	0.426	0.219
专利－论文组合	0.277*	0.114	0.274*	0.115	0.257*	0.128	0.264*	0.128	0.307*	0.123	0.322*	0.126	0.185	0.138	0.190	0.141
企业大小(log)			0.032	0.109			−0.256*	0.127			0.141	0.116			0.026	0.136
成立(2000年前后)			0.096	0.093			−0.007	0.104			−0.010	0.095			0.038	0.107
R&D强度			2.061**	0.772			−1.827	1.515			−0.111	1.338			−0.882	1.600
区域变量控制	没有		有		没有		有		没有		有		没有		有	
时间变量控制	没有		有		没有		有		没有		有		没有		有	
常量	0.767***	0.089	0.378	0.387	0.547***	0.100	1.364**	0.453	0.715***	0.085	0.555	0.416	0.551***	0.092	0.693	0.482
观测值	208		208		208		208		223		223		223		223	
2Log-Likelihood	−694.259		−686.779		−637.271		−631.225		−709.209		−705.653		−635.676		−634.414	

注：***在 0.001 水平；**在 0.01 水平；*在 0.05 水平。

四、结论与启示

1. 结论

本研究运用负二项分布模型和泊松分布模型，基于广东省制造业企业技术中心评价数据实证检验了不同知识披露策略对产学研合作的影响，以专利的知识披露策略为参照组，研究发现：第一，论文策略和专利与论文组合策略比专利策略更能促进产学研合作广度和深度的提升，而专利策略比保密策略更能促进产学研合作深度的提升；第二，在同一类型的知识披露策略下，研发强度越大的企业，产学研合作的广度越大，但产学研合作的深度越小；第三，对于处于同一研发强度水平的企业，选择趋于开放的知识披露策略比选择趋于独占的知识披露策略更有助于提升产学研合作的广度，而论文策略和专利与论文组合策略无显著差异，专利策略和保密策略之间也无显著差异；第四，对于处于同一研发强度水平的企业，四种不同的知识披露策略对产学研合作深度的影响有显著差异，论文策略下的最大，其次是专利与论文组合策略，再次是专利策略，最后是保密策略；第五，知识密集型产业的企业选择专利与论文组合策略比专利策略更能促进产学研合作深度的提升。

2. 启示

研究结果验证了企业选择更开放的知识披露策略，如论文策略和专利与论文组合策略，会带来更多的产学研合作伙伴以及促进与产学研合作伙伴的强连接，进一步促进企业的开放，而当企业选择偏向独占的知识披露策略，如专利策略和保密策略时，产学研合作伙伴的数量会相对较少，与合作伙伴进一步深度合作的可能也相对较低。原因在于开放的知识披露策略是在考虑了产学研合作高校方的学术利益诉求的同时也实现了企业的目标，而独占类的知识披露策略往往是对企业一方更有帮助。而在考虑研发强度的因素时，研发强度越高的企业其技术创新能力也相对较强，这类企业往往受到了来自高校合作伙伴的青睐，但往往其更专注于全面的合作，反而在纵深的合作下降。因此，对于现阶段我国的企业在开展产学研合作活动时，过度地保护研究成果可能会错失与更多的创新合作伙伴的知识交换的机会，然而过度地开放，也会加大企业的竞争，选择专利与论文组合这一知识披露策略或许是最优的选择，不仅满足了高校合作伙伴的科学追求，也在一定程度上保护了企业的创新收益，促进产学研合作共生共荣的景象。

参考文献

[1] GANS J S, MURRAY F E, STERN S. Contracting over the disclosure of scientific knowledge: intellectual property and academic publication [J]. Research Policy, 2017, 46 (4): 820 – 835.

[2] ROSENBERG N. Why do firms do basic research (with their own money)? [J]. Research Policy, 1990, 19 (2): 165 – 174.

[3] MURRAY F, STERN S. Do formal intellectual property rights hinder the free flow of scientific knowledge?: an empirical test of the anti-commons hypothesis [J]. Journal of Economic Behavior & Organization, 2007, 63 (4): 648 – 687.

[4] STERN S. Do scientists pay to be scientists? [J]. Management Science, 2004, 50 (6): 835 – 853.

[5] MAGERMAN T, LOOY B V, DEBACKERE K. Does involvement in patenting jeopardize one's academic footprint? an analysis of patent-paper pairs in biotechnology [J]. Research Policy, 2015, 44 (9): 1702 – 1713.

[6] LAURSEN K, SALTER A J. The paradox of openness: appropriability, external search and collaboration [J]. Research Policy, 2014, 43 (5): 867 – 878.

[7] BRUNEEL J, D'ESTE P, SALTER A. Investigating the factors that diminish the barriers to university-industry collaboration [J]. Research Policy, 2010, 39 (7): 858 – 868.

[8] SIMETH M, RAFFO J D. What makes companies pursue an open science strategy? [J]. Research Policy, 2013, 42 (9): 1531 – 1543.

[9] IORIO R, LABORY S, RENTOCCHINI F. The importance of pro-social behaviour for the breadth and depth of knowledge transfer activities: an analysis of Italian academic scientists [J]. Research Policy, 2017, 46 (2): 497 – 509.

[10] PERKMANN M, TARTARI V, MCKELVEY M, et al. Academic engagement and commercialisation: a review of the literature on university-industry relations [J]. Research Policy, 2013, 42 (2): 423 – 442.

[11] LAURSEN K, SALTER A. Open for innovation: the role of openness in explaining innovation performance among U. K. manufacturing firms [J]. Strategic Management Journal, 2006, 27 (2): 131 – 150.

[12] ARORA A, ATHREYE S, HUANG C. The paradox of openness revisited: collaborative innovation and patenting by UK innovators [J]. Research Policy, 2016, 45 (7): 1352 – 1361.

[13] CHESBROUGH H W. Open business models: how to thrive in the new innovation landscape [J]. Journal of Product Innovation Management, 2006, 17 (4): 406 – 408.

[14] HELLER M A, EISENBERG R S. Can patents deter innovation? the anticommons in biomedical research [J]. Science, 1998, 280 (5364): 698 – 701.

[15] BART V L, JULIE C, KOENRAAD D. Publication and patent behavior of academic researchers: conflicting, reinforcing or merely co-existing? [J]. Research Policy, 2006, 35 (4): 596 – 608.

[16] THOMÄ J, BIZER K. To protect or not to protect? Modes of appropriability in the small enterprise sector [J]. Research Policy, 2013, 42 (1): 35 – 49.

[17] LEIPONEN A, BYMA J. If you cannot block, you better run: small firms, cooperative innovation, and appropriation strategies [J]. Research Policy, 2009, 38 (9): 1478 – 1488.

[18] CARAYOL N. Objectives, agreements and matching in science-industry collaborations: reassembling the pieces of the puzzle [J]. Research Policy, 2003, 32 (6): 887 – 908.

[19] GALLIÉ E P, LEGROS D. The use of intellectual property rights by French firms [J]. Research Policy, 2012 (4): 780 – 794.

（原载《科学学研究》2019 年第 6 期，与杨小婉合著）

从创意产生到创意采纳：员工创意过程分析框架构建

一、引言

创意是创新之源，创意的质量、价值以及采纳与否是创新能否实现的前提和关键。从广义上看，创新过程与创意过程相互融合，因此，不少研究将两者互为等同[1,2]。但本质而言，创新过程和创意过程，是一个事物发展的两个方面，创新过程更强调事物发展后端的产品化和商业化过程，创意过程则更强调事物发展前端，包括思想的来源、倡导与采纳。将两者混为一谈，势必会淡化和削弱对创意过程关键机理的深入挖掘和详细剖析。因此，明确创意过程的阶段性特征、参与者特质和互动行为具有重要理论价值。

一线员工由于贴近生产和市场需求，其创意对于企业创新发展至关重要，是企业汲取新思想、新技术的重要契机和来源。但是，实践中由于缺乏对创意过程的认知，企业没有建立起有效的员工创意筛选流程或制度规范。理论研究方面，现有研究大多将创意过程分为创意产生和创意采纳两个阶段，并关注各阶段的影响因素及其差异性[3,4]；对创意产生与创意采纳之间影响关系的研究，其结果存在较大分歧，有正相关关系[5,6]、负相关关系[7]，以及"疏远"关系[3,9]。学者们认为，造成这一分歧的根源在于创意产生和创意采纳之间尚存在未知阶段。现有研究缺乏对各阶段关键参与者和互动行为，以及跨阶段发展路径和演化规律的深度思考，员工创意过程研究有待进一步挖掘和延展[2,9]。鉴于此，本文拟聚焦于员工自下而上向管理者倡导和推广创意想法，即创意从产生、细化、倡导到采纳的全过程，研究探讨其间的关键要素及其相互关系机理，并围绕创意过程的四个阶段和三个管理层级，构建员工创意过程的系统分析框架，在此基础上深度剖析各个阶段的发展特征、关键角色和重要举措。与以往研究相比，论文在三个方面取得了一些积极进展。

第一，以往研究大多淡化甚至忽略了创意过程对于组织创新的关键作用。本文基于线性视角，将创意过程分为创意产生、创意细化、创意倡导和创意采纳四个阶段，并逐一细化各个阶段的特征、关键人物、互动过程和作用机制。第二，与仅关注自下而上的创意过程研究相比，本文强调员工创意过程是自上而下和自下而上共存的复杂情境问题，管理者要在这两种过程中做出权衡和资源配置，利用现有资源，或是尝试新机会开辟新市场。第三，在创意过程的不同阶段能否获得关键人物的支持是创意能否成功实施的关键。本文进一步对员工创意过程涉及的管理者层次进行了划分，不同层次的管理者在创意筛选时有不同的考量，因而，员工在推广创意时所采取的影响策略呈现差异化特征。

二、基础理论分析

员工创意是来自员工个体的，具备新颖性和有用性的构思或想法[10,11]，是组织持续创新的源泉和动力。员工创意的类型主要有两种，一种是突破性创意（radical new idea），即建立在不同科学技术原理之上，能彻底改变组织实践或产品的新思想；另一种是渐进性创意（improvement new idea），即对现有产品、技术或工作流程进行改进和完善的新想法或建议[12]。员工创意过程指的是将这些新颖、有用的想法进行细化、倡导，并最终获得管理者认可和采纳，取得组织合法性席位的过程。

对于员工创意过程的研究，目前并未形成系统的理论体系，相关工作主要体现为基于员工创新理论、组织创新采纳理论，以及向上影响策略理论对其中一些问题的研究和讨论。

（一）员工创新理论

基于员工创新理论，Van de ven（1986）首次强调，创意只有被合法化和实施后才能成为创新[13]；随后 Kanter（1988）指出，创意到创新的过程是多阶段的，创意产生只是其中的一个阶段[14]。此后，越来越多的学者就创意从产生到被组织认可、支持和采纳过程中涉及的过程和影响因素进行深入探究[3,4,12]。其中，Amabile（1988）提出了经典的创新过程两阶段理论，即创新过程分为创意产生和创意实施[15]。Janssen（2000）在此基础上新增创意倡导阶段，将创新过程拓展为三个阶段[16]。Perry-Smith 和 Mannucci（2017）将员工自下而上的创新过程分为机会识别、创意产生、创意细化、创意倡导、创意采纳、产品化和商业化七个阶段，其中创意采纳、产品化和商业化统称为创意实施。该模型是目前最前沿的创新阶段性模型，对创新过程各阶段的定义和特征进行了详细描述。员工完善创意（创意细化）并主动寻求管理者关注，通过影响管理者的态度提高创意被选择的机会（创意倡导）是自下而上与自上而下创新的核心区别[17]，也是员工创意赢得管理者认可、支持和采纳的关键所在。员工创新的相关研究为我们理解和剖析创意过程的多阶段特征提供了理论支撑，但大多数研究并未谈及创意细化和创意倡导的重要作用，亦未深入研判创意过程的关键行为者特征和互动关系[18]。

（二）组织创新采纳理论

创意管理由于涉及战略与市场，以及资源配置等众多因素，具有高度复杂性，其管理效能直接影响组织创新的水平[19]，其中，管理者对创意的评估和采纳是创意管理的重点。创新采纳理论重在剖析组织在筛选创意项目时的一般步骤及其关键指标[20]。部分研究深入探讨不同层级管理者在评判和采纳创意时的顾虑和评价差异，最为经典的是 Burgelman（1983）提出的 B－B 模型。该模型基于战略过程理论，围绕多元化企业 ICV（internal corporate venturing）活动及新业务形成问题，将决策者分为新业务团队管理者、新产品开发部管理者和公司层管理者三种，分别探索不同层次管理者在面对初期自主创新活动时的角色和决策差异[22-23]。但 B－B 模型的基本分析单位是战略行动，不是组织中的个体，无法关注和剖析员工影响策略的选择和使用问题；同时，B－B 模型认为资源是企业的固有属性，并未探索资源的潜在价值及其利用问题。

管理者是否采纳创意的关键指标是对创意方案进行有用性和易用性评定，其中，有用性指的是创意提高组织绩效的程度，易用性则是在组织中使用创意的容易程度[24]。创新采纳过程中创意方案评估和采纳阶段与我们所关注的创意采纳内涵一致，不同的是，创新采纳的创意来源可以是组织内、组织外以及合作创新[25]，而本文的创意采纳指对组织内员工创意的采纳，采纳的主体是组织，采纳的创意类型是技术类创意。组织创新采纳的研究引导我们关注管理者在创意过程中的关键"守门人"角色，不同管理者在筛选和管理创意时有不同的考量和评判标准，但员工如何针对管理者特质采取不同的说服行为则并未深入探索。

（三）向上影响策略理论

向上影响策略指的是员工如何采取不同的主动性行为和影响策略，以获得管理者对其创意想法的支持和认可[26,27]。管理者在面对自下而上的员工创新时，往往会选择拒绝或忽视该创意，学者们对此给出了四种原因：一是管理者存在有限理性和路径依赖，即倾向于应用他们现有的框架和经验来评估新的想法，这会影响他们识别和评价创造性想法的过程。Berg（2016）研究发现，与创新者角色相比，管理者角色限制了个人的发散思维，限制了他们对创造力的评价[28]。二是不确定性规避，Mueller 等（2012，2018）研究表明，管理者对新思想中不确定性的规避态度不利于他们对创造性思维的承认[29,30]。三是管理者的时间和注意力都是稀缺资源，他们会选择性注意那些与组织战略目标一致的，或是与他们专业和熟悉领域相关的创意[31]。四是组织资源有限，很难说服管理者将有限的资源用在不熟悉甚至与组织战略方向不一致的项目[32]。此时，下属能否通过一系列主动性行为和影响策略引起管理者对创意的兴趣，影响甚至改变他们对创意的态度和评价至关重要[26,33]。向上影响策略理论的研究为员工如何推广创意想法提供了多种有益思考，但针对创意过程的不同阶段该采取何种影响策略则并未讨论。

创意从产生到采纳是一个涵盖创意产生、细化、倡导和采纳的多阶段过程，各阶段彼此关联互为补充。其过程管理需要处理诸如项目目标与组织目标、短期绩效与长期发展、现有战略和新兴项目等一系列矛盾与冲突，以及组织的创新氛围、中层管理者和员工等多层次因素的跨层影响，具有高度复杂性。创意过程这一多阶段性和高度复杂性，要求我们对其中的问题研究分析也必须从全过程和系统整体上加以统筹考虑。鉴于此，论文拟在诠释从创意产生到创意采纳这一员工创意过程关键要素及关系机理基础上，基于全过程和系统整体视角，研究构建一个员工创意过程系统分析框架。

三、员工创意过程关键要素及机理分析

员工创意过程既要把握不同发展阶段的特征和关键影响因素，也要探寻和展现不同层次管理者的角色和决策差异；尤其重要的是，考虑员工如

何通过不同的影响策略，在创意发展的不同阶段说服管理者接受创意，进而推动创意想法转化为新产品的动态过程。基于管理者的不同层次和创意过程的不同阶段构建员工创意过程二维矩阵模型，以动态展现其间冲突、博弈、平衡和融合的过程。

本文关注创意从产生到采纳的过程，不包括创意采纳后的产品化和商业化。根据 Perry-Smith 和 Mannucci（2017）对创新过程的阶段性划分标准，将员工创意过程划分为四个阶段，分别是创意产生阶段、创意细化阶段、创意倡导阶段和创意采纳阶段。

（一）创意产生阶段：项目目标与组织目标的冲突

在创意产生阶段，高层管理者制定总体战略和方向，通过设立竞争优先级顺序，合理分配组织资源[17,34]。此时，员工面临的第一个挑战是如何说服一线管理者采纳新想法。当创意与组织战略不一致时，项目目标与组织目标冲突，组织的技术、知识存量无法支撑创意的发展，甚至受到管理者的抵制（如图1所示）。论文从管理者的角色和决策以及员工影响策略选择两个方面，对造成项目目标与组织目标冲突的主要参与者、原因和关键行为进行详细剖析。

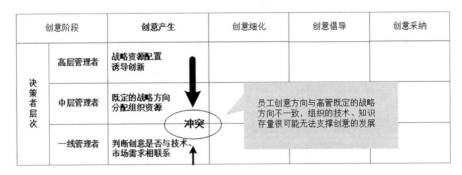

图1 创意产生阶段项目目标与组织目标的冲突

1. 管理者的角色和决策

与高层管理者和中层管理者不同，一线管理者通常拥有独特的技术知识、市场、顾客、技术和竞争者等详细信息。主要负责产品与服务的生产，有进行任务分配和将有价值的创意向中层管理者提议的职能[2,17]。在筛选创意时，他们更关注外部环境对组织产生的影响以及新的技术、市场机会。如 Burgelman（1983）在探索公司内部创业（ICV）过程时强调，高层管理者在资源有限的情况下，通过设立竞争优先级顺序，引导资源流向与现有战略方向一致的项目，诱导创新。而中层管理者会把时间、资源、精力统一放到高管诱导的战略方向上。对于一线管理者，他们会根据自身对市场、技术、顾客需求和偏好等信息和经验的综合把握，对是否采纳员工创意项目做出决策。魏文川（2008）选取武汉市一家有 50 多年历史的国有改制企业进行实证研究后发现，一线管理者在向中层管理者推荐业务时需要展示新业务活动成功的基础与合理性，其中包括了创意的市场需求、技术可行性和资源可得性等要素[35]。Kannan-Narasimhan 和 Law-rence（2018）对硅谷 14 家公司的创新者和他们的决策者进行了 138 次采访后发现，一线管理者更多关注的是创意本身的新颖性和有用性[36]。又如联想集团高级副总裁高岚在介绍联想内部员工创新激励机制——"小强创新"平台时强调，决策者在对创意进行初步筛选时，更看重项目本身的技术前瞻性和市场竞争力，而非项目是否与智能硬件领域相关。

2. 向上影响策略选择

基于一线管理者的职能和角色定位，他们在筛选创意时，更关注创意本身的市场价值，以及能否利用现有技术和市场来实现[37,38]。为了获得一线管理者的支持和认可，员工通过合理说服的方式，用数据、图表、事实和逻辑详细刻画创意对组织盈利能力、市场份额、组织形象和声誉等提高的重要作用[39]。以经典的 3M 公司便利贴为例，发明便利贴的员工为了说服管理者采纳该创意，将自己的电话置于自动转接状态，凡有购买便利贴需求的来电都转接给管理者，以此让主管意识到便利贴的庞大市场需求，最终实现了新产品的商业化。

（二）创意细化阶段：资源配置与绩效提升的博弈

在创意细化阶段，创意已得到一线管理者的支持，组成创意团队，开始争取中层管理者对项目的认可[22]。中层管理者承担起保障事业部利润提升和持续发展的职责，需要对资源配置做出最优决策，以期用最少的投入获取最大的绩效[23]。新创意项目能为顾客带来独特价值，对市场而言，有较高的期望绩效。但与组织战略目标不一致的项目，并不一定带来部门绩效的提升，短期内会增加部门经营压力和风险，中层管理者面临现有战略和新兴项目间的博弈和选择（如图 2 所示）。论文从管理者的角色和决策以及员工影响策略两个方面，对资源配置与绩效提升博弈过程的主要参与者、原因和关键行为进行详细剖析。

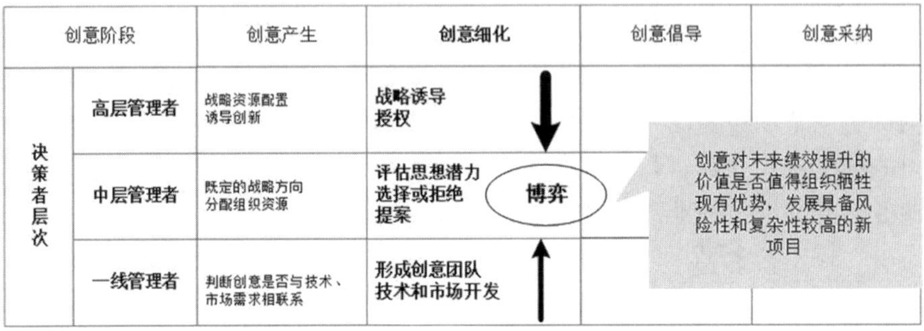

创意阶段		创意产生	创意细化	创意倡导	创意采纳
决策者层次	高层管理者	战略资源配置诱导创新	战略诱导授权		
	中层管理者	既定的战略方向分配组织资源	评估思想潜力选择或拒绝提案　博弈		
	一线管理者	判断创意是否与技术、市场需求相联系	形成创意团队技术和市场开发		

创意对未来绩效提升的价值是否值得组织牺牲现有优势，发展具备风险性和复杂性较高的新项目

图 2　创意细化阶段资源配置与绩效提升的博弈

1. 管理者的角色和决策

中层管理者在创意筛选过程中起承上启下的作用，拥有高层管理者赋予的组织权力。由于高层管理者难以准确评价新想法的技术和经济价值，有时需要依赖中层管理者做出资源分配的决策，即授权[35]。中层管理者在现有战略和新兴项目的博弈和选择过程中，以创意是否选择公认的优势资源为关键决策依据[36]，以期减少购买新材料或投资新技术的不确定性和风险性。例如 Noda 和 Bower（1996）通过研究美国 US WEST 和 Bell-South 电信公司面临相同新业务机会而做出不同战略承诺的案例发现，战略环境影响中层管理者的决策选择，若新想法与组织资源的关联度和匹配度较高，中层管理者对它的信心和积极性更高[40]。在这一阶段，虽然高层管理者并不直接参与互动过程，但仍主导着组织的战略发展方向，通过战略诱导和设定竞争优先级顺序来影响中层管理者的决策。

2. 向上影响策略选择

鉴于中层管理者在评判创意项目时，更关注项目与组织现有资源的相关度和可利用程度，员工在完善创意并说服管理者时，应强调创意与组织优势资源（包括市场、技术、人才、社会网络等有形或无形资源）的联系，通过对熟悉资源的深度利用，帮助决策者理解新想法并相信其可行性。Zhou 等（2019）在对创意评估影响因素进行归纳和梳理时指出，创意与现有知识的关联度和连续性是影响决策者评估创意性质和效益的重要维度[41]。谷歌员工在推广创意时，善于利于两种渠道增强决策者对创意的认可度：一是通过全员 TGIF 大会全面了解企业的战略、资源情况及最新的产品和决策信息，以便将创意与资源优势相结合；二是通过 OKR 考核系统进行信息公开，在共享和宣传创意的过程中，让决策者看到创意在组织中的影响力，以提高他们的采纳意愿。

（三）创意倡导阶段：项目发展与公司战略的平衡

创意倡导阶段，创意项目团队已获得一线和中层管理者的支持和资源，并努力争取高层管理者的认可和采纳。高层管理者是公司战略方向的把控者，负责整体战略资源的配置工作，由其判断企业从哪些项目中撤资，以及向哪些新业务转移已有的能力和资源[29]。发展与战略不一致的项目能为组织带来新的市场机会和竞争能力，但亦将占用公司用以发展已有竞争业务的资金和资源，带来较大的投资风险和管理难度，高层管理者面临如何协调自上而下和自下而上项目，以实现内部平衡和决策最优的难题（如图 3 所示）。本文从管理者的角色和决策以及员工影响策略选择两个方面，对平衡项目发展与公司战略过程的主要参与者和关键行为进行详细剖析。

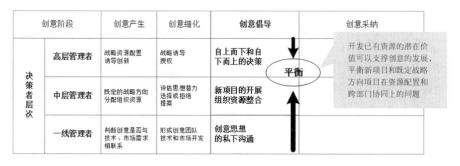

图 3　创意倡导阶段项目发展与公司战略的平衡

1. 管理者的角色和决策

创意倡导阶段，创意已得到中层管理者的支持，形成业务部或项目部。高层管理者通过协调战略意图、协同决策、跨部门协调等方式，寻找最有利于组织发展的项目组合和资源配置方式[42,43]。中层管理者在支持项目的过程中押上了自己的名声和判断力，也形成了高层对他的评价标准[23]。考虑到创意未必受到高层的青睐，项目团队在高层未知或未许可的情况下，进行未经授权的销售实践和努力，即越轨创新（bootlegging）[44,45]。中层管理者通过提供大量内部测试和外部市场数据，向高管证明创意能够调动组织资源的潜在价值，拥有市场潜力和应用前景，并说服高管将更多的资源分配给新项目。

2. 向上影响策略选择

创意倡导的过程是一个寻求支持、建立联盟、谈判与游说的社会政治过程[3,46]。在说服高层管理者的过程中，中层管理者以具体的方式描绘出公司业务发展新领域所包含的内容和意义，并逐渐使高层确信目前的公司战略需要变化。同时，挖掘已有资源的潜在价值和用途，使公司管理层看到创意项目的资源可得性、方案可行性及对企业发展的重要推动作用，以获得他们对创意项目的认可和支持[17]。众所周知，英特尔是一家无惧蜕变的企业。20世纪80年代，当高层管理者仍试图寻找方法挽救主营储存器业务时，中层管理者们已在日常决策中逐步缩减储存器业务，将资源投入到微处理器等获利产品上，八家硅片厂真正从事储存器生产的只剩下一家。中层管理者自发将资源集中投向微处理器的做法使安迪·格罗夫认识到了业务转移的战略重要性，最终将公司的业务重心转向微处理器，引领英特尔走向最快增长的时期。

（四）创意采纳阶段：项目目标与组织目标的融合

高层管理者已做出采纳创意项目的决定，为更好地帮助创意项目进行产品化和市场化，高层管理者赋予其合法性席位，通过调整组织目标和考核体系，促进项目目标与组织目标的融合，将创意项目的发展和实施提上议程[36,47]。

在创意采纳阶段，创意团队已说服高层管理者重建组织目标体系，在资源重置和新资源获取的过程中，利用新项目为组织客户提供独特的价值，进一步提升组织的竞争力和市场地位[48]。中层管理者和一线管理者主要做"后勤"工作，前者负责各部门的协调工作，包括资源和人员分配等，后者则负责创意产品技术和内容的完善和优化（如图4所示）。

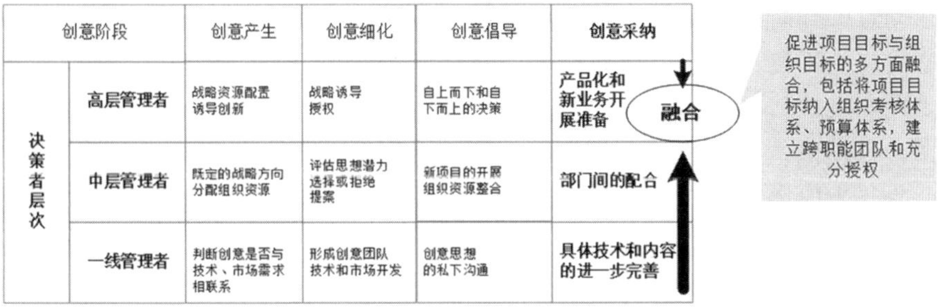

创意阶段		创意产生	创意细化	创意倡导	创意采纳
决策者层次	高层管理者	战略资源配置诱导创新	战略诱导授权	自上而下和自下而上的决策	产品化和新业务开展准备
	中层管理者	既定的战略方向分配组织资源	评估思想潜力选择拒绝提案	新项目的开展组织资源整合	部门间的配合
	一线管理者	判断创意是否与技术、市场需求相联系	形成创意团队技术和市场开发	创意思想的私下沟通	具体技术和内容的进一步完善

融合

促进项目目标与组织目标的多方面融合，包括将项目目标纳入组织考核体系、预算体系，建立跨职能团队和充分授权

图 4　创意采纳阶段项目目标与组织目标的融合

高管或高管团队充当着"内部促进者"和"关键守门人"的角色[49]，在做出创意采纳决策后，为进一步发展新项目，高管积极促进项目目标与组织目标的多方面融合，将项目目标与项目预算分别纳入组织考核体系和预算体系。为了更好地实现目标和完成任务，高管团队会考虑建立职能团队，如 McDonough（2001）通过对美国产品开发管理协会（PDMA）下属112 家企业进行调研后得出，97% 的公司在其新产品开发过程中应用了跨职能团队[50]。另外，通过对项目部进行充分授权，给予项目团队更多的自主权和灵活性，更大程度地调动团队成员的积极性和主动性，为推动创意实施提供动力和支撑。

综上所述，论文以员工创意产生、细化、倡导和采纳四个阶段为横轴，以一线、中层和高层管理者三个决策层次为纵轴，构建二维分析矩阵，并深度刻画和诠释管理者的不同角色和决策行为，以及员工采取影响策略对创意评价的重要作用，从而系统揭示员工创意从产生到采纳过程的内在机理。

四、员工创意过程分析框架

本文基于经典理论和模型，以三个管理层和四个阶段组合成 3×4 的矩阵，构建员工创意过程的整合模型。从各阶段的关键决策者、关键行为及互动关系角度分析：在创意产生阶段，创意项目由一线管理者进行评估并做出决策，员工将创意与组织当前的技术和市场需求相联系，能提高一线管理者对创意可行性和市场潜力的感知和认可；在创意细化阶段，由中层管理者在现有项目和新业务之间进行权衡和考量，做出资源配置和创意筛选的决策，创意项目若选择组织中公认的优势资源，则更易获得认可；

在创意倡导阶段，高层管理者需要考虑各部门优质项目发展与公司整体战略发展的平衡，通过协调战略、协同决策和跨部门协同等方式实现决策最优，创意项目若能挖掘和使用已有资源的潜在价值，则更易实现协同和被认可；在创意采纳阶段，员工创意已成功被高层管理者采纳，获得合法性席位，为促进创意实施，高层管理者积极实现项目目标与组织目标的多方面融合，经过多年的发展，少数创意项目甚至会成为公司的主营业务方向，调整乃至改变原有的战略方向（如图 5 所示）。

从跨阶段的发展轨迹上看：（1）阶段划分情况及其作用：现有研究大多将创意过程分为创意产生和创意采纳，并深入挖掘各阶段的影响因素及其差异性[51-53]；部分研究探索两个阶段的影响路径和作用机理[3,19]，但始终未能说明创意产生之后，为何难以获得管理者的认可，以及如何可以提升创意采纳率的问题[9]。本文将员工创意过程分为创意产生、创意细化、创意倡导和创意采纳四个阶段，其中，创意细化和创意倡导阶段是员工推广创意的核心过程。员工通过争取和赢得中层及高层管理者的青睐，获得发展创意所需要的人才、资金、资源、关系网络等，为培养和推动想法实施奠定基础。

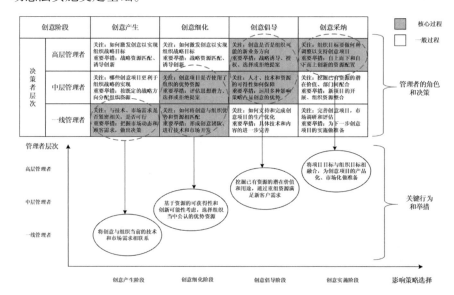

图5　员工创意过程的关键要素及关系机理

（2）管理者的角色与员工向上影响策略的互动选择：当员工将创意向一线管理者提议时，他们更多考虑创意本身的可行性（如创意本身是否有市场价值，能否利用已有的技术和市场来实现，前景如何）[37,38]；当创意得到一线管理者的支持，向中层管理者提议时，他们比较关注资源的可得性（如组织有无现成的人才、资源可以利用，有无资金可以支持)[54]；当创意得到中层管理者支持，向高层管理者提议时，他们更倾向从战略匹配度来谋略（如能否调动起组织的潜在冗余资源？创意与企业的愿景和理念能否融合？），如果创意足够好，甚至还能改变组织的愿景，使高层管理者关注到组织从未尝试或容易忽略的战略方向[55]。

（3）冲突、博弈、平衡和融合的演化过程：员工创意过程是自下而上为主导，伴随自上而下战略导向的资源配置和互动过程。在创意向上推广和演进过程中，自上而下的现有战略方向与自下而上的自主创新方向在不断碰撞和协商中呈现出冲突、博弈、平衡和融合的发展轨迹（如图6所示）。在创意产生阶段，自上而下占主导地位，自下而上的员工创意处于雏形期，缺乏各方面的资源和支持。由于其目标与组织目标冲突，一线管理者基于自上而下的战略导向，往往容易拒绝创意。在创意细化阶段，创意获得一线管理者支持，组成创意团队，获得少量资金和资源。由于发展自下而上的创意项目将占用自上而下项目的资源，中层管理者在短期部门绩效与未来期望绩效之间进行权衡和博弈。在创意倡导阶段，创意获得中层管理者支持，成为创意项目，赢得大量的人才、资金和关系资源。自下而上的创意项目已成为组织不可忽视的存在，拥有组织成员以及关键成员的认可和支持，高层管理者不得不考虑是否接受这一创意，以及如何平衡和协调自上而下和自下而上之间的资源配置和战略调整问题。在创意采

创意阶段		创意产生	创意细化	创意倡导	创意采纳		核心过程
					融和		一般过程
决策者层次	高层管理者	战略资源配置诱导创新	战略诱导授权	自上而下和自下而上的抉择	产品化和新业务开展准备		
			博弈	平衡			
	中层管理者	既定的战略方向分配组织资源	评估思想潜力选择或拒绝提案	新项目的开展组织资源整合	部门间的配合		
			冲突				
	一线管理者	判断创意是否与技术、市场需求相联系	形成创意团队技术和市场开发	创意思想的私下沟通	具体技术和内容的进一步完善		

图6　员工创意过程的冲突、博弈、平衡和融合

纳阶段，创意项目已获得高层管理者的采纳，在组织中拥有合法性席位，其实施和发展目标融入组织目标，成为推动组织发展的重要力量。

五、研究结论

本文围绕员工创意演进发展四个阶段，从一线、中层和高层三个管理层级，分别阐释了创意过程各个阶段管理者的角色和决策差异、员工影响策略选择等关键要素，以及员工创意从产生到采纳过程的内在机理。在此基础上，对这一过程的冲突、博弈、平衡和融合的演化规律进行了系统探讨，研究构建了员工创意过程的系统分析框架（如图7所示）。研究结论如下：

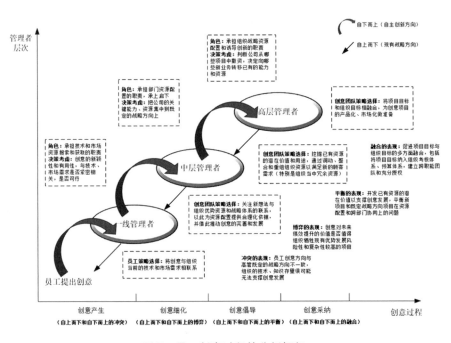

图7 员工创意过程的分析框架

第一，员工创意演进发展不同阶段，不同层级管理者的角色差异，以及员工行为主动性对创意评价产生重要影响。在创意产生阶段，一线管理者强调创意的技术和市场价值，凸显创意与组织当前的技术和市场需要是

朱桂龙自选集｜ZHU GUILONG ZIXUANJI

关键；在创意细化阶段，中层管理者强调资源的可获得性和创新可行性，建立创意与组织优势资源的联系是关键；在创意倡导阶段，高层管理者强调创意的潜在价值和匹配性，挖掘创意与组织资源潜在价值和用途的联系是关键；在创意采纳阶段，创意已获得合法性席位，将项目目标与组织目标深度融合是创意项目成功实施的关键。

第二，员工创意演进发展四个阶段紧密相连，互为一体，这其中创意细化和创意倡导十分关键。创意产生阶段是创意过程的早期阶段，受个体和团队影响较多；创意实施是创意过程的后期阶段，受到团队和组织影响较多；创意细化和创意倡导是推动创意发展的重要阶段，是员工争取中层管理者和高层管理者认可和支持，推动创意发展的关键。通过将创意与组织优势资源以及现有资源的潜在价值相联系，能提高管理者对创意适用性和可行性的感知，进而提升创意采纳率。

第三，员工创意演进发展是一个员工自下而上合法性资源探求，与企业战略导向下自上而下资源配置的互动和融合过程。在员工向各层级管理者推广和倡导创意项目的过程中，在不断碰撞和协商中呈现出冲突、博弈、平衡和融合的演化轨迹。通过四个阶段演进发展，筛选出的员工创意在获得组织资源支持基础上，伴随其创新发展或将成为新业务战略，为企业发展带来新的竞争力和前景。

第四，以员工创意产生、细化、倡导和采纳四个阶段为横轴，以一线管理者、中层管理者和高层管理者三个决策层次为纵轴，构建的二维分析矩阵，为诠释员工创意演进发展过程及其关键要素和互动机理提供了一个系统分析框架。基于这一框架，论文基于动态演化视角，揭示了员工创意过程中呈现的"项目目标与组织目标冲突—资源配置与绩效提升博弈—项目发展与公司战略平衡—项目目标与组织目标融合"的演进路径。

论文研究为"为何管理者渴求创新但却又往往拒绝创意""大量的创意产生后，只有极少部分能成为组织创新，创意转化率为何如此低"以及"在创意过程中，自上而下的战略方向与自下而上的自主创新呈现何种关系和变化规律"等问题提供了一个理论解释。

参考文献

[1] WALSH J P, LEE Y N, NAGAOKA S. Openness and innovation in the US: collaboration form, idea generation and implementation [J]. Re-

search Policy, 2016, 45 (8): 1660 - 1671.

[2] PERRY-SMITH J E, MANNUCCI P V. From creativity to innovation: the social network drivers of the four phases of the idea journey [J]. Academy of Management Review, 2017, 42 (1): 53 - 79.

[3] BAER M. Putting creativity to work: the implementation of creative ideas in organizations [J]. Academy of Management Journal, 2012, 55 (5): 1102 - 1119.

[4] ANDERSON N, POTOČNIK K, ZHOU J. Innovation and creativity in organizations: a state-of-the-science review, prospective commentary [J]. Journal of Management, 2014, 40 (5): 1297 - 1333.

[5] SOMECH A, DRACH - ZAHAVY A. Translating team creativity to innovation implementation: the role of team composition and climate for innovation [J]. Journal of Management, 2013, 39 (3): 684 - 708.

[6] WALSH J P, LEE Y N, NAGAOKA S. Openness and innovation in the US: collaboration form, idea generation and implementation [J]. Research Policy, 2016, 45 (8): 1660 - 1671.

[7] CLEGG C, UNSWORTH K, EPITROPAKI O, et al. Implicating trust in the innovation process [J]. Journal of Occupational & Organizational Psychology, 2002, 75 (4): 409 - 422.

[8] 张巍, 任浩, 曲怡颖. 从创意到创新: 公平感知与齐美尔联结的作用 [J]. 科学学研究, 2015 (11): 1621 - 1633, 1748.

[9] 朱桂龙, 温敏瑢. 从创意产生到创意实施: 创意研究评述 [J]. 科学学与科学技术管理, 2020 (5): 69 - 88.

[10] ZHOU J, SHALLEY C E. Deepening our understanding of creativity in the workplace: A review of different approaches to creativity research [J]. In S. Zedeck (Ed.), APA handbook of industrial and organizational psychology, 2010 (1): 275 - 302.

[11] BERGENDAHL M, MAGNUSSON M. Creating ideas for innovation: Effects of organizational distance on knowledge creation processes [J]. Creativity and Innovation Management, 2015, 24 (1): 87 - 101.

[12] AXTELL C M, HOLMAN D J, UNSWORTH K L, et al. Shopfloor innovation: Facilitating the suggestion and implementation of ideas [J].

Journal of Occupational and Organizational Psychology, 2000, 73 (3):
265 – 285.

[13] ANDREW H, Van de Ven. Central Problems in the Management of Innovation [J]. Management Science, 1986 (5): 590 – 607.

[14] KANTER R M. Three tiers for innovation research [J]. Communication Research, 1988 (5): 509 – 523.

[15] AMABILE T M. A model of creativity and innovation in organizations [J]. Research in Organizational Behavior, 1988 (10): 123 – 167.

[16] JANSSEN O. Job demands, perceptions of effort-reward fairness and innovative work behaviour [J]. Journal of Occupational and Organizational Psychology, 2000, 73 (3): 287 – 302.

[17] KIM Y H, STING F J, LOCH C H. Top – down, bottom – up, or both? toward an integrative perspective on operations strategy formation [J]. Journal of Operations Management, 2014, 32 (7 – 8): 462 – 474.

[18] LINGO E L, MAHONY S. Nexus work: brokerage on creative projects [J]. Administrative ence Quarterly, 2010 (1): 47 – 81.

[19] WEST M A. Sparkling fountains or stagnant ponds: an integrative model of creativity and innovation implementation in work groups [J]. Applied Psychology, 2002, 51 (3): 355 – 387.

[20] LIN H F, SU J Q. A case study on adoptive management innovation in China [J]. Journal of Organizational Change Management, 2014 (1): 83 – 114.

[21] 林春培, 庄伯超. 家长式领导对管理创新的影响: 一个整合模型 [J]. 科学学研究, 2014 (4): 622 – 631.

[22] BURGELMAN R A. A process model of internal corporate venturing in the diversified major firm [J]. Administrative Science Quarterly, 1983, 28 (2): 223 – 244.

[23] BURGELMAN R A. A process model of strategic business exit: implications for an evolutionary perspective on strategy [J]. Strategic Management Journal, 1996, 17 (S1): 193 – 214.

[24] VENKATESH V, DAVIS F D. A theoretical extension of the technology acceptance model: four longitudinal field studies [J]. Management Sci-

ence, 2000（2）：186 - 204.

[25] 余传鹏，张振刚. 异质知识源对中小微企业管理创新采纳与实施的影响研究 [J]. 科学学与科学技术管理，2015（2）：92 - 100.

[26] YUKL G, SEIFERT C F, CHAVEZ C. Validation of the extended influence behavior questionnaire [J]. The Leadership Quarterly, 2008, 19 (5)：609 - 621.

[27] LEE S, HAN S, CHEONG M, et al. How do I get my way? a meta-analytic review ofresearch on influence tactics [J]. The Leadership Quarterly, 2017, 28（1）：210 - 228.

[28] BERG J M. Balancing on the creative highwire：forecasting the success of novel ideas in organizations [J]. Administrative Science Quarterly, 2016, 61（3）：433 - 468.

[29] MUELLER J, MELWANI S, LOEWENSTEIN J, et al. Reframing the decision-makers' dilemma：towards a social context model of creative idea recognition [J]. Academy of Management Journal, 2018, 61（1）：94 - 110.

[30] MUELLER J S, MELWANI S, GONCALO, J A. The bias against creativity：why people desire but reject creative ideas [J]. Psychological Science, 2011（1）：13 - 17.

[31] 韩雪亮，王霄. 自下而上推动企业组织创新的过程机制探析 [J]. 外国经济与管理，2015（9）：3 - 16.

[32] LU S Y, BARTOL K M, VENKATARAMANI V, et al. Pitching novel ideas to the boss：the interactive effects of employees' idea enactment and influence tactics on creativity assessment and implementation [J]. Academy of Management Journal, 2019, 62（2）：579 - 606.

[33] SCHRIESHEIM C A, HINKIN T R. Influence tactics used by subordinates：a theoretical and empirical analysis and refinement of the kipnis, schmidt, and wilkinson subscales [J]. Journal of Applied Psychology, 1990（3）：246 - 257.

[34] KIM J S, ARNOLD P. Operationalizing manufacturing strategy：an exploratorystudy of constructs and linkage [J]. International Journal of Operations & Production Management, 1996（16）：45 - 73.

［35］ 魏文川. 我国企业资源配置过程与战略形成路径研究 ［D］. 武汉：华中科技大学，2008.

［36］ KANNAN－NARASIMHAN R，LAWRENCE B S. How innovators reframe resources in the strategy-making process to gain innovation adoption ［J］. Strategic Management Journal，2018，39（3）：720－758.

［37］ GEORGE S D. Is it real? can we win? is it worth doing? managing risk and reward in an innovation portfolio ［J］. Harvard Business Review，2007（12）：110－146.

［38］ RIETZSCHEL E F，NIJSTAD B A，STROEBE W. The selection of creative ideas after individual idea generation：choosing between creativity and impact ［J］. British Journal of Psychology，2010（1）：47－68.

［39］ DUTTON J E，ASHFORD S J，O'NEILL R M，et al. Moves that matter：issue selling and organizational change ［J］. Academy of Management Journal，2001（4）：716－736.

［40］ NODA T，BOWER J L. Strategy making as iterated processes of resource allocation ［J］. Strategic Management Journal，1996（9）：197－214.

［41］ ZHOU J，WANG X M，BAVATO D，et al. Understanding the receiving side of creativity：a multidisciplinary review and implications for management research ［J］. Journal of Management，2019，45（6）：2570－2595.

［42］ BENFORD R D，SNOW D A. Framing processes and social movements：an overview and assessment ［J］. Annual Review of Sociology，2000，26：611－639.

［43］ KAPLAN S. Framing contests：making strategy under uncertainty ［J］. Organization Science，2008（19）：729－752.

［44］ AUGSDORFER P. Bootlegging and path dependency ［J］. Research Policy，2005，34（1）：1－11.

［45］ CRISCUOLO P，SALTER A，WAL A L J T. Going underground：bootlegging and individual innovative performance ［J］. Organization Science，2014，25（5）：1287－1305.

［46］ HOWARD－GRENVILLE J A. Developing issue-selling effectiveness over time：issue selling as resourcing ［J］. Organization Science，2007，18（4）：560－577.

［47］ CHRISTENSEN C M, KAUFMAN S P, SHIH W C. Innovation killers：how financial tools destroy your capacity to do new things ［J］. Harvard Business Review, 2008（1）：98－105.

［48］ BARNEY J B. Firm resources and sustained competitive advantage ［J］. Journal of Management, 1991（17）：99－120.

［49］ HEYDEN M L M, SIDHU J S, VOLBERDA H W. The conjoint influence of top and middle management characteristics on management innovation ［J］. Journal of Management, 2018, 44（4）：1505－1529.

［50］ MCDONOUGH E F, KAHN K B, BARCZAK G. An investigation of the use of global, virtual, and colocated new product development teams ［J］. Journal of Product Innovation Management, 2001（2）：110－120.

［51］ SHALLEY C E, ZHOU J, OLDHAM G R. The effects of personal and contextual characteristics on creativity：where should we go from here? ［J］. Journal of Management, 2004, 30（6）：933－958.

［52］ YUAN F R, WOODMAN R W. Innovative behavior in the workplace：the role of performance and image outcome expectations ［J］. Academy of Management Journal, 2010, 53（2）：323－342.

［53］ BAER M. The strength-of-weak-ties perspective on creativity：a comprehensive examination and extension ［J］. Journal of Applied Psychology, 2010, 95（3）：592－601.

［54］ CORREA C, MOURA A D, DANILEVICZ F. Method for decision making in the management of innovation：criteria for the evaluation of ideas ［C］. South Africa：International Association for Management of Technology, 2015.

［55］ VAARA E, WHITTINGTON R. Strategy-as-practice：taking social practices seriously ［J］. The Academy of Management Annals, 2012（6）：285－336.

（原载《外国经济与管理》2021年第4期, 与温敏瑢、王萧萧合著）

朱桂龙
自选集

第四辑

产学研合作创新

开放式创新下产学研合作影响因素的
系统动力学分析

　　在传统封闭式的创新体系下，内部研发作为企业战略性资产在确保技术保密、技术独享，进而保持技术领先地位上起了关键性作用。但随着科学技术的快速发展，用户需求不确定性和个性化日益增强，任何技术力量雄厚的企业都不可能拥有所需的全部创新资源和技术。在这样的背景下，Chesbrough（2003）提出了开放式创新的思想与理念，寻求外部资源与合作的开放式创新逐渐成为企业增强自身竞争优势的重要举措[1]。产学研合作作为开放式创新活动的实践，在促进高校、科研机构与企业之间的合作及自主创新能力提升方面发挥了重要作用，成为政府、学术界和产业界共同关注的焦点。但由于企业、高校和科研机构在社会职责、价值取向上的差异甚至冲突，产学研合作过程中交流机制的不完善，以及创新成果与市场需求不匹配而导致的产业化程度较低等，使当前产学研合作的成功率较低且效率低下。现实的情况使我们不得不对产学研合作创新进行重新思考：开放式创新体系下产学研合作创新效果如何衡量？产学研合作成功取决于哪些关键因素？这些关键因素之间存在什么样的关联关系及其如何相互作用进而改善产学研合作创新绩效？对于这些问题的解答，不仅需要我们关注产学研合作创新效果因素，更应关注影响产学研合作的关键因素及其对合作创新绩效的作用路径。

　　综观现有文献，学者们更多地按照直观认识、经验判断和推理的方法对产学研合作绩效的影响因素进行研究，忽视了产学研合作形成与积累的基本过程，因而对不同合作成果分配比例与产业化程度对合作创新绩效影响的差异性研究较少；同时并没有按照更加严谨的因果关系考察产学研合作创新的影响因素与约束条件。鉴于此，本文深入分析开放式创新环境下产学研合作创新系统的构成要素及各要素之间的相互关系，利用因果关系图寻找制约产学研合作成功的根源，并划定研究边界，确定易于量化的特征变量（如成果数量、研发资金投入等），利用系统动力学的理论和方法构建模型，运用广东省产学研合作数据与广东省统计年鉴的相关数据进行模拟仿真，并对模型仿真结果进行分析，同时，对其中若干关键参数如投入、利益分配比例以及产业化程度等的影响规律进行研究。

一、理论回顾

（一）产学研合作创新绩效

国内外学者在衡量产学研合作创新绩效时，有学者采用了"行为结果"（behavioral outcomes）等一些定性指标，如 Mora Valentin 等（2004）开发出相应的测量量表来测度对合作的满意度和关系的持续性，进而评价合作绩效[2]。也有学者采用了定性与定量相结合的指标体系，如 Bonac-corsi 和 Piccaluga 在 1994 年提出了一个系统评价产学研合作的模型[3]，认为对产学研合作的绩效评价是以企业对产学研合作的期望（expectations）为基础的，通过对比期望与实际成果来评价其绩效，其中使用的客观指标包括新产品数量、会议次数、研究者数量、出版物数量和专利数量，主观指标如通过学习发现了新的机会等。但当前大部分研究更关注产学研合作的短期客观产出。如 Santoro（2000）提出，可采用合作中产出的论文数、专利数以及新产品和新工艺的数量来衡量合作绩效[4]；George 和 Zahra（2002）采用专利数、投入市场的新产品数、研发中的新产品数和净利润率等四个度量指标来评价产学研合作绩效[5]。从长远来看，产学研合作绩效仅用上述指标来衡量是不全面的，它对提升区域整体技术水平与改善技术环境继而推动区域经济效益等方面也起到不可忽视的作用。为此，本文基于前人研究的基础，拟采用反映创新技术成果的合作专利申请量和论文与著作数作为衡量产学研合作绩效的直接产出，采用整个区域 GDP 的增长来间接反映合作创新宏观经济效果[6]。

产学研合作创新绩效受合作动力、合作投入、利益分配以及市场、政策和科技环境等因素的影响。下面重点针对各方主体投入、利益分配以及产业化程度等情景因素与合作创新绩效之间的作用机理进行梳理。

（二）R&D 投入、利益分配与产学研合作绩效的关系

1. R&D 投入与产学研合作绩效的关系

当前学者对产学研合作 R&D 投入的研究主要从企业和政府这两个层面进行剖析。从企业层面进行的研究认为，企业在产学研合作中的 R&D

投入是合作顺利进行的前提基础[7]。企业 R&D 投入越多，企业对科技创新关注度越高，表示对产学研重视程度越高[8]，而且企业的 R&D 投入直接影响到高校科研院所参与的积极性[9]。那么 R&D 投入与绩效之间存在什么样的关系？针对这一问题的回答，学者观点不一：有学者认为，R&D 与产学研合作绩效具有正向的显著作用[10,11]；也有学者认为，它们之间并无显著的正向关系[12]。

从政府层面进行的研究侧重于宏观上政府投入给整个技术创新环境带来的影响。他们认为，政府在产学研合作中具有指引作用，政府的 R&D 投入在一定程度上会刺激企业的合作创新投入。如 Paul A. David 等（2000）运用计量经济学模型进行研究，发现政府公共服务投入对企业研发投入具有短期刺激作用，并在短期内能够提高企业的创新绩效[13]；Motohashi 和 Yun（2002）基于中国统计局对 22000 家制造企业的科技活动调查数据进行分析，发现每年的政府资助都对企业的科技外包活动具有显著的正向作用[14]；刘凤朝和孙玉涛（2008）构建了一个基于"政府 R&D 投入→企业 R&D 投入→技术进步→经济增长"的过程模型，认为政府通过 R&D 投入刺激企业 R&D 投入，达到技术进步和经济增长[15]；苏屹和李柏洲（2010）采用我国大中型工业企业的相关数据进行研究，发现政府科技资助对企业 R&D 产出有明显的促进作用，但是没有企业自筹的 R&D 资金的作用明显[16]。本文基于上述研究，将进一步就企业、政府及中介机构等各方主体的产学研合作投入对合作绩效的影响规律进行探讨。

2. 利益分配与产学研合作绩效的关系

利益分配作为产学研合作中关键而又矛盾最突出的问题引起众多学者的关注。有学者研究认为，利益分配不当是产学研合作不成功的主要原因。如 S. Siegel Donald 等（2003）指出，利益分配体系设计不合理是影响高校与企业间技术转移的主要障碍之一[17]；徐国东和邹艳（2008）选取西安高校中曾从事产学研合作或对产学研研究较深的学者进行调查，发现既得利益会影响到产学研联盟中各合作主体的积极性[18]；Hairston 等（1998）对美、日、法等国家在化学工程领域的大学—企业研发联盟进行比较分析，发现联盟成员共同价值准则、专利和论文等成果的分配是影响联盟成功与否的重要因素[19]。为此，不少学者对如何实现产学研合作利益的最优分配以促进合作成功进行了探讨。如任培民和赵树然（2008）根据价值评价—利益分配的思路，采用期权—博弈整体化方法来解决产学研结合项目利益分配的最优化问题[20]；鲍新中和王道平（2010）运用博弈理论分别分析了技术创新成本投入的分摊比例问题和合作收益的分配系数问题[21]。本文将借鉴上述研究成果，采用利益分配比例来探讨其对产学研合作绩效的影响。

（三）其他影响因素

产学研合作绩效还受到如市场需求、企业自主研发水平及产业化程度等因素的影响。开放的市场条件下，市场需求是企业与大学和科研院所合作的最直接外部动力。众多学者的研究证实了这一点。如吕海萍等（2004）研究认为，企业一旦发现市场需求，会利用各种方式和科研界合作以弥补自身技术能力的不足[22]。而为了寻找识别外部的创新资源，需要企业本身具有一定的研发能力。为此众多学者围绕企业自主研发与产学研合作的关系进行了探讨，目前理论界并没有统一的结论。如 Becker 和 Peter（2000）研究发现，企业与高校间的研发合作对企业内部研发活动的强度和专利生产具有积极的影响[23]；Schmiedeberg（2008）以德国制造业为实证背景的研究发现，企业内部 R&D 和 R&D 合作之间存在显著的互补性关系[24]。而 Jirjahn 和 Kraft（2006）的研究结论则更倾向于内部研发和研发合作之间具有替代性关系[25]。

产业化是指科技成果迅速而有效地转化为具有市场竞争力的商品过程。美国正因为其科技创新能力及成果产业化能力相对较强而取得了高速发展。但我国科技与经济脱节的问题仍没有从根本上得到解决，大量产学研合作成果尚停留在实验室阶段，新技术转化率低与产业化规模小。因此，加强产学研结合成为推进科技成果产业化的有效途径。但当前针对产业化程度与合作创新绩效之间作用机理的研究较少，为此本文将对这一问题进行探讨。

二、模型构建

（一）系统边界的确定与基本假设

1. 系统边界的确定

系统动力学认为，内因决定了系统的行为，外因往往起不到决定性的作用，因此选择合理的系统边界是关系到模型成功与否的关键。从结构上看，产学研合作系统主要包括政府行为子系统、企业行为子系统、高校与科研机构行为子系统和科技中介服务子系统。

2. 模型基本假设

H1：企业、高校、科研院所、政府及中介机构等的产学研合作是一个连续、渐进的行为过程。

H2：不考虑由于政府政策的重大变革以及非正常情况下所导致的体系崩溃。

H3：合作投入主要包括高校与科研机构的产学研科研人员投入与技术设备投入、企业的合作资金与合作人员投入、政府对产学研合作的投入以及金融机构对产学研合作的贷款投入，而合作产出则通过发明专利数、论文与著作数、GDP 等指标来体现。

H4：企业自身具有一定的研发能力，由于资源限制，必须进行产学研合作。

（二）因果关系模型及因果关系分析

基于上述理论分析，开放创新下产学研合作创新影响因素因果关系如图 1 所示。限于篇幅，本文仅对一些主要回路进行分析。

（1）企业创新动力来自市场对创新的需求与企业通过产学研合作获得的收益，创新动力的增加与较低的合作创新成本刺激企业产生产学研合作意愿，合作意愿的提高促进企业增加产学研合作的经费、人员与创新平台建设的投入，通过增加企业对合作研发投入来提高专利申请数，通过加强成果的产业化来增加合作新产品产值，继而增加合作创新收益，提升企业收益与宏观经济效益，从而进一步刺激市场对创新的需求与企业创新的动力。

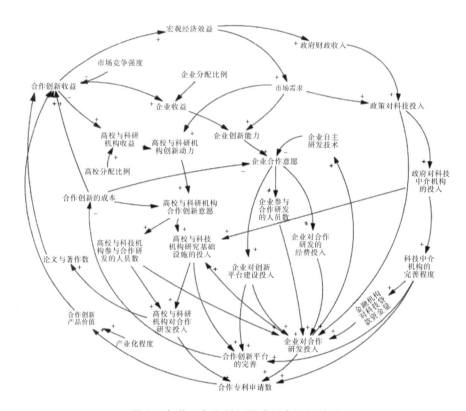

图1 产学研合作创新影响因素因果关系

（2）高校和科研机构不断进行新技术、新产品和新工艺研发的动力来源于市场对创新的需求以及高校和科研机构从产学研合作中获得的收益。创新动力的增加与较低的合作创新成本刺激高校和科研机构产生产学研合作的意愿，从而增加产学研合作的人员投入和对实验室等基础设施的投入，进而有更多的专利、论文与著作等成果产出，提高了高校和科研机构从产学研合作创新中的获利与宏观经济效益，从而进一步刺激市场对创新的需求与高校和科研机构创新的动力。

（3）源自合作创新宏观经济效益的提升，增加了政府财政收入，加上市场对创新的需求，使得政府通过增加对产学研合作各主体的直接投入以及对科技中介机构的投入等加大科技投入力度，提升合作创新产出，同时通过促使合作创新平台的完善来降低合作创新成本，继而提升合作创新

朱桂龙自选集 ZHU GUILONG ZIXUANJI

收益。

（三）流程图分析

在考虑了数据的可计算性和现实性的基础上，对因果关系图进行了简化与总结得出流程图（如图2所示）。本研究的初始数据以及变量之间的关系确定来自2009年广东省"省部产学研合作计划"参与企业的问卷调查与广东省统计年鉴。其中调查问卷发放1000份，收回有效问卷212份，有效回收率为21.2%。

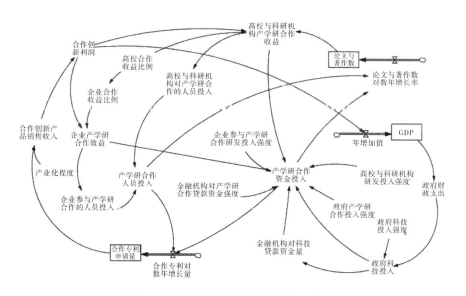

图2　产学研合作创新绩效影响关系流程

限于篇幅，在此仅列出模型涉及的主要公式。

（1）合作专利申请量 = INTEG（合作专利对数年增长量，53）。该式表示2005年产学研合作申请专利数为53项。

（2）合作专利对数年增长量 = 1.26 × [5.5261 + 2.596 × ln（产学研合作资金投入）+ 1.495 × ln（产学研合作人员投入）]。

（3）论文与著作数 = INTEG（论文与著作数对数年增长量，37）。该式表示2005年论文与著作数为37篇。

（4）论文与著作数对数年增长量 = 1.01 × [− 7.604 + 1.641 × ln（产

学研合作资金投入）＋2.684×ln（产学研合作人员投入）]。

（5）GDP = INTEG（年增加值，22557.4亿元）。该式表示2005年广东 GDP 为 22557.4 亿元。

（6）产学研合作人员投入＝企业产学研合作人员投入＋高校与科研机构人员投入。

（7）产学研合作资金投入＝企业参与产学研合作研发投入强度×企业产学研合作收益＋高校与科研机构研发投入强度×高校与科研机构产学研合作收益＋政府产学研合作投入强度×政府科技投入＋金融机构对产学研合作贷款资金强度×金融机构对科技贷款资金量。

（四）模型的输出

该系统动力学模型是用于研究影响产学研合作创新绩效的因素，所以本文选择合作专利申请量作为模型的主要输出值，反映合作创新的直接成果产出。为了检验系统动力学模型建立的正确性，本文选择广东 GDP 作为模型的第二输出，来间接反映产学研合作创新宏观经济效果。

三、产学研合作创新的动态结构模型仿真实证研究

（一）模型有效性检验

1. SD 模型范围适应性

模型的建立基于大量相关文献的阅读，模型本身包括了建模目的所需的所有主要变量与反馈结构，一些不必要的外生变量没有纳入模型当中。而且经计算机模拟结果显示模型的每个方程均有意义，因此模型是合适的。

2. SD 模型的一致性检验

通过对比模型仿真运行结果和实际系统历史数据的差异情况，可得出所建立的系统动力学模型的有效性。图3和图4是前文所选择的两个输出变量的仿真模拟结果输出图，表1是仿真模拟输出值与真实值之间的对比情况。从表1中可以得出，除了2009年的合作专利申请量外，产学研合作申请专利量、GDP 和论文与著作数三个输出变量的拟合值与真实值之间的误差率最大只有 0.1239。2009年合作专利申请量的预测误差较大，其原因在于广东省2008年受到国际金融危机及广东省产业转移的影响，

进而严重影响样本在该年度的专利申请量。排除这方面的原因，总的来说预测值与真实值的拟合度良好，说明本文所建立的产学研合作绩效影响因素系统动力学模型较客观地反映了广东省企业从 2005—2009 年的产学研合作情况，同时说明了模型整体的合理性和准确性。

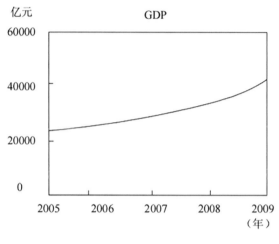

图 3　GDP 拟合情况

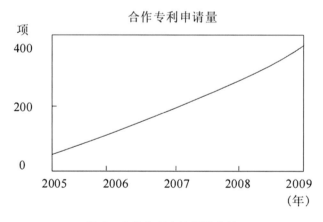

图 4　合作专利申请量拟合情况

表 1　模型输出量的误差率

年份	合作专利申请量			GDP		
	拟合值	真实值	误差率	拟合值	真实值	误差率
2005	53	53	0.00%	22557.4	22557.4	0.00
2006	127	113	12.39%	27211.4	26587.8	2.00%
2007	205	201	1.99%	31894.5	31777.0	0.003%
2008	285	315	−9.52%	36608.3	36796.7	−0.005%
2009	368	260	41.54%	41353.7	39482.6	0.05%

（二）仿真实证模拟及模拟结果分析

限于篇幅，本文主要通过动态关系模拟来测度参与产学研合作各主体的投入、利益分配比例及产业化程度对合作专利申请量这一合作绩效重要衡量指标的影响。

1. 改变产学研合作参与主体投入强度的情况

产学研合作投入主要来自企业、高校与科研机构、政府及中介机构等主体，这些投入走向直接关系到产学研合作的绩效。下面假设参与产学研合作各主体的投入强度分别增加1%，通过模型仿真模拟输出结果如图5至图8所示，具体数据见表2。

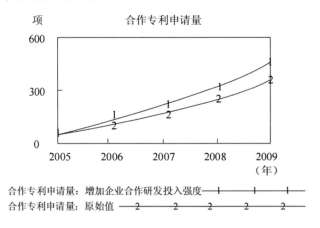

图5　增加企业参与产学研合作研发投入强度

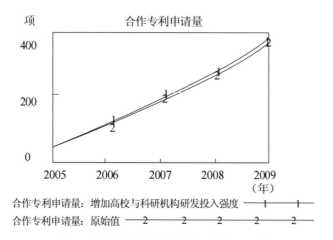

图6 增加高校与科研机构研发投入强度

由图5至图7和表2可以看出，企业对产学研合作投入强度、高校与科研机构研发投入强度、政府科技投入强度与政府产学研合作投入强度分别增加1%，均对合作专利申请量有显著影响，其中企业投入的影响最大。企业作为产学研合作的发起者、主导者和最终受益者，除了通过自身的技术和资金投入外，其行为对高校也产生了较大的影响，进而促进了合作产出创新绩效。

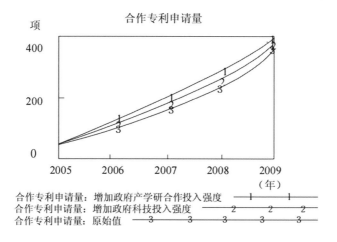

图7 增加政府投入强度

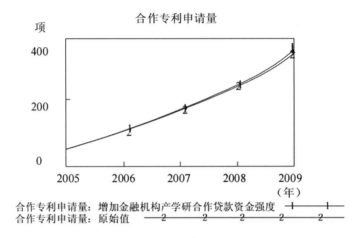

合作专利申请量

合作专利申请量：增加金融机构产学研合作贷款资金强度 ┼━━┼
合作专利申请量：原始值 ━2━━2━━2━━2━━2━

图8　增加金融机构对产学研合作贷款资金强度

表2　各项指标变化对产学研合作专利申请量的影响

年份	增加企业合作研发投入强度	增加高校与科技机构合作投入强度	增加政府产学研合作投入强度	增加政府科技投入强度	提高金融机构对合作贷款资金强度
2005	0	0	0	0	0
2006	2.77%	1.49%	2.31%	1.28%	0.56%
2007	3.54%	1.90%	2.94%	1.64%	0.72%
2008	3.91%	2.10%	3.25%	1.80%	0.79%
2009	4.13%	2.21%	3.42%	1.90%	0.83%

　　其次是政府产学研合作投入强度的影响，这说明专利申请量对政府产学研合作强度的增加较为敏感。从广东省产学研合作实践来看，实施五年来，广东各级财政累计投入达70多亿元（其中省财政投入10亿元），引导企业投入超过800亿元；研发出具有自主知识产权的新产品6000多个，专利授权超过2万件；实现产值7000多亿元，新增利税超千亿元[①]。由此可见，产学研合作初期政府的引导作用是不容忽视的。政府一方面通过

---

① 数据来源：http：//www.stdaily.com/kjrb/content/2010－07/24/content_211692.htm。

对产学研直接经费支持或间接合作平台的搭建推动产学研合作开展，进而影响产学研合作创新绩效；另一方面通过对服务中介机构的完善推进合作平台的完善与社会资本对产学研合作的投入。

而高校与科研机构对产学研合作的投入主要体现在人才投入与科研基础设施的投入方面，其投入强度的变化对产学研合作专利申请量的影响不如企业与政府的投入强度影响大。这一方面是由于高校与科研机构本身在整个产学研合作投入中所占比例较小，尤其是直接经费投入。但是通过参与产学研合作，加强与生产实践的联系，能够获取市场供求情况和更多的研发资金；通过改善科研设备运行等，对现有科研成果进行改进，从而促进了产学研合作专利的产出[26]。另一方面，高校与科研机构的产学研合作绩效不完全是由专利来衡量的，很大一部分是在论文与著作上。

最后，根据图8和表2，增加金融机构对产学研合作投入对专利申请量的增加并无太大影响，主要是在产学研合作中的科技研发经费较少依靠金融机构的贷款提供。根据调研数据显示，金融机构对产学研合作贷款资金仅占企业产学研合作资金的3.63%，大多由企业、高校和政府来支持。

2. 改变利益分配比例的情况

相关调查显示，影响产学研合作绩效的前三位因素分别是利益分配不当（73.7%）、技术不够成熟（36.8%）、决策管理不协调（31.2%）[27]。可见，利益分配合理与否是影响合作能否成功至关重要的因素。为此，本文将试图通过改变高校与科研机构的收益分配比例（a）来探讨其对合作专利申请量的影响，企业收益分配比例为 1−a。

图9是高校与科研机构收益比例每增加0.1后对合作专利申请量的影响。当比例从0.1到1时，合作专利申请量的变化并不明显，这与直观所认为的增加合作主体一方的分配比例会导致产学研合作成果变动的观点具有较大的差异。究其原因主要在于：一是因为系统动力学是一个复杂的非线性、多重信息的反馈系统，它的结论往往呈现出反直观的性质。这也是动力学的优点，可用来解决单凭主观认识、经验判断和人脑推理的错误结论。二是因为本文所采用的合作收益是一种量化的、基于经济效益的评价指标，而高校和科研机构是一个非营利性机构，进行产学研合作的主要目的是获得更多的科研课题，从课题中发现新的技术知识和研究视角，参与产学研合作的目的受到经济驱动的影响较小。

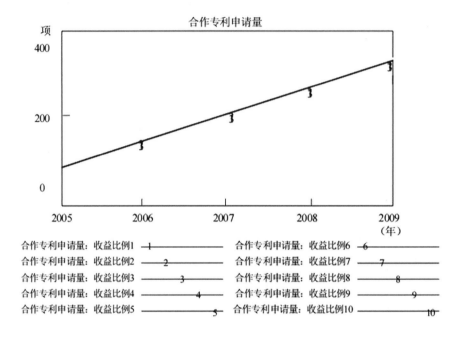

图9 利益分配比例变化情况

3. 改变产业化程度的情况

专利成果的产业化程度直接影响企业获利水平。为此，通过改变产业化程度来探讨其对产学研合作销售收入水平及专利申请的影响。图10是产业化分别为0.3、0.5、0.7、0.9时合作创新产品销售收入与合作专利申请量的增长情况，其中将产业化为0.3时设置为原始值。由图10可见，产业化程度越高，合作创新产品销售收入增长越快，这与常规经验判断一致。但同时也发现，产业化程度对合作专利申请量有影响但不是很大。这一方面说明当前专利申请量增长速度较快，但有核心竞争力的发明专利数量少且转化率较低，继而对下一轮专利申请的推动作用并不是很大；另一方面也反映了当前科技与经济"两张皮"的现象依然存在。

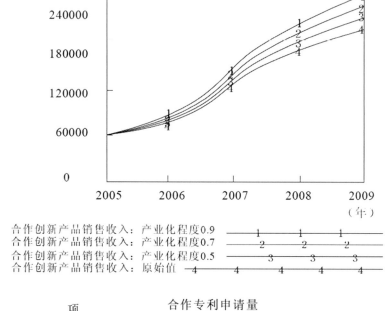

合作创新产品销售收入：产业化程度0.9 —— 1 —— 1 —— 1 ——
合作创新产品销售收入：产业化程度0.7 —— 2 —— 2 —— 2 ——
合作创新产品销售收入：产业化程度0.5 —— 3 —— 3 —— 3 ——
合作创新产品销售收入：原始值 —4— 4 — 4 — 4 — 4 —

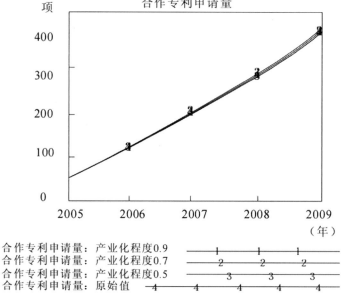

合作专利申请量：产业化程度0.9 —— 1 —— 1 —— 1 ——
合作专利申请量：产业化程度0.7 —— 2 —— 2 —— 2 ——
合作专利申请量：产业化程度0.5 —— 3 —— 3 —— 3 ——
合作专利申请量：原始值 —4— 4 — 4 — 4 — 4 —

图10 产业化程度变化情况

四、结论

本文通过模拟仿真得到三点结论。

（1）企业与政府的产学研合作投入对合作绩效影响较大，体现了企业与政府在产学研合作中所起的关键作用；而高校、科研机构与金融机构的投入对产学研合作具有正向影响，但是由于在现实生活中他们并不是产学研合作的主要资金投入者，因而其影响没有企业和政府那么明显。

（2）利益分配比例对产学研合作专利申请量的影响不显著。这说明高校与科研机构的合作收益分配比例并非越高合作效果越好。因为高校与科研机构和企业在利益取向上存在差异，企业更关注产学研合作带来的经济效益，而高校与科研机构属于非营利机构，更加偏向于基础研究和科学技术领域的突破，更注重课研项目的获取与论文的产出。

（3）产业化程度对产学研合作直接经济效益影响显著，对合作专利申请量有影响但不是很大。这在一定程度上反映了当前科技与经济"两张皮"的现象依然存在。但由于专利技术的商业化是促进经济增长的关键步骤，因此仅通过加大合作主体投入来促进合作的开展是不够的，关键还需要加强科技成果的转化。只有科技成果得到有效转化从而实现真正的经济价值，各方主体（尤其是企业）才会重视产学研合作，加大产学研合作力度。

本文由于篇幅的限制和统计资料的不完整性，仅仅对广东参与了产学研合作的企业进行实证仿真模拟研究，样本范围不够广，某些中西部不发达地区企业由于受到本地劳动资源分配、技术水平的影响，或不能满足本文研究的结论。此外，限于仿真研究的局限性，本文所得结论还需进一步的理论分析与实证验证。针对不同投入强度与利益分配之间的交互作用以及产学研创新系统的开放度等对产学研合作创新绩效的影响也值得进一步研究。

参考文献

[1] CHESBROUGH H W. The era of open innovation [J]. Sloan Management Review, 2003, 44（3）: 35-41.

[2] EVA M M, ANGELES M, LUIS A G. Determining factors in the success

of R&D cooperativern agreements between firms and research organizations [J]. Research Policy, 2004, 33: 17 – 40.

[3] BONACCORSI A, PICCALUGA A. A theoretical framework for the evaluation of university-industry relationships R&D management [J]. Research Policy, 1994, 24 (3): 229 – 247.

[4] SANTOROM D. Success breeds success: The linkage between relationship intensity and tangible outcomes in Industry-university collaborative ventures [J]. Journal of High Technology Management Research, 2000, 11 (2): 255 – 273.

[5] GEORGE G, ZAHRA S A, WOOD D R. The effects of business-university alliances on innovative output and financial performance: A study of publicly traded biotechnology companies [J]. Journal of Business Venturing, 2002, 17: 577 – 609.

[6] CHARLES J. R&D – based models of economic growth [J]. Journal of Political Economy, 1995, 103 (4): 759 – 784.

[7] 朱桂龙, 彭有福. 产学研合作创新网络组织模式及其运作机制研究 [J]. 软科学, 2003 (4): 52 – 61.

[8] 任海云, 师萍. 企业 R&D 投入与绩效关系研究综述 [J]. 科学学与科学技术管理, 2009 (8): 143 – 151.

[9] NYSTRÖM L. Successful innovation management: An integrative perspective [J]. Journal of Engineering and Technology Management, 1994, 11 (1): 25 – 53.

[10] WAKELIN K. Productivity growth and R&D expenditure in UK manufacturing firms [J]. Research Policy, 2001, 30 (7): 1079 – 1090.

[11] 范凌钧, 陈燕儿, 李南. R&D 对中国高技术产业技术效率的影响研究 [J]. 研究与发展管理, 2010, 22 (3): 36 – 43.

[12] 陈春晖, 曾德明. 我国自主创新投入产出实证研究 [J]. 研究与发展管理, 2009, 21 (1): 18 – 23.

[13] PAUL A D, BRONWYN H H, ANDREW A T. Is public R&D a com-

plement or substitute for private R&D? a review of the econometric evidence [J]. Research Policy, 2000, 29 (4 – 5): 497 – 529.

[14] YUN M. China's innovation system reform and growing industry and science linkages [J]. Research Policy, 2007, 36 (8): 1251 – 1260.

[15] 刘凤朝, 孙玉涛. 基于过程的政府 R&D 投入绩效分析 [J]. 研究与发展管理, 2008 (10): 90 – 95.

[16] 苏屹, 李柏洲. 大型企业原始创新支持体系的系统动力学研究 [J]. 科学学研究, 2010, 26 (1): 141 – 150.

[17] DONALD S S, WALDMAN A D, ATWATERE L, et al. Commercial knowledge transfers from universities to firms: improving the effectiveness of university-industry collaboration [J]. Journal of High Technology Management Research, 2003, 15 (1): 111 – 133.

[18] 徐国东, 邹艳. 产学研共建实体下的知识共享障碍因素研究 [J]. 情报理论与实践, 2008 (6): 842 – 845.

[19] DEBORAH H, CRABB C, COOPER C, et al. Sticky issues for corporate-university R&D alliances [J]. Chemical Engineering, 1998, 105 (6): 39 – 42.

[20] 任培民, 赵树然. 期权: 博弈整体方法与产学研结合利益最优分配 [J]. 科研管理, 2008 (6): 171 – 176.

[21] 鲍新中, 王道平. 产学研合作创新成本分摊和收益分配的博弈分析 [J]. 研究与发展管理, 2010 (5): 75 – 81.

[22] 吕海萍, 龚建立, 王飞绒, 等. 产学研相结合的动力: 障碍机制实证分析 [J]. 研究与发展管理, 2004 (2): 58 – 62.

[23] BECKER W, PETERS J. Technological opportunities, absorptive capacities and innovation [R]. Volkswirtschaftliche Diskussionsreihe der University Augsburg No. 195, 2000.

[24] SCHMIEDEBERG C. Complementarities of innovation activities: an empirical analysis of the German manufacturing sector [J]. Research Policy, 2008, 37 (9): 1492 – 1503.

［25］ JIRJAH U, KRAFTK. Do spillovers stimulate incremental or drastic product innovations? hypotheses and evidences of scope from German establishment data ［R］. ZEW Discussion Paper No. 06 – 023, 2006.

［26］ HAUSMAN. Asymptotic properties of the Hahn – Hausman test for weak-instruments ［J］. American Economic Review, 2002, 20: 318 – 329.

［27］ RICHARDSON G P, OTTO P. Applications of system dynamics in marketing: editorial ［J］. Journal of Business Research, 2008, 61: 1099 – 1101.

（原载《科学学与科学技术管理》2011 年第 8 期，与胡军燕、马莹莹合著）

产学研与企业自主创新能力提升

改革开放三十年来，中国制造业获得了迅猛发展，中国成为制造业大国，并被誉为"世界制造工厂"。但审视我们的制造业价值链，我们不难发现，总体上中国制造处于世界制造价值链低端。造成这一状况的根本原因在于我们的企业创新能力不强，核心技术和关键技术受制于人。鉴于此，加强企业自主创新能力建设与水平提升，对于实现经济结构调整和产业转型升级至关重要。

一直以来，我们都非常重视企业自主创新能力建设，并为之付出了很多努力。同过去相比，我们的企业技术能力水平确实有相当大的进步。但毋庸置疑，与我们期望的目标相比还相距较远。为了更好地贯彻全国科技创新大会的精神，我认为以下两方面特别关键。

一、化解我国企业自主创新能力提升的结构化困境

支撑企业保持持续竞争力的技术可以分为共性技术和专有技术。其中，专有技术是企业在生产某项产品的专门知识、操作经验和技术的总和，它是企业在共性技术基础上进一步创新和衍生出来的具体技术形态；而共性技术作为企业专有技术的发展基础和依托，又分为基础性共性技术（basic generic technology）和应用性共性技术（applied generic technology）。基础性共性技术是由众多专业、学科组成，具有不同研究层次的技术群，具有领域特征的基础技术，是基础研究的继续；应用性共性技术则是有较明确的产业应用目标的系统技术和平台技术，能直接降低企业获取新知识、开展专业化研发的"交易成本"，直接支撑企业专有技术的发展。

应用性共性技术作为基础性共性技术和产品设计开发之间的桥梁纽带，是企业实现自主创新发展的基础，以及企业产业转型和技术升级的支撑平台。企业对应用性共性技术掌握的程度决定了企业自主创新的能力与水平。

改革开放以来，我国相当多的产业发展走的是外源型发展模式，产业

发展的核心技术来源于国外，处在这一发展模式中的企业一般都疏于对应用性共性技术创新发展，缺乏对该类技术部署、投入和积累，导致企业在此类技术上的短板；另一方面，在社会供给方面，由于行业科研院所独立于企业，与企业间存在成果转化衔接不畅问题。1998 年开始的行业科研机构企业化转制，导致的一个直接结果是我国行业科研院所承担的应用性共性技术供给职能被大大削弱。此后，我们也一直未能根据应用性共性技术发展新环境和新特点，有效重构其新的社会供给体系和组织体系。因此，我国应用性共性技术社会供给也非常不足。我们经常讨论我们绝大多数企业难以独立开展自主创新活动，难以有效吸收高校和研究机构提供的基础性共性技术，其根源在于我们企业的应用性共性技术能力严重偏弱。因此，提升企业应用性共性技术能力迫在眉睫。本质而言，由于应用性共性技术与企业自有技术紧密相连，其更多表现为私有属性。因此，在国外此类技术基本上由企业自主发展，社会供给仅是一种补充。我国企业在应用性共性技术发展上的现状表明，单纯依靠企业自身来解决应用性共性技术发展既不现实，也不可行。通过产学研合作，加强社会其他力量对企业应用性共性技术发展支持应是当前我国企业该类技术发展的必由之路。

二、加强产学研协同创新，支持企业应用性共性技术发展

近年来，在政府的直接推动下，通过各类产学研合作计划和项目，我们在应用性共性技术发展方面进行了一系列探索，为企业此类技术发展提供了有益支持。但无论是高校、企业，还是政府，当前产学研协同创新都缺乏对解决企业应用性共性技术系统的设计，其效果离我们的期望目标相距甚远。

（一）高校、科研机构及其主管部门缺乏对保障合作目标实现的制度及相关政策设计

首先，忽视了合作主体目标与合作目标的差异，没有从高校能力结构与产学研合作目标匹配性来推动产学研协同创新。高校、科研机构与企业在文化、社会职能以及组织特征方面存在明显不同，同时不同类型的高校、高校内不同的学科，在人才培养、科学研究等方面的定位与目标也是不同的，例如根据办学类型与科研能力结构，我国高校大致可分为研究型

大学、教学研究型大学、教学型大学等类型，研究型大学就是我国创建世界一流大学和高水平大学的主力军。虽然这种差异是客观存在的，但如果不同能力结构水平的高校或学科在产学研合作中，能够结合自身能力结构水平来有针对性开展不同形式的产学研合作，则有可能有效降低这种差异对主体目标实现的干扰。但现实中，不同类型的大学、大学内部能力水平迥异的不同学科，对产学研合作往往不加区分，在企业的牵引下，都热衷于企业产品层面的合作，导致产学研合作更多是高校老师个人利益得到了实现，但组织目标，尤其是组织的长期目标，如学科建设、高水平科学研究却难以得到有效保证。有效的产学研合作一定是建立在合作主体双赢的基础上。产学研合作重心下移对组织目标可能的侵蚀，势必导致高校很难将产学研真正纳入实质性框架范畴，也很难在评价体系中对产学研合作给予有效支持。

其次，高校当前科研组织模式难以满足企业对应用性共性技术的需求。目前不同类型、不同层次和不同定位的高校学术组织结构趋同、类型单一、缺乏自身特色，学术团队多以学科或主要研究方向为基础设立，并且主要以师承关系为纽带而组建，规模小、专业背景相近，帮助企业开发具体产品可能可以，但很难围绕具有集成性、系统性、积累性为特征的应用性产业共性技术进行整体攻关。

为此，高校应根据自己的发展定位，结合自身能力结构水平来确定合作重点，实现能力结构与合作目标匹配，形成不同类型大学产学研协同创新专业化分工格局，差异化发展。在高校内部也需要根据不同学科能力结构水平，制定差异化产学研激励导向，如对于科研实力强的优势学科，做出相应的制度安排，通过评价体系等改革，抑制个体对于产品层面产学研合作的冲动，引导其研究力量聚焦于国家和行业发展急需的重点领域和重大需求，围绕国家科技发展战略和学科前沿。同时，要创新高校科研组织形式，如在面向产业的协同创新中心组建过程中，需要结合应用性共性技术的特点，建立可持续发展、充满活力和各具特色的科研组织模式，形成一支多学科交叉融合的稳定的专业队伍。

（二）企业缺乏有效投入制约产学研联盟长效机制的建立

为解决企业应用性共性技术缺失，近年来各级政府多采取事前资助方式，引导高校、科研机构与企业组建各种类型的产学研创新联盟。但由于缺乏相应的制度设计，使得政府对产学研的资助，不仅没有发挥杠杆效应，反而成为企业、高校无偿获取资源的"公共地"，甚至容易助长企业创新投入的惰性，陷入"资助创新，不资助不创新"的困境中，固化了企业对政府资助的预期，而这一局面进一步加剧企业不愿意对产学研联盟有效投入的意志。由于企业对联盟没有必要投入，企业参与产学研共同研发将退化为联盟中高校与企业两两间的"技术交易"，缺乏实质合作。同时，企业也没有动力参与对联盟有效治理机制的建立，无法形成有效的研发合作和知识转移机制，结果导致联盟未能形成自我发展的良性循环，甚至成为获取和分割政府资源的同盟，也就不可能在协同创新中积累支撑企业可持续发展的应用性共性技术能力，最终使得政府的种种努力陷入低水平均衡陷阱。

为此，在政府产学研专项资助中，需要将企业对产学研联盟实质性投入作为获得资助的前提条件。同时，各级政府设立的产学研联盟资助计划，应由目前事前资助为主，转向事前资助与事后补贴并重，灵活运用创新券政策与各种研发税收激励手段，激励企业对产学研联盟加大投入，积极参与联盟的治理，让联盟真正形成系统合力，弥补企业应用性共性技术缺失的短板，为企业自主创新能力提升提供有力支撑。

（原载《科学学研究》2012 年第 12 期）

产学研合作创新效率及其影响因素的实证研究

一、引言

改革开放以来，中国经济增长方式逐渐由要素驱动型转变为创新驱动型，区域创新体系内科技资源的集约配置、科研主体间的协同创新成为产业升级的关键支撑。以广东省为例，为摆脱科技资源匮乏且分布不均衡的困境，自 2005 年起，相继与教育部、中科院等机构签署产学研合作协议，在政府主导下将外部优势资源植入本区域产业创新系统，并初步形成了国内外科研力量汇聚南粤、助力广东转型升级的发展格局①。但是，科技资源的规模优势仅仅是建设创新型广东的必要而非充分条件，高校与科研机构的潜在技术能力不等价于企业或产业的显性竞争优势，尤其是在合作主体目标导向存在差异的前提下，要实现合作网络内不同主体之间的耦合互动，并将有限的创新资源最大化转化为企业与产业竞争力，产学研合作创新的效率问题就变得尤为突出。

本文旨在探索产学研合作的创新效率问题，针对该主题的研究主要集中于两个方面：一是定性揭示影响产学研合作效率的关键因素，如郭斌等（2003）分析了参与者特征、项目特性等因素的影响[1]，Salomon（2008）发现开放程度间接促进了高校向企业的成果转化[2]，Fernando 等（2011）基于项目层面分析了技术转移办公室（TTO）与产权保护等政策因素的影响效果[3]；二是定量测评区域或行业层面产学研合作的效率水平，如王秀丽和王利剑（2009）运用 DEA 方法测算了省级层面的合作效率[4]，刘民婷和孙卫（2011）对陕西省制造业的产学研合作效率进行了测评并探

---

① 截至 2011 年初，在"三部两院一省"合作机制下，广东省各级财政累计投入 70 多亿元专项资金，引导企业投入达 800 多亿元，全国 300 多家高校（其中国家重点建设高校 90 余所）的 10000 余名专家学者（其中广东省外专家学者超过 5000 名）与广东近万家企业开展了产学研合作。

讨了行业间效率差异的引致原因[5]，Brimble（2007）发现泰国高科技行业（如生物医药）产学研成果转化率较高，而纺织行业因未能得到政府资助而导致合作成效不明显[6]。总之，由于学者在研究视角、考察对象、指标选取等方面存在差异，所得结果也未能达成一致性结论。

纵观上述研究，尚存在两点研究不足。第一，在研究对象选择方面，缺乏以企业为样本的微观层面实证支撑。囿于样本数据的可得性，现有研究均以区域或产业等宏观指标进行测评，但是，企业作为技术创新体系的主体，其创新效果更能直接反映产学研合作的质量，从合作网络内部体现创新主体之间的耦合效果，同时为产学研资助结构、扶持领域与合作模式的调整提供反馈信息。第二，在影响因素选择方面，未能反映出产学研主体间协同创新的本质关系。上述研究对影响因素的选取相对单一，缺乏针对产学研合作主体间联结关系及其外在环境影响的分析，从而弱化了合作网络内在的互补性作用，因此，基于系统视角选择影响参与主体和合作程度的关键因素，并探寻其对合作效率的差异化影响，对于推进产学研组织研发与创新资源优化协调具有重要的现实意义。

为弥补上述研究缺陷，从微观层面探索产学研合作创新效率问题，本文以广东省部产学研合作企业为研究对象，应用随机前沿模型对2005—2009年的合作创新效率进行测评，基于系统视角分析了表征创新主体特征、参与主体联结关系及外在环境的关键因素，并就创新效率时间趋势及差异化水平下的引致原因做进一步探讨，以期为"十二五"期间科技政策的制定、创新资源的配置以及产学研合作的纵深化发展提供借鉴。

二、研究方法与模型

（一）研究方法

"前沿效率分析方法"根据投入产出观测值构造所有可能组合的生产可能性边界，并通过比较样本与效率前沿的距离来测定相对效率[7]。与非参数方法（如 DEA）相比，参数方法则以随机前沿分析（SFA）为代表，其优点在于将随机误差与非效率值相分离，并采用计量方法对前沿函数进行估计[8]；同时，SFA 方法不仅可以测算个体的技术效率，还可以定量分析相关因素对个体效率差异的影响。这与本文系统探究产学研合作效率与非效率影响因素，以及随机误差项与非效率项对效率影响程度的研究目标相契合，也将弥补现有研究仅仅测度合作效率水平，而未能进一步探索非效率影响因素的研究缺陷。

（二）随机前沿模型的构建

本文采用 Kumbhakar 和 Lovell（2000）提出的面板数据随机前沿模型[9]，其一般形式为：

$$Y_{it} = f(x_{it}, t) exp(v_{it} - u_{it}) \tag{1}$$

其中，Y_{it} 表示企业 i（i = 1，…，N）在时期 t（1，…，T）内的实际产出，f（·）表示生产可能性边界所确定的前沿产出，x_{it} 表示一组单位投入向量。误差项 $v_{it} - u_{it}$ 为复合结构，第一部分 v_{it} 服从 $N(0, \sigma_{v2})$，表示随机扰动的影响；第二部分 u_{it} 为技术非效率项，服从非负断尾正态分布 (u, σ_u^2)，表示对个体冲击的影响。技术效率 $TE_{it} = exp(-uit)$，表示实际产出期望与效率前沿面产出期望的比值，其值介于 0 和 1 之间，$TE_{it} = 1$ 表示决策单元位于生产可能性边界上，即技术有效，否则技术无效。

将式（1）两边分别取对数，则得到对数形式的随机前沿模型如式（2）：

$$\ln Y_{it} = \beta x_{it} + v_{it} - u_{it} \tag{2}$$

根据 Battese 和 Coelli（1995）的研究设计[10]，本文设定方差参数 $\gamma = \sigma_u^2/(\sigma_v^2 + \sigma_u^2)$ 来检验复合扰动项中技术无效项的影响程度，γ 值介于 0 和 1 之间，若 $\gamma = 0$ 被接受，则表示实际产出与最大产出之间的差距来自不可控的随机因素，此时无须使用 SFA 技术分析面板数据，只需采用 OLS 方法即可。

同时，为进一步解释个体之间的技术效率差异，本文将引入 Battese 和 Coelli（1995）研究中的技术非效率函数[10]，如式（3）：

$$u_{it} = \delta_0 + z_{it}\delta + w_{it} \tag{3}$$

其中，δ_0 为常数项；z_{it} 为影响技术效率的外生变量；δ 为外生变量的系数向量，若系数为负，说明外生变量对技术效率有正向影响，反之有负向影响；w_{it} 为随机误差项。

沿袭白俊红等（2009）的设计原则[8]，本文选择超越对数形式的随机前沿模型进行分析，灵活的函数形式有利于避免函数形式误设带来的估计偏差，放宽技术中性和产出弹性固定的假设将提升面板数据处理效果的准确性，具体形式如下：

$$\ln Y_{it} = \beta_0 + \sum_j \beta_j \ln x_{jit} + 1/2 \sum_j \sum_i \beta_{ji} \ln x_{jit} \ln x_{lit} + v_{it} - u_{it} \qquad (4)$$

其中，参数 β 表示待估测变量的系数，j 和 l 分别代表第 j 和 l 个投入变量。

三、数据与变量

本文以广东省部产学研合作为研究背景，所用样本为 2005—2009 年合作企业的跟踪观测数据，其中涉及 34 个产学研联盟的 399 家企业，观测值包括企业特征、研发投入和创新产出等 44 个关键指标。截至 2009 年底，课题组与广东省科技厅联合发放问卷 508 份，回收 399 份，其中，61 份问卷的部分内容缺失，64 份问卷数据出现异常，14 份问卷出现重复现象，上述情况均视为无效问卷，最终共获得 260 家企业的数据样本，有效问卷回收率为 51.2%。

（一）投入变量

研发投入一般由经费与人员两个部分来表征。[8] 与自主研发不同，产学研合作中的参与主体与投入结构相对复杂，其中，经费投入以研发活动中用于产学研合作的经费数额来衡量，主要来源于企业自筹、政府科技计划和合作伙伴等部门。根据吴延兵（2008）的研究[11]，采用永续盘存法核算 R&D 资本存量，以 2005 年为基期对名义 R&D 支出进行平减，得到各考察期内企业的实际 R&D 支出额。人员投入以参与合作的企业内外部 R&D 人员的全时当量来衡量，主要包括企业内部研发人员，来企业工作的高校、科研院所工作人员等技术工作者，其值为当期 R&D 全时人员数与非全时人员按工作量折算成全时人员数的总和。

（二）产出变量

对于创新产出衡量指标的选取，学术界一直存在争议。囿于数据的可得性与权威性，以往学者较多使用发明专利授权量作为考核指标。但是，由于部分创新成果以商业秘密形式存在，且专利间的质量差异导致其无法全面反映研发成果的科技与经济价值[8]。基于此，一些学者尝试使用新产品开发项目数、新产品销售收入来刻画创新成果[11]，相比而言，新产品销售收入更能够体现企业技术创新的直接效果，因此，本文采用新产品销售收入来表征创新产出，其值为报告期内通过产学研合作开发新产品实现的销售额。

（三）影响因素

产学研合作体现了区域创新体系内大学、企业与政府三者之间的联结关系，其合作模式、过程与效率将受到多个方面因素的影响。[1]为突出合作网络中各主体间优势互补、有机耦合的关系特征，本文基于系统视角，将合作效率影响因素划分为三个部分：一是参与主体的组织特征，包括企业家精神与行业差异；二是参与主体之间的联结关系，包括合作模式、企业对高校的技术依存度；三是参与主体的外在环境，包括政府资助和出口导向。

1. 主体特征

经济转轨时期，本土企业家的创新精神为企业技术能力成长提供了基础条件，企业家的创新与冒险精神渗透于企业动态的创新网络中，从而使整个企业具有利用和拓展网络的能力。对于产学研合作，企业家精神体现在与高校、科研院所或其他企业共同研发、风险共担的合作过程中，涉及联盟中合作伙伴选择、共同战略制定和共性技术分享等多个方面。同时，产学合作模式取决于行业特征和技术特性。[1]对于企业而言，行业差异将影响产学关系的紧密程度，同时也导致联盟运作模式与治理机制的差异性[12]；对于高校而言，以应用研究为主的高校与科研机构更易与企业建立研发合作关系，其职能定位、合作经验与学科优势为合作关系的持续性奠定了基础[13]。

2. 联结关系

产学研合作本质是区域创新体系内企业、高校、科研院所等主体之间的协同创新。[8]具体到省部产学研实践，一方面通过多元化合作模式深化校企合作水平，从单一的技术转让拓展到共建研发实体等模式，合作模式多元化有利于企业研发战略的制定，而合作层次提升将反馈于企业研发行为，促进自主研发的增加[12]；另一方面通过科技特派员与成果研讨会等形式满足企业的外部技术依存需求，推动学研机构与企业之间的技术对接。因此，合作主体间的联结关系直接影响协同创新网络的构建与运行过程，而联结关系的紧密程度与技术供求契合度也是提升合作绩效的关键因素。

3. 外在环境

由于省部产学研合作带有明显的政府驱动导向，其对参与主体的倾向性资助是区域间创新资源重新配置的本质反映。其中，政府研发退税对企业研发强度提升有长效的积极影响[14]，但政府科技投入也可能"挤出"企业自主投入，公共资源的有限性决定了政府将不能资助所有科技项目，进一步探讨产学研合作过程中政府资助导向与效率问题具有重要的现实意义。同时，对传统外向型贸易方式的依赖为广东企业打上了出口导向的烙印。"从出口中学习"假说认为，出口型企业通过吸收国外的知识溢出，从而强化技术能力、提升创新效率，但是，"三来一补"却成为限制高科技研究机构进驻珠三角的障碍，从而导致其长期陷入"低技术均衡"状态。[15]产学研合作提升企业技术能力、调整产品出口结构的作用效果，仍然需要微观层面的实证检验。

为准确估计上述关键要素对产学研合作效率的影响，本文将添加企业规模、研发强度、所有制结构作为控制变量。综上，可构建如下模型：

$$\ln Y_{it} = \beta_0 + \beta_k \ln K_{it} + \beta_l \ln L_{it} + 1/2\beta_{kk}(\ln K_{it})^2 + 1/2\beta_{ll}(\ln L_{it})^2 + \beta_{kl}\ln K_{it}\ln L_{it} + v_{it} - u_{it} \tag{5}$$

$$u_{it} = \delta_0 + \delta_1 Entre + \delta_2 Industry + \delta_3 Pattern + \delta_4 Tech\text{-}depend + \delta_5 Export + \delta_6 Gov + \delta_7 Size + \delta_8 Intensity + \delta_9 Owner + w_{it} \tag{6}$$

其中，Y_{it}、K_{it} 和 L_{it} 分别表示 i 企业 t 报告期的新产品销售收入、R&D 资本存量和研发人员。$Entre$ 表示企业家精神，其值为当年企业参与产学研合作项目数；$Industry$ 为行业差异，根据《国民经济行业分类》二位码标准分为轻工、电子等 12 个类别；$Pattern$ 表示合作模式，其值为企业当前合作模式等级的对应分值①；$Tech\text{-}depend$ 表示企业对高校的技术依存度，其值为特派员对企业技术创新活动的贡献程度②；$Export$ 表示出口导

---

① 根据对合作模式的归纳，本文将现有合作模式从低到高划分为技术转让、委托开发、合作开发、共建研发机构、共建经济实体、共同组织重大项目招标或重大技术引进七个等级，并分别赋予 1～7 等分值。

② 与合作模式一致，将表征外部技术依存度的科技特派员职能分为促进企业与科研机构之间的交流沟通、帮助凝练技术需求、帮助研发新产品与新技术、帮助培养创新人员、帮助企业确立产业技术发展方向、寻求外部创新资源六个等级，并分别赋予 1～6 等分值。

向，其值为产学研合作开发产品实现的出口创汇额；*Gov* 表示政府资助，其值为企业产学研经费中的政府资助额；*Size* 表示企业规模，其值为年度销售收入；*Intensity* 表示研发强度，其值为企业 R&D 经费与销售收入的比值；*Owner* 表示所有制形式，包括民营企业、国有企业、外资企业和港澳台企业。

四、分析结果

本文使用 Frontier 4.1 软件对 SFA 模型进行估计，分别对随机前沿生产函数的适用性、前沿技术进步的存在性、非技术效率的影响作用和产学研合作效率的时变性进行统计与分析，具体结果见表 1 至表 4，如图 1、图 2 所示。

（一）产学研合作效率的描述性统计

根据 Battese 和 Coelli（1995）的研究[10]，首先检验随机前沿模型的适用性，进一步验证本文选取超越对数生产函数的依据。在式（5）的基础上建立原假设 H_0，即假设二次项系数 β_{kk}、β_{ll}、β_{kl} 为零，从而用广义似然率 λ 来检验 CD 函数时样本数据的拟合情况（见表 1）。从检验结果来看，各模型 λ 值均大于 5% 显著性水平下的卡方临界值，拒绝原假设 H_0，即本文适合采用超越对数形式的前沿函数。

表 1　前沿函数适用性检验

变量	模型 1 （无时滞）	模型 2 （时滞 1 年）	模型 3 （时滞 2 年）	模型 4 （时滞 3 年）
L（H_0）	− 193. 346	− 171. 065	− 154. 330	− 127. 581
广义似然率 λ	124. 13	109. 752	78. 301	23. 586
临界值	7. 81	7. 81	7. 81	7. 81
检验结果	拒绝	拒绝	拒绝	拒绝

注：临界值为显著性水平 0.05 下的 χ^2 检验值，自由度为受约束变量的个数。

为检验产学研合作效率及其前沿水平，对样本数据进行描述性统计（见表 2）。未考虑影响因素时，各个模型测算的合作效率平均值都较低，无时滞的模型 1 平均值最小为 0.301，即产学研合作中资源利用率停留在 30%～50% 之间。加入影响因素之后，各模型估计值均有不同程度提升，但即使效率最高的模型 8 仍然显示出 40% 的改善空间。效率均值的变化反映了影响因素的冲击作用，缺少影响因素的前沿模型估值将会偏低。虽然产学研合作为创新资源配置与产业体系重构提供了良好的模式，但是倾向性投入并未有效转化为创新产出，并呈现高投入低产出的非均衡状态。

表 2 考虑影响因素的产学研合作效率对比统计结果

变量	未考虑影响因素				加入影响因素			
	模型 1（无时滞）	模型 2（时滞 1 年）	模型 3（时滞 2 年）	模型 4（时滞 3 年）	模型 5（无时滞）	模型 6（时滞 1 年）	模型 7（时滞 2 年）	模型 8（时滞 3 年）
样本量	1300	1040	780	520	1300	1040	780	520
平均值	0.301	0.388	0.452	0.513	0.397	0.448	0.504	0.587
标准差	0.121	0.107	0.134	0.169	0.245	0.216	0.260	0.273
最大值	0.551	0.706	0.697	0.892	0.902	0.821	0.901	0.962
最小值	0.032	0.054	0.022	0.041	0.071	0.040	0.038	0.048

（二）产学研合作效率的影响因素分析

为了探究合作效率偏低的原因，本文将对各因素的影响效果做进一步分析。未考虑影响因素时，随机前沿模型的极大似然估计结果见表 3。其中，σ^2 和 η 的估计值均通过了 1% 显著性检验，说明技术非效率在产学研合作过程中显著存在，同时也验证了本文采用随机前沿模型的合理性。η 值为正且显著异于零，表明合作效率是不断改善的，技术非效率的影响程度随着时间不断减弱。

表 3 未考虑影响因素的估计结果

变量	模型 1	模型 2	模型 3	模型 4
常数项	−3.209 *** （3.232）	7.846 *** （4.952）	8.072 *** （6.491）	8.307 *** （7.056）
LnK	−0.032 （−0.069）	−0.231 （−0.529）	−0.206 * （−1.368）	−0.260 ** （−2.401）

续表

变量	模型1	模型2	模型3	模型4
LnL	0.095 (0.374)	−0.497* (−1.355)	−0.469 (−1.106)	−0.410 (−1.158)
$[\text{Ln}K]^2$	0.0176 (0.096)	−0.302 (−2.254)	−0.031 (0.229)	0.303** (1.721)
$[\text{Ln}L]^2$	0.104** (1.668)	−0.669 (−0.596)	−0.511 (−0.593)	−0.718 (−0.149)
$[\text{Ln}K]$ $[\text{Ln}L]$	−0.277 (0.022)	0.384*** (2.473)	0.029 (−0.204)	0.012 (0.064)
σ^2	0.671*** (5.982)	0.329*** (5.712)	0.261*** (7.117)	0.347*** (4.534)
γ	0.233*** (5.98)	0.967*** (13.086)	0.957*** (13.692)	0.966*** (10.806)
η	0.097*** (7.336)	0.142*** (9.706)	0.126*** (8.466)	0.130*** (11.412)
Log 函数值	−145.05	−122.87	−148.62	−111.77

注：*** 表示在1%水平上显著，** 表示在5%水平上显著，* 表示在10%水平上显著，下同。

从考虑影响因素的结果来看（见表4），前沿函数中参数的估计结果变化不大，在影响因素的估计中，企业家精神、技术依存度与政府资助通过了显著性检验且系数为负，说明其对产学研合作效率有正向作用效果。与表2、表3的结果相一致，χ^2 和 γ 的估计值均通过了显著性检验，其中，γ 值显著为正则表明技术非效率是产学研合作未能达到效率前沿面的重要原因。

表4 考虑影响因素的估计结果

变量	模型5	模型6	模型7	模型8
	前沿函数估计			
常数项	−2.254*** (−3.307)	−4.102 (−0.410)	−3.619 (−0.362)	2.978* (1.375)
LnK	−0.181 (−0.792)	−1.356*** (−3.235)	−0.329 (−0.042)	−0.234** (−2.527)

续表

变量	模型 5	模型 6	模型 7	模型 8
LnL	0.038 (0.754)	−0.086 ** (−2.034)	0.077 (0.049)	−0.035 (−0.261)
$[\mathrm{Ln}K]^2$	−0.031 * (−1.632)	0.250 (0.023)	0.056 *** (2.571)	−0.071 (−0.067)
$[\mathrm{Ln}L]^2$	0.063 ** (1.756)	−0.118 (−0.012)	−0.135 (−0.036)	0.022 (0.315)
$[\mathrm{Ln}K][\mathrm{Ln}L]$	−0.198 *** (−3.043)	0.338 (−0.023)	−0.687 (−0.039)	−0.173 * (−1.419)
效率影响因素估计				
Entre	−1.384 * (−1.292)	−3.374 *** (−2.357)	−1.448 *** (−6.135)	−3.572 *** (−4.072)
Industry	0.747 *** (3.017)	1.422 (1.013)	−3.357 ** (−2.042)	−1.416 (−1.009)
Pattern	1.063 (1.357)	1.225 (1.469)	1.319 * (1.773)	1.346 * (1.781)
Tech-depend	−0.329 (−1.593)	−0.513 ** (−2.116)	−0.487 ** (−2.230)	−0.491 *** (−3.173)
Export	2.011 *** (4.039)	2.398 *** (4.160)	4.103 (0.319)	3.163 *** (4.157)
Gov	1.427 (0.748)	4.517 (0.135)	1.084 (0.055)	−2.695 *** (−4.865)
Size	1.287 ** (2.081)	1.131 (2.030)	2.078 (0.019)	1.247 * (1.393)
Owner	−1.306 ** (−2.272)	−3.116 *** (−7.378)	−1.202 *** (−4.238)	−1.193 ** (−1.713)
Intensity	−3.556 *** (−7.406)	−2.157 *** (−3.614)	−2.068 *** (−3.104)	−4.423 *** (−6.127)

变量	模型 5	模型 6	模型 7	模型 8
δ_0	1.025 *** (3.405)	0.976 *** (2.730)	2.149 *** (4.218)	2.624 *** (4.063)
σ^2	0.206 *** (26.738)	0.196 *** (19.330)	0.185 *** (18.584)	0.164 *** (30.072)
γ	0.746 ** (3.266)	0.499 *** (5.413)	0.503 *** (3.736)	0.827 *** (13.029)
Log 函数值	−181.4	−178.3	−132.7	−168.1

主体特征变量中，企业家精神（Entre）回归系数为负且通过了1%的显著性检验，说明其对合作效率有显著的正向影响。经过金融风暴洗礼之后，珠三角企业已充分意识到技术创新的迫切性，而产学研合作为技术追赶与产业结构调整提供了契机，作为经济与技术前沿的感知者，企业家是产学与产研联结关系的最有力协调者。然而，行业差异（Industry）未能得到一致性检验结果，行业间技术门槛等要求不同导致合作行为呈现内生化差异[16]。初创期企业倾向于以"短平快"项目形式对相对成熟技术进行改进，从而呈现开发周期短、合作效率高的表象；而知识密集型企业有能力承担高投入、高风险、周期长的研发活动，其合作目的是战略性储备专利和竞争前技术，从而导致合作效率不佳的状况。

联结关系变量中，合作模式（Pattern）在模型7、8中的回归系数为正，且通过了10%的显著性检验，表明其对合作效率有显著的负向影响，这与本文预期存在较大差异。合作模式深化意味着资源配置的有效性与战略性不断增强，但由于缺乏完善的运行与监督机制，导致高层次合作未能有效实施与公正评价，甚至出现共建研发实体仅名义存在的现象，这将严重削弱科技资源的配置效率。而技术依存度（Tech-depend）在模型6、7和8中的回归系数为负，分别通过了5%和1%的显著性检验，表明其对合作效率存在显著的正向影响。在技术供求结构不对称的情形下，科技特派员实现了校企之间的"点对点"对接，推动了技术供求的市场化发展，为高校技术转移、企业科技规划与人才培养提供了关键支撑。

外在环境变量中，出口导向（Export）在模型5、6和8中的回归系数为正，且均通过1%的显著性检验，表明其对合作效率有显著的负向影响。"三来一补"贸易模式使广东企业具备了突出的制造能力，但也导致珠三角长期处于产业链的低端而未能突破国际分工的技术门槛，偏弱的技术能力限制了对高校成果的转化，阻碍了产学研合作中的常态化知识流动。政府资助（*Gov*）在模型8中的回归系数为负，且通过1%的显著性检验，说明其对合作效率有显著的正向影响，且影响效果具有长期性。省部产学研的本质是政府主导下的区域间创新资源再配置，根据企业技术能力结构现状，促进关键产业共性技术平台建设，弥补产业技术体系中的社会供给缺位，将成为政府协调产学研合作关系的重要着力点。

在控制变量中，企业规模（*Size*）在模型5、8中的回归系数为正，且分别通过5%和10%的显著性检验，说明其对合作效率有显著的负向影响。与调研结果一致，自身资源禀赋现状决定了合作模式的选择，大规模企业往往自主研发关键产业技术或产品技术，对产学合作的依赖性仅体现在技术交易与联合人才培养方面。研发强度（*Intensity*）与所有制结构（*Owner*）在各个模型中回归系数均为负值，且通过1%的显著性检验，说明其对合作效率存在正向影响，即研发投入比重越高，其参与产学研合作的积极性与创新效率也越高，同时，与安同良（2006）等的研究结果一致[16]，企业所有制对合作效率的影响存在显著差异，外资企业的技术溢出壁垒与本土企业的创新需求促使R&D主体、频率与结构发生变化。

（三）产学研合作效率的时间趋势分析

为进一步探究产学研合作效率的宏观趋势，本文描绘了报告期内的效率变化趋势图（如图1、2所示）。无论是否考虑影响因素，合作效率均处于持续稳定上升的状态，且考虑影响因素后的平均效率有一定程度的提升。对于合作效率提升的原因，除了合作创新过程的自我调节与优化之外，更重要的是区域创新体系内科技资源的互补性配置与技术供求关系的有效协调，即企业与高校、科研院所之间的联结关系有效促进了创新效率提升。对比报告期截面数据，企业参与产学研合作项目数逐年上升，合作模式由单一的技术转让发展到共建科研实体等多样化格局，其合作目的不再是追求短时间内的经济利益，而更多关注合作研发技术对企业持续竞争优势的影响作用，同时，合作效率的整体提升为区域创新体系内产业结构的优化升级奠定了基础，这种良性互动效果与政策设计者的初衷正相契合。

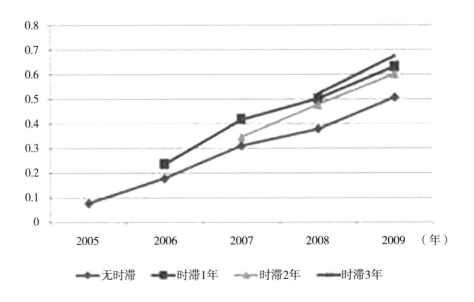

图1　未考虑影响因素的合作效率时间趋势分析

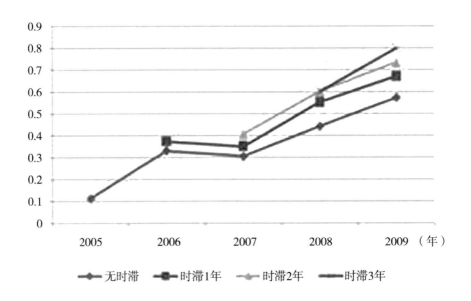

图2　考虑影响因素的合作效率时间趋势分析

五、结论与启示

(一) 结论

本文以广东省部产学研合作为背景，应用随机前沿模型实证测评了260家合作企业的产学研创新效率，并基于系统视角考察了影响合作效率的关键因素。研究表明：样本期内，产学研合作创新效率处于相对较低但稳步上升状态，不同目标导向下参与主体间的协同创新效果逐渐突显；系统内各部分因素的作用路径与效果存在差异，在主体特征因素中，企业家精神推动了本土企业能力结构的变革，从而对合作效率提升有显著的正向影响；在联结关系因素中，企业对学研机构的依存弥补了产业技术供给的社会缺位，二者的互补关系对合作效率有显著的正向影响，而合作模式与企业技术能力的匹配性较低对合作效率产生负向影响；外在环境因素中，政府资助对产学合作关系维持及效率提升具有长效的正向影响，而出口导向型经济模式延缓了企业技术能力提升的步伐，从而对合作效率产生了负向影响。

(二) 启示

基于上述结论，提出如下研究启示：①合作模式选择应与企业技术能力结构相匹配，提升对产业应用技术的转化与吸收能力，实现供给与需求方技术对接的效用最大化；②发挥政府科技投入的杠杆效应，引导高校与企业共建关键产业技术研发平台，弥补技术供给体系中的社会缺位；③注重培养和发挥本土企业家的创新潜质，优先布局战略性新兴产业，借此改善出口产品结构与附加值。此外，由于样本数据容量与指标设计的限制，本文未能深入讨论行业差异性对合作效率的影响，而技术能力结构对产学研合作的影响将是进一步研究的方向。

参考文献

[1] 郭斌，谢志宇，吴惠芳. 产学合作绩效的影响因素及其实证分析 [J]. 科学学研究，2003，21 (S)：140－147.

[2] SALOMON R. Does knowledge spill to leaders or laggards? Exploring industry heterogeneity in learning by exporting [J]. Journal of International

Business Studies, 2008, 39 (1): 132 – 150.

[3] FERNANDO J, MIKEL J, ZOFÍOC L, et al. Evaluating research efficiency within National R&D Programmes [J]. Research Policy, 2011 (40): 230 – 241.

[4] 王秀丽, 王利剑. 产学研合作创新效率的 DEA 评价 [J]. 统计与决策, 2009 (3): 54 – 56.

[5] 刘民婷, 孙卫. 基于 DEA 方法的产学研合作效率评价研究: 以陕西省制造业为例 [J]. 科学学与科学技术管理, 2011, 32 (3): 11 – 15.

[6] BRIMBLE P, DONER R. University-industry linkages and economic development: The case of Thailand [J]. World Development, 2007, 35 (6): 1021 – 1036.

[7] FARRELL M. The measurement of productive efficiency [J]. Journal of the Royal Statistical Society, 1957, 120 (3): 253 – 290.

[8] 白俊红, 江可申, 李靖. 应用随机前沿模型评测中国区域研发创新效率 [J]. 管理世界, 2009 (10): 51 – 61.

[9] KUNBHAKAR S, LOVELL C. Stochastic frontier analysis [M]. New York: Cambridge University Press, 2000.

[10] BATTESE E, COELLI T. A model for technical inefficiency effects in a stochastic frontier production function for panel data [J]. Empirical Economics, 1995 (2): 325 – 332.

[11] 吴延兵. 组织研发、技术引进与生产率: 基于中国地区工业的实证研究 [J]. 经济研究, 2008 (8): 51 – 64.

[12] BEKKERS R, ISABEL M, BODAS F. Analyzing knowledge transfer channels between universities and industry: To what degree do sectors also matter? [J]. Research Policy, 2008, 37 (10): 1837 – 1853.

[13] SPYROS A, URSINA K, MARTIN W. University-industry knowledge and technology transfer in Switzerland: What university scientists think about cooperation with private enterprises? [J]. Research Policy, 2008, 37 (10): 1865 – 1883.

[14] HARRISA R, LI Q, TRAINOR M. Is a higher rate of R&D tax credit a panacea for low levels of R&D in disadvantaged regions? [J]. Research

Policy，2009，38（1）：192 – 205.

［15］张涛，张若雪.人力资本与技术采用：对珠三角技术进步缓慢的一个解释［J］.管理世界，2009（2）：75 – 82.

［16］安同良，施浩，ALCORTA L.中国制造业企业 R&D 行为模式的观测与实证［J］.经济研究，2006（2）：21 – 30.

（原载《科研管理》2013 年第 1 期，与肖丁丁合著）

产学研合作中的契约维度、信任与知识转移

——基于多案例的研究

作为突破我国"落后—引进—再落后—再引进"技术发展陷阱的关键途径，产学研协同创新受到社会各界的日益关注。2012 年的《全球竞争力报告》显示，全球 144 个国家中我国产学研合作研发投入排第 35 位，居上游水平。然而，与产学研活动发展不相称的是，我国大学和科研机构的科技成果并未有效地转化为企业实际的技术能力。在每年 3 万多项省部级以上科技成果中，只有 25% 的成果能够真正被产业界吸收和转化[1]。究其原因，一方面在我国企业吸收能力整体较弱的约束下，通过产学研合作进行知识转移，进而构建的自主创新能力并未成为企业的内在需求；另一方面，作为认知结构和价值观迥异的两类组织，大学、科研机构和企业在合作中面临较高的绩效风险和关系风险，导致知识转移困难。提高校企知识转移绩效必须从企业内外部因素共同着手。然而，企业学习意愿和吸收能力的提高是一个长期渐进的过程。在企业既有的学习动机和吸收能力水平下，通过完善产学研合作治理机制，降低合作风险不失为一种在短期内提高知识转移效果的有效途径。组织间合作治理包括正式治理和非正式治理。前者主要指具有法律效力的正式契约，后者典型表现为信任关系。本文将从合作治理机制的角度，运用多案例研究方法，探讨在不同的企业学习意愿和吸收能力水平下，产学研合作信任、正式契约对知识转移的影响。与以往研究不同的是，本文将从更细化的角度深入分析不同契约维度、信任对不同类型知识转移的影响，包括直接效应和交互效应，从而为我国产学研合作知识转移提供有益的理论借鉴。

一、文献综述

（一）正式契约对组织间知识转移的直接效应

现有研究对正式契约与知识转移的关系探讨得并不多，目前仅见到2篇文献研究了契约对企业知识获取的影响。Li 等（2010）基于跨国公司的调查数据，探讨了正式契约对知识获取的影响。实证结果显示，契约仅对显性知识获取具有正向效应，而对隐性知识获取并无显著影响。[2]江旭（2008）针对医院间联盟的"边界悖论"困境，分析了契约控制和信任对知识获取及机会主义行为的影响。结果发现，契约控制与知识获取之间存在显著的倒 U 型关系，但对机会主义行为却呈负向影响。[3]可见，已有文献对契约与知识获取和转移的关系尚未形成统一的共识。

（二）信任对组织间知识转移的直接效应

信任是组织间知识转移的重要前提。Hansen（1999）指出，信任对知识转移的作用主要通过两种途径：一是提高知识转移的意愿，二是降低知识转移的难度。[4]Li 等（2010）认为，合作成员往往由于担心有价值知识流失而不愿共享信息，信任有利于建立盟员对合作伙伴的正面行为预期，从而使其减少感知风险，提高知识共享意愿。他们的实证研究表明，信任与知识转移存在显著的正向关系。[2]江旭（2008）通过实证调查发现，善意信任和能力信任对医院联盟的知识获取均有显著的积极影响。[3]

（三）信任、正式契约对组织间知识转移的交互效应

作为两种相互关联的治理机制，信任与正式契约的共同使用对组织间合作会产生一定的交互效应。主流研究对两者的交互效应持两种矛盾的观点：替代和互补。

Mellewigt 等（2007）总结了契约与信任存在替代关系的两个原因：第一，信任说明企业对合作中的机会主义行为风险具有乐观预期，故而减少对契约控制的依赖；第二，过于严格的契约规定容易引起盟员之间的猜疑心理，从而对信任产生负面影响。[5]Poppo 和 Zenger（2002）认为，合作成员的信任度较低时，需要强化契约机制来防止合作的机会主义行为；

而当合作成员信任度较高时，机会主义行为风险较小，契约的功能则可以相应减弱，两者是相互替代的。[6] Li 等（2010）的研究也表明，以契约为代表的正式控制和以信任为代表的社会控制之间存在相互替代的关系。[2]

对于契约与信任的互补关系观点，Lumineau 和 Henderson（2012）分析了两方面原因：一方面，当合作出现变化和矛盾时，信任能够通过加强双边关系，克服契约的刚性来弥补契约的不足之处；另一方面，完备的契约能够通过降低交易风险来强化组织间的信任程度。[7] Fischer 等（2011）通过对案例研究方法，证实了正式契约与信任之间存在互补关系。[8]

（四）文献述评

从现有研究情况来看，研究人员对信任、正式契约与知识转移的关系仍存在四个方面的认识局限。

（1）对正式契约与知识转移的关系尚未形成统一认识，缺乏从不同契约维度的角度深入分析其对知识转移的差异化影响。

（2）知识分为显性知识和隐性知识，不同类型的知识转移具有不同的影响前因。现有研究较少分析契约、信任对不同类型知识转移的影响。

（3）已有研究忽视了不同的契约维度是针对不同的合作风险类型，与信任之间可能会产生不同的交互效应，从而导致关于契约和信任交互效应的矛盾观点。

（4）有效的正式契约和信任机制并不必然会产生良好的知识转移效果，还要取决于企业内部因素的作用，如吸收能力和学习意愿。已有文献并未考虑影响契约、信任与知识转移关系的调节变量。

鉴于此，本文希望在已有研究基础上，运用多案例分析方法，进一步探讨在不同的企业学习意愿和吸收能力水平下，两种契约维度、信任对两类知识转移的直接影响和交互作用，以弥补现有研究的不足之处。

二、理论框架

作为典型的正式和非正式治理机制，正式契约与信任对组织间知识转移既具有直接影响，又存在交互效应，这个观点已获得许多研究的认可和证实。基于前人的研究，本文首先建立了"正式契约、信任、正式契约×信任→知识转移"的初步理论框架。然而，该框架并不足以解释已有研究关于上述三个变量关系的矛盾观点。如果能对相关构想的各个维度做进一步的细化研究，分析不同契约维度、信任与不同类型知识转移的关系，同时考虑影响这些关系的外部调节变量，也许能为现有研究的不一致结论提供颇具说服力的解释。为此，本文将从变量维度的角度对以上框架做进一步的丰富和拓展。

从前因变量看，正式契约是一种表示未来将采取特定行为的可置信承诺，它能被法庭等第三方所观测和实施。[9] 主流研究将契约分为两个维度：协调（coordination）和控制（control）。Lumineau 和 Henderson（2012）认为，契约控制源于合作双方的动机和利益差异，目的是帮助联盟成员减少或避免交易中的机会主义风险。[7] 它的内容主要包括知识产权保护、信息保密、单边合同终止和争端解决方案等合同条款。而契约协调是由于人的认知局限产生，目的是克服人们的有限认知，明晰合作各方的角色和责任，减少误解风险，提高合作效率。[7] 它通常涵盖责任分工的描述、资源投入、报告程序、项目进度计划和人员分配等协调事务。契约的控制和协调机制是基于不同的制度目标而设计，其治理内容和功能也有所差异，这决定了它们对组织间关系会产生不同的影响，同时对以组织间关系为纽带的知识转移也会发挥不同的作用。因此，本文在分析正式契约构想时，将同时考虑契约协调和契约控制两个维度对知识转移的效应。

从结果变量看，知识转移是在一定的情境下，从知识的源单元到接受单元的信息传播过程，只有当转移的知识保留下来，才是有效的知识转移。[10] 知识转移包括显性知识转移和隐性知识转移。显性知识是可编码的、可明确表达的、能以结构化方式储存和传播的有形知识。隐性知识是难以编码的、不易表达的、模糊的主观知识。由于知识属性不同，显性知识和隐性知识在转移过程中会受到不同因素的影响。例如，Li 等（2010）的研究证实，契约、信任对显性知识和隐性知识转移具有不同的作用。[2]基于此，本文在确定知识转移构想时，将显性知识转移和隐性知识转移纳入理论框架。

此外，现有研究在分析契约、信任与知识转移的关系时，并未考虑相关的调节变量。正式契约和信任既不必然会促使知识转移的产生，其对知识转移的影响程度也并非一成不变，还要取决于知识接受者的学习动机，以及它对所共享知识的有效吸收和应用程度。若缺乏足够的学习意愿和吸收能力，正式契约和信任程度即使再高，也难以实现显性知识和隐性知识的转移。因此，本文将在初始框架的基础上增加学习意愿和吸收能力两个调节变量。

综上所述，本文建立了以下理论分析框架（如图1所示），并将运用多案例研究方法，对理论框架中各个变量的关系做进一步的探讨。

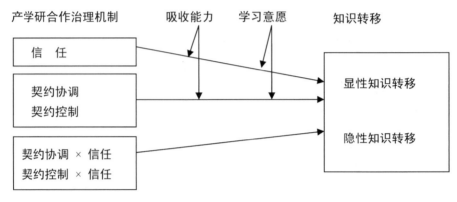

图1 理论分析框架

三、研究设计

案例研究法侧重于对现实情境下某一复杂事件的现象、成因和机理进行全面、深入而系统的实地考察和研究。它分为单案例研究法和多案例研究法。多案例研究是以两个及以上的案例为对象，比较多案例的各项主题，寻找多方支持与对立证据，互相校准、复核，形成坚韧、严谨的理论与命题。[11]本文将采用多案例研究方法，这主要出于两个原因的考虑：第一，多案例研究法适合分析特定现象的形成过程和作用机理。[12]知识转移是一个复杂的过程，受诸多因素的影响。本文希望从合作治理的角度，深刻揭示契约和信任对知识转移的影响路径和机制，这正属于多案例的研究范畴。第二，多案例研究方法适合建立可检验的理论命题。[12]本文的研究目的正是对理论框架中的变量关系进行多个案例的反复验证，形成关于两种契约维度、信任与两类知识转移关系的理论命题，从而为后续的大样本实证检验奠定理论基础。

（一）案例选择

1. 样本选择标准

Yin（2010）指出，多案例研究应当遵从复制法则，每个案例都要经过精挑细选，所选择的案例要么能产生同样的结果（逐项复制），要么能因为可预知的原因而产生与前一研究不同的结果（差别复制）。[13] 遵循Yin 的复制法则，同时借鉴 Doz（1996）的案例选择方法[14]，本文首先对一个企业与两个不同大学的合作案例进行对比研究，然后将这一方法运用到其他两家企业，形成 3 个案例企业 6 对产学研合作关系的研究。在选择案例企业时，本文结合 Yin（2010）和陈晓萍等（2012）的建议[11,13]，采取三个选择标准。

（1）所选择的案例企业符合本文的研究主题。本文研究的是产学研合作组织之间的契约维度、信任和知识转移关系，且需要对同一家企业与不同大学（科研机构）之间的合作进行对比，因此本文特别挑选了与两个以上的大学（科研机构）存在契约式合作关系的企业。

（2）所选择的案例企业具有代表性。本文所选择的企业具有一定的行业分散度，涉及化工新材料行业、食品行业和电器行业，兼顾了新兴行业和传统行业，能够较好地保证案例企业的典型性和代表性，从而实现多重验证的效果。

（3）所选择的案例企业外部变异性低。本文将案例企业限定在华南地区，以降低外部环境变异对研究结果的影响。

2. 样本基本情况

根据以上标准，本文最终选取了华南地区的 3 家企业作为样本企业，对它们总计 6 对产学研合作关系进行多案例分析。遵循企业的保密要求，本文隐去了 3 家案例企业的真实名称，而仅用名称缩写 HS、HH 和 TK 表示，同时以 A1 和 B1 代表 HS 的两家合作大学，以 A2 和 B2 代表 HH 的合作大学，以 A3 和 B3 代表 TK 的合作大学。

表1　样本企业基本信息

企业名称	成立时间	企业性质	主营业务	营业收入/亿元	员工/人
HS 公司	2003 年	民营	研发、生产和销售功能性食品添加剂及配料	2.8	192
HH 公司	1996 年	民营	研发、生产和销售绿色环保 PPR 管道材料、特种工程塑料、功能聚烯烃、高性能透气膜专用料和生物医用高分子材料等化工新材料	14	360
TK 公司	1999 年	国有	研发、生产和销售各式家用空调、商用空调、中央空调、移动空调、除湿机和空调压缩机等	50	3200

（二）数据收集

数据收集过程中，本文综合采用了二手数据、非正式交流、现场访谈和直接观察等多种渠道。首先，笔者查阅了案例企业的公司网站、公司宣传册和省级企业技术中心申报材料等二手资料，对该企业的业务和技术概况，以及产学研合作情况形成了初步认识。其次，围绕研究问题设计半结构化的访谈问卷，通过 Email 方式发送给企业相关人员，使其对访谈的目的和内容有充分的了解，同时获得一些关于企业状况的回复信息。前期工作准备就绪后，笔者开始对企业进行半结构化的现场访谈，访谈对象为技术副总经理、研发主管或技术负责人，他们在企业从事技术研发方面的工作均超过 3 年，并直接负责或深度参与产学研合作项目。访谈过程中，笔者有机会目睹了企业与合作机构签署的书面合同，从而能通过直接观察方式对合同的完备性做大致的评估。此外，笔者也走访了案例企业的研发现场和设施，对其技术能力形成了基本的判断。访谈结束后，笔者还通过电话、Email 和短信的方式与企业及时沟通，对遗漏或不齐全的信息进行反复的补充和完善。访谈工作情况见表2。

表2　访谈工作情况

公司名称	访谈时间	访谈地点	访谈对象	访谈内容
HS 公司	2013 – 02 – 18 14：30—16：30	HS 公司副总经理办公室	公司副总经理	公司的业务和研发概况，公司与 A1 和 B1 大学合作的范围内容、合同管理、信任关系和知识学习情况
HH 公司	2013 – 02 – 26 15：00—17：00	HH 公司总工程师办公室	公司技术主管	公司的业务和研发概况，公司与 A2 和 B2 大学合作的范围内容、合同管理、信任关系和知识学习情况
TK 公司	2013 – 03 – 05 9：00—11：00	TK 公司研发总监办公室	集团研发总监	公司的业务和研发概况，公司与 A3 B3 大学合作的范围内谷、合同管埋、信仕关系和知识学习情况

四、案例分析

参照 Doz（1996）的案例研究设计[14]，本文首先对单个企业进行案例内研究，即围绕企业与两所大学的产学研合作关系，根据访谈记录、二手资料、直接观察等途径获取的事实证据，对相关变量进行客观描述，并请案例企业的被访者以很高（或很强、很多）、高（或强、多）、较高（或较强、较多）、中等、较低（或较弱、较少）、低（或弱、少）、很低（或很弱、很少）七个等级水平为除"吸收能力"以外的每个变量赋值，得到表3、表4 和表5。

表3　案例内分析：案例企业 HS

	HS 公司	
	HS – A1 产学研合作	HS – B1 产学研合作
信任	很高 "我们总经理与食品学院的老师是同学兼老乡，彼此很信任。我们会将重要的市场信息及时反馈给 A1 大学，对方也会按时保质地完成合作任务。不仅如此，他们甚至会主动替我们考虑一些协议之外的事务。"	很低 "我们以前没有合作过，这次合作就是一次性交易。B1 大学知识结构不全面，合作很难深入，因此他们需要更多短期利益的补偿，在合作中过于维护自己的利益，我们对他们不怎么信任。"
契约协调	很强 合同详细规定了项目管理组的组建和运行，项目人员组成，定期项目汇报程序，信息共享制度，双方的人力、技术、资金、仪器设备和试验生产场所投入，技术服务，大学实验场所设施的开放和使用等条款。此外，每年还根据企业需求增加新的合同附则协议	较弱 "我们与 B1 大学交流较少，对他们的能力和行事风格不太了解，很难事先约定有效的协作方式，所以合同只是对项目的计划进度和成果技术指标作了大致的规定，除标准合同内容之外，补充的附则协议很少。"
契约控制	很弱 "我们只是根据标准的技术合同模板象征性地制定一些约束性条款，但实际运行中并不会严格执行。"	很强 "由于担心 B1 大学故意拖延进度或不按规定提供技术信息，合同制定了周详的监督和惩罚条款，并在实际中严格执行。"
学习意愿	很强 "我们很希望通过合作掌握 A1 大学的关键技术，因此常邀请 A1 大学专家来公司开展知识讲座、咨询和培训，并要求技术人员认真学习对方的技术资料。"	较弱 "B1 大学的知识结构不够全面，对自己的技术过于保护，因此我们对学习对方知识并不抱过多期望。"
吸收能力	较强 省级企业技术中心，拥有专职研发人员 57 名，其中博士 5 人、硕士 22 人，近三年科研经费超过 3000 万元，年均研发强度约 5%，2011 年的新产品销售收入 2.8 亿元	

续表

HS 公司	
HS - A1 产学研合作	HS - B1 产学研合作

	HS - A1 产学研合作	HS - B1 产学研合作
显性知识转移	多 "我们通过技术交流会、专题报告、项目汇报和调研报告等方式阅读和掌握了许多 A1 大学的产品基础特性、技术研发路线、同类产品研发进展和新产品开发方向等知识。"	少 "我们与 B1 大学的正式交流不多，只能通过专题报告和项目验收报告等方式接触到对方少量的技术研发知识。B1 大学也不热心于为我们提供技术答疑服务。"
隐性知识转移	多 "我们与 A1 大学老师经常一起吃饭、聊天，向他们学习了许多技术经验，如产品生产配方的适当用量、最佳效果及其影响因素，生产工艺的经验诀窍等。"	很少 "我们与 B1 大学老师几乎没有什么私下交往，很少有机会观察他们的研究试验过程，也无法从中了解他们解决技术问题的经验和诀窍。"

表4 案例内分析：案例企业 HH

HH 公司	
HH - A2 产学研合作	HH - B2 产学研合作

	HH - A2 产学研合作	HH - B2 产学研合作
信任	高 "A2 大学在高分子材料领域研究实力较雄厚，我们以前有过几次愉快的合作，相信 A2 大学会按照约定完成合作任务。即使合作遇到了疑问和矛盾，大家都是朋友，相互之间也会尽可能地给予理解和信任。"	较低 "B2 大学虽然具有很强的科研能力，但经常忙于学术活动，对产学研合作不够重视，加上双方相距遥远，沟通不便，我们担心 B2 大学可能随意应付或延误合作项目。"
契约协调	较强 合同较详细地规定了各方的任务分工和职责、产出目标、经费使用限定、知识产权归属和转让限定、正式交流的方式和频率、员工培训计划、技术投入细化指标等，双方按照合同约定形成了稳定的日常协作模式	较弱 合同大致包含了合作各方资源投入、任务分工和职责、成果产出等条款，但很少涉及技术交流会、培训讲座、项目报告会和技术指导等沟通协调机制

续表

	HH 公司	
	HH – A2 产学研合作	HH – B2 产学研合作
契约控制	**较弱** "合同按标准模板规定了一些对违约者的控制和惩罚条款，但在合作中并不会严格实施，这样容易伤感情，只有在公司利益受到较大损害的少数情况下，我们才会考虑动用合同的惩罚措施。"	**较强** "合同里规定了较严格的技术保密协议、知识产权归属条例、合同终止和解散条款、违约处罚责任等，这些条款在敦促 B2 大学如期履约方面确实发挥了一定的作用。"
学习意愿	**很强** HH 公司的主营业务广泛涉及高分子材料技术，而 A2 大学在该领域拥有雄厚的研究基础。"为了学习 A2 大学的技术，我们与该校建立了多个联合研发中心，并经常组织双方技术人员开展各种形式的技术交流。"	**中等** "我们原本希望通过合作掌握 B2 大学的技术，但双方距离较远，加上 B2 大学并不热心为公司员工传授知识，令我们对此次合作的知识学习预期降低。"
吸收能力	**较强** 省级企业技术中心，拥有专职研发人员 73 人，硕士以上人员超过 40%，年均研发经费 2000 万元以上，近三年的新产品销售收入突破 10 亿元	
显性知识转移	**较多** "通过定期举行的项目进展汇报、中期评估会议、员工培训、前沿研究讲座，我们掌握了 A2 大学较多系统性的科学知识，包括基础学科知识、产品的化学和物理特性、改性材料的制备原理和方法等。"	**较少** "我们与 B2 大学平时的正式交流并不多，主要通过该校按合同提供的技术资料，以及双方就一些重大事件举行的正式汇报和座谈会议等渠道学习一些系统性科学知识。"
隐性知识转移	**较多** "我们在研发过程中如果遇到了困难，经常会通过电话、私下聚会、现场观察等方式向 A2 大学老师请教，学会了较多产品研发过程中的试验设计技巧、实验结果分析统计经验等知识。"	**很少** "B2 大学主要在本校实验室实施合作项目，我们双方技术人员面对面交流的机会很少，很难通过聊天分享、现场观察等方式掌握对方的经验与诀窍。"

表 5　案例内分析：案例企业 TK

	TK 公司	
	TK – A3 产学研合作	TK – B3 产学研合作
信任	较高 "A3 大学在国内热能工程领域是第一块金，我们相信他们能提供高质量的技术。我是 A3 大学的校友，对母校有一种亲近感。但毕竟已毕业几十年了，物是人非，对现在的 A3 大学还是感到有些陌生。"	较低 "我们与 B3 大学是第一次合作，彼此并不熟悉，合作主要是为了具备申请短期政府科技项目的资格，谈不上有多信任。"
契约协调	很强 "合同对双方的责任分工、进度计划、各方应提供的技术资料和样机、技术沟通方式，甚至输出文件的目录等都作了非常详细的约定。此外，公司每年会根据技术需求的变化，补充新的附则协议。"	中等 合同包括了合作各方的责任与分工、阶段性任务的完成时间和项目成果的验收标准等内容，而对信息共享、项目汇报、培训讲座以及意外情况下的书面通知等紧密的沟通机制规定得较粗略
契约控制	中等 "合同包含了一般性的控制条款，我们并不会时刻依照合同对 A3 大学的行动细节进行监督，但会对一些比较重要的环节进行控制。"	很强 "公司对标准技术合同条款进行了强化和细化，如增加违约责任范围、提高惩罚金额、强调争议仲裁方式，以及声明保留法律追究权利等。我们对合作风险的防范基本上完全依赖于合同。"
学习意愿	强（显性知识学习意愿） 较弱（隐性知识学习意愿） "A3 大学以理论知识见长，公司希望能够通过与 A3 大学的合作提高员工的热能理论水平，并为此专门设立了员工培训专项基金。但对于热能工艺的技能、诀窍，A3 大学并不太擅长，只有一些实验设计和分析经验对公司有帮助，因此我们不太期望向他们学习这类知识。"	很弱 "B3 大学的研究能力一般，双方的合作更多是应项目申报资格所需，这种合作对我们来说没有什么学习价值。"

TK 公司	
TK - A3 产学研合作	TK - B3 产学研合作
吸收能力	很强 国家技术工程中心，国家创新型企业，拥有高新技术研发人员约310人，年均研发强度2%左右，2011年的产品销售收入约50亿元	
显性知识转移	很多 "通过 A3 大学为公司举行的员工培训、软件原理指导、实验分析示范等多种途径，我们掌握了对方大量的理论知识，员工的理论水平得到大幅度提高。"	较少 "我们与 B3 大学的合作主要以项目为导向，没有建立正式的知识交流机制。对方仅向我们提供项目必需的少量技术资料，能学到的书面知识有限。"
隐性知识转移	中等 "A3 大学侧重于前沿理论探索，对具体研发过程中的经验诀窍了解一般。虽然合作双方的非正式交流比较频繁，但我们所学到的研发技能和经验不算太多。"	很少 "我们与 B3 大学老师之间的沟通基本限于正式渠道，很少进行私下交往，基本上没有从对方那儿学到热能领域的技能诀窍。"

在上述案例内分析的基础上，本文对所有 3 个企业的 6 对产学研合作关系进行跨案例的比较和分析，从中提炼相关的理论命题。

（一）信任对知识转移的影响

上述 3 个企业的 6 个产学研合作案例显示，信任与知识转移的关系总体上呈有规律的正向变化趋势。HS - A1、HH - A2 和 TK - A3 的信任程度比较高，知识转移的效果相对较好；HS - B1、HH - B2 和 TK - B3 的信任程度偏低，知识转移的效果均不太理想，说明信任对于产学研合作组织间的知识转移具有积极的影响。徐海波（2006）指出，信任可以通过两种途径促进知识转移：第一，信任可以通过降低知识转移者对风险、收益和代价的预期，以及促进激励机制和组织文化等方式直接或间接地提高知识转移的意愿。第二，信任能够通过减少对单次交换中公平互惠性的要求，促进参与者相互沟通、促使提供方划清知识领域，以及创造信息技术环境等途径对降低知识转移的难度发挥直接或间接的作用。[15] 在信任程度较高的 HS－A1、HH－A2 和 TK－A3 产学研合作关系中，信任减少了合作成员的感知风险，使其对未来的社会交换价值怀有积极预期，进而产生将合作关系延续下去的强烈愿望。基于互惠原则，合作成员乐意与对方分享自己更多的知识资源作为回报，并由此不断地完善知识交流机制，包括高校定期为企业进行技术培训，举办项目研讨会，开诚布公地交换各种报告资料，讨论各自不成文的经验和想法等，从而为企业获取大学的知识创造了有利条件，降低了校企知识转移的难度。相反，在信任程度偏低的 HS－B1、HH－B2 和 TK－B3 合作案例中，企业和大学都表现出较严重的防范心理，缺乏开展长期、深度合作的意愿，合作也往往属于短期交易性质，使得校企双方在加强彼此知识交流方面明显地动力不足。高校往往不愿意轻易与企业共享自己的知识成果，除合同约定共享的技术资料之外，大学基本上不会向企业传授额外的知识，也不积极为其提供技术答疑和指导，双方技术交流的广度和深度都十分有限，这无形中为校企知识转移设置了障碍。

从知识转移类型来看，案例研究结果显示，信任对隐性知识转移的影响似乎更大。作为个性化的主观知识，隐性知识的广度和深度难以被知识拥有者以外的其他人所了解，因此这类知识的共享和转移完全基于个体自愿的原则。主观上看，高度的信任使合作成员对潜在的社会交换价值抱有良好预期，因此愿意主动分享隐匿性较强的隐性知识作为维持长久关系的回报。客观上看，信任容易产生紧密、亲近的社会关系。[16] 这种以非正式化、亲密交流为特征的社会关系使合作成员对彼此的知识结构有更全面的了解，尤其是高度个性化的经验和诀窍，从而有利于合作伙伴隐性知识的识别。此外，密切的私下沟通令双方容易发展对事物的共同认知，增强对隐性知识嵌入情境的理解，促进隐性知识的吸收。相对而言，显性知识具有可编码化特征，在合作中主要通过契约形式加以明文约定，这就决定了显性知识的共享往往是基于一种经济关系和契约责任。Li 等（2010）指出，大多数交易都是以显性知识转移作为确立可靠、有效的经济交换关系的前提。从知识转移渠道来看，显性知识主要通过正式化的、编码化的方式传递，信任所带来的非正式的亲密沟通对其并不是必需的。[17] 由此可见，信任虽然一定程度上可促进显性知识转移，但它并不是这类知识转移的必要条件。在本文的案例研究中，HS 公司对 B1 大学的信任程度低于 A1 大学，它从 B1 大学获得的显性知识也相对较少，只限于协议规定范围内的少量知识。但对于不受协议约束的隐性知识，HS 公司几乎没有任何学习收获。同样，HH 公司从信任度更低的 B2 大学获取的显性知识较 A2 大学少，而从两所大学所获取的隐性知识差距更大。换言之，给定企业与两所合作大学的信任程度差异，校企间隐性知识转移的差距大于显性知识转移的差距，说明信任与隐性知识转移的关系更为密切。基于上述分析，本研究得出以下案例研究命题：

P1：在产学研合作中，信任对知识转移具有积极的影响，但对隐性知识转移的正向影响高于对显性知识转移的正向影响。

（二）契约维度与知识转移的关系

表3、表4和表5的案例分析结果显示，契约协调和契约控制对校企知识转移的影响有所差异。

表面上看，契约协调与显性知识和隐性知识转移之间似乎都存在正向关系。在 HS－A1、HH－A2 和 TK－A3 的合作中，契约协调机制比较强，校企之间的显性知识和隐性知识转移相对较多，而 HS－B1、HH－B2 和 TK－B3 合作中契约协调机制较弱，显性知识和隐性知识转移也相应较少。但若进一步剖析变量之间的作用机理，可以发现契约协调作为一种经济交易关系的体现，只对显性知识转移有实质影响。

契约协调机制主要包含对合作成员知识投入产出，以及知识交流过程等方面的合同约定。从知识投入产出角度看，契约协调通过规定合作的目标产出、成员的责任分工和知识资源投入等事项，明确了合作者预期的技术成果指标和成员应提供的技术资料。这些产出指标和技术资料本身属于合作成员组织知识的一部分，从而为显性知识的获取和转移提供了良好的知识来源。从知识交流过程角度看，复杂的契约通常规定了执行合作任务所需采用的特定技术，并要求任务执行者通过会议、邮件和文档等正式沟通渠道就技术的内容、使用情况和实施效果进行定期或不定期的交流与汇报[2]，令企业有机会吸收大量的显性知识。上述作用机制得到了本文案例研究的支持。在 HS－A1、HH－A2 和 TK－A3 合作中，大学和企业围绕项目协调事务制定了周详的合同条款，明确了合作者应提供的技术成果和资料、双方定期的技术交流和汇报制度、研究报告和实验数据等信息的共享机制，并规定了高校应提供的技术咨询服务和培训课程服务等。这些明文契约以法律形式确定了大学的知识共享和转移义务，为校企合作建立了正式而完善的知识投入和交流体系，使企业能够通过基于法律保障的渠道有效地获取大学知识，显性知识转移效果良好。相反，HS－B1、HH－B2 和 TK－B3 合作的契约协调机制属于中等偏弱水平，仅对项目的计划进度和成果的技术指标作了大致约定，很少涉及知识和信息的正式沟通程序，企业缺乏向高校学习知识的正规途径，高校也不负有为企业提供技术培训和咨询的义务，对于研发中的技术问题和难点，企业难以借助契约力量获得高校专家的指导，导致以上三个产学研合作案例的显性知识转移绩效均不太理想。

由表 3、表 4 和表 5 的结果可知，校企之间的隐性知识转移主要是在合作双方拥有良好关系、大学乐意与企业分享隐性知识的前提下，通过相关人员的电话会谈、吃饭聊天和私下聚会等非正式途径实现的。对于这种基于自愿分享原则、难以编码的隐性知识转移，契约协调机制难以发挥枳极作用，主要有两方面的原因：一是因为隐性知识共享无法通过合约的明文方式确定；二是由于隐性知识主要通过非正式途径交流，契约协调所促成的正式沟通机制对这类知识转移没有明显作用。基于此，本文提出以下命题：

P2：在产学研合作中，契约协调对显性知识转移具有正面影响，而对隐性知识转移没有影响。

跨案例分析结果显示，契约控制与知识转移之间的关系大致呈负向关系。HS－B1、HH－B2 和 TK－B3 合作中的契约控制功能比较强，校企之间显性知识和隐性知识转移较少；HS－A1、HH－A2 和 TK－A3 的契约控制功能较弱，知识转移的总体效果都比较理想，说明知识转移随契约控制功能的增强而相应减少。

契约控制机制的设计初衷是减少合作中的机会主义行为风险，但它同时也容易引起另外三类风险：信任风险、道德风险和逆向选择风险。过于强调契约控制往往被合作伙伴解读为"不信任"的信号，进而引发双方的相互猜忌和防范。作为回应，合作伙伴要么对于转移自己的知识不尽最大努力（道德风险），要么不如实地展现自己的能力（逆向选择）。[3] 这些潜在风险都会在一定程度上影响合作双方的显性知识和隐性知识转移意愿。本文的案例研究印证了上述观点。在 HS－A1、HH－A2 和 TK－A3

的合作中，大学和企业很少使用契约手段严密监控对方的行为，这为校企创造了一个自由、平等和宽松的知识交流环境，使双方对知识分享持自愿开放的态度，能够畅所欲言地表达和展示自己的各种想法、意见和技能，从而有利于企业顺利地获取和吸收大学的显性知识和隐性知识。相反，HS－B1、HH－B2 和 TK－B3 的合作均采取了相对严格的契约控制机制，这虽然一方面保障了企业的利益不受损，但另一方面也强化了校企之间的不信任感，令双方的合作关系更具有交易性质，难以持续深入，知识共享程度也相应较低。除了契约规定的少量技术投入，企业很难通过其他途径获取更多的高校知识，导致知识转移效果不够理想。基于此，本文提出以下命题：

P3：在产学研合作中，契约控制对显性知识和隐性知识转移均有负面影响。

（三）吸收能力和学习意愿的调节效应

从知识转移的角度看，良好契约机制和信任的作用在于从主观和客观上提高合作伙伴的知识共享程度。然而，充分的知识共享仅仅是知识转移的前提条件。契约和信任能否促进大学（科研机构）知识向企业的成功转移还要取决于企业对所共享知识能否有效地吸收和应用，而不仅仅是表面的观察和注意。[18] 为此，企业必须具备一定的吸收能力。Escribano 等（2009）认为，由于吸收能力的差异，不同的企业面对同样的外部知识流会获得不同的收益，吸收能力较强的企业能够从外部知识流中获得较多的利益。[19] 产学研合作中的正式契约和信任本质上决定了由大学（科研机构）向企业传递的知识流，但企业能否从这些知识流中获益还与其吸收能力的强弱密切相关。

由表3、表4和表5可知，HS 公司和 HH 公司虽然吸收能力较强，但与 TK 公司仍存在一定的差距。这种差距在一定程度上会对产学研合作中信任、契约维度与知识转移的关系产生影响。例如，HS－A1 和 HH－A2 合作中的信任度均高于 TK－A3，但显性知识转移的水平却低于后者；HS－A1 合作中的契约协调机制与 TK－A3 具有同样强的程度，但显性知识转移效果却比后者更差。究其原因，信任和契约机制本质上影响着大学向企业的知识流，但能否从中真正地理解和掌握知识，取决于企业的吸收能力。TK 公司的吸收能力很强，因此它更加能够从大学的知识流中敏锐地识别于自身有价值的知识，并顺利地将其内化为企业组织知识，进而应用于研发实践，实现成功的知识转移。如果企业吸收能力过低，即使信任和契约机制再完善，企业有机会接触大学的知识，也只能"有心无力"，而"望洋兴叹"。总而言之，吸收能力有利于强化信任、契约协调对知识转移的正向效应，同时弱化契约控制对知识转移的负向效应。基于上述分析，本文提出以下命题：

P4a：在产学研合作中，企业吸收能力对信任与知识转移的关系具有正向调节效应。

P4b：在产学研合作中，企业吸收能力对契约协调与知识转移的关系具有正向调节效应。

P4c：在产学研合作中，企业吸收能力对契约控制与知识转移的关系具有负向调节效应。

强烈的学习意愿是成功实现知识转移和知识创造的必要前提[20]。正式契约和信任对组织间知识共享程度的影响随企业学习意愿强弱而呈现出不同的变化趋势。当企业学习意愿强时，它会将产学研合作视为学习高校知识的宝贵机会，注重采取以知识获取为导向的治理机制，如以契约形式建立正式的知识交流机制，通过信任发展非正式的知识沟通网络。同时，对于所获取的知识，企业也会尽最大努力地消化和吸收。然而，如果企业缺乏学习动机，即使能够通过有效治理接触高校知识，它也可能"视而不见"，知识转移无从谈起。

在信任和契约水平比较接近的 HS－A1、HH－A2 和 TK－A3 合作中，虽然 TK－A3 的显性知识转移程度与 HS－A1 和 HH－A2 比较相近，但隐性知识转移却出现较大差异，仅为"中等"水平。究其原因，TK 公司对A3 大学的显性知识学习意愿强于隐性知识学习意愿。作为一家大型上市公司，TK 公司希望员工拥有扎实的理论基础，以便在行业内保持领先的技术地位。因此，该公司与 A3 大学合作的一个重要目的是学习对方的理论知识，提高员工的理论素质。如前所述，良好的信任和契约机制增加了企业的知识获取机会，强烈的显性知识学习动机使 TK 公司利用一切知识获取机会吸收大量的系统知识，获得良好的显性知识转移效果。然而，在隐性知识方面，A3 大学并不拥有太多的研发经验和技能，TK 公司对于从A3 大学获得隐性知识没有寄予过多的期望。较弱的隐性知识学习意愿使TK 公司在挖掘和学习 A3 大学隐性知识方面没有作太大的努力。因此，即使双方的信任和契约机制比较完善，隐性知识转移效果也只是一般。综上所述，信任有利于强化信任、契约协调对知识转移的正向效应，同时弱化契约控制对知识转移的负向效应。基于此，本文提出以下命题：

P5a：在产学研合作中，企业学习意愿对信任与知识转移的关系具有正向调节效应。

P5b：在产学研合作中，企业学习意愿对契约协调与知识转移的关系具有正向调节效应。

P5c：在产学研合作中，企业学习意愿对契约控制与知识转移的关系具有负向调节效应。

（四）信任、契约维度对知识转移的交互效应

根据跨案例分析结果，信任与正式契约对知识转移具有交互效应，但与契约协调和契约控制机制的交互效应存在差异。

对于信任与契约协调的交互效应，本文的案例研究显示，两者大致呈相互强化的互补效应。HS－A1、HH－A2 和 TK－A3 合作中校企的信任程度较高，契约协调机制也比较完善，因此显性知识和隐性知识转移效果较好；而 HS－B1、HH－B2 和 TK－B3 合作中校企的信任水平较低，契约协调功能仅中等偏弱，两类知识转移都不太理想。通过对三个案例企业的横向比较，我们发现信任与契约协调的互补关系源于两个原因：第一，信任促使校企合作的内容不断深化，因此需要更加完善的契约协调机制与之相适应。例如，HS 公司与 A1 大学的彼此信任使双方的合作领域不断扩大，合作层次日益深化，项目复杂度也随之增加，因此需要更加完善的契约协调条款对合作过程中的资源投入、任务分工和沟通机制等事务作事先明确，以减少合作复杂性。而 HS 公司与 B1 大学的信任度较低，合作仅属于交易性质，协调事务较少，对契约协调机制没有过多的要求。第二，信任使合作双方对彼此的资源和能力更加了解，从而能够制定更为完善的契约协调条款。以 HH 公司与 A2 大学的合作为例，双方在合作前并不认识，合作初期只是采用标准的技术合同框架，内容比较简单。几年愉快的合作经历使双方的信任程度不断加深，HH 公司对 A2 大学的技术能力、行为方式和学术资源日渐了解，因此可以不断地调整、补充和完善契约协调机制，令校企知识转移效果更为理想。而 HH 公司与 B2 大学的信任水平不高，社会交往较少，HH 公司对 B2 大学的研发模式和行为风格并不

了解，很难针对协作事务设计详细的契约内容，导致知识转移绩效不佳。由此可见，信任与契约协调机制的同时使用会产生相互增强的互补效应，进而提高显性知识和隐性知识转移绩效。基于此，本文提出以下命题：

P6：在产学研合作中，信任和契约协调的共同使用增加了大学（科研机构）向企业转移的显性知识和隐性知识。

从信任与契约控制的交互效应来看，跨案例分析结果显示两者主要存在互相弱化的替代效应。在信任水平较高的 HS – A1、HH – A2 和 TK – A3 合作关系中，契约控制功能比较薄弱，而在信任水平较低的 HS – B1、HH – B2 和 TK – B3 合作关系中，契约控制功能则十分常完善。信任与契约控制的替代关系是基于两方面原因：一方面，信任减少了企业对潜在机会主义行为的感知风险，使其对未来合作前景产生良好的预期，从而降低了它对契约控制机制的依赖程度，高度的信任令订立详细的契约条款变得不再是必需的；另一方面，过于严厉的契约控制容易被视为不友好的表现，从向引发合作伙伴之间的猜疑心理，对信任产生负面影响。[5] 在本文的案例中，HS 公司对 A1 大学的高度信任使其相信对方在合作中会真诚地为企业需求着想，不会故意拖延研发进度或做出损害企业利益的恶意行为，因此 HS 公司并不依赖严厉的契约手段对 A1 大学进行监督，契约控制机制基本上是一种形式。同样，出于良好的信任，HH 公司并不担心 A2 大学不履行合约，且认为过于强调契约控制容易伤感情，因此没有制定详细的契约控制条款。值得注意的是，TK 公司与 B3 大学虽然信任程度较高，但契约控制机制属于中等，这是因为 TK 公司是一家上市公司，比较注重规范的企业管理，尽管它对 A3 大学比较信任，但仍会通过契约制度对一些重要环节进行控制，契约控制功能比较适中。相反，HS 公司对 B1 大学的信任度较低，担心对方将企业信息透露给第三方或不如期履约，因此非常注重运用契约控制手段来约束对方的潜在机会主义行为。同样，HH 公司对 B2 大学能否履行合同信心不足，只能借助外部的契约力量将风险降至可控范围，因此采取了较强的契约控制手段。由此可见，信任与契约控制存在替代效应，两者的同时使用将减少显性知识和隐性知识的转移。鉴于此，本文提出以下命题：

P7：在产学研合作中，信任和契约控制的共同使用减少了大学（科研机构）向企业转移的显性知识和隐性知识。

五、研究结论和展望

本文在已有相关文献的基础上，从细分维度的角度构建了产学研合作信任、正式契约和知识转移的理论框架，其中正式契约分为契约协调和契约控制两个维度，知识转移分为显性知识转移和隐性知识转移两种类型。在此基础上，以3个企业的6对产学研合作关系为研究对象开展多案例分析，探讨两种契约维度、信任对两类知识转移的影响，研究结果表明：

（1）信任对产学研合作知识转移具有积极作用，且对隐性知识转移的作用高于对显性知识转移的作用。高度的信任不仅能够增加合作伙伴知识共享的主观意愿，同时客观上也促成了双方的密切沟通，有利于知识转移。然而，这种以信任为前提的亲密关系和非正式互动更适合于基于自愿原则的隐性知识转移，而对更具经济交易特征的显性知识转移则作用较小。这个结论与 Li 等（2010）的观点一致。[2]

（2）两种契约维度对产学研合作知识转移的影响存在差异。长期以来，研究人员都将契约视为单维概念，对契约与知识转移的关系存在不一致的观点。这种研究结论差异是由于研究人员忽视了契约的多维性。本文的研究结果表明，契约协调能够促进校企之间的显性知识转移，但对隐性知识转移没有影响，而契约控制对显性知识和隐性知识转移均会产生负面效应，这为以往的不一致观点提供了新的分析视角。

（3）企业的吸收能力和学习意愿对两种契约维度、信任与两类知识转移的关系具有显著的调节作用。现有研究在分析契约、信任与知识转移的关系时，并未考虑其他外部的调节变量。本文通过案例研究发现，完善的信任和契约机制本质上增加了大学向企业传递的知识流，但若缺乏足够的学习意愿和吸收能力，即使企业面对丰富的外部知识流，它也无心、无力将新知识内化为自己的组织知识，知识转移无从谈起。

（4）两种契约维度与信任对知识转移具有不同的交互效应。一直以来，国内外学者对正式契约和信任的交互效应是"互补"抑或"替代"存有争议。本文从不同契约维度的角度证实，产学研合作中契约协调与信任的共同使用增加了显性知识和隐性知识的转移，两者存在互补关系，而契约控制与信任的共同使用减少了显性知识和隐性知识的转移，两者存在替代关系。这个结论合理地解释了已有文献中的矛盾观点。

本文的研究局限在于：在案例研究中，信任仅被作为一个单维度构想进行分析。但已有文献表明，信任是一个多维度构想，不同的信任维度对知识转移可能会产生不同的影响。未来的研究可以考虑对信任维度做进一步细化分析，探讨不同信任维度和不同契约维度对两类知识转移的直接效应和交互效应。

参考文献

[1] 何郁冰.产学研协同创新的理论模式［J］.科学学研究，2012，30（2）：165 – 174.

[2] LI J, POPPO L, ZHOU K. Relational mechanisms, formal contracts, and local knowledge acquisition by international subsidiaries ［J］. Strategic Management Journal, 2010, 31: 349 – 370.

[3] 江旭.医院间联盟中的知识获取与伙伴机会主义：信任与契约的交互作用研究［D］.西安：西安交通大学，2008.

[4] HANSEN M T. The search-transfer problem: the role of weak ties in sharing knowledge across organization subunits ［J］. Administrative Science Quarterly, 1999, 44 (1): 82 – 111.

[5] MELLEWIGT T, MADHOK A, WEIBEL A. Trust and formal contracts in interorganizational relationships: substitutes and complements ［J］. Managerial and Decision Economics, 2007, 28: 833 – 847.

[6] POPPO L, ZENGER T. Do formal contracts and relational governance function as substitutes or complements? ［J］. Strategic Management Journal, 2002, 23: 707 – 725.

[7] LUMINEAU F, HENDERSON J E. The influence of relational experience and contractual governance on the negotiation strategy in buyer – supplier disputes ［J］. Journal of Operations Management, 2012, 30: 382 – 395.

[8] FISCHER T A, HUBER T L, DIBBERN J. Contractual and relational governance as substitutes and complements-explaining the development of different relationships ［C］. Proceedings of the 19th European Conference on Information Systems, ECIS, Helsinki, Finland, June 9 – 11, 2011.

[9] MACNEILI R. Contracts: adjustment of long – term economic relations under classical, neoclassical and relational contract law ［J］. Northwestern

University Law Review, 1978, 72: 854 – 905.

[10] SZULANZKI G. Exploring internal stickiness: impediments to the transfer of best practice with the firm [J]. Strategic Management Journal, 1996, 17: 27 – 43.

[11] 陈晓萍，徐淑英，樊景立. 组织与管理研究的实证方法 [M]. 2 版. 北京：北京大学出版社，2012.

[12] EISENHARDTK M. Building theories from case study research [J]. Academy of management review, 1989, 14 (4): 532 – 550.

[13] YIN R K. 案例研究：设计与方法 [M]. 周海涛，等译. 重庆：重庆大学出版社，2010.

[14] DOZ, Y. The evolution of cooperation in strategic alliances [J]. Strategic Management Journal, 1996, 17: 55 – 83.

[15] 徐海波，高祥宇. 人际信任对知识转移的影响机制：一个整合的框架 [J]. 南开管理评论，2006，9 (5): 99 – 106.

[16] UZZI B. Social structure and competition in interfirm networks: the paradox of embeddedness [J]. Administrative Science Quarterly, 1997, 42 (1): 35 – 67.

[17] MCEVILY B, MARCUS A. Embedded ties and the acquisition of competitive capabilities [J]. Strategic Management Journal, 2005, 26 (11): 1033 – 1055.

[18] SIMONIN B L. An empirical investigation of the process of knowledge transfer in international strategic alliances [J]. Journal of International Business Studies, 2004, 35: 407 – 27.

[19] ESCRIBANO A, FOSFURI A, TRIBÓ J A. Managing external knowledge flows: the moderating role of absorptive capacity [J]. Research Policy, 2009, 38: 96 – 105.

[20] MOWERYD C. Collaborative R&D: how effective is it? [J]. Issues in Science and Technology, 1998 (15): 37 – 44.

（原载《科学学研究》2014 年第 6 期，与习丽琳合著）

我国产学研成果转化政策主体合作网络演化研究

一、引言

产学研合作创新是国家创新系统的重要组成部分，是我国自主创新机制建设中非常重要的环节。1992 年，国家经济贸易委员会、国家教育委员会和中国科学院共同组织实施了"产学研联合开发工程"。在此之后，产学研合作的模式、层次以及规模都得到了纵深发展。[1]成果转化作为产学研中的重要一环，是评价产学研合作成功与否的重要指标，但是实际的统计数据显示，我国的产学研成果转化效率并不高，和国外发达国家相比差距非常明显，已成为限制我国自主创新发展的主要因素。Cooper 的研究表明，成功的科技成果转化是企业在迅速变化的市场中生存的关键。[2]Arrow 指出，由校企合作产生的科技成果转化形成的资本品中包含的新知识，可以帮助经济主体改善经济效益。[3]除了对于科技成果转化重要性的研究外，学者对于影响成果转化的因素也进行了大量的研究。Bert Metz提出成果转化是一个社会过程，转化的效果与技术接受者的经济和文化因素有关。[4]Henry 从国家技术转移效率与国际贸易效率的分析中，指出国际贸易政策对于成果转化的重要影响。[5]国内学者陈祖新指出，体制不健全、管理不善是影响科技成果转化的主要因素。[6]刘姝威则认为，成果转化的好坏主要受到市场推广的影响。[7]目前为止，学者们尚未从国家政策的角度来研究这一问题。纵观世界范围内的创新型国家，为了扭转成果转化低效的局面，纷纷建立了比较成熟的科技成果转化政策体系，尤其是中国的近邻韩国表现得非常突出，通过创新政策体系的构建，韩国展现出强劲的发展势头。完善的产学研成果转化政策体系，既是促进国家科技进步的基石，也是国家发展的助推器。[8]

改革开放以来，我国的产学研成果转化政策参与制定的主体越来越多，但是政出多门的情况往往会出现政策重复以及冲突，不但造成资源浪费，甚至会导致政策的失败。[9]政策制定主体网络结构的复杂化客观上要求建立完善的产学研成果转化政策合作网络以及协同机制。因此，研究我国产学研成果转化政策主体合作网络的内部结构及其核心主体功能的演化规律，对于完善我国科技政策体系以及提高成果转化效率都有重要的现实意义。本文以我国的产学研成果转化政策为研究样本，运用社会网络分析法，绘制政策合作图谱，分析合作网络的内部结构特征；在此基础上，通过构建政策主体在合作网络中的"广度—深度"模型，分析各发文主体在联合发文网络中的角色演变；最后探讨核心主体的功能演变，以期为政府政策的制定提供参考。

二、研究方法与数据处理

（一）社会网络分析方法

社会网络分析方法是由社会学家根据数学方法、图论等发展起来的定量分析方法[10]，可以从多个不同角度对社会网络进行分析，包括中心性分析、凝聚子群分析、核心—边缘结构分析以及结构对等性分析等[11,12]。社会网络是由多个相关主体组成的集合，对关系网络进行质的描述以及量化，能够充分反映各个节点之间的关系，并且可以通过网络图谱直观地展现出来，因此受到很多学者的青睐。

（二）数据来源与处理

遵循公开性、权威性以及相关性原则，本文基于"北大法律信息网"中央法规司法解释数据库，对 1985 年至 2013 年 9 月之间的产学研成果转化政策文本进行了数据的收集。依据文章研究的主题"产学研成果转化"，本文对检索关键词做了一定的延伸和相关性的扩展。首先对于产学研成果的主体来说，不同主体的合作有不同的提法，主要有产学研合作、校企合作以及单方面的高校（研究院所）向企业和市场的科研成果转化。对于科研成果转化来说，一般又可以称作成果转化（转让）、技术转化（转让）以及知识产权转化（转让）。比如，以校企合作和成果转化两个关键词进行检索，必须保证两个关键词在同段出现。检索完成之后剔除重复的政策文本，总共检索出 736 条政策文本。对每一条政策进行仔细的研读，剔除不相关的 76 条文本以及失效的 8 条文本，最终获得研究对象

651 条政策文本。

从政策制定的主体来看，上述的 651 条政策总共涉及全国人民代表大会、国务院、教育部、科技部等 60 个机构（已经撤销或改名的按照现责任机构来分析），可见我国产学研成果转化政策发文主体的广泛性。为了便于进一步分析，对 60 个机构进行编码，见表 1。

表 1　产学研成果转化发文主体代码

政策主体	代码	政策主体	代码	政策主体	代码
中共中央	ZY	环境保护部	HBB	国家中医药管理局	YGJ
中央办公厅	ZYB	博士后科研流动站	BHZ	国家建筑材料工业局	JCJ
中组部	ZZB	国务院西部开发办	GWYX	国家安全生产监督管理局	GAJ
国务院	GWY	人力资源与社会保障部	RSB	国家测绘地理信息局	CHJ
中国工程院	GCY	中国人民银行	ZRYH	国家质量监督检验检疫总局	GJJ
中国科学院	ZKY	国家粮食局	LSJ	共青团中央	GQT
国务院办公厅	GWYB	国家林业局	GLJ	全国人大常委会	RDCH
科技部	KJB	国家煤矿安全监察局	AJJ	全国人民代表大会	RDDH
教育部	JYB	国家能源局	NYJ	最高人民法院	ZRY
财政部	CZB	国家气象局	QXJ	国家电力公司	GD
商务部	SWB	国家税务总局	GSJ	全国供销合作总社	GHS
工信部	GXB	国家体育总局	CTJ	国家标准化管理委员会	CBW
农业部	NYB	国家文物局	GWJ	中国有色金属工业协会	ZYG
民政部	MZB	国家烟草专卖局	YCJ	中国证券监督管理委员会	GZJW
交通运输部	JTB	国家知识产权局	CQJ	国务院安全生产委员会	GAW
国土资源部	GTB	国家工商行政管理总局	XGJ	国家卫生和计划生育委员会	WSW
住建部	ZJB	国家海洋局	HYJ	国有资产监督管理委员会	GJW
水利部	SLB	全国博士后管理委员会	BHH	中国国际贸易促进委员会	ZMY
文化部	WHB	海关总署	HGZ	国家自然科学基金委	JJW
发改委	FGW	中国科学技术协会	ZKX	中央机构编制委员会	ZYBH

三、我国产学研成果转化政策基本特征

（一）不同效力级别的发文数量

按照中央法规政策的效力级别，可以将政策分为法律法规、行政法

规、部门规章、司法解释、行业规定以及团体规定。法律法规是经由全国人民代表大会审议通过，效力级别最高；行政法规由国务院制定，级别仅次于法律法规；部门规章一般由国务院下属各部委制定，在一定范围内有效，级别次于法律法规；司法解释、行业规定、团体规定的效力相对较低。为了考察产学研成果转化受重视的程度，将收集到的 651 条政策按不同效力级别分类统计（如图 1 所示），部门规章占比最大，占总数的77.7%，可见政策主要是由国务院下属各部委制定的。行政法规占17.8%，国务院作为发文主体，起到总体规划的作用。其他级别的发文较少，尤其是起到具体落实作用的行业规定，只有 1 条，应当予以加强。

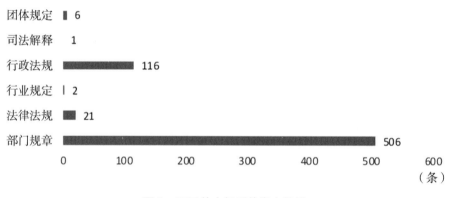

图 1　不同效力级别的发文数量

（二）主要发文主体及发文结构

从政策发文的主体数量来看，651 条文本中，由单个机构发文的有506 条，占总数的77.7%；由两个及两个以上机构联合发文的有 145 条，占总数的22.3%。从整体结构上反映出我国当前产学研成果转化政策制定具有以单独发文为主，多部门协作联合发文为辅的基本特征。

在表 2 中，对发文总数排名前 8 位的主体发文情况做了大致的细分，科技部（KJB）、国务院（GWY）、教育部（JYB）、农业部（NYB）、发改委（FGW）、国务院办公厅（GWYB）、工信部（GXB）、商务部（SWB）这 8 个部门作为发文主体排名前 8 位，总共发文 423 条，占总发文量的64.98%，是我国成果转化发文的主力军。而前 8 名的差距还是比较大的，科技部作为主体发文达到了 138 条，可见其在成果转化政策制定中的核心地位。

表2　政策发文主体机构及其发文数量

单位：条

发文主体	发文总数	单独发文总数	牵头联合发文总数
KJB	138	97	41
GWY	61	61	0
JYB	51	36	15
NYB	46	41	5
FGW	44	31	13
GWYB	38	38	0
GXB	26	18	8
SWB	19	12	7
合计	423	334	89
其他主体	228	172	56
总计	651	506	145

注：这里的发文总数是指某个机构作为第一主体单独发文或者联合发文的总数。

四、我国产学研成果转化政策体系及主体合作网络结构特征演变

（一）我国产学研成果转化政策阶段划分

自 1985 年中共中央发布《关于科技体制改革的决定》明确提出"开放技术市场，实现科技成果商品化"以来，我国科技成果转化的政策体系框架已历经了二十多年。通过对 651 条政策内容的定性分析，结合政策侧重点、目标和特征，可以将我国的产学研成果转化政策体系的演化划分为三个阶段。

1. 政策启动阶段（1985—1998 年）

政策启动阶段主要是以体制改革为起点形成了成果转化政策的初步框架。1985 年，国家决定实施科技体制改革之后，一系列相关政策逐步出台，旨在打破一直以来的经济和科技"两张皮"的窘境，突破计划经济体制的障碍，加强科技与经济的联系，并且逐步强调了高校在科技转化中的作用。在 1991 年之前，还没有正式提出产学研的概念，关

于促进科研机构和企业合作的内容也只是出现在其他科技政策和计划中，产学研的相关内容只是一笔带过，缓解科技与经济建设脱节的矛盾是此阶段的主要政策目标。在这个阶段逐渐形成了中央政府以及各部委关于成果转化政策体系的初步框架。主要依托国家教育委员会、国家科学技术委员会、国家经济贸易委员会从经济体制、科技体制和教育体制三个层面进行体制改革。

2. 政策细化阶段（1999—2005 年）

1999 年，中共中央和国务院发布了《关于加强技术创新，发展高科技，实现产业化的决定》，国务院各个部委在此纲领性文件下分别制定了相关的规章，内容涉及经济措施、教育措施、财政措施等。其中，科技部、商务部、工信部、教育部、农业部、财政部这六大部委在其中发挥了核心的作用。各部委从不同的层面各有分工、各有侧重地对纲领进行细化，并且开始注意到建立相互协同的创新体系。

3. 政策深化阶段（2006 年以后）

2006 年，国务院颁布了《国家中长期科学和技术发展规划纲要（2006—2020 年）》以及配套的政策。其中，60 条配套政策的关键目的是整合零散政策，加强经济政策和科技政策相互之间的协调，形成激励自主创新的完整政策体系，这是我国第一次全面系统地制定创新政策，是一种新的政策运行机制形成的开端。[13] 在此之后，各部门联合发文数量增速加快，协同创新的提法逐渐深入人心。

（二）产学研成果转化政策主体合作网络结构特征演变分析

依据上述的三个阶段划分，将 651 条政策分为单独发文和联合发文（见表3），本文的重点是研究联合发文网络的结构特征及其演化，所以从中抽取联合发布的政策进行分析。

表3　发文形式按阶段划分统计

单位：条

时间段	单独发文数量	联合发文数量	发文总量
1985—1998 年	44	12	56
1999—2005 年	76	31	107
2006—2013 年	384	104	488

续表

时间段	单独发文数量	联合发文数量	发文总量
总计	504	147	651

注：这里的单独发文数量是指某一阶段只有一个政策主体制定的政策，联合发文数量是指由两个或两个以上的主体联合发布的政策。

为了能更直观地了解政策发文主体之间关系的演变，本文利用社会网络分析软件 UCINET 6.0 绘制了产学研成果转化政策演进不同阶段的主体合作网络图谱。其中，网络图中的"节点"表示发文主体，"线"表示两个主体之间有联合发文。[14] 按 1985—1998 年、1999—2005 年、2006—2013 年的阶段划分录入各发文主体间的 n×n 阶对称邻接矩阵，若两个部门之间有联合发布政策的情况，则对应的值为 1，否则为 0。运用 UCINET 6.0 软件对各阶段的邻接矩阵进行分析，得到相关的网络图（如图 2 所示），并对各阶段的合作网络结构特征进行了分析（见表 4）。

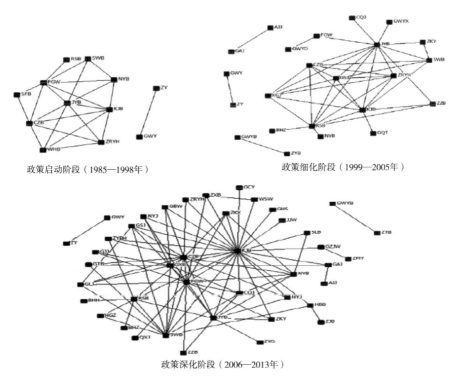

政策启动阶段（1985—1998年）

政策细化阶段（1999—2005年）

政策深化阶段（2006—2013年）

图2　政策不同阶段（1985—2013 年）产学研成果转化政策主体合作网络图谱

表4 产学研成果转化政策合作网络结构特征

指标	1985—1998 年	1999—2005 年	2006—2013 年
样本数量	12	31	104
网络规模	12	23	42
网络关系数	23	40	90
网络联结频次	35	60	207
凝聚力指数	0.514	0.333	0.412
整体网络密度	0.3409	0.1581	0.1045
节点平均距离	1.554	1.95	2.258

样本数量表征联合发文的数量，网络规模代表各个时期产学研成果转化政策发文的主体数，网络关系数表示发文主体两两之间联合发文的连接数，网络连接频数代表发文主体间联合发文的总次数[15]，凝聚力指数表示网络中主体之间联系的紧密程度，整体网络密度表征主体合作网络中实际存在的线与最大可能存在的线的数量的比值，节点距离表示网络中两点之间多条途径中的最优途径（最短），而节点平均距离则表示网络中所有点的最优途径的均值。前4个指标从绝对值的角度描述网络的结构特征，规模越大，结构就越复杂，关系线越多。后3个指标从相对的角度描述了各个阶段的网络特征，整体网络密度数值越大表明该网络对行动者的态度、行为等产生的影响可能越大，联系紧密的整体网络不仅仅为其中的个体提供了各种社会资源，同时也成为限制其发展的重要力量。

从总体上来看，我国产学研成果转化政策发文主体规模呈增大的趋势，在启动阶段，联合发文总数只有12条，发文主体只有12个，而到了政策深化阶段，联合发文总数已经上升到了107条，涉及的发文主体达到了42个。政策合作网络关系数以及联系频数增速也很快，一方面是因为主体数量的增多，另一方面也体现出主体之间对于协同和沟通的重视。网络密度和凝聚力指数呈下降的趋势，网络密度相对来说比较稀疏，发文主体之间的协同还有较大的上升空间。

政策启动阶段（1985—1998年）：在这一阶段创新成果转化政策的参与主体相对较少，仅有12个，参与的主体主要有发改委（FGW）、科技部（KJB）、教育部（JYB）等。绝大部分的发文都是由教育部和科技部统筹，虽然联合发文总数较少，但是合作网络结构相对集中，属于网络集中型。

政策细化阶段（1999—2005 年）：这一阶段，联合发文数上升到了31 条，参与的主体增加到 23 个。国家在提出产学研合作年框架的基础上，更多主体在成果转化中的作用显现出来。除了在第一阶段处于核心的科技部（KJB）、教育部（JYB）外，财政部（CZB）、人力资源与社会保障部（RSB）、国家工商行政管理总局（XGJ）、中国人民银行（ZRYH）、国家税务总局（GSJ）、商务部（SWB）开始成为网络核心节点，体现出国家开始从财政、利率、税率、人力资源等各个方面加大对产学研成果转化的支撑，政策得到一定程度上的细化分解，网络结构逐渐松散。除以上重要的节点之外，还出现了一些零散的合作，如中共中央（ZY）和国务院（GWY）、中共中央办公厅（ZYB）和国务院办公厅（GWYB）、发改委（FGW）和国务院振兴东北老工业基地领导小组（GWYD）等。合作网络接近松散—多主体均衡型。

政策深化阶段（2006—2013 年）：从内部结构来看，科技部（KJB）在整体网络中的核心地位得到进一步的加强，在除自身之外的 41 个主体中，与科技部有合作的联合发文主体达到了 25 个之多。发改委（FGW）重新回到网络中的核心位置，基本上形成了以科技部（KJB）为整体网络核心，发改委（FGW）、教育部（JYB）、财政部（CZB）、工信部（GXB）、农业部（NYB）、商务部（SWB）等多主体局部均衡的态势。合作网络结构稳定下来，整体的沟通协调性也得到了加强，除了独立合作的中共中央和国务院之外，网络中的所有主体之间都是可达的。总体合作网络接近中心紧凑均衡型。

五、基于广度—深度的发文主体角色演变分析

针对我国产学研科技成果转化政策的三个发展阶段，本文利用UCIENT 6.0 中的节点度数和联结次数 2 个指标考察发文主体的角色演变。度数表示某发文主体联合其他发文主体的个数，个数越高，表明该发文主体产学研成果转化政策上协调其他政府部门能力越强，可以用来衡量合作的"广度"；联结次数表示发文主体与其他发文主体联合发文

的总次数，可以用来衡量合作的"深度"；为了避免不同度数的大小对于深度的影响，用联结次数与度数的比值来表示深度。因此，通过建立"广度—深度"二维矩阵，可以把政策主体在网络中的角色划分为四种类型：高广度—高深度型（HH）、低广度—低深度型（LL）、高广度—低深度型（HL）、低广度—高深度型（LH）[16]，各阶段的角色分布如图3所示。

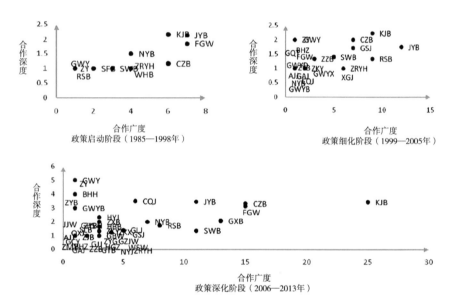

图3　政策不同阶段（1985—2013年）主体在合作网络中的角色分布

政策启动阶段（1985—1998年）：科技部（KJB）、教育部（JYB）和发改委（FGW）在合作中的广度和深度都很高，属于HH型，它们处在合作网络中核心的节点，与其交流的对象广泛，并且与其他主体合作很频繁，延续性比较好。财政部虽然合作广度很高，但是合作的深度不够，属于HL型，在合作网络中属于比较重要的节点，联系的主体比较多，但是在合作的延续性方面比较差。农业部（NYB）与财政部（CZB）正好相反，属于LH型，是合作网络中的一般节点，信息交流对象有限但是有较好的持续性。中国人民银行（ZRYH）、文化部（WHB）、商务部（SWB）等属于LL型，这类节点在网络中属于边缘角色，在信息交流中发挥的作用较小。

政策细化阶段（1999—2005 年）：在这一阶段，科技部（KJB）和教育部（JYB）延续了在第一阶段的表现，是网络中核心的节点，属于 HH 型。财政部（CZB）、国家税务总局（GSJ）、人力资源与社会保障部（RSB）在产学研成果转化政策中作用突出，成为 HH 型节点。商务部（SWB）、中国人民银行（ZRYH）、国家工商行政管理总局（XGJ）相较于第一阶段在合作广度方面得到了极大的提升，成为 HL 型。中共中央（ZY）以及国务院（GWY）属于 LH 型，在政策发文中二者经常成对出现，交流对象相对单一。发改委在这一阶段的变化比较大，由第一阶段的 HH 型转变为这一阶段的 LL 型，在产学研成果转化政策中的作用大大降低。其他的一些节点诸如国家知识产权局（CQJ）、中科院（ZKY）、农业部（NYB）等在合作网络中处于边缘位置，属于 LL 型。

政策深化阶段（2006—2013 年）：科技部（KJB）的核心地位得到了进一步加强，从合作广度上看已经遥遥领先于其他主体，说明科技部（KJB）在政策合作中被赋予了更大作用。发改委（FGW）也由原先的 LL 型重新回到了 HH 型。教育部（JYB）的合作深度得到了很大的提升，但是广度没有太大的变化，说明教育部在合作的延续性方面作用越来越大。

总体来看，各个部门的协同作用在不断加强，科技部、教育部、发改委、财政部成为政策合作网络的核心主体。科技部在不同的时期都发挥了巨大的作用，始终处于高广度—高深度的核心节点位置，并且其核心主体地位不断增强，拉开了与其他部门的距离。一方面反映了国家对于科技成果转化的重视程度；另一方面，也体现出科技部门的力量逐渐渗透到各个部门，形成了很好的引导和支撑作用。财政部和发改委由于掌握了雄厚的经济资源和行政资源，它们在合作网络中的核心主体地位也一直保持强势，除发改委在第二阶段的作用出现大幅下滑之外，财政部和发改委的作用都得到了很好的体现。产学研合作成果中高校是非常重要的一环，因此教育部在政策制定中的核心地位也一直保持不变，并且合作的广度—深度不断加强。

六、基于网络结构指标的核心主体功能演变分析

为了解合作网络中主要节点功能的演变，通过剔除某一节点后网络结

构指标的变化，可以分析该节点在网络中的作用。这里主要讨论社会网络中凝聚力指数、密度、平均距离等相对指标的变化，具体结果见表5。

政策启动阶段（1985—1998年）：由表5可知，在分别剔除4个节点之后网络凝聚力和整体网络密度都有所下降。最为明显的是剔除发改委之后，网络凝聚力指数和整体网络密度分别下降了22.57%和17.34%，可见发改委在合作网络中起到了联系整个网络的核心作用。在节点平均距离的变化上，出现了不一致的结果。剔除发改委之后节点平均距离有所下降，其余均有所上升。一般来说，平均距离是随着凝聚力指数的下降而上升的，在这里是因为发改委单独和人社部（RSB）有合作（如图2所示），剔除发改委就等于减少了人社部（RSB）这个节点，平均距离反而有所下降。剔除教育部之后的平均距离变化最大，上升10.42%，反映了教育部在网络中的重要联通作用。

政策细化阶段（1999—2005年）：在分别剔除4个节点之后，网络凝聚力都有所下降，表明所剔除的4个节点对网络联系的紧密程度都起到了一定的作用。其中，剔除教育部后，下降最为明显，达到了39.04%，因为这一阶段和教育部有发文关系的主体最多。剔除发改委之后整体网络密度上升4.05%，表明发改委在政策细化阶段的边缘角色，只有2个节点与发改委相连。剔除财政部后，节点平均距离上升2.15%，符合正常的情况。剔除另外3个节点之后，节点平均距离都下降了，原因和第一阶段的剔除发改委的情况类似。

政策深化阶段（2006—2013年）：在第三阶段，剔除科技部之后对于三个网络结构指标的影响都是最大的，其次是发改委。剔除教育部对于网络整体密度的影响最小，只有7.85%；剔除财政部对网络凝聚力指数影响最小，只有2.91%。科技部对节点平均距离的影响相对较大，其他三个主体对节点平均距离的影响很小。

表5　剔除网络核心主体后网络结构指标的变化

剔除的网络核心主体	时间段	网络凝聚力指数/%	整体网络密度/%	节点平均距离/%
科技部	1985—1998年	−5.64	−9.33	2.64
	1999—2005年	−14.71	−15.12	−0.77
	2006—2013年	−29.61	−24.11	10.14

续表

剔除的网络核心主体	时间段	网络凝聚力指数/%	整体网络密度/%	节点平均距离/%
教育部	1985—1998 年	−10.12	−17.34	10.42
	1999—2005 年	−39.04	−23.34	−8.41
	2006—2013 年	−6.07	−7.85	0.13
发改委	1985—1998 年	−22.57	−17.34	−1.29
	1999—2005 年	−7.81	4.05	−9.28
	2006—2013 年	−7.28	−12.44	0.97
财政部	1985—1998 年	−7.78	−12.00	6.95
	1999—2005 年	−5.11	−9.61	2.15
	2006—2013 年	−2.91	−12.44	1.95

总体上来看，科技部对于网络结构指标的影响是不断增强的，在第三阶段达到最大，对网络的稳定性起到了很大的作用，这正好匹配了对于网络主体广度—深度的研究。发改委在网络中的作用有所起伏，第一阶段效果最为明显，第二阶段对网络结构指标的影响很小。教育部对于网络结构指标的影响呈现倒 U 型，在第二阶段影响最为显著。财政部相对来说处于辅助的地位，总体地位不如前三个主体。

七、结论与启示

本文从政策发文主体的视角，运用社会网络分析方法对产学研成果转化政策主体合作网络进行了深入的分析，得出如下结论。

（1）我国产学研成果转化政策参与制定的部门很多，涉及 60 个相关部门，具有政出多门的基本特征。科技部、教育部、发改委、财政部是各个阶段联合发文的核心。随着时间的演进，科技部在网络中的作用越来越大，在第三阶段与其有关系的发文主体达到 25 个之多，由科技部单独发文以及牵头发文的总数有 138 条，占发文总数的 21.2%，可见科技部在产学研成果转化政策制定中的核心地位。

（2）单独发文排名靠前的有科技部、国务院、教育部、农业部以及发改委，而联合发文排名靠前的有科技部、教育部、发改委和财政部，可见不同部门在发文中偏重有所不同。一方面是因为部门属性，比如国务院处于国家行政管理的最高地位，因此发文更多偏向于单独发文；另一方面由部门本身的功能所决定，比如农业部，更多地是在自己独特的范围内单独发文，联合发文比较少。

（3）产学研成果转化政策主体合作网络有明显的阶段性特征。总体上看，主体合作网络规模不断扩大，经历了由集中型向中心均衡型的转变。网络密度呈现下降的趋势，各发文主体合作沟通依然有很大的空间。

（4）从发文效力级别来看，部门规章比重最大，行业规定和团体规定发文较少，具体的执行操作比较困难，没有形成效力级别的金字塔结构。从政策发文主体的合作广度和深度分析可知，不同部门在网络中的地位都是处在变化中的，教育部在网络中的作用整体有所下降，发改委作用有所起伏，科技部的核心作用不断增强，财政部对于网络结构的影响力在后续阶段才凸显出来。

基于以上结论，政策制定者在对产学研成果转化持续关注的同时，也要做出一些有针对性的应变。首先，政策各部门应该加强合作，保证政策制定的高效，防止资源的浪费。其次，在做好宏观规划的同时，也要加大对具体落实政策——"行业规定"的制定，保证政策的金字塔结构。最后，政策发文的核心主体要继续发挥应有的带头作用，保证网络的稳定。

本文的不足之处在于，基于产学研成果转化的政策主体网络演化的研究，虽然可以总结出网络结构的一些特点，并与政策的实施效果做出一定的比对分析，但是这些仅仅停留在描述阶段，并没有提出有效的建议。因此，进一步的研究将会考虑对现有网络结构特点与产学研成果转化效率之间的相关性做一定的量化分析。

参考文献

[1] 郝远. 加强官产学研联合，推动科技成果转化 [J]. 兰州大学学报，2001，29（5）：147–152.

[2] COOPER G. The national innovation system of Belgium, New York [J]. Physical, 2000.

[3] ARROW K J. The economic implication of learning by doing [J]. Review of Economics Studies, 1962 (29)：155–173.

［4］ BERT M. Methodological and technological issues in technology transfer ［J］. Research Policy，2003.

［5］ HENRY M. Technology transfer and national efficiency in developing countries ［J］. European Economic Review，2008，53（2）：237－254.

［6］ 陈祖新. 科技成果转化的一般过程及影响因素 ［J］. 运筹与管理，1995，4（2）：55－58.

［7］ 刘姝威. 提高我国科技成果转化率的三要素 ［J］. 中国软科学，2006，12（4）：60－66.

［8］ EISNER R. Government instrument to support the commercialization of university research：lessons from Canada ［J］. Technovation，2008（28）：506－517.

［9］ 胡冬雪，陈强. 促进我国产学研合作的法律对策研究 ［J］. 中国软科学，2013，21（2）：154－174.

［10］ 刘军. 社会网络分析导论 ［M］. 北京：社会科学文献出版社，2004.

［11］ 斯科特. 社会网络分析法 ［M］. 刘军，译. 重庆：重庆大学出版社，2007.

［12］ 弗里曼. 社会网络分析发展史 ［M］. 王卫东，译. 北京：中国人民大学出版社，2008.

［13］ 刘华，周莹. 我国技术转移政策体系及其协同运行机制研究 ［J］. 科研管理，2012，33（3）：105－112.

［14］ 吴进. 基于文本分析的我国产业共性技术创新政策研究 ［D］. 广州：华南理工大学，2013.

［15］ 操龙灿，杨善林. 产业共性技术创新体系建设的研究 ［J］. 中国软科学，2005，30（11）：77－82.

［16］ 刘凤朝，徐茜. 中国科技政策主体合作网络演化研究 ［J］. 科学学研究，2012，30（2）：241－248.

（原载《科学学与科学技术管理》2014 年第 7 期，与程强合著）

产学研合作国际研究的演化

产学研合作的最早典范可以追溯到第二次世界大战期间美国政府实施的"曼哈顿"计划，该计划的成功实施揭开了产学研合作的序幕。20 世纪 50 年代，美国斯坦福大学的"特曼式"产学研合作模式[1]造就"硅谷""波士顿 128 号公路园区"等产学研合作成功案例。而我国早期产学研合作实践可以追溯到 20 世纪五六十年代"两弹一星"高校、研究所与军工企业的联合研发。1992 年，由教育部、中科院及国家经贸委发起"产学研联合开发工程"开启了我国产学研合作的新篇章。

由于产学研合作有效促进经济发展，因此它成为许多国家创新政策中的重要议题[2]，同时产学研合作也引起了国内外学术界的日益关注。1966 年，美国学者 Lincoln 发表产学研合作研究领域的第 1 篇文献，首次对产学研合作进行系统分析，开创了该领域的研究先河。[3]20 世纪 80 年代，随着生物科技、信息通信等新兴产业的大量兴起，新兴产业的产学研合作以及技术转移成为当时学术界的重要研究议题。1995 年，美国学者 Etzkowitz 和荷兰学者 Leydesdorff 联合发表的文献[4]首次提出官产学"三重螺旋"非线性创新模型，重塑"政府—产业—大学"三方的相互关系和角色，颠覆了早期产学研线性创新模式，在学术界引起积极的反响。我国产学研合作研究起步较晚，该研究领域最早的文献出现在 1992 年。当年我国"产学研联合开发工程"的启动引发国内学术界对产学研合作的动因与影响因素、组织模式及治理机制、组织间关系与演变、交易成本及制度安排、合作效果评价等多方面研究。[5]随后 20 多年时间里，在广大学者不断努力下，我国产学研合作的研究取得长足发展。[5]为了总结产学研合作研究领域的发展脉络，有国内外学者尝试对该领域的成果进行梳理。[6-13]由于他们的研究数据或研究方法存在一定的局限性，使得产学研合作国际研究领域仍然缺乏有效定量分析和梳理，导致难于把握该领域的知识基础结构、研究热点及发展趋势。针对现有研究[6-13]存在的局限性，本文从科学知识图谱的视角，对产学研合作国际研究领域的文献进行分析，以期为更全面、更深刻地厘清该领域的研究现状与发展趋势提供新的参考及依据。

一、文献综述

由于产学研合作有效地促进一个国家或区域的创新资源联合以及科技成果转化[14]，因此世界许多国家纷纷制定相关政策来推动产学研之间有效联合，甚至将产学研合作提升为国家创新战略[5]。同时，产学研合作也成为国内外学术界关注的焦点，该领域的研究日趋活跃，研究成果也日益丰富。为了追踪产学研合作的研究历程，以期把握该领域的发展方向，有国内外学者采取定性或定量的方法对该领域的文献进行梳理。比如：Perkmann 等[6]采用文献综述的研究方法对产学研合作国际研究领域的文献进行梳理以揭示学者参与产学研合作活动和商业化活动的本质区别。刁丽琳等[7]对产学研合作的国外研究进行文献综述并将该领域的研究议题划分成四大类。但是文献综述是一种单纯的定性研究方法，因此该方法存在一定主观性。为了克服传统文献综述研究方法存在的局限性，有学者运用文献计量方法对产学研合作研究领域的文献进行研究。Teixeira 和 Mota[8]运用文献计量的方法，基于主题词对 1986—2011 年产学研合作国际研究领域的文献进行分析，发现该领域一共有 9 个方向研究主题。Calvert 和 Patel[9]和 Abramo 等[10]使用文献计量分析方法，以某特定国家的产学研合作研究领域的文献为对象，研究表明学者参与产学研合作实践有利于提升学术成果的质量。樊霞等[11]运用文献计量的方法对我国产学研合作研究领域的研究热点及发展方向进行梳理与分析。虽然他们所采用的文献计量方法在某种程度上克服了传统文献综述研究方法的缺陷，但是他们的研究在深入了解产学研合作研究的演化与特征上略显证据不足。为了更深入地刻画产学研合作研究的现状及发展趋势，克服基于描述性统计的文献计量方法的局限性，近年来越来越多的学者开始采用较为直观的知识图谱研究方法。比如：万晶晶[12]和闫杰等[13]基于科学知识图谱的分析视角对我国产学研合作研究领域的文献进行分析并得到该领域的知识结构、研究热点、研究前沿演进趋势等信息。不过，他们的研究数据仅来源于我国的文献，导致所获得的结论也仅局限于国内产学研合作研究领域。目前产学研合作国际研究领域的文献仍然缺乏有效定量分析和梳理，导致无法把握该领域的知识基础结构、研究热点及发展趋势，也造成对我国创新政策支撑的缺失。所以及时挖掘产学研合作国际研究领域的知识基础架构，洞察该领域的研究热点及前沿，研究演化路径及发展方向已显得非常迫切和重要。

为了克服现有研究[6-13]所存在的局限性，本文首次从科学知识图谱的视角对产学研合作国际研究领域的文献展开研究，而且所分析的文献时间跨度比较长，数量较大，来源广泛，采取的研究方法较为新颖，相对于现有相关研究[6-13]有明显的不同及改进。

二、研究方法与数据收集

科学知识图谱是一种以科学知识作为研究对象，使用可视化的方式形象地展示某研究领域的科学知识发展进程及结构的方法[15]。该方法有效地挖掘文献背后隐藏的特性、模式和趋势[16]，描绘该领域的知识架构，追溯发展历史及研究前沿，为研究某领域的科学知识提供一种独特的视角[17]，具有一定的理论意义和实践价值，在许多领域得到广泛运用[18]。比如 Swar 和 Khan[19]基于科学知识图谱分析视角，从共引作者、共引国家等方面分析南亚国家通信技术领域文献并得出该领域存在的问题与对策。Chen 和 Guan[20]通过建立共词与共引网络知识图谱来揭示生物纳米制药新兴研究领域的发展路径及研究前沿。张晓鹏、朱晓宇和刘则渊[21]基于知识图谱的研究方法对国际公共危机管理领域所发表的文献进行定量分析并得出该研究领域的现状及前沿态势。

Citepace 和 Ucinet 都是科学知识图谱中较为常用的可视化工具。Citepace 常用于分析某研究领域的科学知识结构[22]，获取该领域的知识基础、研究前沿、研究热点等有价值的信息，洞察研究演变过程[23]。Ucinet 是一款备受欢迎的社会网络分析工具，常用于关键词、参考文献、作者、机构等方面共引共现分析，以研究某领域的研究热点及网络结构问题。因此本文运用 Citepace 分析产学研合作国际研究领域的知识基础及研究演化过程，同时运用 Ucinet 挖掘产学研合作国际研究领域的热点问题。

本文所需的数据来源于 Web of Science 核心合集的 SCl-EXPANDED、SSCI 两大数据库。Web of Science 是由美国汤姆森集团开发的被公认最权威的连续动态更新的大型数据库，其中 Web of Science 核心合集收录全球最重要的学术期刊。它选刊严格，所收录的刊物质量较高，能给用户提供准确、有意义和及时的数据，而且该数据库拥有超过 100 年的回溯数据，从而确保用户能够对某特定研究领域深入和全面的检索。[24]

本文在参考 Perkmann 等[6]发表在 *Research Policy* 期刊上的一篇产学研合作综述文章的基础上，通过以下 5 个探索性检索步骤来确定最终的检索关键词。①为了检索涉及官产学合作"三重螺旋"模型的研究领域文献，同时排除生物学领域 DNA & RNA 相关文献干扰，将检索关键词确定为：TS ＝［triple helix AND（academi ＊ OR university ＊ OR facult ＊）AND（industry ＊ OR business ＊ OR company ＊）NOT（DNA OR RNA）］。一共检索出 213 篇，经过检查分析这 213 篇文献都是研究所需的文献。②为了检索与产学研合作研究领域相关的文献，将检索关键词确定为：TS ＝［（university-industry OR university-business OR university-company）AND（collaboration OR technology transfer OR knowledge transfer OR joint research OR contract research OR interact ＊ OR relation ＊ OR link ＊ OR commercial ＊ OR innovation ＊）］，一共检索出 849 篇，经分析所检索的文献符合本文研究所需。③为了检索产学研合作研究领域的文献，将检索关键词确定为：TS ＝［（academi ＊ OR university ＊ OR facult ＊）AND（industry ＊ OR business ＊ OR company ＊）AND（collaboration OR technology transfer OR knowledge transfer OR joint research OR contract research OR interact ＊ OR relation ＊ OR link ＊ OR commercial ＊ OR innovation ＊）］，一共检索出 7053 篇，但是发现所检索出来的绝大部分文献不是产学研合作研究领域的文献，表明该次检索不符合要求。为了改进检索，将 TS 改为 TI，即 TI ＝［（academi ＊ OR university ＊ OR facult ＊）AND（industry ＊ OR business ＊ OR company ＊）AND（collaboration OR technology transfer OR knowledge transfer OR joint research OR contract research OR interact ＊ OR relation ＊ OR link ＊ OR commercial ＊ OR innovation ＊）］，一共检索出 758 篇文献，经分析这次所检索的文献符合本文研究所需。④为了检索与产学研合作研究领域与校办企业相关的文献，将检索关键词确定为：TS ＝（academic entrepreneurship OR academic spin-offs），一共检索出 597 篇文献，但是发现所检索出来的绝大部分的文献不是产学研合作研究领域的文献，表明该次检索不符合要求。为了改进检索，将 TS 改为 TI，即 TI ＝（academic entrepreneurship OR academic spin-offs），一共检索出 72 篇文献，经分析所检索的文献符合本次研究所需。⑤为了检索官产学研合作研究领域的文献，将检索关键词确定为：TS ＝（university-industry-government），一共检索出 108 篇，经分析本次所检索的文献符合本文研究所需。

经过以上5个步骤的探索性检索，最终将产学研合作国际研究领域的文献检索范式确定为：TS = ［triple helix AND（academi ＊ OR university ＊ OR facult ＊）AND（industry ＊ OR business ＊ OR company ＊）NOT（DNA OR RNA）］OR TS = ［（university-industry OR university-business OR university-company）AND（collaboration OR technology transfer OR knowledge transfer OR joint research OR contract research OR interact ＊ OR relation ＊ OR link ＊ OR commercial ＊ OR innovation ＊）］OR TI = ［（academi ＊ OR university ＊ OR facult ＊）AND（industry ＊ OR business ＊ OR compa-ny ＊）AND（collaboration OR technology transfer OR knowledge transfer OR joint research OR contract research OR interact ＊ OR relation ＊ OR link ＊ OR commercial ＊ OR innovation ＊）］OR TI =（academic entrepreneurship OR academic spin-offs）OR TS =（university-industry-government）。初次检索出1572篇文献，将该研究领域的"会议摘要""会议论文"以及其他不相关的论文排除后，最终留下符合本次研究所需的文献1370篇，检索时间：2014年11月25日晚上。

三、产学研合作国际研究的三个发展阶段

本文借鉴文献计量学奠基人普赖斯提出的科技文献增长理论[25]，将产学研合作国际研究划分为三个发展阶段，如图1所示。

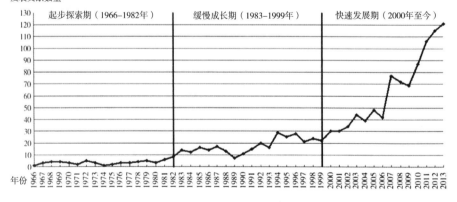

图1 产学研合作国际研究的三个发展阶段

（资料来源：笔者检索下载 Web of Science 核心合集的数据整理而成）

1. 起步探索期：1966—1982 年

尽管产学研合作在 20 世纪 50 年代之前已经在美国出现，但是最初 10 多年时间里，学术界对其研究非常少，一个主要原因在于当时学术界普遍推崇凯恩斯经济学理论[26]，导致创新理论的研究备受冷落。1966 年美国学者 Lincoln[3] 发表产学研合作研究领域的第 1 篇文献，首次对产学研合作进行系统研究，开创了该领域的研究先河。20 世纪 70 年代西方国家出现石油经济危机，西方经济普遍陷入低谷，凯恩斯经济理论无法解答西方经济可持续增长的问题，熊彼特创新理论才引起大家的关注，同时产学研合作也逐渐进入学术界的研究视野。在 20 世纪 80 年代之前，学术界对产学研合作的研究还是比较零星，每年该研究领域的文献数量都没有超过 10 篇，也没有出现高被引文献。

2. 缓慢成长期：1983—1999 年

20 世纪 80 年代初期，美国经济大国地位日益受到德国、日本等新兴国家的挑战，汽车、钢铁等传统优势产业日益衰落。美国总统里根上台后为了扭转经济颓势，颁布"营造产业创新氛围"等系列政策。同时，美国国会通过"拜杜法案（Bay-Dole Act）"，鼓励高校专利成果产业化，大力推动产学研合作。日本为了应对经济全球化的竞争环境，巩固经济大国的地位，提出"产学官三位一体"政策促进产学研合作。再加上 20 世纪 80 年代中后期生物科技、信息通信等新兴产业的大量兴起，由于新兴产业是一个知识密集型产业，比其他行业更迫切通过产学研合作来支撑产业的发展。在这种社会背景下，许多国家意识到产学研合作的必要性及重要性，纷纷通过立法等形式营造产学研合作的良好氛围。同时产学研合作开始引起了学术界的普遍关注，新兴产业的产学研合作技术转移，技术转移等成了当时学术界的关注的热点问题。所以产学研合作在该阶段也得到学术界的系统性研究，每年发表的论文数基本在 10～30 篇之间波动。

3. 快速发展期：2000 年至今

进入 21 世纪后，随着科技全球化的日益深入，国际竞争的日益加剧，技术更新的速度不断加快，企业面临着不断创新的压力。单靠企业自身的研发力量不断实现创新的方式已不能维系，企业必须要通过产学研合作来寻求外部知识源提升创新能力，同时许多国家也意识到加强产学研合作对提升国家创新能力和核心竞争力具有重大的现实意义。为了创造产学研合作良好的社会环境，许多国家出台相关法律和政策，完善产学研合作支持机制，不断加大宣传力度，甚至将产学研合作提升为国家创新战略。比如：德国的"中小企业创新技能计划"、意大利的"2005—2007国家研究计划"、中国的《国家中长期科学和技术发展规划纲要（2006—2020年)》。随着产学研合作实践的不断推进，传统产学研线性合作模式遇到了前所未有的挑战。融资渠道不畅、信息不对称、合作交易成本过高等问题日益突出，这些问题的解决在许多国家显得非常迫切和重要。官产学"三重螺旋"非线性创新模型的提出，对解决传统产学研线性合作模式所带来的问题具有借鉴作用，也引起学术界的广泛关注。在这种时代背景下，产学研合作国家研究领域在该阶段的每年文献发表量由2000年的30篇攀升到2013年的90篇，增幅为3倍，充分表明了产学研合作的国际研究日益活跃。

四、产学研合作领域的研究热点

研究热点是指研究领域在某一个时间段内，由相对较多数量的而且有内在联系的一组文献所研究的某一专题[27]。关键词在整篇文献中所占的比例虽然非常小，但其却是一篇文献研究主题的高度凝练及概括，代表某一个领域知识点及研究热点[28]，所以通过分析某研究领域的高频关键词来确认该领域的研究热点是一种可行的方法[29,30]。共词分析法是一种基于文献内容的分析方法，通过统计某领域科技文献的高频关键词共同出现的频次来确定它们的亲疏关系及代表的研究热点[31]。为了确定产学研合作国际研究领域出现的高频关键词，本文借鉴Donohue提出的高频低频词模型[32]，如式（1）所示，其中I_1是某研究领域只出现过1次的低频关键词数量，n是该领域高频关键词的临界值。

$$n = \frac{1}{2}(-1 + \sqrt{1 + 8I_1}) \tag{1}$$

本文运用BibExcel工具对从Web of Science核心合集下载的产学研合作研究领域1370篇文献的关键词进行梳理，并将相同含义的关键词进行合并整理，最终确认该研究领域一共有501个关键词，其中只出现过1次的低频关键词数量为147个。通过式（1）计算产学研合作国际研究领域高频关键词的临界值为16.65，最终确认该研究领域一共有13个高频关键词，见表1。"技术转移（technology transfer）"出现的频次为117次，是产学研合作国际研究领域出现频次最高的关键词，表明当前学术界很关注高校与企业之间的技术转移问题，也反映了产学研合作最本质目的是如何通过合作来实现技术的有效转移。其次是"产学关系（university-industry relations）""产学合作（university-industry collaboration）"，出现频次分别是 102 次和 85 次，表明产学之间的关系及合作问题是该领域的一个研究热点。产学双方采取合作模式及在合作过程中扮演角色仍然是当前产学研合作国际研究领域的一个重要议题。另外，高频关键词"三重螺旋（triple helix）"一共出现 74 次，研究发现关键词"三重螺旋（triple helix）"自从 1995 年美国学者 Etzkowitz 和荷兰学者 Leydesdorff 联合发表的文献[4]首次出现后，"三重螺旋（triple helix）"成了产学研合作国际研究领域的新兴关键词。官产学"三重螺旋"是 20 世纪 90 年代中期发展起来的一种国家创新理论，该理论借鉴生物学 RNA & DNA 假想的三重螺旋模型来研究官、产、学三方在国家创新系统中应扮演的角色以及相互关系，提出一种新的产学研非线性融合模式，颠覆了传统的线性创新模式，引起了学术界、产业界以及政府政策制定者的普遍关注。"三重螺旋（triple helix）"创新理论的提出，也表明学术界已经由从早期的产学研主体之间简单的线性创新模式的研究跨入到当代的产学研非线性融合模式的研究，在产学研合作研究领域具有重要里程碑意义。

表 1 产学研合作国际研究领域所发表文献出现的高频关键词

序号	关键词	词频	点中心度	中间中心度
1	technology transfer	117	54	21.000
2	university-industry relations	102	27	0.000
3	university-industry collaboration	85	18	0.000
4	triple helix	74	6	0.000
5	innovation	74	15	8.000
6	academic entrepreneurship	61	18	20.667
7	patent	45	18	2.000
8	university	41	18	32.333
9	biotechnology	26	7	0.667
10	collaboration	22	4	0.667

序号	关键词	词频	点中心度	中间中心度
11	entrepreneurship	20	5	0. 333
12	nanotechnolog	17	5	3. 000
13	R&D	17	11	2. 333

通过 BibExcel 工具将产学研合作研究领域 13 个高频关键词构建共词矩阵，然后将共词矩阵输入 Ucinet 软件分析各个关键词的点中心度及中间中心度，并通过内嵌于 Ucinet 的 NetDraw 软件生成可视化结构图，如图 2 所示。

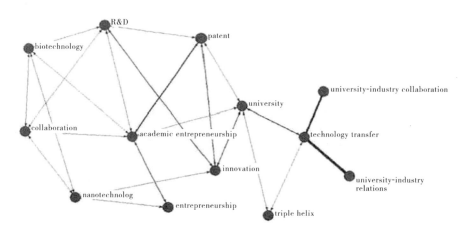

图 2　产学研合作国际研究领域的高频关键词共现网络结构

由图 2 发现关键词"技术转移（technology transfer）"的点中心度最高，而且中间中心度也仅次于关键词"大学（university）"，表明了"技术转移"在当前产学研合作国际研究领域是一个非常重要的研究热点。同时发现关键词"技术转移（technology transfer）"与"产学关系（university-industry relations）""产学合作（university-industry collaboration）"联系较为紧密，其中与"产学关系（university-industry relations）"共现次数为 27 次，与"产学合作（university-industry collaboration）"共现次数为 18 次，表明当前学术界在研究"产学关系""产学合作"时常常将产学之间的"技术转移"作为一个重要的研究议题。常见的研究议题包括：①哪些因素影响产学研合作的技术转移；②产学研技术转移的路径及模式；③技术转移对大学和企业所带来的影响；④技术转移对区域创新和国家创新的影响。

关键词"大学（university）"的中间中心度最高，而且与"专利（patent）""校办企业（academic entrepreneurship）""创新（innovation）""三重螺旋（triple helix）"等关键词紧密联系，表明当前产学研合作国际研究领域涉及专利、校办企业、创新、三重螺旋等热点问题与"大学"密切相关。常见的研究议题包括：①大学积极申请专利的行为对产学合作的影响；②大学与校办企业的相互作用及影响；③大学与产业创新的联系，比如大学如何影响产业创新以及产学研合作如何影响大学的创新；④大学是官产学三重螺旋的一个主要成员，也是技术知识创造的重要来源，其在官产学三重螺旋模型中所扮演的角色以及与其他成员的联系。

由图 2 还发现"生物科技（biotechnology）""纳米科技（nanotechnology）""研发（R&D）""校办企业（academic entrepreneurship）""合作（collaboration）"等关键词联系较为紧密，是因为"生物科技（biotechnology）""纳米科技（nanotechnology）"是一个知识密集型行业，比其他行业更需要通过"产学研合作（collaboration）"的方式来提升其"研发（R&D）"水平，而该行业在早期往往由"校办企业（academic entrepreneurship）"孵化演变而成。这些关键词的出现表明了高科技行业产学研合作模式已经成为当前产学研合作国际研究领域的一个热点议题。总之，通过对当前产学研合作研究领域 13 个高频关键词进行分析，可以获知当前该领域的研究热点主要包括：①产学研合作"技术转移（technology transfer）"的研究；②以"大学（university）"为议题的相关研究，如产学研合作对大学学术活动的影响，大学如何影响产学研合作以及大学参与产学研合作所扮演的角色问题；③官产学"三重螺旋（triple helix）"创新模式的研究；④"生物科技（biotechnology）""纳米科技（nanotechnology）"等高新技术产业的产学研合作模式的研究。

五、产学研合作的国际研究演化历程

通过文献共被引分析来研究某领域或学科进展及理论演化的学者是美

国科学计量学家 Small，他在 1973 年提出将文献共被引关系作为计量文献之间关系的方法：当两篇文献被第三篇文献同时所引用，那么这两篇文献之间就成为共被引的关系[33]。通过文献共被引分析，可以揭示科学知识之间的关系，获取某研究领域的知识基础、变化状况及其发展趋势等有价值信息[34]。知识基础是指之前已经发表的文献由于被某研究领域的文献所引用而构成了该研究领域的知识基础；而研究前沿是指那些引用知识基础的施引文献，可以通过分析施引文献及所出现的高频关键词来确定该领域的研究前沿及热点[35]。使用 CiteSpace 软件对所下载的某研究领域的文献进行共被引分析，根据各节点（文献）之间的连线颜色及各节点（文献）所处的时间段，可以很直观地挖掘到该领域在各个发展阶段的知识基础、研究热点及研究前沿等有价值信息，同时可以追踪该领域的研究在各个发展阶段如何实现依次更迭及演化[35]。

为了从总体上把握产学研合作国际研究领域的知识基础结构及研究演化过程，本文运用 CiteSpace Ⅲ 软件对从 Web of Science 核心合集下载的国际产学研合作领域 1370 篇文献进行共被引分析，选择 10 年作为一个时间区段，并选取每个时间区段被共引最高的前 30 篇文献。为了消除冗余的信息和获得清晰引文网络，选择"聚类视角"选项，CiteSpace Ⅲ 软件运行后自动显示出该研究领域的文献共被引聚类视角知识图谱，如图 3 所示。

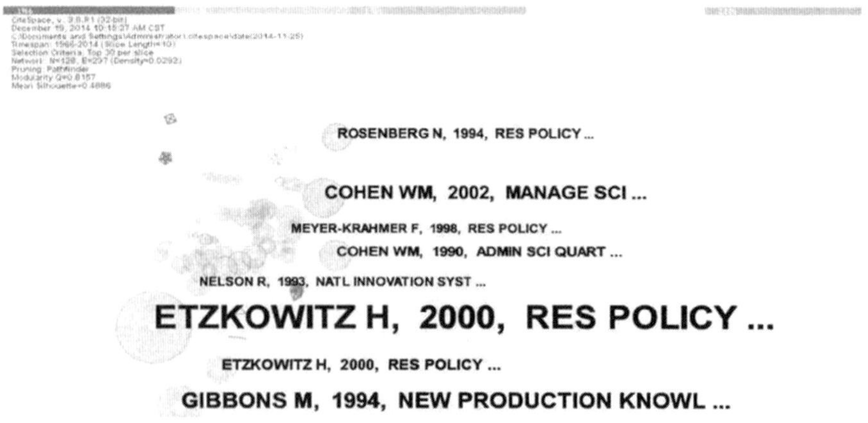

图 3　产学研合作国际研究领域文献共被引聚类视角
的知识图谱（1966—2014 年）

在 20 世纪 60—80 年代期间，产学研合作国际研究领域关键节点文献和高被引文献较为鲜见，表明早期该领域的研究不够活跃。当时出现一篇中心度较高的文献是 1986 年美国学者 Blumenthal 在 *Science* 期刊上发表题名为 "University-industry research relationships in biotechnology：implications for the university（《生物技术领域产学研合作对高校的影响》）的文献。

在 20 世纪 80 年代西方发达国家新兴产业如生物科技大量兴起的背景下，该文研究高校参与产学研合作对其学术研究所造成正面与负面的影响。该文的中心度为 0.15，被引次数为 35 次（文章的被引次数的检索时间：2014 年 12 月 5 日上午，下同。），成为产学研合作国际研究领域早期最具有影响力的文献之一。1994 年，Gibbons 等所著的一本书深受学术界关注，书名为 *The new production of knowledge：The dynamics of science and research in contemporary societies*（《在科技不断发展的当代社会：知识创造的新方式》）。该书提出了著名的"模式 2"创新理论，该理论提出创新主体跨越时空边界实现创新交汇的一种新思想，改变学术界一直以来使用线性创新模型解释产学研合作技术创新活动，为官产学"三重螺旋（Triple Helix）"非线性融合创新模式奠定了理论基础。

进入 21 世纪后，产学研合作的国际研究日益活跃。2000 年美国学者 Etzkowitz 和荷兰学者 Leydesdorff 在 *Research Policy* 期刊上联合发表题名为 "The Dynamics of Innovation：from National Systems and Mode 2 to a Triple Helix of University-industry-government Relations"（《持续创新的动力：从国家创新系统和模式 2 到官产学三重螺旋演变》）的文献，该文的引用次数高达 773 次（Google 检索被引用次数为 3692 次），是目前在产学研合作国际研究领域被引次数最高的文献。该文借助生物学的 RNA & DNA 假想三重螺旋理论模型来全面阐述官产学三方之间的相互关系，并重新定位官产学三方所扮演的角色及职责，引起了学术界的强烈反响，该文也成为产学研合作国际研究领域共被引网络中的关键节点文献之一。另外，产学研合作国际研究领域的知识基础网络里，中心度最高的文献是 2002 年美国学者 Cohen 和 Nelson 等学者在 *Management science* 期刊上发表的题名为 "Links and Impacts：The Influence of Public Research on Industrial R&D"（《关联与影响：公共研究机构对产业界研发的影响》）的文献，该文献研究美国公共研究结构的研究成果对不同类型的企业所造成的影响也不同，从而揭示哪些产业更需要通过产学研合作来提升核心竞争力。该文被引次数为 450 次（Google 检索被引用次数为 1678 次），是进入 21 世纪后在产学研合作国际研究领域具有较高影响力的文献之一。

为了追踪产学研合作国际研究的演化历程，本文使用可视化工具 CiteSpace Ⅲ软件，采用时区视角的研究方法，对产学研合作国际研究领域的文献进行被共引分析。选择 10 年为一个时间区段，并选取每个时间区段被共引最高的前 30 篇文献，生成产学研合作国际研究演化图谱，如图 4 所示。根据产学研合作国际研究的 3 个发展阶段（起步探索期、缓慢成长期及快速发展期）划分相应的 3 个知识群，然后分析每个知识群的知识基础网络架构的关键节点文献，具有影响力的文献及高频关键词，揭示该研究领域在将近 50 年以来的研究演化和发展趋势。

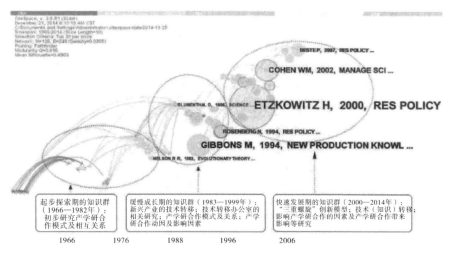

图 4　产学研合作国际研究领域文献共被引演进时区
视角的知识图谱（1966—2014 年）

（一）起步探索期的知识群（1966—1982 年）：初步探讨研究产学研合作模式及相互关系

尽管产学研合作在 20 世纪 50 年代已经在美国出现，但是在其出现后的 10 多年时间里，学术界对这种新出现创新模式的研究非常少。通过对 Web of Science 核心合集检索发现该数据库收录的第 1 篇产学研合作领域的文献[3]出现在 1966 年，比产学研合作模式的出现落后十多年，反映了当时学术界对产学研合作领域的漠视。20 世纪 70 年代，西方国家出现石油经济危机，经济普遍陷入低谷，凯恩斯经济理论无法解答西方经济可持续增长的问题，熊彼特的创新理论这时才引起大家的关注，产学研合作也逐渐进入学术界的研究视野。

运用 CiteSpace Ⅲ 软件对 1966—1982 年产学研合作国际研究领域所发表文献的参考文献被共引分析，发现本阶段该研究领域的知识基础网络一共有 3 篇关键的节点文献。这些节点文献是产学研合作国际研究领域早期的奠基之作，见表 2。

表 2　1966—1982 年期间知识基础共被引关键节点文献

作者	节点文献	文献来源	发表时间	被引频次	中心度
Schumpter J	*Theory of Economic Development*	Harvard University Press	1912	38	0.08
Rogers E M	*Diffusion of Innovations*	New York Free Press	1962	22	0.05
Burnts T	*The Management of Innovation*	Oxford University Press	1961	17	0.01

1912 年，Schumpter 所著的德文版 *Theory of Economic Development*（《经济发展理论》）首次提出创新理论，将创新视为经济发展的新动力。该文的中心度为 0.08，被引次数为 38 次，成为产学研合作国际研究领域早期的重要知识基础之一，表明该研究领域早期的理论源头部分来源于熊彼特创新理论。

1962 年，美国新墨西哥大学 Rogers 所著的 *Diffusion of Innovations*（《创新扩散》）是创新扩散理论的奠基之作，也是产学研合作研究领域早期的重要知识基础之一。该文的中心度为 0.05，被引频次为 22。该文研究 508 个技术（知识）如何实现扩散的案例后，提出著名的创新扩散 S 曲线理论，该理论深刻地影响到产学研合作国际研究领域的早期研究。

1961 年，英国爱丁堡大学学者 Burns 所著的 *The Management of Innovation*（《创新管理》）是基于社会组织理论及产业社会学理论角度，提出产业和商业创新行为。该文的中心度为 0.01，被引次数为 17 次，成为产学研合作国际研究领域早期的重要知识基础之一。

总之，通过对本阶段产学研合作国际研究领域的知识基础共被引关键节点文献分析，可以获知该领域早期研究的知识理论基础主要来源于 Schumpter 的创新理论及 Rogers 的创新扩散理论，也充分表明了技术创新、创新扩散等创新理论深刻地影响产学研合作国际研究领域的早期研究。

在本阶段产学研合作国际研究领域一共有 64 篇文献发表，其中有 3 篇文献在该领域具有较大的影响力，见表 3。

表 3　1966—1982 年发表的重要文献（被引用频次 5 次以上）

作者	重要文献	文献来源	发表时间	引用频次
Rager D J, Omenn G S	"Research, Innovation, and University-industry Linkages"	*Science*	1980	38
Roy R	"University-industry Interaction Patterns"	*Science*	1972	7
Azároff L V	"Industry-university Collaboration: How to Make it Work"	*Research Management*	1972	6

1980 年，美国学者 Rager 和 Omenn 在 *Science* 期刊上发表题名为 "Research, Innovation, and University-industry Linkages"（《研究、创新、大学与产业的联系》）的文章。在美国卡特政府出台系列新政推动产学研合作的背景下，该文研究美国产业与高校在科研上合作的现状及发展趋势，并分析产学研合作采取的模式及政府在推动产学合作所扮演的角色。由于该文对官、产、学三方合作的模式如何促进经济发展进行较为充分系统论证，在早期产学研合作国际研究领域具有一定的影响力。该文引用频次为 38 次，是本阶段引用频次最高的文献。

1972 年，美国学者 Roy 在 *Science* 期刊上发表题名为 "University-industry Interaction Patterns"（《大学与产业的互动模式》）的文章。该文探讨在公共财政资助不变的情况下，为了加大科研经费的投入，提升科研转化效率，政府如何推动产学研更有效地合作。该文被引频次为7次，也是本阶段具有一定影响力的文献之一。

1972年，日本学者Azároff在*Research Management*期刊上发表题名为"Industry-university Collaboration：How to Make it Work"（《产学合作模式——如何让该模式运行起来》）的文献。该文主要研究产学双方如何有效地互动才能维持这种合作模式。该文被引频次为6次，在早期国际产学研合作研究领域具有一定的影响力。

总之，通过对产学研合作国际研究领域的早期文献进行分析，发现该领域在本阶段只是停留在产学研合作模式，产学研如何加强联系，产学研之间如何协调相互关系等问题的初步研究。

对本阶段产学研合作国际研究领域出现的高频关键词进行确认，发现"university-industry"（产—学）"collaboration"（合作）"relationship"（关系）"interaction"（相互作用）等词汇在本阶段高频出现，见表4。这表明产学研合作国际研究领域当时的研究热点主要包括：产学双方如何实现有效合作，产学合作的模式及双方在科研合作上的相互关系。关键词"research"（科研）和"innovation"（创新）的出现，表明当时学术界研究产学研合作的一个重要议题是产学双方如何实现在科研上的有效合作，从而达到创新的目标。另外，关键词"aerospace research"（航天航空研究）出现在该阶段所发表的文献上，表明了航天航空行业的产学研合作成为当时学术界关注的议题。因为航天航空行业是一个技术（知识）密集型行业，而技术（知识）密集型行业比其他行业更需要产学研合作来提升其研发水平，因此航天航空行业的产学研合作成为早期产学研合作国际研究领域的一个研究热点。

表4 1966—1982年发表文献出现的高频关键词

序号	关键词	词频	序号	关键词	词频
1	university-industry	25	5	research	5
2	collaboration	15	6	innovation	4
3	relalionship	12	7	aerospace research	2
4	interaction	8	—	—	—

通过对本阶段产学研合作国际研究领域的知识基础共被引关键节点文

献分析，可以获知该领域早期研究主要受到熊彼特（Schumpter）创新理论和罗格斯（Rogers）创新扩散理论的影响。通过对本阶段产学研合作国际研究领域所发表的重要文献及出现的高频主题词进行分析发现早期所研究的议题比较零星，产学研线性创新模式是本阶段的主流研究视角，研究的议题只是初步探讨产学研合作模式、产学研如何加强联系，产学研之间的关系。

（二）缓慢成长期的知识群（1983—1999 年）：生物制药等新兴产业的技术转移路径及影响因素、以技术转移办公室为议题的相关研究、产学研相互关系及合作模式、产学研合作的动因以及产学研合作带来影响等研究

进入 20 世纪 80 年代，随着竞争的日益加剧，技术更新的速度不断加快，企业面临着不断创新的压力。西方许多国家意识到单靠企业自身的研发力量实现不断创新的方式已不能维系，企业必须要寻求外部知识源实现创新。因此许多国家纷纷建立相关法律和支持机制，鼓励产学研之间形成更紧密的互动。在这种背景下，产学研合作得到学术界的普遍关注，该研究领域的文献发表数量在 1983 年突破 10 篇，并在随后一段时间里文献发表数量处于不断增长状态。

本文运用 CiteSpace Ⅲ 软件对 1983—1999 年期间产学研合作国际研究领域所发表文献的参考文献被共引分析，挖掘到本阶段该研究领域知识基础网络 8 篇最关键的节点文献，如表 5 所示。

表 5　1983—1999 年知识基础共被引关键节点文献（中心度超过 0.1）

作者	节点文献	文献来源	发表时间	被引频次	中心度
Feller I	"Universities as Engines of R&D-Based Economic Growth: They Think They Can"	*Research Policy*	1989	24	0.33
Blumenthal D, Gluck M, et al.	"University-industry Research Relationships in Biotechnology: Implications for the University"	*Science*	1986	35	0.15

作者	节点文献	文献来源	发表时间	被引频次	中心度
Nelson R R, Winter S G	"An Evolutionary Theory Economic Change"	*Technology In Society*	1982	58	0.15
Zucker L G, Darby M R, Armstrong J	"Geographically Localized Knowledge: Spillovers or Markets?"	*Economic Inquiry*	1998	23	0.13
Henderson R, Jaffe A B, Trajtenberg M	"Universities as a Source of Commercial Technology: A Detailed Analysis of University Patenting, 1965–1988"	*The Review of Economics and Statistics*	1998	21	0.13
Narin F, Hamilton K S, Olivastro D	"The Increasing Linkage between US Technology and Public Science"	*Research Policy*	1997	17	0.11
Rubenstein A II, Geisler E	"Evaluating the Outputs and Impacts of R&D Innovation"	*International Journal of Technology*	1991	6	0.11
Gibson D V, Smilor R W	"Key Variables in Technology Transfer: A Field-study Based Empirical Analysis"	*Journal of Engineering and Technology Management*	1991	2	0.11

1989 年，美国学者 Feller 在 *Research Policy* 期刊上发表一篇题名为"Universities as Engines of R&D-Based Economic Growth: They Think They Can"（《大学成为知识经济发展的动力》）的论文。在拜杜法案影响下，许多美国高校将各种知识申请专利并商业化，该文研究高校这种行为对经济发展所造成的影响。由于该文紧扣当时的时代背景，充分论证美国政府所推动的政策给产学研合作以及经济发展所带来的影响，引起政界、企业

界和学术界的广泛关注。该文被引频次为 24 次，中心度为 0.33，它是本阶段产学研合作国际研究领域知识基础网络里中心度最高的文献。

1986 年，美国学者 Blumenthal 等人在 Science 期刊上发表题目为 "University-industry Research Relationships in Biotechnology：Implications for the University"（《生物技术领域产学研合作对高校的影响》）的论文。在生物技术等新兴产业兴起背景下，该文研究高校参与产学研合作实践对高校的学术研究及教学带来的正负面影响，并提出相关的建议。该文被引用 35 次，中心度为 0.15，也是本阶段产学研合作国际研究领域知识基础网络中非常重要的一篇关键节点文献。

创新领域的经典文献——"An Evolutionary Theory Economic Change"（《经济变迁的演化理论》）出现在本阶段产学研合作国际研究领域的知识基础网络中，其被引 58 次，中心度为 0.15。1982 年，Nelson 和 Winter 所著的 "An Evolutionary Theory Economic Change"（《经济变迁的演化理论》）是演化经济学众所周知的奠基之作，该文运用生物演化理论来研究企业技术变异和产业演化过程，并发现了演化经济学范式。

经济变迁的演化理论曾经被产学研合作研究领域许多学者所引用，比如，美国学者 Etzkowit 和荷兰学者 Leydesdorff 联合发表的产学研合作国际研究领域被引频次最高的文献——"The Dynamics of Innovation：from National Systems and Mode 2 to a Triple Helix of University-industry-government Relations"（《持续创新的动力：从国家创新系统和模式 2 到官产学三重螺旋演变》）。该文将经济变迁演化理论作为重要的理论依据。这充分表明产学研合作国际研究领域在本阶段受到经济变迁演化理论的影响。

产学研合作国际研究领域在本阶段一共有 304 篇文献发表，表 6 列出该研究领域在本阶段最具有影响力的 10 篇文献。

表 6　1983—1999 年发表的最具有影响力（被引用频次最高）10 篇文献

作者	重要文献	文献来源	发表时间	引用额次
Etzkowitz H	"The Norms of Entrepreneurial Science：Cognitive Effects of the New University-industry Linkages"	*Research Policy*	1998	235

作者	重要文献	文献来源	发表时间	引用额次
Meyer-Krahmer F, Meyer-Krahmer F	"Science-based Technologies: University-industry Interactions in Four Fields"	*Research Policy*	1998	220
Blumenthal D, Campbel E G, Causino N	"Participation of Life-science Faculty in Research Relationships with Industry"	*New England Journal of Medicine*	1996	189
Lee Y S	"'Technology Transfer' and the Research University: A Search for the Boundaries of University-industry Collaboration"	*Research Policy*	1996	147
Blumenthal D, Cluck M, Louis K S	"University-industry Research Relationships in Biotechnology Implications for the University"	*Science*	1986	147
Bonaccorsi A, Piccaluga A	"A Theoretical Framework for the Evaluation of University-industry Relationships"	*R&D Management*	1994	96
Etzkowitz H, Leydesdorff L	"The Endless Transition: A 'Triple Helix' of University-industry-government Relations"	*Minerva*	1998	72
Vedovello C	"Science Parks and University-industry Interaction: Geographical Proximity between the Agents as a Driving Force"	*Technovation*	1997	64
Quintas P, Wield D, Massey D	"Academic-industry Links and Innovation-Questioning the Science Park Model"	*Technovation*	1992	47

作者	重要文献	文献来源	发表时间	引用额次
Blumenthal D	"Academic-industry Relationships in the Life Sciences-extent, Consequences, and Management"	*Journal of The American Medical Association*	1992	42

　　1998 年，美国纽约大学学者 Etzkowitz 在 *Research Policy* 期刊上发表题名为 "The Norms of Entrepreneurial Science：Cognitive Effects of the New University-industry Linkages"（《创业科学的规范：大学与产业界一种新联系的认知所带来的影响》）的文献。校办企业成为一种主流产学研合作模式的背景下，该文研究作为知识创造源头的大学如何通过校办企业将知识转化为生产力来促进经济的发展。该文提出大学与产业界由传统的联系（大学仅仅给产业界提供顾问服务及培养人才）转变成新的联系（大学与产业界的角色及界限模糊化），大学扮演企业部分角色，企业也扮演大学部分角色等系列新思想。该思想引起学术界积极反响，被引频次为 235 次，是本阶段产学研合作国际研究领域最具有影响力的一篇文献。

　　1998 年，德国学者 Meyer-Krahmer 在 *Research Policy* 期刊上发表题名为 "Science-based Technologies：University-industry Interactions in Four Fields"（《产学之间在以科学知识为支撑的 4 个技术领域的相互关系》）的文献。该文研究发现不同行业的产学研合作存在明显差异，例如科技型行业如制药、生物技术、信息业比其他行业更加需要产学研合作；还发现产学合作过程中知识转移路径不是单向流动（由高校流向企业），而是双向流动，并使用德国高新技术行业的产学研合作行为进行验证。该文提出的知识转移流动双向性及产学研合作在行业差异性等新思想引起了学术界的普遍关注。该文引用频次为 220 次，也是本阶段最具有影响力的文献之一。

　　1996 年，美国 Blumenthal 等学者在期刊 *New England Journal of Medicine* 发表题名为 "Participation of Life-science Faculty in Research Relationships with Industry"（《生物科技领域的高校学者与产业的关系》）的文献。

该文通过研究美国生物科技领域产学研合作的案例，发现产学研合作不仅影响到大学学者在学术研究方向的选择（更加倾向于应用性研究），而且还改变大学学者对研究成果所持的态度及行为（更加倾向于保密和商业化）。该文的被引频次为 189 次，也是该研究领域在本阶段最具有影响力的文献之一。

通过对产学研合作国际研究领域在本阶段最具有影响力的 10 篇文献进行分析，本文发现当时学术界除了对产学模式及相互关系进行研究外，还开拓了许多新的研究领域，例如：产学合作在不同行业的差异性，产学合作对高校的影响，高新技术行业产学合作的技术（知识）转移及影响因素，官产学"三重螺旋"创新模型。

通过对 1983—1999 年产学研合作国际研究领域出现的高频关键词进行分析，发现该领域在本阶段出现许多新的高频关键词，同时一些传统高频关键词出现的频次也被新出现的高频关键词所超越。比如"technology transfer"（技术转移）、"biotechnology"（生物技术）等关键词出现的频次超过"university-industry collaboration"（产学合作）、"university-industry relations"（产学关系）等传统高频关键词，见表 7。

表 7　1983 — 1999 年发表的文献出现的高频关键词（2 次及以上）

序号	关键词	词频	序号	关键词	词频
1	technology transfer	11	8	Stanford University	2
2	biotechnology	11	9	intellectual property	2
3	university-industry relations	11	10	Japan	2
4	university-industry collaboration	7	11	motivation	2
5	patent	6	12	obstacle	2
6	innovation	6	13	conflict	2
7	technology transfer offices	3	14	triple helix	2

这表明产学研合作国际研究领域在本阶段除了产学合作、产学双方相关关系等传统研究议题外，还出现许多新的研究议题，比如：产学合作的技术转移问题，生物技术产业的产学研合作模式。因为在 20 世纪 80 年代中后期，生物科技等新兴产业兴起，而这些产业是知识密集型行业，相对于其他行业更需要通过产学研合作的方式从高校获取技术知识来支撑产业

的发展，所以高新技术产业的产学研合作模式以及产学研合作过程的技术转移成为本阶段的研究热点。另外，该领域在本阶段还出现其他新的高频关键词，比如："technology transfer ofices"（技术转移办公室）、"patent"（专利）、"intellectual property"（知识产权）、"Stanford University"（斯坦福大学）。这些高频关键词的出现并不偶然，因为1980年美国国会通过拜杜法案后，美国很多高校（比如斯坦福大学）成立技术转移办公室，将科研成果申请成各种专利，强化发明创造的知识产权意识。因此技术转移办公室的技术转化效率，高校申请专利的行为，知识产权意识的提升对高校、企业及经济所造成的影响等都成为当时学术界新的研究热点。高频关键词 "motivation"（动机）、"obstacle"（障碍）的出现更多地表明了产学研合作领域已经由原先单纯的产学研相互关系及模式的研究扩展到对产学研合作动因的研究。关键词 "conflict"（冲突）的高频出现也表明学术界开始关注产学研合作实践可能带来的不利影响，例如产学研合作是否束缚学术研究自由，影响知识成果的扩散等问题。还有关键词 "Japan"（日本）的出现，表明学术界日益关注日本的产学研合作。原因在于日本经济的腾飞给美国的经济霸主地位带来威胁，很多西方学者研究日本经济腾飞的原因，其中包括日本的产学研合作实践。另外高频关键词 "triple helix"（三重螺旋）的出现，表明了官产学"三重螺旋"创新模型在本阶段已经引起学术界的关注。总之，通过对本阶段出现的高频关键词进行筛选分析，发现产学研合作国际研究领域的研究议题比上阶段丰富许多，研究的热点由上阶段的产学双方关系及合作的研究拓展到本阶段产学研合作过程的技术转移、产学合作动因及产学合作的影响等多领域的研究，另外官产学三重螺旋的研究在本阶段已经出现。

通过对本阶段产学研合作国际研究领域的知识基础共被引关键节点文献分析可以获知，1982年 Nelson 和 Winter 所著的 "An Evolutionary Theory Economic Change"（《经济变迁的演化理论》）是该研究领域的理论来源之一，表明产学研合作国际研究领域在本阶段受到经济变迁演化理论的影响。通过对产学研合作国际研究领域在本阶段所发表的最具有影响力的文献及出现的高频主题词进行分析，发现该领域的研究范围比上一阶段拓展了许多。产学研合作线性创新模式在本阶段仍然是主流研究视角，同时产学研非线性融合模式的研究视角已经出现。本阶段的研究议题主要包括：生物制药等新兴产业的产学研合作技术转移路径及影响因素，以技术转移办公室（TTOs）为议题的相关研究，产学研相互关系及合作模式，产学研合作的动因，产学研合作带来的影响。

（三）快速发展期的知识群（2000—2014 年）：三重螺旋创新模型、技术（知识）转移、影响产学研合作的因素及产学研合作所带来的影响等研究

进入 21 世纪后，随着越来越多的国家将产学研合作提升为国家创新战略决策，产学研合作在国际上成为一种备受欢迎的创新模式。与此同时，学术界对产学研合作的研究日益深入，该领域每年文献发表数量由 2000 年的 30 篇上升到 2013 年的 90 篇，增幅 3 倍。这与全球很多国家为提升国家核心竞争力而积极推动产学研合作的大趋势密切相关。

本文运用 CiteSpace Ⅲ 软件对 2000—2014 年产学研合作国际研究领域所发表文献进行参考文献被共引分析，挖掘到本阶段该研究领域的知识基础网络最关键 10 篇节点文献，见表 8。

表 8 2000—2014 年知识基础共被引最关键（中心度最高）10 篇节点文献

作者	节点文献	文献来源	发表时间	被引频次	中心度
Mansfield E	"Academic Research and Industrial Innovation"	*Research Policy*	1991	44	1.09
Jaffe A B	"Real Effects of Academic Research"	*The American Economic Review*	1989	57	0.73
Etzkowitz H	"The Norms of Entrepreneurial Science：Cognitive Effects of the New University-industry Linkages"	*Research Policy*	1998	62	0.70
Bozeman B	"Technology Transfer and Public Policy：A Review of Research and Theory"	*Research Policy*	2000	44	0.67

作者	节点文献	文献来源	发表时间	被引频次	中心度
Lee Y S	"'Technology Transfer' and the Research University: A Search for the Boundaries of University-industry Collaboration"	*Research Policy*	1996	49	0.66
Schartinger D, et al	"Knowledge Interactions between Universities and Industry in Austria: Sectoral Patterns and Determinants"	*Research Policy*	2002	44	0.66
Etzkowitz H	"Research Groups as "Quasi-firms": the Invention of the Entrepreneurial University"	*Research Policy*	2003	41	0.61
Etzkowitz H, Leydesdorff L	"The Dynamics of Innovation: from National Systems and "Mode 2" to a Triple Helix of University-industry-government Relations"	*Research Policy*	2000	189	0.58
Etzkowitz H, et al	"The Future of the University and the University of the Future: Evolution of Ivory tower to Entrepreneurial Paradigm"	*Research Policy*	2000	84	0.54
Cohen W M, Levinthal D A	"Innovation and Learning: the Two Faces of R&D"	*The Economic Journal*	1989	39	0.52

1991 年，美国学者 Mansfield 在 *Research Policy* 期刊上发表题名为 "Academic Research and Industrial Innovation" （《学术研究与产业创新》）的文章，该文将美国 7 个制造行业中的 76 个大企业作为研究样本，分析哪些产业的创新是直接建立在学术研究的基础之上，从而获知哪些产业更需要和高校合作。另外，该文还首次研究学术投资回报率、科研的投资到产出之间的时滞等问题，这些研究成果引起了当时美国政府政策制定者、企业界的关注。该文献的被引频次为 44，中心度为 1.09，成为本阶段产学研合作国际研究领域的知识基础网络共被引最关键节点文献之一。

1989 年，学者 Jaffe 在 *The American Economic Review* 期刊上发表题目为 "Real Effects of Academic Research" （《学术研究的真正影响》）的文章，该文从实证的角度首次系统性地研究大学的知识溢出对区域创新的正面影响。研究表明在医药、电子、光学和核技术等高新技术行业，大学知识的溢出对企业技术创新尤为重要。该文突破之前单纯研究产学研合作模式本身，将研究视角延伸到产学研合作给企业、行业及区域创新所带来的影响。该文献被引频次为 57 次，中心度为 0.73，是本阶段产学研合作国际研究领域的知识基础共被引最关键节点文献之一。

1998 年，美国纽约大学学者 Etzkowitz 在 *Research Policy* 期刊上发表题名为 "The Norms of Entrepreneurial Science：Cognitive Effects of the New U-niversity-industry Linkages"（《创业科学的规范：大学与产业界新的联系的认知影响》）的文章。该文主要研究大学如何通过校办企业形式将知识转化成生产力，大学在促进经济社会发展方面所扮演的角色等问题。Etz-kowitz 在该文提出产学研非线性融合模式新思想，比如：大学与企业界限模糊化，大学承担企业部分角色，企业也承担着大学部分角色。由于该文对传统的产学研线性合作模式做了新的修正，在学术界引起了积极的反响。该文引用频次为 62 次，中心度为 0.70，是本阶段产学研合作国际研究领域的知识基础网络共被引最关键节点文献之一。

通过对 2000—2014 年产学研合作国际研究领域的知识基础共被引最关键（中心度最高）10 篇节点文献进行挖掘分析，发现美国纽约大学学者 Etzkowitz 在 1998—2003 年期间所发表的 4 篇文献都成为本阶段该领域的知识基础共被引最关键节点文献，而这 4 篇文献的研究思想是建立在一种新的创新模式——官产学"三重螺旋"创新模式的基础上，也充分表明产学研合作国际研究领域在本阶段主要受到官产学三重螺旋创新思想的影响。

本阶段产学研合作国际研究领域一共有 1002 篇文献发表，表 9 列出该领域最具有影响力的 10 篇文献。其中被引次数最高的文献是 2000 年美国学者 Etzkowitz 和荷兰学者 Leydesdorff 在 *Research Policy* 期刊上发表题名为 "The Dynamics of Innovation：from National Systems and Mode 2 to a Triple Helix of University-industry-government Relations" （《持续创新的动力：从国家创新系统和模式 2 到官产学三重螺旋演变》）的文献，该文的被引用次数高达 773 次（Google 检索被引用次数为 3692 次），是目前在产学研合作国际研究领域最具有影响力的文献。该文借助生物学 RNA & DNA 假想的三重螺旋理论模型全面阐述官产学三方之间的相互关系：政府、大学与企业三方的界限模糊化；每个成员应承担其他成员的部分角色，同时要保留自己独特的作用；政府、大学与产业界由传统清晰的相关联系发展成为角色及界限模糊的新联系。该文所提出的官产学三重螺旋模型是一种全新的国家创新模式，颠覆了早期产学研线性创新模式，提出一种新的产学研合作非线性模式。官产学三重螺旋模型的提出在产学研合作国际研究领域是一个重大理论突破，引起了学术界的强烈反响，同时奠定了美国学者 Etzkowitz 和荷兰学者 Leydesdorff 在创新研究领域的权威地位。

2000 年，美国学者 Etzkowitz 和英国学者 Webster 等在 *Research Policy* 期刊上发表题名为 "The Future of the University and the University of the Future：Evolution of Ivory Tower to Entrepreneurial Paradigm"（《大学的将来和将来的大学："象牙塔"向创业型大学的转变》）的文章。该文通过对美、日、德、英等国的官产学合作模式研究并得出一个引人关注的结论：在人类进入知识经济时代下，知识成为一种重要的资本，作为知识创造者的大学也必然承担起除了教学、研究以外的第三个使命——大学创业。该文认为大学应该积极主动地负起第三个使命，即大学通过校办企业的渠道将知识和技术转化成为生产力，促进经济增长和社会发展。该文被引频次为 328 次，也是本阶段具有影响力的文献之一。

2003 年，英国学者 Siegel 和美国学者 Waldman 等人在 *Research Policy* 期刊上发表题名为 "Assessing the Impact of Organizational Practices on the Relative Productivity of University Technology Transfer Offices：An Exploratory Study" ［《从一个实证研究的角度评估组织行为对大学技术转移办公室（TTOs）相对生产率的影响》］的文章。该文运用定性和定量相结合的研

究方法测量大学技术转移办公室的运营效率，并挖掘影响大学技术转移办公室运营效率的各种因素。研究表明组织的激励制度，大学与企业的文化差异等方面都会影响大学技术转移办公室的运营效率。该文被引频次为294次，也是本阶段具有一定影响力的文献之一。

对本阶段最具有影响力（被引频次最高）10篇文献进行挖掘，见表9。本文发现产学研合作国际研究领域在本阶段的研究热点主要包括：三重螺旋创新模型的研究；产学研合作的动因研究；技术（知识）转移的影响因素研究；产学研合作给企业创新、大学的学术研究所带来影响的研究。

表9　2000—2014年期间发表的最具有影响力（被引用频次最高）10篇文献

作者	重要文献	文献来源	发表时间	被引用频次
Etzkowitz H, Leydesdorff L	"The Dynamics of Innovation: from National Systems and Mode 2 to a Triple Helix of University-industry-government Relations"	*Research Policy*	2000	785
Etzkowitz H, Webster A, Gebhardt C	"The Future of the University and the University of the Future: Evolution of Ivory Tower to Entrepreneurial Paradigm"	*Research Policy*	2000	328
Siegel D S, Waldman D, Link A	"Assessing the Impact of Organizational Practices on the Relative Productivity of University Technology Transfer Offices: An Exploratory Study"	*Research Policy*	2003	294
Laursen K, Salter A	"Searching High and Low: What Types of Firms Use Universities as a Source of Innovation?"	*Research Policy*	2004	182
D' Este P, Patel P	"University-industry Linkages in the UK: What are the Factors Underlying the Variety of Interactions with Industry?"	*Research Policy*	2007	159

作者	重要文献	文献来源	发表时间	被引用频次
Balconi M, Breschi S, Lissoni F	"Networks of Inventors and the Role of Academia: An Exploration of Italian Patent Data"	*Research Policy*	2002	151
Owen-Smith J, Riccaboni M, Pammolli F, Powell W W	"A Comparison of US and European University-industry Relations in the Life Sciences"	*Management Science*	2002	146
Geuna A, Nesta L J J	"University Patenting and its Effects on Academic Research: The Emerging European Evidence"	*Research Policy*	2006	142
Lockett A, Wright M	"Resources, Capabilities, Risk Capital and the Creation of University Spin-out Companies"	*Research Policy*	2005	142
Perkmann M, Walsh K	"University-industry Relationships and Open Innovation: Towards a Research Agenda"	*International Journal of Management Reviews*	2007	139

通过对 2000—2014 年产学研合作国际研究领域出现的高频关键词进行筛选分析，见表 10，发现一些传统的高频词汇如"university-industry relations"（产学关系）、"technology transfer"（技术转移）、"innovation"（创新）、"university-industry collaboration"（产学合作）仍然出现，表明产学研合作相互关系、技术转移及创新等在本阶段仍然是重要议题。关键词"triple helix"（三重螺旋）在本阶段出现的频次尤为突出，该词出现的频次排在第 3 位，首次超过了"university-industry collaboration"（产学合作）、"biotechnology"（生物技术）等关键词，表明官产学三重螺旋模型的研究在本阶段成为一个新的研究热点。自从 1995 年美国学者 Etzkowitz 和荷兰学者 Leydesdorff 联合发表的文献[4]首次提出“三重螺旋”创新模式，1996 年 Etzkowitz 和 Leydesdorff 发起的第一届“三重螺旋”国际会议在荷兰首都阿姆斯特丹成功召开，三重螺旋创新模式引起政府、企业界、学术界的普遍关注。进入 21 世纪以后，学术界对“三重螺旋”创新模式的研究日益深入，该模式成为产学研合作国际研究领域在本阶段的一个新研究热点。关键词“entrepreneurial university”（大学创业）的高频出现，是因为大学创业已经成为 21 世纪产学研合作的主要模式，也成为许多高校除了教学、科研以外的第三个使命。学术界对大学创业的模式及影响因素等问题的关注，大学创业在本阶段成为一个新的研究热点。还有一些关键词比如“biotechnology”（生物技术）、“nanotechnology”（纳米技术）高频出现，是因为生物技术、纳米技术等行业是一个高科技行业，该行业比其他行业更需要通过产学研合作从高校或研究机构获取知识和技术，高科技行业的产学研合作模式在本阶段也引起学术界的广泛关注。一些高频关键词比如“China”（中国）、“Japan”（日本）出现，表明了基于中国和日本情景的产学研合作成果日益增多。中国和日本两国政府自从 20 世纪 90 年代以来都将产学研合作提升为国家创新战略，努力推动本国的产学研合作，同时激发了学术界对中日两国产学研的研究兴趣。关键词“patents”（专利）与“research collaboration”（科研合作）的紧密联系，反映了学术界将专利作为衡量产学研合作的一个重要指标，同时也表明了从专利的角度测量产学研合作是本阶段的一个研究热点。总之，在本阶段学术界对产学研合作的研究日益活跃，研究热点多元化。

表 10　2000—2014 年所发表文献出现的高频主题词（12 次及以上）

序号	关键词	词频	序号	关键词	词频
1	university-industry relations	92	11	R&D	17
2	technology transfer	85	12	university	17
3	triple helix	74	13	nanotechnology	17
4	innovation	73	14	China	15
5	university-industry collaboration	69	15	commercialization	15
6	academic entrepreneurship	68	16	research collaboration	15
7	biotechnology	20	17	entrepreneurial university	13

序号	关键词	词频	序号	关键词	词频
8	universities	20	18	higher education	12
9	collaboration	20	19	Japan	12
10	patents	20	20	industry	12

通过对本阶段产学研合作国际研究领域的知识基础共被引关键节点文献分析，获知该领域的知识基础架构主要由技术转移、三重螺旋创新模型、产学合作的模式等理论所构成。同时发现美国纽约大学学者 Etzkowitz 在 1998—2003 年所发表的 4 篇文献是本阶段该研究领域的知识基础共被引最关键节点文献，表明产学研合作国际研究领域在本阶段主要受到官产学三重螺旋创新思想的影响。通过对本阶段产学研合作国际研究领域所发表的重要文献及出现的高频关键词进行分析发现学术界对产学研合作的研究日益活跃，研究视角已经由早期简单产学研线性创新模式的研究发展到当前产学研非线性融合模式的研究。研究热点主要落在 4 个聚集上，分别是：①三重螺旋创新模式的研究；②技术（知识）转移的影响因素研究；③产学研合作给企业创新、大学的学术研究所带来影响的研究；④基于某一个特定国家（比如日本、中国）情景下产学研合作模式的研究。

六、结论

本文从一个科学知识图谱的视角对 Web of Science 核心合集所收录的产学研合作国际研究领域的 1370 篇文献进行分析，追踪 1966—2014 年该领域研究议题的演变过程，以期更加全面地刻画产学研合作国际研究的发展脉络和演化进程，为把握该领域的知识基础、研究热点与发展方向提供新的参考及依据。

为了从总体上把握产学研合作国际研究领域的主要议题，本文运用 "Ucinet + NetDraw" 软件绘制该领域的高频关键词共现知识图谱，发现当前产学研合作国际研究的热点主要包括：①产学研合作的技术转移；②以"大学"为议题的相关研究，如产学研合作对大学学术的影响，大学如何影响产学研合作以及大学在产学研合作的角色问题；③官产学"三重螺旋（triple helix）"创新模式的研究；④生物科技、纳米科技等高新技术产业的产学研合作模式的研究。

为了追踪产学研合作国际研究的演化历程，本文首先借鉴普赖斯科技文献增长理论将产学研合作国际研究划分为三个阶段，即起步探索期、缓慢成长期及快速发展期；然后运用 CiteSpace Ⅲ 软件绘制产学研合作国际研究领域的文献被共引知识图谱，并进一步挖掘，以获取该研究领域在每一个发展阶段的知识基础网络结构、研究热点及发展方向等有价值的信息。

研究表明：①在起步探索期，学术界对产学研合作的研究较为零星，产学研合作线性创新模式是该阶段的主流研究视角，研究的议题只是停留在初步探讨产学研合作模式及相互关系，产学研合作国际研究领域在该阶段主要受到熊彼特（Schumpter）创新理论和罗格斯（Rogers）创新扩散理论的深刻影响。②在缓慢成长期，产学研合作开始得到学术界系统性研究。产学研合作线性创新模式在该阶段仍然是主流研究视角，同时产学研合作非线性融合模式的研究视角已经出现。产学研合作国际研究领域在该阶段的研究议题主要包括：生物制药等新兴产业的产学研合作技术转移路径及影响因素，以技术转移办公室（TTOs）为议题的相关研究，产学研相互关系及合作模式，产学研合作的动因，产学研合作带来的影响。产学研合作国际研究领域在该阶段受到经济变迁演化理论的影响。③在快速发展期，产学研领域的研究日益活跃，产学研合作国际研究视角已经由早期简单产学研线性创新模式发展到当前产学研非线性融合模式。研究热点主要落在 4 个聚集上，分别是：官产学三重螺旋创新模型的研究，技术（知识）转移的影响因素研究，产学研合作给企业创新、大学的学术研究所带来相关影响的研究；基于某一个特定国家（如中国或日本）情景下的产学研合作模式的研究。产学研合作国际研究领域在该阶段主要受到官产学三重螺旋创新理论的影响。

参考文献

［1］ VARGA A. University research and regional innovation ［M］. Boston：Kluwer Academic Publishers，1998.

［2］ 倪鹏飞. 国家竞争力蓝皮书：中国国家竞争力报告［R］.北京：社会科学文献出版社，2010.

［3］ LINCOLN T. Problems and rewards in university-industry cooperative research ［J］. Environmental Sciences, 1966 (12): 452 – 455.

［4］ ETZKOWITZ H, LEYDESDORFF L. The triple helix – university industry government relations: a laboratory for knowledge based economic development ［J］. East Review, 1995 (14): 14 – 19.

［5］ 何郁冰.产学研协同创新的理论模式 ［J］.科学学研究, 2012, 30 (2): 165 – 174.

［6］ PERKMANN M, et al. Academic engagement and commercialization: a review of the literature on university-industry relations ［J］. Research Policy, 2013 (42): 423 – 442.

［7］ 刁丽琳, 朱桂龙, 许治.国外产学研合作研究述评、展望与启示 ［J］.外国经济与管理, 2011, 33 (2): 48 – 57.

［8］ TEIXEIRA A, MOTA L. A bibliometric portrait of the evolution, scientific roots and influence of the literature on university-industry links ［J］. Scientometrics, 2012, 93 (3): 719 – 743.

［9］ CALVERT J, PATEL P. University-industry research collaborations in the UK: bibliometric trends ［J］. Science and Public Policy, 2003, 30 (2): 85 – 96.

［10］ ABRAMO G, et al. University-industry collaboration in Italy: a bibliometric examination ［J］.Technovation, 2009 (29): 498 – 507.

［11］ 樊霞, 吴进, 任畅翔.基于共词分析的我国产学研合作研究的发展态势 ［J］.科研管理, 2013, 34 (9): 11 – 18.

［12］ 万晶晶.基于知识图谱的我国产学研合作研究现状分析 ［J］.情报探索, 2014 (7): 55 – 60.

［13］ 闫杰, 缪小明, 张丰, 等.我国产学研合作创新研究前沿演进趋势知识图谱 ［J］.技术进步与对策, 2012, 29 (22): 151 – 156.

［14］ 陈云.产学研合作相关概念辨析及范式构建 ［J］.科学学研究, 2012, 30 (8): 1206 – 1211.

［15］ 刘则渊, 陈悦, 侯海燕, 等.科学知识图谱方法与应用 ［M］.北京: 人民出版社, 2008.

［16］ 翟庆华, 苏靖, 叶明海, 等.国外创业研究新进展 ［J］.科研管理, 2013, 34 (9): 131 – 138.

［17］李强，王小梅，韩涛.基于知识图谱的评价理论树拓展研究［J］.科研管理，2014，35（5）：128 – 137.

［18］DANG Y，ZHANG Y，et al. Knowledge mapping for rapidly evolving domains：a design science approach［J］. Decision Support Systems，2011（50）：415 – 427.

［19］SWAR B，KHAN G F. Mapping ict knowledge infrastructure in south Asia［J］. Scientometrics，2014（99）：117 – 137.

［20］CHEN K H，GUAN J C. A bibliometric investigation of research performance in emerging nanobiopharmaceuticals［J］. Journal of Informetrics，2011（5）：233 – 247.

［21］张晓鹏，朱晓宇，刘则渊.国际公共危机管理研究的文献计量学分析［J］.科学学与科学技术管理，2011，32（3）：117 – 121.

［22］CHEN C. CiteSpace II：detecting and visualizing emerging trends and transient patterns in scientific literature［J］. Journal of the American Society for Information Science and Technology，2006，57（3）：359 – 377.

［23］LIU G. Visualization of patents and papers in terahertz technology：a comparative study［J］. Scientometrics，2013（94）：1037 – 1056.

［24］Thomsomson Scientific. Web of Science 核心合集［EB/OL］. Http：// www. thomsonscientific. com. cn/prod uctsservices/web of science，2014.

［25］PRICE D J D. Little science，big scicne［M］. New York：Columbia University Press，1963.

［26］DABIC D. Keynesian，postkeynesian versus schumpererian，neoschumpeterian：an integrated approach to the innovation theory［J］. Management Decision，2011，49（2）：195 – 207.

［27］CHEN C，CHEN Y，HOROWIZ M，et al. Towards an explanatory and computational theory of scientific discovery［J］. Journal of Informetrics，2009，3（3）：191 – 209.

［28］潘东华，徐珂珂.基于共词分析的技术机会分析［J］.科研管理，2014，35（4）：10 – 17.

［29］BAILÓN – MORENO R，JURADO – ALAMEDA E，RUIZ – BANOS R，et al. Analysis of the field of physical chemistry of surfactants with the unified scienctometric model fit of relational and activity indicators ［J］. Scientometrics, 2005, 63 (2)：259 – 276.

［30］ BELVAUX G, WOLSEYL A. Bcprod：a specialized branch-and-cut system for lot-sizing problems ［J］. Management Science, 2000, 46 (5)：724 – 738.

［31］ 姜春林，张立伟，孙军卫. 基于可视化技术的国外同行评议研究进展 ［J］. 科学学与科学技术管理, 2013, 34 (12)：29 – 36.

［32］ DONOHUE J C. Understanding scientific literature：a bibliographic approach ［M］. Cambridge：The MIT Press, 1973.

［33］ SMALL H. Co-citation in the scientific literature：a new measure of the relationship between publication ［J］. Journal of the American Society for Information Science, 1973, 24 (4)：265 – 269.

［34］ CHENC M. CiteSpace II：detecting and visualizing e-merging trends and transient patterns in scientific literature ［J］. Journal of the Amercian Society for Information Science and Technology, 2006, 57 (3)：359 – 377.

［35］ 许振亮，郭晓川. 50 年来国际技术创新研究前沿的演讲历程：基于科学知识图谱 ［J］. 科学学研究, 2012, 30 (1)：44 – 80.

（原载《科学学研究》2015 年第 11 期，与张艺、陈凯华合著）

朱桂龙自选集

第五辑

创新网络

虚拟科研组织的管理模式研究

　　在我国，现存的 R&D 组织存在着许多弊病，不能充分利用现有资源有效进行高新技术产品的研究和开发，不能适应日益激烈的新经济竞争需求。探讨一种更有效率的科研组织模式就成为解决问题的焦点。

　　虚拟科研组织是虚拟组织概念渗透于科研机构所形成的一种 R&D 新模式，它围绕特定的研究目标和内容利用计算机网络和通信工具，以某一核心组织为依托进行管理，将有能力且愿意参与产品开发的企业和研究所连接起来，从而打破地域的限制，加强这些机构之间的协作，实现系统软硬件、试验检测设备、加工设备、人才等资源的互利共享。虚拟科研组织比传统的科研机构拥有更丰富的资源，能在更大范围内进行优化组合，以低成本达到组织柔性的目的满足瞬息万变的市场需求。

一、虚拟科研组织的特点及作用

　　虚拟科研组织是由信息、技术、人才等资源有效集成的网络组织结构，它既是一个精密的组织，又是一个服务能力可迅速扩大的动态联盟。它的产生需要具备两个背景：一是信息技术的高速发展使虚拟开发具备硬件上的客观条件；二是企业自身对技术创新高度重视，使虚拟研发具备了存在的主观条件。虚拟科研组织彻底改变了科研组织的概念、界限和形式，带来科研组织的一场大变革。但这种变革并不是说一蹴而就的，还必须有与之相适应的管理模式，对于一个有效运作的虚拟科研组织有以下特点：

　　第一，虚拟科研组织必须以一个清晰明确的目标集合为工作中心，它的运作建立在市场机遇的基础上，围绕顾客需求，最大限度地为顾客服务。

　　第二，虚拟科研组织是以人才、技术、资金和设备等优势为核心的科研活动成员之间形成的伙伴关系和联盟。这些成员有各自的核心竞争力，彼此拥有自己的核心优势，而且能提供给对方，同时也需要对方提供自己所需要的资源。虚拟科研组织强调以资源为基础。

第三，虚拟科研组织虽然是一种组织管理的变革，但是它的产生所依赖的基础是网络技术的应用和发展，网络技术的应用使得科研组织的相互学习成为可能。

第四，虚拟科研组织赖以产生的另一个基础是相互的信任和合作。虚拟科研组织应采取能和谐共处的管理模式，内部成员之间既竞争又协作；应努力减少各种企业文化摩擦，使之融合，创造新的组织文化；提倡团队精神，为竞争而合作，靠合作来竞争，彼此达成利益的共生体，完成单个成员所不能承担的任务。

第五，虚拟科研组织的建立要在成员企业最高层次上进行协商，并签定协议书。协议书要简单明了地说明各成员的职责和权利，各成员对技术方面的信息与成果应该共享。

组建虚拟科研组织进行联合研发，不仅有利于单个的企业、研究所等组织成员取长补短，使双方在一种双赢的环境中优势互补，而且能够促进该组织所在行业的整体 R&D 水平的提升，加快科技成果产业化，最终推进我国高新技术产业的整体进步。虚拟科研组织的上述特点决定了虚拟科研组织能够很好地解决传统科研组织面临的一些问题和它对我国高新技术产业的促进作用。

组建虚拟科研组织优化了产业内的竞争结构。组建虚拟科研组织进行联合研发，组织内各成员间由合作前的纯粹竞争关系变成一种既合作又竞争的关系。合作避免了重复研究，能加快研发的速度，提高企业的 R&D能力，改善了企业的市场竞争和技术竞争地位。但是合作项目之外的企业还是处于竞争的关系。

组建虚拟科研组织有利于高新技术产业人才的培养。虚拟组织为各类、各级别的人员提供了不断学习的基础设施和广泛交流的机会。其新型的组织结构、管理模式和宽松环境形成了组织内良好的用人机制，有利于有才华的科研人员脱颖而出，也有利于培养既懂科研管理，又擅长市场开发的高级管理人员。

组建虚拟科研组织能促进技术扩散。组织内成员的合作过程，也是技术、经验和知识交流的过程，而且不同于一般的技术转让，虚拟研发组织成员间的交流范围更加广泛，交流的扩大和研发组织成员的流动性促进了技术扩散速度和效率的提高。

二、虚拟科研组织的管理模式

虚拟科研组织比传统的课题组更紧密，它是一个合作集体，完成一个课题后解散，但作为潜在的合作伙伴，各成员仍属于该虚拟组织而完成下一个课题。在现实中，很多科研机构特别是国外的科研机构都采取这种虚拟式组织而取得很大的成功。加拿大微电子能源技术网络就是这样一种虚拟科研组织。作为加拿大政府在创建优秀网络中心（NCE）计划中给予基金支持的14个网络中心之一，微电子能源技术网络中心是一个包括来自大学、企业和政府的科研人员组成的一个全国范围内的网络，他们为发展下一代的微电子能源技术体系而开展协作。该中心组织结构图及管理结构分析如图1所示。

从图1可以看到，网络中心设一个董事会，负责网络中心的管理，包括资源分配、确定研究计划、预算、网络运作和交流，并且在大学科研人员和他们的企业伙伴之间一对一互动的基础上，设计一个合理地使用企业资金投入的战略。网络中心还设立一个管理中心，管理中心依托多伦多大学，对科研计划进行管理（管理费用不到科研经费的10%），由计划执行董事负责管理中心的任务，主要是实施董事会、协调委员会以及商业发展和企业咨询委员会通过的计划和政策；制定旨在加强网络中心内外部交流的计划。网络中心还设有协调委员会，协调委员会在科研计划的范围、方向和预算方面向董事会提出建议；协调委员会在确定网络中心采用的超前竞争的科研计划时作用很大。协调委员会下设一个筹划指导委员会。商业发展和企业咨询委员会负责新的研究计划或正在评审的计划的延伸，向董事会提供最合适的战略以保证投资者的支持和产生有用的副产品；该委员会还提供完善微电子技术商业化的指导路线。

总体上来说，该网络中心由22所大学、32家公司和4所科研机构（国家级、省级）组成。22所大学依据地理位置组成9个大学协调中心，每个中心设一名协调人。大学中心受大学中心协调人领导，网络中心所有的研究计划受协调委员会的监督和指导。董事会对网络中心负全部责任。商业发展和企业咨询委员会在长期研究方向和技术转让活动上，向董事会提出建议。管理中心由计划执行董事领导，对网络中心进行管理。计划执行董事同时又是协调委员会和指导委员会的主席。该虚拟组织，整合组织

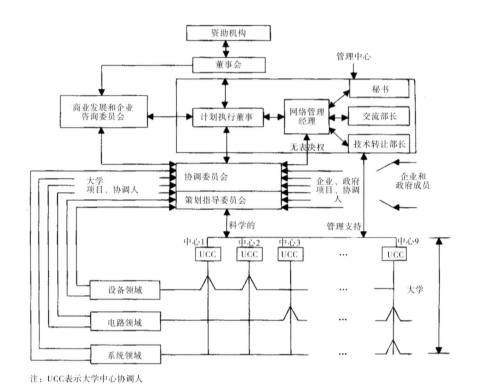

注：UCC表示大学中心协调人

图1　虚拟科研组织的管理模式

成员的优势资源，通过协调委员会和协调中心对科研项目进行最优化的资源配置、指导和监督。

事实表明，加拿大微电子技术网络中心是成功的，充分体现了虚拟科研组织的优点和强大的生命力。该中心的成功经验有五个方面。

第一，形成了企业关联度大的微电子技术科研计划。中心的短期科研计划（少于一个月）至少50%的资金（约21.7万美元）由公司伙伴按合同提供，使企业真正成为科研活动的主体。

第二，培养了一批高素质的人才。中心每年培养的硕士和博士持续增长，在过去的3年中培训了126名硕士生和101名博士生，他们中的80%在加拿大就职，并且为微电子产业的发展做出了贡献。

第三，提高了企业参与度和对中心的资金投入。过去3年内加入中心的企业翻了一番，企业对网络中心的超前竞争计划的现金投入，从 1994—1995 年的零起步增长到 1997—1998 年度的 75.5 万美元。

第四，整合了大学、企业和政府的资源和力量。中心充分发挥了各个组织成员的优势并获得双赢（大学提供了 82 名教授，约 300 名研究生和其他科研人员），形成全国范围内的多层次科研计划体系。

第五，产生了科研活动的副产品。微电子科研人员创建了 3 家中小企业，编撰了 750 种科研参考出版物，申请了 25 项专利，形成了大量的能够直接应用于产业的设计和理论。

笔者认为虚拟科研组织的管理模式应满足五个条件。

（1）合理的组织结构。以某一核心单位为依托进行管理，根据本文提到的 5 个特点，组建一个有效的虚拟科研组织。

（2）清晰明确的组织目标和在此基础之上合理的计划安排，科学地决策、评估，运用科学的计划管理方法，包括项目招标制、专家评议责任制、协调委员会制和委托管理制、节点拨款制和全成本核算制等，采用项目管理的方法进行计划、预算、控制和跟踪。

（3）组织成员之间相互信任，共享信息实现双赢。

（4）虚拟科研组织管理的重点应放在制度的完善，组建一个更适合于科研的机制，更快更好地发展高新技术产业。

（5）构建一个有助于科研的内外部环境。争取国家的支持和企业的参与，使企业真正成为技术创新的主体，从而获得更多的资源整合；组织成员的优势资源共同研究开发，以协议为基础共享研究成果，尊重知识、尊重人才，采取以任务为中心的团队制，同时加强内外部的交流。

参考文献

[1] 周三多，等.管理学［M］.上海：复旦大学出版社，1999.

[2] 徐国华，等.管理学［M］.北京：清华大学出版社，1998.

[3] 仇俊林.虚拟企业与虚拟管理［J］.经营与管理，2001（7）：14 – 15.

[4] 瞿剑.活力的源泉［N］.科技日报，2001 – 11 – 13.

[5] 杨建华，薛恒新.全球虚拟业务框架与策略研究［J］.中国软科学，2001（12）.

[6] 方世建，郭志军.虚拟研发组织高新技术 R&D 的新模式［J］.中国科技产业，2000（4）：20 – 22.

［7］李波，王志坚.虚拟市场效率与柠檬问题［J］.中国软科学，2001
（10）：39－45.

［8］津格.提高管理效率的22项秘诀［J］.经济管理文摘，2001（23）.

［9］王剑华，徐杰.虚拟化：企业孵化器的发展方向［J］.中国科技产业，
2001（3）：47－49.

［10］张龙.虚拟大学园：深圳科教兴市的又一创举［J］.高科技与产业
化，2001（7）：24－26.

［11］Micronet Annual Report（1996/1997）［R］.1997.

（原载《科学学与科学技术管理》2002年第6期，与彭有福、杨飞虹
合著）

产学研合作创新网络组织模式
及其运作机制研究

　　随着市场经济体制的建立与完善，国家科技体制改革要求科研院所和高等院校面向经济建设，加速成果的转化和推广，以科技引导和支撑经济的加速和健康发展；而经济体制改革又要求企业依靠科技进步和技术创新，适应市场竞争，追求尽可能大的经济效益。科技体制与经济体制的发展改革，一方面推动了科研单位与企业合作，促进科研人员与经济结合；另一方面也迫使企业主动寻求与科研教育单位的"联姻"，实现自身的发展。企业与科研教育单位的互为需求，优势互补，为解决科技与经济结合，科技为经济建设服务，科技引导经济发展找到了有效的途径，使产学研合作创新成为可能。

一、产学研合作创新网络组织的相关界定

（一）创新与技术创新

　　创新思想最早起源于西方经济学领域，上可追溯到美籍奥地利经济学家约瑟夫·熊彼特（Joseph Alois Schumpeter）的相关论述。在 1912 年出版的德文版著作《经济发展理论》一书中，他认为国家经济发展的决定因素是生产方式的某个领域的创新，并把创新定义为："生产要素和生产条件的一种从未有过的组合"，认为"创新就是建立一种新的生产函数并引入经济活动中"。并将创新内容概括为五个方面，即：①生产新的产品；②引入新的生产方式；③开拓新的市场；④寻求新的原材料供应源；⑤采取新的组织模式。在熊彼特看来，经济的变革与增长归因于创新活动。

　　在此基础上，熊彼特进一步将科技发明、技术创新和技术创新的扩散区分开来，强调只要发明还没有得到实际上的应用，那么在经济上就是不起作用的。美国国家科学基金会（National Science Foundation，United States，简称"NSF"）从 20 世纪 60 年代开始发起并组织对技术变革和技术创新的研究，在 1969 年的研究报告《成功的工业创新》中将技术创新

定义为技术变革的聚合。到了 70 年代 NSF 在报告中将技术创新重新定义为：将新的或改进的产品、过程或服务引入市场。技术创新是 21 世纪企业竞争力和社会经济发展重要的战略资源。

（二）产学研合作创新组织与产学研合作

技术创新需要产学研各方的合作、优势互补，需要技术创新各相关利益主体将各自的信息孤岛通过共享形成一条完整的创新链，如此产学研合作创新越来越得到各国政府、社会、企业的重视。

产学研合作创新组织是指企业、高等院校和科研院所自主协商组成的，一道从事科研开发、生产营销、咨询服务等活动的全面联合机构。

产学研合作是联合体各方为市场需求和共同整体利益联合起来，按照市场经济机制，采取多种方式方法所进行的科研开发、生产营销、咨询服务等经济合作活动。产学研合作的基础是各取所需，优势互补，产学研合作体的这种互为需求，显示出合作对技术创新、技术交流、技术成果转化为生产力的巨大威力。

（三）网络组织的定义

网络组织是一个介于传统组织形式与市场运作模式之间的组织形态，但也不是二者之间一个简单的中间状态，它具有传统企业明确的目标，又引入了市场的灵活机制，同时它十分强调网络组织要素协作与创新特征和多赢的目标，并建立在社会、经济、技术平台上。从结点性质与联结方式的不同上可以将网络组织分为以下几种（见表 1）。

表 1　网络组织的分类

结点及其性质	联结方式	网络组织
同质不同质的企业	契约	战略联盟
不同质，企业部门，子公司	指令、契约	网络化运行
同质，中小企业	契约、信用	小企业网络
不同质，企业 + 顾客	会员制章程	web 公司
虚拟结点	契约、信用	虚拟组织
企业（家）	章程	企业（家）协会
"网络组织"人	网络组织协议	合作团队

（四）产学研合作创新网络组织的定义

产学研合作创新网络组织是指企业、高等院校和科研院所自主协商组成的，以网络组织（虚拟组织为典型）的形式运作的，合作从事研究、开发、产业化等活动的全面联合机构。它同时具有产学研组织和网络组织（两种主要的技术创新组织）的优点，联合各方发挥各自的优势，旨在组建一个优化的完整创新链。

二、产学研合作创新网络组织的特点与优势

（一）产学研合作创新网络组织的特点

产学研合作创新网络组织的特点可以从六个方面去理解。

（1）它是一个由活性结点（结点具有独立的决策能力）及结点之间的立体联结方式与信息沟通方式构成的具有网络结构的整体系统。结点对流经它的信息具有处理能力，其加工处理信息的能力及对网络组织的贡献的大小决定结点在网络组织中的地位与权威性。

（2）它的构成硬件可理解为网络组织的特点及结点间的联系，软件为各结点内的运作机制与整个网络组织运作、管理与创新机制，还包括共同遵守的网络组织协议。网络组织依靠网络组织协议运行，在遵守协议前提下可自愿进入、退出，表现出网络组织的柔性与边界模糊性。

（3）它是一个超组织模式，不一定是一个独立的法人实体，而是为了特定的目标或项目由人、团队、组织构成的超越结点的组织，组织结点的构成会随着网络组织运作进程、目标完成状况或项目进展增减、调整，网络组织边界超越一般组织边界，具有可渗透性和模糊性。

（4）组织协议是合作网络组织创新的保证，由协作标准保证其组织机制，虽可自愿加入网络组织，但在其进入网络组织前要进行筛选与资格审查。在运行中，网络组织成员要将自己围绕合作项目的知识、信息、技术贡献出来与每个网络组织结点共享，在向其他成员学习的过程中提高自己，促进网络组织整体创新过程及目标实现，否则有被取消资格的可能性。协议以公平、合作、奉献、创新精神约束每一个网络组织成员共享资源，消除内耗，全力致力于创新。

（5）在网络组织运行期间，围绕特定目标，实现信息共享与无障碍沟通，信息流驱动着组织运转。

（6）只有每个网络组织结点积极投入，团结协作，才能通过自己的努力与能力证明自己对于组织的价值，以巩固或提高自身在网络组织中的地位或取得进入更高层次网络组织的资本。

（二）产学研合作创新网络组织的优势

1. 有利于创新

产学研合作创新网络组织的创新源动力来自网络组织结点的特性，网络组织中每一个结点都具有独立的决策能力，使其可在共享其他结点与网络组织信息的基础上，依靠自己的能力、知识、经验对信息进行加工，从而创新知识。

2. 有利于产学研各方自身的改进

组建的产学研合作创新网络组织，将企业的市场化优势、科技成果转化优势、资金优势和科研院所的人才优势、技术优势结合起来集中 R&D 项目资源，实现组织间的资源共享相互弥补资源的不足，能够产生 R&D 项目的企业规模经济效益。而不同成员间的技术交流与合作，扩大了各成员的研究领域，则可能取得范围经济的效益。

3. 有利于促进我国高新技术产业的发展

组建产学研合作创新组织能够优化产业内的竞争结构；加强既懂科研管理，又擅长市场开发的高新技术产业人才的培养；加快产业技术进步，促进技术扩散。

三、产学研合作创新网络组织模式及其运作机制

加入世贸组织后，对中国最大的挑战在于其创新体系是否可以经受住考验。可以预见，技术人员的短缺将会由于外资的进入及其本土化的策略而更加显露出来，尤其是技术管理人员、系统设计人员的缺乏将更加突出。因此，搞好技术创新是迎接入关之后挑战的根本，做好现阶段的技术创新体系建设对我国有着极其重要的意义。

对产学研合作创新网络组织进行研究，有利于加快科技成果的转化，有利于加强企业在技术创新中的主体地位，有利于政府找到构建创新体系

的典范并引导社会对技术创新体系建设的投入、整合全社会创新资源，从而把创新体系的建设落到实处。在这样的一个背景下，对产学研合作创新网络组织的组织模式、运作机制进行研究有着非常重要的理论意义和现实意义。

（一）产学研合作创新网络组织模式

从产学研合作的层次上可以将产学研合作创新网络组织分为技术协作模式、契约型合作模式、一体化模式三种。

1. 技术协作模式

技术协作模式是将高等院校和科研院所同企业由技术的流通领域进入生产领域的协作，由高等院校、科研院校所科技成果（包括联合开发的成果）有偿转让给企业后，还帮助企业将技术投入生产，形成生产能力，直接生产出首批合作产品。

技术协作模式在实践中又有两类组织形式，一是工程承包型，一是技术生产"联合体"。工程承包型一般是指高等院校或科研机构把科技成果，主要是产品的制造工艺或配方转让给企业并生产出合格产品后，企业一次性支付转让费给高等院校或科研机构的形式。由于企业自身的条件不同，所取得的科技成果的转让和技术创新带来的效果也就有所不同。

技术生产"联合体"是指合作方涉及人员培训、共同投资（包括技术作价入股）联合开发新产品、共担风险、共同经营管理、共享收益的技术经济组织。这一模式使得企业与高等院校、科研机构的关系较为紧密，可经常保持沟通；使企业可逐步培养自身的科研力量，有利于企业技术进步和产品的二次创新。

技术协作模式比较适合中小企业，该模式加快了技术转化为生产力的过程，有利于企业在短时间内形成自己的产品，提高生产能力；有利于高等院校、科研院所与企业的结合，为建立长期、稳定的技术经济联合奠定了基础。

2. 契约型合作模式

契约型合作模式是高等院校、科研院所和企业共担风险的技术经济组织，是我国目前产学研合作的最主要形式。其特点是合作各方依靠契约和经济利益的纽带联系起来，共同投资（包括技术作价入股），合同期内共同经营，共担风险，共享利润。合作内容从技术、生产方面扩大到资金、设备、人才、管理、销售等多个方面；合作过程由技术协作、技术生产协作延伸到技术—生产—经济合作的全过程表现为"科研、设计、中间试验、生产、销售一体化合作"。契约型合作模式实行董事会领导下的经理负责制，经理作为合作企业的法定代表人，负责企业的生产、经营及日常业务工作。合作组织结构大致如图1所示。

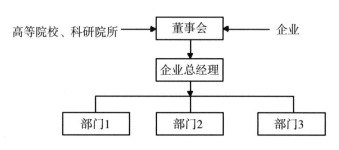

图1 契约型合作模式组织结构

契约型合作模式也有两种组织形式，即技术入股型和联合经营型。前者是高等院校或科研院所以入股技术形成的产品为"龙头"与企业进行合作。采取这种方式要求高等院校或科研院所必须具有技术上先进、生产上可行的科研成果和能迅速转化为经济效益的优势，并能够不断地将一系列市场上急需又适合企业生产的科研成果转化为经济成果。在该种组织形成中，双方都按照当时约定的条款进行运作，通常高等院校或科研院所更多的是致力于产品的开发与技术的改进，而企业则是侧重于生产的管理与产品的营销。联合经营型则是高等院校、科研院所和企业共同投资，组建股份制企业，多方的权益、利益分享和风险分担按各方所占股份的多少来决定。

契约式在美国仍是大学、科研院所与企业之间普遍采用的合作方式，在我国，合作的对象主要是大中型企业与科研院所和高等院校。

3. 一体化模式

（1）产学研内部一体化。内部一体化的基本特点是高等院校、科研院所是企业的创办者，也是企业经营者。资料显示1998年全国29个省、市、自治区的710所高校中的2355个科技型企业的销售收入达218.26亿元，其销售额和利税增长幅度都远远高于国内其他产业，特别是近年来涌现的北大方正、清华同方、东大阿尔派、复旦复华以及江中制药等一批著名校办高科技企业（集团）。此外高校控股或参股的 20 多家上市公司也成为我国证券市场上的耀眼明珠，它们都是产学研内部一体化模式的典型。

（2）产学研外部一体化。外部一体化的基本特点是：①进入企业的独立科研、设计单位将与企业合二为一，失去自己独立的法人资格，成为企业的一员，与企业共同形成新的法人。②这种合作模式并不是谁合并谁，而是双方结成互惠互利、平等独立、共同对外的企业集团或联合公司。③科研单位进入企业后，保持现有的独立性，享有一定的自主权，仍可以继续实行独立的经济核算及承担国家和部门委托的科研设计任务和行业技术管理任务。④在完成国家指令性计划和企业技术开发任务的前提下，可以对外承担科研、设计和咨询任务，这部分收入的分配由企业和科研、设计单位协商。吸收企业或把科研、设计、生产融为一体的综合性科研机构，其性质将从社会法人逐渐变成独立经营、自负盈亏的企业法人；科研经费和事业费将由国家拨款改变为从生产和科技服务收入中获得。

一体化模式是产学研合作中最高级、最紧密、最有成效的形式。一般适合于企业集团和比较大的高校和科研院所。

以上三种模式，各有不同的功能，适合不同的目标、合作对象，三者之间往往具有一种相互转换的关系。技术协作—契约式合作——一体化，即双方合作从技术协作开始，当合作顺利，关系逐渐密切，便采取契约式合作开发方式进而转向一体化。可以说并不存在标准的组织结构，同一种组织结构模式一经确定后，也不是固定不变的。

（二）产学研合作创新网络组织的运作机制

任何一个系统存在和可持续发展必须具备三种机制：激励机制、监督机制和更新机制。产学研合作创新网络组织作为一个系统也不例外，它的运行机制主要包括激励机制（利益分配机制、动力机制），管理监督机制（内部监督机制、外部监督机制、运作模式）和更新机制。

1. 激励机制

（1）利益分配机制，主要包括依法签好研究开发项目的技术合同、协商订立投入支付与产出方式，保证合理收益，知识产权归属等。

（2）动力机制，包括动力因素与动力机制，如生存发展因素、经济利益因素、科技与经济结合因素、外部环境因素以及产业界、高等院校、科研院所之间相互作用产生的内在合作驱动力等。

2. 管理监督机制

管理监督机制包括三个方面：①外部监督机制（主要依靠社会与政府力量）；②内部监督机制（组织结构设计和高层管理人员的责任）；③运作模式，由于实际情况的不同，并没有一个固定的运行模式可以套用。

3. 更新机制

任何一个系统都需要不断通过各要素的更新而发展，产学研合作创新网络组织的动态性符合了这个要求。

要保证产学研合作创新网络组织的良性运行就必须从上述三点构建好一个良好的机制。下面我们引用加拿大优秀网络中心的实例介绍成功的产学研合作创新网络组织的运行机制及其效果。

加拿大三大基金组织 NSERC、MRC、SSHRC 共联合支持了 14 个网络中心（NCE），这里就机器人与智能系统网络中心（简称 IRIS）进行介绍。

IRIS 网络中心创立于 1989 年，目前有 21 所大学、64 家公司以及 26 家其他组织，是 14 个网络中心中最大（21 个大学 138 个研究人员）、最复杂（涉及 17 个学科）和成果最多的网络。网络中心由 PRECARN 联合公司负责管理。目前 14 个网络中心中有 2 个中心由私人机构管理，IRIS 是其中之一。

该网络中心的任务是改进加拿大工业界掌握、接收和使用智能系统的能力。要实现的目标有四个方面：①支持国际领先领域研究，吸引优秀人才；②为工业界培养高质量的人才，建立工业界与大学的关系；③技术转让和商业开发；④管理多学科、多部门的联合研究项目。

网络采用会员制，加入网络的企业需缴纳一定的会费。网络每年召开一次讨论会，发布最新研究成果，会员企业有权享受最新成果，网络为企业培养高质量人才，也为企业提供高水平的研究人员。

从 1989 年建立起时，IRIS 网络已连续两次获政府资助，在经历两个阶段发展后，IRIS 网络的经费来源发生了很大变化，在其总经理中 NCE 所占的比重由第一阶段的 96% 下降到 75%，工业界的投入则由初始的 4% 增加到 25%，预计第三阶段工业界的投入将继续增加比重，达到 40%，这说明在其发展中工业界的受益越来越大。IRIS 网络的经费主要用于研究，资助研究项目，在网络确定的资助主题下（现确定四个主题，即机器传感、智能计算、机器人和人机界面），通过申请招标来确定资助项目，如二期所确定的 29 个项目就是从 86 个申请项目中遴选产生的。

　　图 2、图 3 分别显示 PRECARN – IRIS 网络创新系统和网络项目管理系统。从图 2、图 3 我们可以看出，PRECARN – IRIS 网络所进行的创新研究项目有两类，一类是 PRECARN 项目，属应用研究，主要由公司科研人员进行；另一类是 IRIS 项目，属应用基础研究，支撑第一类研究课题的发展，解决第一类研究中的基础问题。此类项目主要由网络中的大学研究人员进行。两类项目基本上都是交叉型项目，涉及林学、矿业、石油化学、能源、制造、环境、健康等。据介绍，初始阶段大学科研人员和公司的科研人员各做各的，只有少数大学研究人员同时兼做两方面项目，随着网络的发展同时兼做两方面项目的人员越来越多。网络选定什么样的项目，如何做以及经费如何分配均由董事会决定，其项目管理人员由两部分人员组成，一部分管理 IRIS 项目，另一部分管理 PERCARN 项目。由于网络的多学科研究和教育功能，其在加拿大的社会和经济发展中产生了良好的效益，表现在：为工业界培养和输送了大批高质量的多学科研究人士，仅第二期就已经培养了 354 名，同时也吸引了大批优秀人才；增进了大学和工业界的联系，通过研究项目、董事会以及会议等形式，越来越多的企业加入网络中来；促进了知识交流和技术转移，现已产生 25 项专利、22 个技术资格证书，创立了 14 个公司。

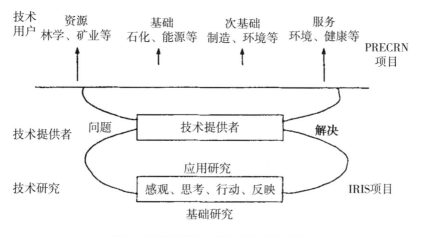

图 2　PRECARN—IRIS 网络创新系统

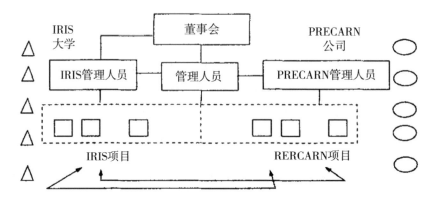

图3　PRECARN—IRIS 网络项目管理系统

参考文献

[1] Precarn-iris Annual Report（1996/1997）［R］. 1997.

[2] Icronet Annual Report（1996/1997）［R］. 1997.

[3] Guliti R，Nohria N，Zaheer A. Strategic Networks ［J］. Strategic Management Journal，2000（21）：203 – 215.

[4] 郑赟. 对企业治理结构机制创新的几点思考［J］. 经济师，2002（10）：120 – 124.

[5] 朱桂龙，彭有福. 虚拟科研组织的管理模式研究［J］. 科学学与科学技术管理，2002（6）：18 – 20.

（原载《软科学》2003 年第 4 期，与彭有福合著）

区域创新网络的结点联结及其创新效率评价

——以广东省为例

一、引言

20世纪90年代以来，产业集群在全世界范围内兴起，如美国硅谷、第三意大利、新竹、班加罗尔等一些地区的成功发展经验引起了许多学者的兴趣，随着产业集群研究的进一步深入，一些学者开始从网络角度对产业集群现象进行分析，并提出了区域创新网络（regional innovation networks）的概念。区域创新网络实际上是企业创新网络在产业集群中的一种组织形式，它在一定程度上左右着地区乃至国家技术创新的强度、频率和方向，是引导科技成为第一生产力的重要载体之一。

随着对区域创新理论研究的深入，近年来研究的重点逐渐趋向于对区域创新网络的环境、组织结构、空间结构、创新过程等具体问题的研究。其中，有关区域创新网络的组织结构和空间网络结构问题，始终是最热点的研究领域。在区域创新网络中，企业通过地理和空间的集聚，由"原子化（atomistic）"状态下借助企业资源禀赋独立采取创新行为，转变为嵌入（embarrass）到与其存在交易关系的一系列经济主体所构成的创新网络中。企业的技术创新行为超越了组织边界，并受到网络中其他主体资源与能力以及网络的各种嵌入关系的影响。区域创新网络的结构影响甚至决定了企业技术创新过程的组织和创新绩效。

然而，什么样的组织是区域创新网络？区域创新网络的结构属性如何？网络结构对企业技术创新的作用机理又是什么？等等理论和实证问题尚未形成定论，尚需用创造性思维进行分析。基于此，本文在对区域创新网络进行结构性分析的基础上，研究探讨了区域创新网络结点的交互作用和联结所引致的区域创新网络创新机制，构建了区域创新网络结构、企业技术创新行为与创新绩效之间交互作用的概念模型，揭示了区域创新网络结构对企业技术创新绩效影响的微观机理；以广东省为研究对象，运用数据包络分析方法，对广东省区域创新网络的创新效率进行了评价，并提出了相应的政策建议。

二、区域创新网络的基本结点及其联结关系

（一）区域创新网络的基本结点

区域创新网络是指由地方行为主体企业、大学、科研院所、地方政府等组织及其个人之间在长期正式或非正式的合作与交流关系的基础上所形成的相对稳定的系统。[1]从区域创新网络的结构性角度分析，区域创新网络是由结点及其结点之间的联结关系构成。区域创新网络的基本结点包括企业、大学及科研院所、中介服务机构及政府等要素。其中，企业是区域创新的基本主体。从单个企业出发，与之存在联系的企业成员又可进一步细分为：上游企业、下游企业、同业竞争企业、其他企业（非上游、下游和同业企业，如物流企业）等。大学及科研机构是科研成果与创新的重要源头，除了可以为区域内的企业提供最新的知识与技术，还可以为企业直接输送创新型人才，或增加区域创新型企业的数量，提供整个区域显性知识的存量和流量。中介服务机构包括协助、促进成果转化、在创新活动中起桥梁和纽带作用的机构和组织，如生产力促进中心、高新技术成果转化服务中心等；也包括为创新活动提供服务咨询的机构和组织，如会计师事务所、律师事务所、技术评估机构、企业咨询公司、风险投资公司、人才交流服务中心等。中介服务机构是沟通企业与其他组织间知识流动的一个关键环节，对于促进区域内部已有资源的整合和成功经验显性化推广具有重要的影响。政府是区域内部各种公共设施及政策的制定与实施者，是区域创新活动的推动者。政府在区域创新中的作用可表述为网络的促进器（facilitator）、动态比较优势的催化剂（catalyst）和公共机构的建立者（builder），建立有效的激励机制以消除创新系统的系统无效。[2]

（二）区域创新网络结点间的联结关系

关系是经济活动的基石。网络组织中的关系是针对网络组织的整体架构、以不同结点间的互动合作与协同进化为导向，旨在凭借政府、高校、科研院所等相关主体要素的联结，发挥异质技术、信息、资源、管理经验的互补和乘数效应。唐方成等（2004）研究了复杂网络组织结点间的合

作关系，表明网络结点之间的互动协调关系至关重要，区域创新网络结点间的联结关系是彼此进行互动合作的基础，而且长期的互动合作反过来进一步强化了相互关系，增强了网络组织的吸引力与凝聚力。[3] 概括来讲，主要有如下三种形式的联结。

1. 信息和技术联结

信息和技术联结是区域创新网络主体间基于技术和信息发生的关联方式，技术和信息的链接过程同时也是技术的扩散与创新过程。区域创新网络对于各结点的技术链接具有独特的优势。[4] 由于地理的接近性和产业相关性，使得创新网络内企业在技术上关联性较强。而技术又是由众多技术因子组成的，各技术因子并不是同步发展的，它们之间必然存在着技术势差。由于技术内部各因子的关联性和群体技术的关联性，当某一技术因子发生变化时，必然相应地使另一技术因子发生变化，从而产生多米诺骨牌一样的连锁效应。这种效应是创新网络技术进步的动力机制，也是创新网络中各主体间技术链接的发生机制。

在区域创新网络内，信息技术在创新主体间的传播和扩散可通过多种途径实现。①企业创新信息内部交流体系的建设，为信息技术的传播和扩散创造良好的内部环境。②企业在海内外设立研发机构，不仅可以更好地整合国际创新资源，也可同时实现市场与技术发展的信息采集功能，使企业更好地洞察市场需求、产业发展趋势、新市场开拓状况及技术演变和革新的信息。③企业参加行业协会、技术协会、商会、企业家协会等，也是沟通信息的一个渠道。

2. 项目合作联结

结点间的项目合作会建立它们之间的联结渠道、信任机制，所以，网络中结点间的项目合作越频繁、合作越广泛，它们之间的联结就越紧密。从这点出发，网络的形成和发展也是有一定的项目合作基础，而不是空中楼阁。在区域创新网络形成过程中，企业通过与其他主体的项目合作联结，可以促进企业和科研机构间、企业间的相互了解，建立信任，并建立起相应的利益分配机制。[4]

3. 人员流动联结

知识经济背景下，区域内人员的雇佣、流动和知识创造对区域经济的发展至关重要（Pöyhönen，2004[5]；Bontis，2002[6]；Edvinsson，1999[7]）。区域创新网络结点间的人员交流会促进它们的联结，促进网络的形成。人员本身作为技术和商业信息的载体，从一个单位向另一个单位流动会产生一系列的信息交换，这对于促进企业的技术创新会产生积极的作用。从区域创新网络中的企业结点出发，人员的流动包括人员的引进和流出两个方面的内容。

（三）区域网络联结对企业创新绩效的影响

区域创新网络结构对企业创新行为的影响主要体现在四个方面。

1. 区域创新网络结构为内部企业提供了互动学习平台，有利于创新知识的传播和扩散

越来越多的事实证明，随着现代科技的迅猛发展和国际竞争力的日益激烈，企业、区域和国家的竞争力不仅源于其静态的相对成本优势，更重要的是取决于其动态创新能力。而区域的动态创新能力是与特定的地方环境以及该环境下的学习创新过程密不可分的。[8]区域创新网络为网络成员提供了沟通、交流的渠道和平台，提高了创新知识传播扩散的深度和广度。Grabher（1993）[9]认为，网络内松散的链接为相互学习和创新提供了满意的条件。网络不断开辟途径可以接纳纷繁复杂的信息资源，并提供比等级性组织更广泛、更可观的面对面交流的机会，可以使隐性知识（tacit knowledge）能够在区域内转化为编码化知识（codified knowledge），而这种编码化知识是区域外竞争对手难以复制的。

2. 区域创新网络结构是区域内成员间实现合作协调的重要机制

网络结点间的关系是建立在互惠互利的基础之上，互惠互利关系会促进相互分工和合作，而合作的结果又会促进企业向更高专业化方向发展，因此，网络的形成是分工和专业化的必然结果（池仁勇，2005）。对于整个区域来讲，网络结构代表了网络成员之间的一种本地化的协作机制，增加了成员之间的信任，降低了机会主义倾向，提高了合作创新的激励，其重要功能就体现在保持区域持续的创新能力和竞争优势。Stemberg（2000）在有关"创新网络"或"环境"的文献中强调了创新网络对创新的促进作用。区域创新网络内行为主体在地理位置上的临近有助于建立和维持协作关系，而行为主体间频繁的近距离接触非常有利于创新活动的进行。

3. 区域创新网络结构促进了组织间的学习

其作用机制主要体现在[10]：①网络结点的联结和高度协作导致了

区域创新网络的高效率。区域创新网络推动了行为主体间的互动关系，这种互动合作与协同进化打破了学习的组织边界，扩展了组织学习的维度。②各行为主体之间以互动合作为联结纽带的网络关系加速了知识的积聚、流动、传播、创造过程，丰富了各行为主体的知识获取渠道，提升了组织间学习的广度。③创新网络中的组织之间的合作，形成了相互依赖的关系，一个组织倾向于与其他组织的资源技术相结合，专业化的分工使得不同组织间可以专注于自己的技术领域，这就提升了组织间学习的深度。

4. 区域创新网络结构提高了企业创新资源的获取和利用效率

企业技术创新依赖于企业所拥有的资源，但由于资源的有限性，一个企业又不可能拥有其创新所需要的全部资源，尤其是那些隐性的和基于知识的互补性资源更是如此。许多研究已经表明企业通过网络来获取互补性的资源[11,12]。企业只有通过技术创新网络的途径来获取优化资源，使资源的价值达到最大化，特别是 Glaister 和 Buckly 研究发现，获得互补资源是企业形成网络组织的原因，而不是分担风险或是经济规模。这也从一个侧面反映出企业组建技术创新网络的动因之所在。

（四）区域网络联结向企业创新绩效的转化

Nelson（1996）[13]研究表明，区域创新的绩效不仅取决于区域创新资源的投入和运用，而且取决于各创新主体及各种创新资源在创新体系中的联结及其联结方式。区域创新能力的提高首先体现在区域内企业技术创新能力的提高。企业作为区域创新网络的主体结点，通过信息技术联结、项目合作联结、人员流动联结等形式，实现了与大学、科研院所、中介机构和政府等其他结点的互动，从而构建了区域创新网络。通过区域创新网络的网络效益，企业进一步实现了新产品数量、销售收入和利润等技术创新绩效的增长，如图 1 所示。

图1 区域创新网络结构、企业创新行为与绩效的关联模型

三、区域创新网络联结的创新效率评价

（一）DEA 评价方法和模型

企业构建区域创新网络与其他结点联结的投入向产出转化的相对效率可以用数据包络模型（DEA）来计算。DEA 方法是美国著名运筹学家查恩斯（A Charnes）、库伯（W Cooper）和罗兹（E Rhodes）等于 1978 年首先提出的评价具有多个输入和多个输出的决策单元相对有效性的方法。我国自 1988 年由魏权龄教授系统地介绍了 DEA 方法以后，该方法在众多领域，包括地质、金融、管理、宏观经济研究、甚至医学等得到广泛的运用。DEA 的基本模型有 C^2R 模型[14] 和 C^2GS^2 模型[15]。其基本思路是把每个被评价单位作为一个决策单元（DMU），再由多个 DMU 构成被评价群体，通过对投入与产出比率的综合分析，以 DMU 的各个投入和产出指标的权重为变量进行评价运算，确定有效生产前沿面，并根据各 DMU 与有效生产前沿面的距离状况确定其是否 DEA 有效。同时还可用投影方法指出其非 DEA 有效或弱 DEA 有效的原因及改进的方向和程度。

（二）评价指标体系设计

为使各 DMU 具有可比性，使 DMU 综合评价指标更为合理和有意义，要选择好评价系统的输入和输出指标体系，才有利于客观描述和评价。结合上文分析，本文选取的输入变量有 3 组，分别用 X_1、X_2、X_3 表示。

X_1：信息技术联结。由当年技术贸易收入、企业对外技术交流人次与企业总人数的比例综合而成；

X_2：项目合作联结。由与其他企业项目合作数、与高校、科研机构合办科研机构数、产学研经费占全部项目经费的比例综合而成；

X_3：人员流动联结。由当年企业科技人才引进数、当年企业科技人才流出数、当年来企业从事技术开发的海内外专家数等综合而成。

本文选取的输出变量为企业创新绩效（用 Y 表示）。该指数由新产品数量、销售收入增长率和利润增长率 3 项指标综合而成。

（三）评价对象及数据来源

近年来，广东省高度重视区域创新网络建设，在打通产学研互动通道、构建工业技术创新体系、搭建知识创新平台以及建立技术创新服务网络等方面做了大量的工作，区域创新网络的体系框架已初步形成[16]。经过几年努力，广东省现已成为全国企业技术创新能力最强的地区之一，企业创新能力、大中型企业的 R&D 投入、综合区域创新能力等指标均居全国前列。截至 2007 年底，全省已组建 182 家省级企业技术中心，这批技术中心所依托的企业总产值占全省工业总产值的 20% 以上，成为广东省区域创新网络的核心。由此，本文选择广东省目前已批准成立的 150 家省级企业技术中心为研究对象，运用 DEA 模型和方法评价其在各自创新网络内部与大学、科研院所、中介机构和政府的网络联结关系。在进行 DEA 模型计算时，考虑到不同行业企业构建创新网络效率的长期规律以及数据的可比性问题，本文首先对广东省企业技术中心 2003—2007 年共 5 年的相关数据进行了合并处理，并通过数据的指数化处理，进一步将数据转换为无量纲化指标测评值，见表 1。

表 1　区域创新网络结点联结与创新绩效的 DEA 数据

地区		网络联结投入			创新绩效
		X_1	X_2	X_3	Y
珠三角	东莞	0.1456	0.1379	0.1662	0.3553
	佛山	0.0938	0.2082	0.3569	0.4100
	广州	0.2140	0.3044	0.4282	0.7001
	珠海	0.2130	0.5170	0.4755	0.5517
	惠州	0.1305	0.5810	1.0000	0.6058
	江门	0.0810	0.2074	0.3171	0.2768
	深圳	0.0280	0.6201	0.1497	0.3500
	肇庆	0.0740	0.2696	0.3010	0.3971

地区		网络联结投入			创新绩效
		X_1	X_2	X_3	Y
珠三角	中山	0.0896	0.3215	0.1411	0.3890
东翼	揭阳	0.5105	0.2750	0.1848	0.3141
	汕头	0.0850	0.2507	0.2770	0.3337
	汕尾	0.0194	0.0887	0.0304	0.3046
	潮州	0.0934	0.0498	0.0864	0.3393
西翼	茂名	0.3977	0.4010	0.1442	0.3237
	阳江	0.0682	0.3726	0.1252	0.4836
	湛江	0.1847	0.4889	0.1528	0.3532
山区	梅州	0.0236	0.2383	0.0923	0.0246
	河源	0.0542	0.0379	0.5450	0.6642
	韶关	0.5062	0.2905	0.3171	0.3452
	云浮	0.0575	0.1964	0.2008	0.3294
	清远	0.0753	0.2286	0.1879	0.3400

四、基于广东省的实证研究

根据表1，应用 LINDO 软件求解，可得出不同地区区域创新网络联结的综合创新效率评价值，见表2。由计算结果我们可以看出，在广东省21个行政地区中，DEA（C^2R）有效的区域仅有汕尾、潮州和河源3个地区，它们的综合效率评价值均为1。而 DEA（C^2R）无效的区域有18个，综合效率平均值为0.316569，整体的区域创新网络创新绩效较低。

同时，由于广东省区域之间的经济差异，本文接下来分别计算了珠三角、东翼、西翼和山区①四大板块的综合效率平均值，以考察不同区域之

① 珠三角是指广州、深圳、珠海、东莞、佛山、中山、惠州、肇庆、江门9市经济发达区域，东翼指汕头、汕尾、潮州、揭阳，西翼为湛江、阳江、茂名，山区5市指梅州、河源、韶关、云浮、清远。

间的差异。其中，东翼板块的综合效率平均值最高，为0.645393；珠三角板块的综合效率平均值次之，为0.385197；山区板块的综合效率平均值居中，为0.347058；西翼板块的综合效率平均值最低，为0.304872。通过以上的分析我们不难发现，一些经济相对落后的地区反而是创新综合效率较高的地区，如汕尾、潮州和河源等，这与该地区的创新投入量很少有关，这些地区对科技的重视还处于起步阶段，投入与产出都比较少，但其产出的边际值相对而言最大。这说明了科技创新不太发达地区如能将自己有限的社会资源合理地组合利用，也能达到较高的创新效率。同时需要指出的是，用DEA方法对决策单元进行的相对有效性评价的结果，只能说明各个地区投入指标的总体运用效果，它并不能代表各个地区的经济发展水平和进程。

表2　广东省区域创新网络的综合效率评价

地区	综合效率	是否有效	地区	综合效率	是否有效
东莞	0.487659	无效	湛江	0.230697	无效
佛山	0.39726	无效	揭阳	0.269811	无效
广州	0.253641	无效	汕头	0.311762	无效
珠海	0.254179	无效	汕尾	1	有效
惠州	0.297684	无效	潮州	1	有效
江门	0.283095	无效	梅州	0.066389	无效
深圳	0.796126	无效	河源	1	有效
肇庆	0.360769	无效	韶关	0.226271	无效
中山	0.336358	无效	云浮	0.405491	无效
茂名	0.232297	无效	清远	0.037141	无效
阳江	0.451621	无效			

（一）技术效率和规模效益评价

为进一步识别导致非DEA（C^2R）有效的深层原因，本文又分析了这些地区区域创新网络投入产出的技术有效性和规模效率。用LINDO软件求解DEA（C^2GS^2）模型，可得出各地区区域创新网络的技术效率评价值（见表3）。在非DEA（C^2R）有效的18个地区中，技术有效的地区仅有广州和阳江2个地区，这说明这些地区区域创新网络非效率的原因与其创新的技术效率无关。此外，在非 DEA（C²R）有效的18个地区中，还同时存在着规模效益无效的情况。其中规模效益递增的地区有江门、揭阳、梅州、汕头和云浮地区，这说明这5个地区对区域创新网络创新投入的规模相对于产出尚未达到最佳，正处于积极加大投入量以实现规模快速上升阶段，此时应充分借鉴经验，优化投入产出结构，实现跨越式发展，同时达到技术有效和规模有效。规模效益递减的地区包括东莞、佛山、中山、广州、惠州、茂名、清远、韶关、深圳、阳江、珠海、湛江和肇庆。这表明这13个地区的投入规模相对于产出已经超出了最佳值，加大创新投入，创新效益已无法大幅度的增长，要想改善创新的有效性，则需要从创新投入与产出之间的转化效率上寻找解决途径，单纯依靠投入规模的扩张来实现产出的增加已不明智。

表3　广东省区域创新网络联结投入向企业创新绩效转化的技术效率和规模收益评价

地区		技术效率 θ^*	规模效益		
			σ^*	θ^*/σ^*	$\sum \lambda_j^*$
珠三角	东莞	0.571022	0.854011	1.064504	递减
	佛山	0.466872	0.850897	1.099205	递减
	广州	1.000000	0.253641	1.336899	递减
	珠海	0.539477	0.471158	1.652809	递减
	惠州	0.425590	0.699462	1.962607	递减
	江门	0.374310	0.756312	0.756312	递增
	深圳	0.849770	0.936872	1.149048	递减
	肇庆	0.457572	0.788442	1.164183	递减
	中山	0.611076	0.550436	1.256928	递减
东翼	揭阳	0.272249	0.991045	0.991045	递增
	汕头	0.322880	0.965566	0.965570	递增
	汕尾	1.000000	1.000000	1.000000	不变
	潮州	1.000000	1.000000	1.000000	不变

续表

地区		技术效率 θ^*	规模效益		
			σ^*	θ^*/σ^*	$\sum \lambda_j$
西翼	茂名	0.289279	0.803021	1.060123	递减
	阳江	1.000000	0.451621	1.587656	递减
	湛江	0.367402	0.627914	1.159554	递减
山区	梅州	0.822034	0.080762	0.080762	递增
	河源	1.000000	1.000000	1.000000	不变
	韶关	0.261203	0.866265	1.052412	递减
	云浮	0.421533	0.961944	0.961944	递增
	清远	0.402005	0.092389	1.028998	递减

五、相关政策建议

通过 DEA 方法的实证研究，可以发现广东省的区域创新网络尚处于建设阶段，区域创新网络的创新效率不高。要使得区域创新网络真正成为促进企业创新发展的重要力量，广东省要进行有效创新，需进一步加大创新投入，调整创新资源的投入产出结构，提高资源的利用效率。针对本文的实证分析，广东省应加强以下两个方面的工作。

（一）强化制度建设，提高区域创新网络创新投入与产出的转化效率

本文实证研究表明，区域创新网络创新投入与产出的转化效率低下是导致广东省区域创新网络创新效率低下的根本原因。而掌握创新方法，从而提高创新的效率和速度是增强区域自主创新能力、实现跨越式发展的捷径。政府应重视和培育本地企业之间的网络化联系，培育网络组织意识，优化区域创新环境。创新是一个集体化的过程。本地企业之间的隔绝和相互不信任，会人大降低竞争的有效性和合作创新的可能性。面对外部竞争常常会感到孤立无援，尤其是对不正当竞争，如低价倾销、以次充好、冒牌等。为此，政府可以帮助企业寻找它们的一些共同兴趣和要求，定期或不定期地召开一些座谈会、展览会，打破企业界限；建立一些民间的文化活动组织，提供一些共同活动场所，从而鼓励企业间以及企业与机构间相互合作。加强本地企业网络化联系，形成自组织企业群。维护本地企业之间健康的竞争合作，逐步形成本地化创新网络，提高本地企业竞争能力和自主创新能力。

（二）提升区域创新网络内各结点的合作层次和规模

目前，广东省区域创新网络内结点间的合作还主要局限在企业与高校、科研院所在项目上的"点对点"合作，高校之间、研究机构之间、企业之间的合作规模比较小。产学研合作项目也主要是技术转让、委托开发的形式，基本上是学校和科研院所出人才和技术，企业出课题和资金，而缺乏如共建研究开发机构、实验室、研发基地、战略联盟等全方位、高层次的合作。广东省的区域创新网络建设，可以省部产学研战略联盟为载体，将部属高校优势科技资源系统地注入广东支柱产业、新兴产业的发展中，变个别的合作为整体的合作，变分散的合作为集中的合作，变间断的合作为经常性的合作，加速部属高校科技成果的转化和产业化，提升广东产业的自主创新能力和核心竞争力。

参考文献

［1］盖文启.创新网络［M］.北京：北京大学出版社，2003.

［2］冯德连.经济全球化下中小企业集群的创新机制研究［M］.北京：经济科学出版社，2005.

［3］唐方成，马骏，席酉民.和谐管理的耦合机制及其复杂性的涌现［J］.系统工程理论与实践，2004（11）：68－75.

［4］池仁勇.区域中小企业创新网络评价与构建研究：理论与实证［D］.北京：中国农业大学，2005.

［5］PÖYHÖNEN A，SMEDLUND A. Assessing Intellectual Capital Creation in Regional Clusters［J］. Journal of Intellectual Capital，2004，5（3）：351－365.

［6］BONTIS N. National Intellectual Capital Index：the Benchmarking of Arab Countries［J］. Intellectual Capital for Communities，2005，5（1）：113－138.

［7］EDVINSSON L，STENFELT C. Intellectual Capital of Nations：for Future

Wealth Creation [J]. Journal of Human Resource Costing & Accounting, 1999, 4 (1): 21 - 33.

[8] 盛世豪, 郑燕伟. "浙江现象"产业集群与区域经济发展 [M]. 北京: 清华大学出版社, 2004.

[9] GRABHER G. The weakness of strong ties: the lock in of regional development in the Ruhr area [M] // The embedded firm: on the socioeconomics of industrial networks. London: Routledye, 1993: 255 - 277.

[10] 何亚琼, 葛中锋, 等. 区域创新网络中组织间学习机制研究 [J]. 学术交流, 2006 (2): 63 - 68.

[11] 李新春. 企业家协调与企业集群: 对珠江三角洲专业镇企业集群化成长的分析 [J]. 南开管理评论, 2002 (3): 49 - 56.

[12] Rothaermel F T. Technological discontinuities and interfirm cooperation: what determines a starup's attractiveness as alliance partner? [J]. IEEE Transactions on Engineering Management, 2002 (4): 388 - 397.

[13] 王焕祥. 区域创新的复合效率及其增进模式研究 [J]. 科研管理, 2006 (5): 53 - 56.

[14] CHARNES A, COOPER W W, RHODES E. Measuring the efficiency of decision making units [J]. European Journal of Operational Research, 1978 (6): 429 - 444.

[15] CHAMES A, COOPER W W, GOLARY B, et al. Foundation of data envelopment analysis for pareto koopmans efficient empirical production functions [J]. Journal of Econometrics (Netherland), 1985, 30 (1 - 2): 91 - 107.

[16] 王学力. 广东工业技术创新状况实证研究 [J]. 科学学与科学技术管理, 2005 (4): 71 - 75.

（原载《工业技术经济》2008 年第 12 期, 与樊霞合著）

AI 领域基础科学网络对技术创新网络影响研究

　　基础研究与技术创新既相互作用又相互渗透。17 世纪，力学的发展使得英国成为第一次工业革命领先者。[1]19 世纪，电磁学发展引发的电气技术进步，为人类带来了第二次工业革命。[2]从基础研究到应用研究，再到技术开发，创新推动了产业发展和人类文明进步[3-5]，这其中基础研究与技术创新相互影响、相互作用，共同演进。

　　迈入 21 世纪，随着人类科技创新能力的不断提升，基础科学对技术创新的推动作用也愈发显现，如人工智能。近年来，由于认知科学等基础科学的突破，人工智能技术进入一个快速发展期，并迅速推动产业发展。面对日益兴起的人工智能领域的竞争，以中国为代表的新兴发展中国家，开始从赶超发达国家战略高度上，加大对人工智能发展部署①，中国有关部门出台了专项行动计划来推动人工智能发展，比如智能硬件、智能制造等②。

　　与此同时，全球化和信息网络技术发展使得国家间，以及不同国家企业间科学与技术合作越来越多，并成为趋势。在创新国际化发展这一情景下，基础科学发展、应用技术发展，以及产业发展不再局限于某一国家和区域，其间合作形成的基础科学网络和专利技术网络相互影响、相互作用。

　　本文从人工智能领域发展、基础科学网络与专利技术网络特征分析入手，系统解构人工智能领域国家间基础科学网络与专利技术网络间相互影响关系。

---

　　① 《新一代人工智能发展规划》（国发〔2017〕35 号）。
　　② 《促进新一代人工智能产业发展三年行动计划（2018—2020 年）》（工信部科〔2017〕315 号）。

一、文献与研究假设

创新体系国际化下，全球创新资源流动加速，研究全球产业的创新网络，建立国家间创新理论体系，迫在眉睫。[6] 已有学者从指标体系构建角度量化全球创新格局[7]，但产业的核心竞争力与知识溢出离不开创新网络[8]，国内也有学者从专利角度研究全球创新网络的演化规律[9]。而论文和专利数据是研究中重要的创新产出数据，利用科学和专利数据进行社会网络分析研究论文和专利数据，能宏观反映出国家间基础科学网络与专利技术网络的情况。

双螺旋理论将科学与技术的关系巧妙地形容为一对舞者，两者相互促进，呈螺旋状上升发展。[10] 关于科学与技术之间的关系已有非常多研究，但研究视角主要体现在科学与技术之间的平衡关系，探讨它们共同对创新产出的影响研究较少。[11-14] 一些学者使用专利文档中的非专利引文（NPR）来研究科学和技术之间的相互作用，发现技术与科学的知识联系程度呈增加趋势。[15] Meyer 对纳米技术领域的专利进行了案例研究，认为科学与技术之间为多层面高度复杂的相互作用。[16] 而 He 和 Deng（2007）的研究认为，NPR 数据中的系统性噪音掩盖了基础科学对技术创新的正向影响。[17] 本文拟从网络研究角度量化科学对技术的隐性知识流动。

学者们通过刻画科学和技术之间的距离，研究发现在非科学依赖型技术领域的技术网络要比科学网络更加涣散。[18] 在高技术领域，企业研究人员和学者之间具有强联系，并且通过学者占据的结构洞，实现了科学和技术网络的连通性[19]，同时合作网络对全球创新系统仍然有很强的解释力[20]。近年来，一些学者通过双层网络构建节点关系的方法，研究网络间调节作用。[21,22] 本文将借鉴其方法，构建国家间的基础科学网络和专利技术网络的双层网络，并且分析它们的交互影响作用。

（一）网络特征及其影响研究

全球化背景下，创新资源在国家间存在着空间分布，以及资源配置，并具有社会网络特征。[23] 节点在创新社会网络中的位置不同，也将对网络的创新活动效率产生不同影响，网络特征对创新网络整体态势有着显著的影响。[24]

度中心性是用来衡量网络中的节点在整个网络中的中介程度、获得资源的程度及其控制程度，与之相连接的节点越多，其值越大，该节点对其他节点的控制能力越强。[25]聚集系数越高则国家间的科学技术交流越频繁，因此能促进网络节点之间的信任关系，增加信息传递的频率，但是冗余的联系也会导致群体风险增加和风险权重不平衡。[26]因此，聚集系数高的网络可以增加国家间信任度和加快信息传递，从而有利于国家创新。但是，聚集系数过大时，合作国家间联系过于频繁，容易导致冗余路径的信息趋于同质化从而不利于创新活动。

结构洞是与自我联系的其他节点之间的关系模式。占据结构洞的网络节点因为对其他不相连节点的桥梁作用，能够更加容易发现潜在的机会或威胁，在科学与技术的创新活动中避免创新失败，提升创新成功率；此外，结构洞拥有的资源是非冗余且高效的，节点可以用较少的成本获得最有价值的联系。[27]

（二）研究假设

1. 专利技术网络国家节点特征对创新产出的影响

网络的度中心度值可以有效刻画权利，如果一个国家与网络内其他国家之间相连的越多，其中心度越高，该国家网络中拥有更多控制力，与其他国家的知识流动也更加方便，那么其将得到丰富的信息，这样能增加国家创新源动力。[25]当聚集系数较低时，增加网络的聚集系数可以增加节点之间的信息传播，以及带来风险分担，因此这个阶段将提高创新效率；然而，聚集系数超过一定阈值后，信息传播效率变得可忽略，而信息冗余开始降低科学技术创新的效率。[26]结构洞体现出的是非冗余信息，占据结构洞位置的节点拥有更多高效的决策信息[27]，进而实现创新。基于以上讨论，本文提出以下假设：

假设 1a：国家在专利技术网络中的度中心性会正向影响其技术创新产出。

假设 1b：国家在专利技术网络中的聚集系数倒 U 型影响其技术创新产出。

假设 1c：国家在专利技术网络中结构洞占据的个数会正向影响其技

术创新产出。

2. 基础科学网络国家节点特征对技术创新网络发展的影响

一个国家基础科学研究的深度和广度，决定着这个国家原始创新的动力和活力，其对专利技术的转化具有一定的调节作用。[28]而在基础科学的网络中，当一个国家具有较高的度中心度时，则这个国家具有了获得信息的优势，这些国家更容易获得有效信息并成为丰富信息的拥有者，且对其他国家的控制能力越强[25]，因此将对其专利技术网络起到正向调节。而当国家基础科学合作网络聚集系数高时，基础科学导致过多的冗余路径，使得国家间的基础科学思维与专利技术思维碰撞，难以达成一致性。[29]在科学网络中，占有更多的结构洞的国家更容易获得独特的价值性知识资源。[27]国家也就获得了科学转化的先机，因此国家在科学网络中的结构洞数目将正向的调节专利技术产出。基于此，本文给出以下假设：

假设 2a：国家在基础科学网络中的中心性程度会调节专利技术网络中的网络结构，从而影响其技术创新产出。

假设 2b：国家在基础科学网络中的聚集系数会调节专利技术网络中的网络结构，从而影响其技术创新产出。

假设 2c：国家在基础科学网络中的结构洞占据个数会调节专利技术网络中的网络结构，从而影响其技术创新产出。

二、研究数据

（一）数据来源

本文的专利数据来自 USPTO 专利数据库，基础科学论文数据来自 Web of Science（SCI，SCIE，SSI）数据库。USPTO 数据库中，大类编号 G06N 被描述为"基于特定计算模型的计算机系统"，在其子分类中如 G06N3/00 代表"基于生物学模型的计算机系统"，G06N3/02 代表"采用神经网络模型"（用于自适应控制的模型；用于图像模式匹配的模型；用于图像数据处理的模型；用于语音模式匹配的模型），均与 Martin 所阐述人工智能的含义相同[30]。本文采用分类 G06N 号检索 USPTO 数据库中，截至 2017 年 12 月的所有完善的专利数据，共计 10017

条记录。

在论文数据选取上，选取中国计算机学会推荐人工智能 4 本 A 类国际学术刊物 *Artificial Intelligence*、*IEEE Trans on Pattern Analysis and Machine Intelligence*、*International Journal of Computer Vision*、*Journal of Machine Learning Research* 作为论文数据源。在 WOS（Web of Science）数据库中，查询收集 4 本国际刊物截至 2017 年 12 月收录的所有有效论文信息，共计 12112 篇论文。

（二）数据特征

图 1 和图 2 分别显示，基于上述专利数据与论文所形成的专利技术网络和基础科学网络，颜色的深浅代表专利发明量或论文发表量，颜色越深代表数量越多。而国家与国家之间的连线深浅代表两国之间专利申请合作或论文合著数量。比较这两个网络，我们发现，美国无论是在专利还是论文方面都是核心贡献者，而从全球合作上面来看，论文的跨国合作明显比专利的跨国合作更加的频繁，体现出科学比商业更加的无国界化。

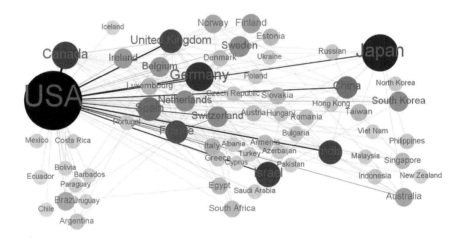

图 1　专利技术网络

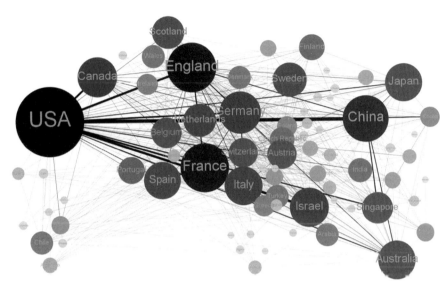

图 2　基础科学网络

其中表1和表2是主要的专利产出国和论文产出国的统计排名表，从表中可以看出，美国无论是在专利申请上面还是在论文发表上面都是第一大国，同样以色列也具有极其稳定平衡的优势。日本在专利申请上面具有世界第二的贡献度，然而日本的论文数量仅排名第10，印度也在专利数量上具有领先优势，中国拥有大量论文，然而专利却很少。英国、法国和意大利这三个工业大国在论文基础科学上面表现很好，然而在人工智能专利技术领域偏弱。

表 1　专利主要产出国

Country name	Number of Patents	Patent Raking	Article Raking
USA	7321	1	1
Japan	1159	2	10
Germany	337	3	5
Canada	287	4	6
Israel	266	5	7
India	245	6	20

Country name	Number of Patents	Patent Raking	Article Raking
England	240	7	2
France	227	8	3
China	223	9	4
South Korea	163	10	15

表2　论文主要产出国

Country name	Number of Articles	Article Raking	Patent Raking
USA	5411	1	1
England	1025	2	7
France	875	3	8
China	815	4	9
Germany	693	5	3
Canada	625	6	4
Israel	559	7	5
Italy	446	8	12
Australia	392	9	13
Japan	369	10	2

数据显示，人工智能科学与技术网络均呈现国家（地区）特征，竞争主要体现于少数的几个大国之间。本文拟通过构建专利论文双层网络，来进一步解构分析人工智能领域的国家间网络特征。

（三）研究变量

1. 因变量

未来的专利产出，代表创新产出。[31]本文选择人工智能行业下一个周期的专利产出作为因变量，比如当把 2006—2010 年的专利和论文数据进行网络特征提取，为了研究这 5 年的网络特征对未来创新产出的影响，则采用 2011—2015 年的人工智能行业的专利总产出作为应变量进行分析。

2. 自变量

研究的自变量为人工智能行业中专利技术网络的中心性、聚集系数、结构洞，以及论文网络的中心性、聚集系数、结构洞。在社会网络分析中，中心性代表了节点位置的重要性和对其他节点的控制力，本文采用中介中心性来测度专利技术网络和基础科学网络的中心性，中介中心性表示节点在网络中的最短途径上的程度[32]。其计算公式如下：

$$C_B(n_i) = \frac{\sum_{j<k} g_{jk}(n_i)}{g_{jk}}$$

标准化公式：

$$C'_B(n_i) = \frac{\sum_{j<k} g_{jk}(n_i)/g_{jk}}{(g-1)(g-2)}$$

其中 g_{jk} 是网络中节点 j 与节点 k 的路径数，而 $g_{jk}(n_i)$ 是节点 i 达到节点 k 的路径中经过了节点 i 的路径数，g 则是此网络中的总节点数。我们研究中，节点代表国家，路径则用合作关系进行表示。

聚集系数测度网络中环结构的特征，表示网络中一个节点的两个邻接点很可能彼此相邻接，反映的是网络的聚类特征。在网络中节点的聚集系数即它的邻居节点的密度。在无权网络中，一个节点 i 有 k_i 条边将它和其他节点相连，这 k_i 个节点就成为节点 i 的相邻节点。同时这 k_i 个节点之间最多可能有 $[k_i(k_i-1)]/2$ 条边，从而节点 i 的聚集系数 C_i 定义为：

$$C_i(n_i) = \frac{E_i}{[k_i(k_i-1)]/2}$$

其中 E_i 是结点 i 的 k_i 个相邻节点实际存在的边数。专利数据中，如果专利发明者来自不同国家，则认为这些国家间都存在边。如果两个不同国家的作者合著了论文，也认为这两个国家在基础科学网络中存在一条连接边。

结构洞刻画了国家在创新网络中是否拥有高效的信息优势，是否能够更加容易的发现机会和避免风险。如果国家 A 与 B、C 都有联系，而 B 与 C 没有联系，则 A 有一个结构洞，我们采用如下公式测度国家 i 的网络约束指数[21]。

$$CO_i = \sum_j \left(p_{ij} + \sum_{q, q \neq i, q \neq j} p_{iq} p_{qj}\right)^2$$

在网络约束指数公式中，p_{ij} 是衡量节点 i 到节点 j 的直接连接边的比例强度，p_{iqqj} 表示节点 i 通过了节点 q 到达节点 j 的边数比例强度。其中 CO_i 表达的是对结构洞的约束，即 CO_i 值越大，结构洞的值反而越小。在研究中，结构洞的值我们采用 $S_i = 2 - CO_i$ 进行度量。

3. 控制变量

（1）上一个周期的专利数。上一个周期的专利数目，体现出国家之前的发展水平，对未来的创新产出有调节影响，因此把上一周期专利数作为调节变量。

（2）知识广度。在人工智能行业里面，一个国家目前专利的分类号的数量体现出其跨领域应用程度，跨领域应用越广，说明国家的产业全面，科技转化能力强，所以设定专利分类号数目为调节变量。

（3）网络特征。网络中其他特征指标刻画出了国家间的不同运行状态。具体包含，专利合作次数，体现了国家间的合作总量；网络密度，当前国家间在 AI 领域的合作程度；平均路径长度，代表国家间专利网络中，国家之间连接路径的平均长度，刻画了国家间信息沟通的速度。

三、实证分析

表 3 是研究数据的统计特征表，包含了各个变量的均值、方差，以及变量间的相关系数及显著性。从统计特征整体上看，数据基本符合先前研究，如专利技术创新网络中心性与专利总产出正相关，专利技术创新网络的结构洞与专利总产出正相关，而聚集性则与产出负相关，但显著性较差，同时数据特征表明因变量专利总产出是一个非负整数的离散变量，负二项回归模型能较好地处理这类应变量，负二项回归模型也是一种广义的线性模型，是泊松回归的一种拓展模型，能够较好地拟合离散数据[21]。

表 3　数据统计特征

	M	SD	1	2	3	4	5	6	7	8	9	10
Patent-output	16.49	73.94	1									
Pre-sample	55.45	204.52	0.95 ***	1								
Network-density	0.12	0.02	−0.08 *	−0.02	1							
Patent-kinds	33.96	66.80	0.62 ***	0.73 ***	0.15 ***	1						

续表

	M	SD	1	2	3	4	5	6	7	8	9	10
Collaboration	2.84	4.47	0.86***	0.90***	−0.13***	0.70***	1					
Patent-centrality	0.04	0.18	0.65***	0.76***	0.07*	0.83***	0.82***	1				
Patent-clustering	0.33	0.42	−0.07	−0.08*	−0.10**	−0.05	0.01	−0.15***	1			
Patent-structural-hole	1.10	0.31	0.25***	0.25***	−0.35***	0.17***	0.48***	0.19***	0.50***	1		
Article-centrality	0.04	0.09	0.39***	0.47***	0.11**	0.58***	0.59***	0.66***	−0.07	0.19***	1	
Article-clustering	0.45	0.35	−0.09**	−0.12***	−0.27***	−0.16***	−0.10	−0.18***	0.23***	0.11**	−0.20***	1
Article-structural-hole	1.30	0.74	0.11**	0.10**	−0.26***	0.07	0.21***	0.06	0.29***	0.33***	0.28***	0.71***

注：* $p<0.1$，** $p<0.05$，*** $p<0.01$。

表 4 是采用负二项回归模型进行实证分析的整体情况，为了简写方便，其中 Ac 表示 Article-centrality，Pc 表示 Patent-centrality，Acl 表示 Article-clustering，Pcl 表示 Patent-clustering，Ah 表示 Article-structural-hole，Ph 表示 Patent-structural-hole。在进行回归时，为了防止多重共线性对模型产生的影响，因此在此研究过程中，我们进行了 VIF 检验，模型的变量整体 VIF 都比较小，控制变量 collaboration 的 VIF 检验值最大，达到了 4.08，变量 VIF 检验值均小于 5，无共线性，因此能采用负二项回归模型对变量进行有效的实证研究。

表 4 模型结果

Model	1	2	3	4	5	6	7	8	9	10	11
Pre-sample	0.00003	0.00125*	0.00040	0.00040	0.00041	−0.00042	−0.00004	−0.00017	0.00043	0.00040	0.00075
Network-density	−4.98000*	−5.22788**	−6.26624**	−6.03376**	−5.62246**	−2.55072	−2.56400	−2.36792	−0.35443	−0.27748	0.18131
Patent-kinds	0.02105***	0.01903***	0.02042***	0.02072***	0.02027***	0.02225***	0.02095***	0.02149***	0.02075***	0.02144***	0.02112***
Collaboration	0.20330***	0.11750***	0.17026***	0.16994***	0.20334***	0.20226***	0.20500***	0.22685***	0.17033***	0.16712***	0.11557***
Patent-centrality	5.47000***	3.92509***	4.56594***	5.27891***	5.69070***	6.11237***	5.29200***	5.67457***	4.83028***	5.27722***	4.49714***
Patent-clustering	−0.30570*	3.37634	−0.32193**	−0.46805**	−0.34176**	−0.33275**	−0.07010	−0.35952**	−0.46770**	−0.78090**	−0.44455**
Patent-structural-hole	1.38400***	0.78174**	1.46160***	1.51950***	1.52198***	1.35738***	1.43600***	1.04435*	1.38654***	1.37804***	−0.48135
Article-centrality			2.85561***	0.62796	7.89658**						
Article-clustering						0.44096***	0.62880***	0.00582			

续表

Model	1	2	3	4	5	6	7	8	9	10	11
Article-structural-hole									0.52011***	0.46817***	-0.72080*
Patent-clustering²		-3.49871***									
Ac * Pc			4.11329***								
Ac * Pcl				4.20316**							
Ac * Ph					-5.29901**						
Acl * Pc						-5.56314*					
Acl * Pcl							-0.59510				
Acl * Ph								0.47196			
Ah * Pc									0.26916		
Ah * Pcl										0.21479	
Ah * Ph											1.25906***
Intercept	-0.61210	0.03411	-0.56024	-0.58703	-0.72639	-1.10354	-1.22700**	-0.84326	-1.76957***	-1.72036***	0.01839

注：* $p < 0.1$，** $p < 0.05$，*** $p < 0.01$。

从模型 1 中我们可以发现，控制变量专利类型和国家间的合作次数是对专利总产出有显著正影响。回归结果显示，Patent-centrality 对专利总产出有显著的正影响（r = 5.47，$p < 0.01$），Patent-structural-hole 对专利总产出有显著的正影响（r = 1.384，$p < 0.01$）。从结论中验证了假设 1a 和假设 1c。

为了进一步验证假设 1b，我们将平方项 Patent-clustering² 加入模型进行回归，模型 2 实验结果发现，模型加入 Patent-clustering² 后，Patent-clustering（r = 3.37634，$p < 0.01$）的显著性明显提高，Patent-clustering² 变量也表现出强相关性（r = -3.49871，$p < 0.01$）。实验结果说明了 Patent-clustering 对专利总产出的倒 U 型影响更加的显著，证实了假设 1b。

模型 3 至 5 对假设 2a 进行实验，模型 3 至 5 分别引入交互项 Ac * Pc、Ac * Pcl、Ac * Ph，实验结果显示，Article-centrality 对 Patent-centrality 有显著的正影响（r = 4.11329，$p < 0.01$），说明基础科学的中心性程度对专利技术网络的中心性有加强调节作用，从 Ac * Pcl（r = 4.20，$p < 0.05$）、Ac * Ph（r = -5.30，$p < 0.05$）看出，Article-centrality 对 Patent-clustering、Patent-structural-hole 影响也具有显著性，假设 2a 得到验证。

模型 6 至 8 对假设 2b 进行实验，测试 Article-clustering 的调节作用，实验中将 Article-clustering 加入回归模型，分别引入交互项 Acl * Pc、Acl * Pcl、Acl * Ph，实验结果没有显著性，也就是说基础科学网络的聚集系数对专利技术网络的调节影响很小，假设 2b 验证失败。

构建模型 9 至 11 验证假设 2c，研究结果显示，Article-structural-hole 对 Patent-structural-hole 有显著的正影响（$r = 1.26$，$p < 0.01$），说明基础科学占据结构洞的国家在专利技术网络中更加容易占据结构洞，而 Ah * Pc、Ah * Pcl 的回归系数并没有显著性，基础科学网络结构洞对技术网络的中心性和聚集系数没有显著调节作用，假设 2c 部分验证。

四、结论

通过前述关于人工智能科学与技术全球区域发展格局及其网络特征，以及其中的基础科学网络与专利技术网络关系分析。我们得到三点结论。

第一，国家间的基础科学论文合作比专利技术合作更加的频繁，学术交流比商业更加公开化。从各个国家统计特征上看，各个国家在人工智能领域发展特征差异化显著。

第二，研究专利技术网络特征对创新产出影响时发现，国家在专利技术网络中的中心性和占据结构洞的数量对创新产出有着显著的正影响。而国家在专利技术网络中的聚集系数，对技术创新产出则呈倒 U 型影响，一定的聚集程度有利于专利产出，但聚集程度过高容易导致信息过于类似，不利于创新。

第三，在基础科学网络对专利技术网络的调节作用方面，我们发现科学网络的中心性是显著影响专利技术网络的，而且是正向的影响，证明了一个国家自身强大的基础科学能有效地促进技术的转化。

以上结论显示，与专利技术转移相比，基础科学知识转移更加无国界化、自由化，但基础科学网络中心性对技术创新具有较大的影响，国家基础科学的发达能带来技术创新。

参考文献

[1] ALLEN R C. The British industrial revolution in global perspective [M].

Cambridge：Cambridge University Press，2009.

［2］ CRAFTSN F R. British economic growth during the industrial revolution ［J］. Agriculture & Meatpacking，1985，11（54）：215－226.

［3］ MOKYR J. The gifts of Athena：historical origins of the knowledge economy ［M］. Princeton：Princeton University Press，2011：59－74.

［4］ KLEVORICK A K，LEVIN R C，NELSON R R，et al. On the sources and significance of interindustry differences in technological opportunities ［J］. Research Policy，1995，24（2）：185－205.

［5］ BRESNAHAN T F，TRAJTENBERG M. General purpose technologies 'Engines of growth'？［J］. Journal of Econometrics，1995，65（1）：83－108.

［6］ 刘云，李正风，刘立，等.国家创新体系国际化理论与政策研究的若干思考 ［J］.科学学与科学技术管理，2010，31（3）：61－67.

［7］ 刘云，谭龙，李正风，等.国家创新体系国际化的理论模型及测度实证研究 ［J］.科学学研究，2015，33（9）：1324－1339.

［8］ 王伟光，冯荣凯，尹博.产业创新网络中核心企业控制力能够促进知识溢出吗？［J］.管理世界，2015（6）：99－109.

［9］ 陈文婕，曾德明，邹思明.全球低碳汽车技术合作创新网络演化路径研究 ［J］.科研管理，2016，37（8）：28－36.

［10］ CAIRNS J C. America and the world revolution ［J］. Journal of Politics，1963，68（3）：758.

［11］ MURRAY F. Innovation as co-evolution of scientific and technological networks：exploring tissue engineering ［J］. Research Policy，2002，31（8）：1389－1403.

［12］ BONACCORSI A，THOMA G. Institutional complementarity and inventive performance in nano science and technology ［J］. Research Policy，2007，36（6）：813－831.

［13］ BRESCHI S，LISSONI F，MONTOBBIO F. The scientific productivity of academic inventors：new evidence from italian data ［J］. Economics of Innovation & New Technology，2007，16（2）：101－118.

［14］ MAGERMAN T，LOOY B V，DEBACKERE K. Does involvement in patenting jeopardize one's academic footprint？an analysis of patent-paper pairs in biotechnology [J]. Research Policy, 2015, 44 (9): 1702 – 1713.

[15] NARIN F, NOMA E, PERRY R. Patents as indicators of corporate technological strength [J]. Research Policy, 1993 (16): 143 – 155.

[16] MEYER M. Does science push technology? patents citing scientific literature [J]. Research Policy, 2000, 29 (3): 409 – 434.

[17] HE Z L, DENG M. The evidence of systematic noise in non – patent references: a study of New Zealand companies' patents [J]. Scientometrics, 2007, 72 (1): 149 – 166.

[18] BALCONI M, BRESCHI S, LISSONI F. Networks of inventors and the role of academia: an exploration of Italian patent data [J]. Research Policy, 2004, 33 (1): 127 – 145.

[19] BRESCHI S, CATALINI C. Tracing the links between science and technology: an exploratory analysis of scientists' and inventors' networks [J]. Research Policy, 2010, 39 (1): 14 – 26.

[20] BINZ C, TRUFFER B. Global innovation systems—a conceptual framework for innovation dynamics in transnational contexts [J]. Research Policy, 2017, 46 (7): 1284 – 1298.

[21] GUAN J, ZHANG J, YAN Y. The impact of multilevel networks on innovation [J]. Research Policy, 2015, 44 (3): 545 – 559.

[22] GUAN J, YAN Y, ZHANG J J. The impact of collaboration and knowledge networks on citations [J]. Journal of Informetrics, 2017, 11 (2): 407 – 422.

[23] COE N M, BUNNELL T G. "Spatializing" knowledge communities: towards a conceptualization of transnational innovation networks [J]. Global Networks, 2010, 3 (4): 437 – 456.

[24] 曹兴, 李文. 创新网络结构演化对技术生态位影响的实证分析 [J]. 科学学研究, 2017, 35 (5): 792 – 800.

[25] VALENTET W. Network Interventions [J]. Science, 2012, 337 (6090): 49 – 53.

[26] FERRARY M, GRANOVETTER M. Social networks and innovation [J]. Elgar Companion to Innovation & Knowledge Creation, 2017, 31 (4): 123 – 135.

[27] SODA G, USAI A, ZAHEER A. Network memory: the influence of past and current networks on performance [J]. Academy of Management Journal, 2004, 47 (6): 893 – 906.

[28] HAYSER H. The Current and Future Role of Technology and Innovation Centres in the UK [R]. UK: Department for Business, Innovation and Skills, 2010: 1 – 10.

[29] MCPHERSON M, SMITH-LOVIN L, BRASHEARS M E. Social isolation in America: changes in core discussion networks over two décades [J]. American Sociological Review, 2006, 71 (3): 353 – 375.

[30] WEIK M H. Computer Science and Communications Dictionary [M]. New York : Springer, 2006: 15 – 35.

[31] LAHIRI N, NARAYANAN S. Vertical integration, innovation, and alliance portfolio size: Implications for firm performance [J]. Strategic Management Journal, 2013, 34 (9): 1042 – 1064.

[32] CANTNER U, RAKE B. International research networks in pharmaceuticals: structure and dynamics [J]. Jena Economic Research Papers, 2014, 43 (2): 333 – 348.

（原载《科学学研究》2019 年第 3 期，与李兴耀合著）

合作网络视角下国际人才对组织知识创新影响研究

——以人工智能领域为例

现代科技进步，为人工智能（artificial intelligence，AI）创新突破提供了可能，使之成为全球科技创新发展的焦点。统计显示，过去的 15 年（2002—2017 年）中国及其一些科研组织在 AI 领域的国际影响力显著提升。中国 SCI 论文发文量和 PCT 专利申请量，由较早（1985—2002 年）排名前 10 名之外分别跃居全球第 2 位和第 6 位。其中，中国科学院 AI 领域 SCI 论文发文量在全球科研组织中排名由 50 名以外跃升至世界第 6 位。毋庸置疑，这一成绩的取得，一是得益于开放的国际科技合作交流环境；二是不断涌现的具有与不同国家区域人员合作发表论文和申请专利能力的国际人才。国际人才一方面把全球知识引入到组织内部，重塑创新组织的知识结构，影响了组织的知识创造过程；另一方面，跨区域合作必然伴随着知识网络的转移，"全球通道"既能带来"本地蜂鸣"，同时组织的知识网络也向外部溢出和扩散，改变了组织在国际知识网络的位置。那么，国际人才在组织知识创造过程，以及组织在知识网络中位势提升中究竟扮演着何种角色？

人才与创新的关系一直是学术界研究的热点问题。从人格特性视角，学者们研究发现人才的开放、责任和外倾等内在要素对创新有重要影响，科技人才需要突破知识和地域的束缚，构建长期国际交流纽带[1]。从企业创新角度，蒋艳辉等学者发现非高管型海归与本土科技人员具有的知识异质性，有利于渐进式创新。[2]通过社会网络分析，刘善仕等学者发现员工的社会关系网络会对创新产生影响[3]，Guan 等学者发现科研人员知识网络中的位置会影响学者个人的创新绩效[4]。我国新产业革命亟须支持和保障国际人才的长效机制。[5]通过研究人才流动与聚集，学者们发现人才集聚与产业发展有着重要关系[6,7]，人才流动与经济发展水平密切相关[8,9]等。文献研究显示，已有研究主要体现在国际化科技人才重要性、海归知识异质性、关系网络影响创新、国际人才培育和人才流动因素等，对本文提出的国际人才对组织知识创新影响研究缺乏关注。

《"十三五"国家科技创新规划》提出"构建具有国际竞争力的现代产业技术体系"，人工智能等新一代信息技术是我国科技战略的重要方向；"全方位融入和布局全球创新网络"，与其他国家、国际组织围绕创新进行科学合作、技术交流已经成为我国科技创新开放合作的重要机制。本文通过 AI 领域基础科学网络与技术专利网络特征认识，实证分析国际人才在组织知识创造的作用效应；基于社会网络分析，探讨其对组织知识网络中心性和结构洞的影响，以期完善国际人才对组织知识创新的作用机理，为我国科技创新提供决策支持。

一、研究假设

（一）国际人才对组织知识创造的影响

开放合作是创新的主旋律，开放式创新本质是进行内外部知识利用。[10]高阶理论表明团队异质性会影响绩效[11]，如年龄异质性正向影响企业绩效[12]，社会异质性与企业绩效呈倒 U 型关系[13]等。与一般人才相比，国际人才拥有不同于本地组织的知识结构，并有良好的外部网络联系通道。因此，在合作中具有全球化知识、技能、信息的转移和利用优势，将激发组织知识创造和创新能力结构提升。

依据技术创新程度不同，创新分为突破式创新和渐进式创新，渐进式创新一般指延续原有知识轨迹，进行的改进型创新。突破式创新则是指与原知识轨迹不一样，建立在一整套不同的科学技术原理之上的创新活动，并将产生新的知识体系，形成新的技术或组织格局，对创新主体知识结构提升具有重要作用[14,15]。渐进式创新常以某一产业为基础，其国际创新合作通常依附于供应链关系。由于合作各方有共同目标基础，没有直接竞争关系，不涉及各自的技术机密，因此，合作中交流学习障碍少，这使得国际人才的知识优势和社会网络优势得以充分发挥，容易带来良好的创新绩效。但是在突破式创新方面，由于其原创性，以及出于对竞争力保护和保密等，其创新过程中外部合作的范围和水平将远远低于渐进式创新，国际人才对创新成功的作用更多体现为其自身具有的知识体系与组织知识间的耦合。

突破式创新和渐进式创新的范式差异，导致外部合作对组织开展这两类创新活动的影响因素和路径存在显著差异。企业新旧技术知识耦合，会促进突破式创新。[16]张文红认为，同行关系对突破式创新有积极的调节作用，而供应商关系有负向调节作用。[17]党兴华等学者发现，高 R&D 投入行业的组织惯性和结构惯性对渐进式创新具有正向影响。[18]

科学知识的全球发展与本地转化学习将催生科学知识的交叉应用和相互渗透，其产生的大量新知识是科研组织知识结构变革的重要推动力。国际人才在基础科学领域，通过与国际同行的对话与合作，占据知识网络中的核心位置，拥有信息网络优势，在知识创造时也更容易利用国际化的基础科研平台，提升组织的科学知识结构。另一方面，国际人才本身的知识结构能影响其他科学家，为组织科学家团队带来异质性视野，进而为组织带来新的知识结构。相对专利技术创新，基础科学的非商业性使得国际合作交流障碍更少，国际人才有更多新科学知识合作交流机会。陈雅兰等学者通过对科研组织创新影响机理研究，发现拥有国际影响力的核心人员会对组织创新绩效产生正向影响。[19]周长辉和曹英慧则通过实证研究发现组织成员外空间与内空间网络联系紧密度均会影响创新单元的创新绩效。[20]

本文研究的组织渐进式创新指组织内部延续原知识轨迹，而论文新知识能刻画组织内部基础科学结构变化。基于上述分析，提出以下假设：

H1a：在组织渐进式创新方面，国际人才的加入能够显著影响创新绩效提升。

H1b：在基础科学方面，国际人才能改变组织知识结构，帮助组织创造更多新知识。

（二）创新组织在知识网络中的位置

知识创造者占据不同的知识领地，具有高位势的知识创造者通过对知识权力的把控，能掌握和拥有更多关键知识源，获得更强行业影响力。科技文献的影响力代表对他人有用的程度。[21]国际人才作为全球创新网络的知识载体，一方面具有领先的知识结构；另一方面链接更多的全球知识节点，在知识网络中占据更高的知识领地。[5]国际人才与组织的知识领地具有同源性，进而影响组织在知识网络中的位置。本研究通过社会网络理论测度组织在知识网络的位置特征，中心度和结构洞是其分析的重点测度指标。[22]

学者或组织对知识资源的拥有和掌握深刻影响其在知识网络中位置。一方面，与一般人才相比，国际人才拥有前沿和高端知识体系，在全球知识网络中占据位置高，对全球知识网络具有较强的利用能力。另一方面，国际人才得到重视和充分利用，他们往往在组织中被赋予学术领导职务，对本地学术和知识资源具有较强的组织能力，这使得其在全球知识网络位置中的影响力大幅提升，并将显著提高组织在全球知识网络中的中心度。

占据了结构洞的知识节点，意味着其他两个分离的知识节点需要通过该节点才能取得联系，因而占据越多结构洞的知识节点具有更强大的网络控制力。[22]国际人才依据其对全球知识和本地知识的连接，占据本地知识网络与全球知识网络之间的结构洞。因此，拥有更多国际人才的创新组织也将因此具备知识在组织间的桥接作用，在知识网络中将占据更多结构洞。

基于上述认识，本文提出以下假设：

H2a：国际人才占据更高的知识领地，对组织在知识网络的中心度有显著正向影响。

H2b：国际人才起到了全球创新网络的桥接作用，增加了组织在知识网络中的结构洞数量。

二、研究设计

（一）数据来源

本文选取具有代表性的人工智能领域，来分析国际人才在知识网络中的重要作用。研究分别基于 USTPO 和 WOS 数据库构建本文的样本数据，其中利用国际专利数据构建专利知识网络，论文数据构建科学知识网络，共同组成知识网络。数据检索的策略借鉴已有的研究[23]，首先，通过 USPTO 数据库中 International Classification（ICL）分类 G06N 来检索人工智能领域的所有专利；其次，基于 WOS 数据库，选取中国计算机学会推荐的 AI 领域 A 类国际学术期刊的论文来构建人工智能论文数据库；最后，检索获得 10017 条专利有效数据和 12112 条论文有效数据①。

（二）变量选取和模型设定

1. 被解释变量

（1）渐进式创新。渐进式创新一般指延续原有知识轨迹进行的改进型创新，某专利的关键词如果在该组织过去关键词库里面已经存在，则将该专利标注为渐进式创新专利。因此选用渐进式创新专利为渐进式创新（$Output\_C_{patent}$）的测度指标。

（2）新知识。关于新知识的测度，如论文 "Multiscale segmentation of unstructured document pages using soft decision integration" 在 1997 年 *IEEE Trans on Pattern Analysis and Machine Intelligence* 期刊上发表，其组织马里兰大学第一次提到关键词 "context dependent classification"，则该论文被认为是该组织的新知识成果，因此选用有新知识的论文数量为新知识数量（$Output\_B_{paper}$）的测度指标。

（3）中心度。国际人才自身拥有更高的知识领地，创造了知识在知识网络地位的测度方法，本文采用社会网络分析中的中心度指标。中心度用于表达节点在网络中的重要性，论文和专利网络组成的知识网络，通过关键词同时出现在同一篇论文或专利来度量知识的链接，知识的链接是无向的，因而分别通过论文和专利关键词网络可以组建知识网络的无向图。在本研究中，借鉴 Cantner 和 Rake 的测量方法，采用中介中心度测度知识节点在网络中对其他节点的影响力[24]。中介中心度通过分析统计某网络节点的最短路径，进行测度该节点的中介中心度，其计算公式如式（1）所示：

$$C_B(n_i) = \frac{\sum_{j<k} g_{jk}(n_i)}{g_{jk}} \tag{1}$$

标准化公式如式（2）所示：

$$C_B{}'(n_i) = \frac{\sum_{j<k} g_{jk}(n_i)/g_{jk}}{(g-1)(g-2)} \tag{2}$$

---

① 检索时间为 2017 年 12 月。

其中 g_{jk} 是网络中节点 j 与节点 k 的路径数，而 $g_{jk}(n_i)$ 是节点 j 达到节点 k 的路径中经过了节点 i 的路径数，g 则是此网络中的总节点数。在本研究中，节点代表论文或专利关键词，路径则代表关键词在同一成果中的共现。

（4）结构洞。国际人才在全球知识网络中的桥接作用采用结构洞测度，结构洞刻画节点的信息桥接能力。如果知识节点 A 与 B、C 都有联系，而 B 与 C 没有联系，则 A 有一个结构洞。在本研究中，借鉴 Guan 等学者的测度方法[22]，采用公式（3）来测度节点 i 的网络约束指数：

$$CO_i = \sum_j \left(p_{ij} + \sum_{q, q \neq i, q \neq j} p_{iqqj} \right)^2 \tag{3}$$

其中 p_{ij} 是衡量节点 i 到节点 j 的直接连接边的比例强度，p_{iqqj} 表示节点 i 通过了节点 q 到达节点 j 的边数比例强度。其中 CO_i 表达的是对结构洞的约束，即 CO_i 值越大，结构洞的值反而越小。在本研究中，结构洞的计算公式如式（4）所示：

$$S_i = 2 - CO_i \tag{4}$$

知识网络中单个节点中心度或结构洞的测度结果，代表了某关键词在专利网络或者论文网络中的重要性，而组织成员作为知识的创造者，其创造的知识节点往往不止一个，因此为了测度创新组织创造知识的结构洞和中心度，在研究中采取求和计算，即在某组织中，创新组织的创造知识的中心度 Centrality 为该组织科技人员创造知识集合 M 里面所有关键词中心度的和，其度量方式如公式（5）所示：

$$Centrality = \sum_{i \in M} C_B{}'(n_i) \tag{5}$$

同理，该组织创造的知识占据结构洞数量的度量方式如公式（6）所示：

$$Holes = \sum_{i \in M} CO_i \tag{6}$$

2. 解释变量

国际人才。在知识创新中，国际人才是指具有与不同国家区域人员合作发表论文和申请专利能力的人。具体而言，建立结构化数据库后，将作者名称与组织名称作为唯一索引构建作者档案表，用 SQL 语言连总表查询判断该作者是否有过与其他国别的人共现在专利 Inventors 栏目或论文作者信息栏目。在本研究中，如果某组织成员和其他国家区域人员有过合著经历，则将该作者标注为国际人才。采用该组织拥有的国际人才数量（GTalent）测度。

3. 控制变量

为了提升模型的稳定性，在本研究中引入五个控制变量，分别是创新组织论文作者总数 Paper_num、专利作者总数 Patent_num、知识广度 Keyword、国际合作总数 Co 和合作机构数量 Co_orga。创新组织发表论文或专利的作者数量越多，其产生创新的概率也因此增加，对新知识的数量与渐进式创新数量则会有相应的影响。知识广度变大也会使组织在知识网络中占据的节点变多，因而会对其创造知识的累计中心度 *Centrality* 和结构洞总量 *Holes* 产生正向的影响。国际合作总数与合作机构数量使得创新组织拥有的信息来源变多，对其知识创造产生影响，因此需要控制该变量的影响。

由于论文网络和专利网络的区分，本研究对上述变量分别引入下标 paper 和 patent，具体的模型设定如下所示：

模型 1
$$Output\_C_{patent} = \alpha_1 + \beta_{11} * GTalent_{patent} + \beta_{12} * Patent\_num + \beta_{13} * Keyword_{patent} + \beta_{14} * Co_{patent} + \beta_{15} * Co\_orga_{patent} + \varepsilon_1 \tag{7}$$

模型 2
$$Output\_B_{paper} = \alpha_2 + \beta_{21} * GTalent_{paper} + \beta_{22} * Paper\_num + \beta_{23} * Keyword_{paper} + \beta_{24} * Co_{paper} + \beta_{25} * Co\_orga_{paper} + \varepsilon_2 \tag{8}$$

模型 3
$$Centrality_{patent} = \alpha_3 + \beta_{31} * GTalent_{patent} + \beta_{32} * Patent\_num + \beta_{33} * Keyword_{patent} + \beta_{34} * Co_{patent} + \beta_{35} * Co\_orga_{patent} + \varepsilon_3 \tag{9}$$

模型 4
$$Centrality_{paper} = \alpha_4 + \beta_{41} * GTalent_{paper} + \beta_{42} * Paper\_num + \beta_{43} * Keyword_{paper} + \beta_{44} * Co_{paper} + \beta_{45} * Co\_orga_{paper} + \varepsilon_4 \tag{10}$$

模型 5
$$Holes_{patent} = \alpha_5 + \beta_{51} * GTalent_{patent} + \beta_{52} * Patent\_num + \beta_{53} * Keyword_{patent} + \beta_{54} * Co_{patent} + \beta_{55} * Co\_orga_{patent} + \varepsilon_5 \tag{11}$$

模型 6
$$Holes_{paper} = \alpha_6 + \beta_{61} * GTalent_{paper} + \beta_{62} * Paper\_num + \beta_{63} * Keyword_{paper} + \beta_{64} * Co_{paper} + \beta_{65} * Co\_orga_{paper} + \varepsilon_6 \tag{12}$$

三、实证分析

（一）统计分析

随着全球科技创新高速发展，认知科学等基础科学的突破，人工智能技术成了新一轮产业升级的驱动力。近年来，人工智能技术进入一个快速发展期，并迅速推动产业发展。通过对 1987—2017 年人工智能领域的创新产出（包含专利和论文数据）、国际人才和关键词等进行统计，得到具体的结果如图 1 所示，该图表明 AI 领域无论是在创新产出数量还是国际人才数量都呈现出指数型增长的发展趋势。人工智能领域的国际合作与交流也十分频繁，如中国知名 AI 创新企业商汤科技，其在基础科学领域与香港中文大学、新加坡南洋理工大学和麻省理工学院等全球多家知名研究机构建立合作，构建全球知识创新网络。同时，在产业方面，该企业与多个垂直领域知名企业合作落地行业应用产品，包括高通、英伟达、本田和SNOW 等国际知名公司。无论是与科研机构合作的全球基础科学网络，还是国际产业联盟，国际人才在其中扮演着重要的桥接作用。

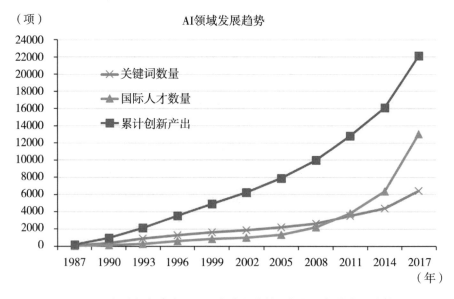

图 1　AI 领域创新产出、国际人才和关键词数量历年的发展趋势

为了进一步直观地认识人工智能领域的基础科学网络和技术专利网络，本研究分别提取论文和专利数据的关键词，基于社会网络分析软件Gephi，刻画出科学知识网络（如图2所示）和专利知识网络（如图3所示）。相对于专利知识网络，科学知识网络的知识结构更加的集中。这一结果表明，论文代表的基础科学领域相对地聚焦在一些关键知识点上，而专利技术方面的知识结构相对的发散，这与专利代表的应用型创新可能会追求更多的跨领域创新存在一定的关系。同时也表明，在基础科学领域科研工作者更加专注于局部知识点，因而要想实现新知识创造更难。因此，对于人工智能领域的学者而言，更广的知识结构可能更容易实现新知识的创造，显然国际人才具有更明显的优势；在专利技术方面，行业本身的知识结构已经十分发散，产品和技术的应用创新变化莫测，国际人才的优势更多体现在专业化程度带来的创新绩效，网络结构特征初步显现国际人才与知识创新的关系，但具体的影响效应还需要进一步通过实证分析。

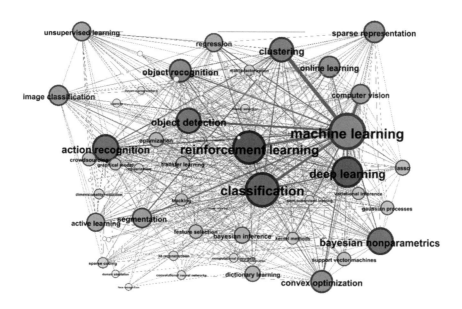

图2　AI领域论文知识网络

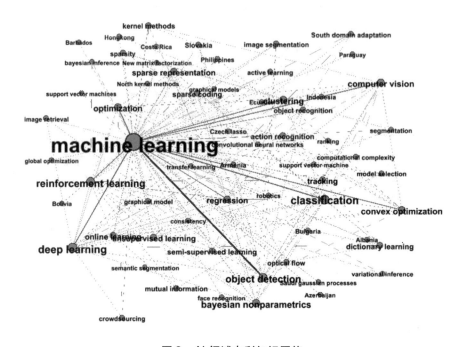

图3 AI领域专利知识网络

在进行实证分析之前，首先，对变量进行了统计分析，具体的情况见表1。表1的数据显示偏度系数 K 值全部小于 0，表明各个变量左侧有较长的尾部。这是由于我国创新组织整体上在国际论文和专利上的产出不高的原因导致，少数组织创新能力极强，绝大多数存在产出但量小，因而形成左侧尾部。从偏度系数绝对值来看，所有变量的 K 值明显小于 3，表明变量数据符合正态分布。其次，分别从论文网络和专利网络对变量的相关性进行了分析，具体的情况见表2、表3。

表1　变量的统计特征分析

变量	K	M	SD	最大值	最小值
$Output\_B_{paper}$	− 0.591	10.245	12.321	115	0
$Output\_C_{patent}$	− 0.415	13.912	11.456	143	2
$GTalent_{paper}$	− 0.310	5.451	4.267	60	0

续表

变量	K	M	SD	最大值	最小值
$GTalent_{patent}$	−0.290	2.148	0.956	23	0
$Centrality_{paper}$	−0.489	0.061	0.092	0.892	0
$Centrality_{patent}$	−0.091	0.060	0.206	0.992	0
$Holes_{paper}$	−0.101	1.421	0.800	1.890	0
$Holes_{patent}$	−0.003	1.241	0.420	1.804	0
$Paper\_num$	−0.130	16.355	15.113	201	1
$Patent\_num$	−0.205	6.489	3.045	64	1
$Keyword_{paper}$	−0.496	62.120	78.699	536	3
$Keyword_{patent}$	−0.411	28.324	29.657	265	1
Co_{paper}	−0.364	6.562	5.321	78	0
Co_{patent}	−0.238	1.952	0.785	23	0
Co_orga_{paper}	−0.351	3.894	2.156	41	0
Co_orga_{patent}	−0.149	0.894	0.126	14	0

表 2　论文网络的变量相关系数

变量	1	2	3	4	5	6	7	8
$Output\_B_{paper}$	1							
$GTalent_{paper}$	0.321**	1						
$Centrality_{paper}$	0.103*	0.186**	1					
$Holes_{paper}$	0.656	0.210*	0.234*	1				
$Paper\_num$	0.369*	0.215**	0.012*	0.354*	1			
$Keyword_{paper}$	0.458*	0.056**	0.307*	0.241**	0.491*	1		
Co_{paper}	−0.103	0.146*	−0.287	0.134*	0.216	0.174	1	
Co_orga_{paper}	−0.104*	0.110**	−0.016	−0.119	0.294	0.361*	0.245	1

注：* $p < 0.1$，** $p < 0.05$，*** $p < 0.01$。

表3 专利网络的变量相关系数

变量	1	2	3	4	5	6	7	8
$Output\_C_{patent}$	1							
$GTalent_{patent}$	0.298	1						
$Centrality_{patent}$	0.256*	0.466*	1					
$Holes_{patent}$	0.506	0.365*	0.234*	1				
$Patent\_num$	0.490**	0.149*	0.012*	0.544*	1			
$Keyword_{patent}$	0.270**	0.098**	0.357*	−0.298	0.478*	1		
Co_{patent}	0.477*	0.207*	0.337	−0.193*	0.365	0.087*	1	
Co_orga_{patent}	0.124*	0.110*	−0.516	−0.114	0.245*	0.244	0.301	1

注：$^{*}p<0.1$，$^{**}p<0.05$，$^{***}p<0.01$。

（二）实证结果分析

本研究采用多元线性回归模型进行分析，考虑到变量之间的多重共线性问题，因此在进行模型实证分析之前需要进行多重共线性检验。基于方差膨胀因子法对自变量的多重共线性进行检验，经过计算各个自变量的 VIF 值，计算结果显示 $Keyword_{patent}$ 变量的 VIF 值最大，其 VIF 值为 4.49 小于临界值 10，表明各个自变量之间不存在严重的多重共线性。由于在引入控制变量之前，模型中的自变量和应变量之间为一元线性回归，通过相关系数表已经可以直观地观测结果，因此，在实证模型中加入控制变量进行回归分析，具体的结果见表4。

模型 1 是检验国际人才对渐进式创新的影响关系，研究结果显示国际人才对渐进式创新的影响不显著（beta = 1.068，p > 0.1），因此，假设H1a 未得到支持。这一结论表明在专利所代表的应用型技术方面，国际人才在组织中发挥的作用不显著，并不能够给组织带来显著的创新绩效。为了进一步分析原因，本文对专利技术的发明者进行了统计分析，研究发现专利技术的国际人才和国际化组织数量占总样本相对较少。尽管在本研究中引入专利作者总数 $Patent\_num$ 为控制变量，仍然解决不了国际人才对专利创新绩效影响过小的事实。

模型 2 是检验国际人才对组织新知识创造的影响关系，研究结果显示国际人才对新知识的创造呈现显著的正向影响关系（beta = 1.236，$p <$ 0.05），因此，假设 H1b 得到支持。这一结论表明国际人才为创新组织带来了新视野，促进了组织新知识创造绩效。

表 4　模型回归分析结果

模型 变量	专利网络模型			论文网络模型		
	1	3	5	2	4	6
	渐进式创新	中心度	结构洞	新知识	中心度	结构洞
$GTalent_{patent}$	1.068	0.156^{*}	0.210^{*}			
$Patent\_num$	0.235^{**}	0.012^{**}	0.041^{***}			
$Keyword_{patent}$	0.016	0.018^{**}	0.009			
Co_{patent}	-1.116^{*}	0.315^{*}	0.296			
Co_orga_{patent}	0.784^{*}	-0.564^{*}	-0.687^{*}			
$GTalent_{paper}$				1.236^{**}	0.241^{***}	0.210^{*}
$Paper\_num$				0.135^{*}	0.042^{***}	0.141^{**}
$Keyword_{paper}$				0.080^{**}	0.118	0.152^{*}
Co_{paper}				-1.056^{**}	-0.115^{*}	0.297
Co_orga_{paper}				0.389	0.261^{*}	-0.241^{**}
常数项	0.440^{*}	-0.012^{**}	0.014^{**}	0.231^{*}	0.101^{*}	0.090^{*}
R^2	0.141	0.296	0.312	0.341	0.338	0.445

注：$^{*}p < 0.1$，$^{**}p < 0.05$，$^{***}p < 0.01$。

模型 3 和 4 分别探讨了拥有国际人才的创新组织在专利技术和基础科学领域，是否有更大的知识网络中心度。研究结果显示，无论是在专利技术领域还是基础科学领域，国际人才与创新组织的中心度均存在显著的正向影响关系（beta = 0.156，$p < 0.1$；beta = 0.241，$p < 0.01$），因此，假设 H2a 得到支持。这一结论表明国际人才可以促使创新组织在专利和论文网络中拥有更高的中心度，能够占据更高的知识领地。

模型 5 和 6 分别探讨了拥有国际人才的创新组织在专利技术和基础科学领域，是否占据更多的结构洞。研究结果显示，无论是在专利技术领域还是基础科学领域，国际人才与创新组织占据的结构洞均存在显著的正向影响关系（beta = 0.210，$p < 0.1$；beta = 0.210，$p < 0.1$），因此，假设

H2b 得到支持。这一结论表明国际人才可以使得创新组织在专利和论文网络中占据更多的知识节点，获得更强大的网络控制力。

四、研究结果与讨论

在知识经济与全球化背景下，知识是创新的关键资源，创新组织之间的角逐日益演变为知识领地的争夺。国际人才是链接全球知识的重要载体，拥有不同于本地组织的知识结构。同时国际合作过程中，全球创新网络中知识、技能、信息将发生转移和利用，组织的知识也向外部溢出和扩散，改变了组织在国际知识网络的位势。本文以人工智能领域为例，分析科学和技术合作网络中国际人才对组织知识创新影响关系。

1. 主要结论

对比在基础科学和专利技术的不同特征表现，研究结果表明，在基础科学领域，国际人才能促进科研组织产生新知识；在专利技术领域，国际人才对渐进式创新的影响不显著，可能存在的解释在于，国际人才在专利知识网络中的占比过小，导致了国际人才对渐进式创新的影响效应不显著。进一步从知识网络特征角度展开分析，研究发现拥有国际人才的组织，无论在科学知识网络还是专利知识网络中，所创造的知识网络中心度更高，并在知识网络中占据更多结构洞，提升行业影响力。

2. 学术贡献

人才是创新的第一资源，已有研究主要集中在人才内部特性[1]、科技人才与知识创造[2,3]、社会网络与科研绩效[4]、国际人才培育[5]、产业发展与人才集聚[6,7]、人才流动分析[8,9]等维度。一方面，本文填补了国际人才与组织知识创新关系研究的空白。另一方面，本文区分了科学合作网络和技术合作网络两种不同情境下国际人才的作用，较为全面地剖析了国际人才在创新组织知识创新过程中以及组织在知识网络中位势提升中所扮演的角色。

3. 研究启示

本研究为我国创新组织全方位融入和布局全球创新网络提供了实证依据和借鉴意义。首先，培育更多国际人才，加强基础科学国际合作交流。在科研机构组织中，国际人才可以帮助科研组织创造更多的新知识。国际人才为组织带来了新视角，拓展了科研组织的知识领地。新颖的知识和信息可以在组织内部进行二次转化，实现组织其他成员思维观的启发。其次，鼓励企业和科研组织融入全球创新网络，提升影响力。通过国际人才建立国际合作交流，可以帮助企业和科研组织提升网络位势。企业和科研组织知识网络中心性和结构洞的提升，可以让组织获得更强的影响力，进而实现从追赶到领先的突破。从普适性上看，AI 领域是最具活力的领域之一，领域内的交流与合作十分频繁，一定程度上增加了国际人才的桥接作用。因此，为进一步验证研究结论，后续研究可对不同领域实证分析。

参考文献

［1］郑琳琳，戴顺治，卢忠鸣，等.原始性创新人才人格特质实证研究［J］.科学学研究，2015，33（5）：758 – 766.

［2］蒋艳辉，曾倩芳，冯楚建，等.非高管型海归、本土科技人才与企业突破性创新：来自中小型高新技术企业的经验证据［J］.中国软科学，2018（2）：149 – 159.

［3］刘善仕，孙博，葛淳棉，等.人力资本社会网络与企业创新：基于在线简历数据的实证研究［J］.管理世界，2017（7）：98 – 119.

［4］GUAN J，YAN Y，ZHANG J. The impact of collaboration and knowledge networks on citations［J］.Journal of Informetrics，2017，11（2）：407 – 422.

［5］刘路，钟周，COATES H.“双一流”建设背景下大学国际人才治理的现实困境及应对策略［J］.中国高教研究，2019（9）：42 – 47.

［6］裴玲玲.科技人才集聚与高技术产业发展的互动关系［J］.科学学研究，2018，36（5）：47 – 58.

［7］王聪，周立群，朱先奇，等.基于人才聚集效应的区域协同创新网络研究［J］.科研管理，2017，38（11）：27 – 37.

［8］魏浩.国际间人才流动及其影响因素的实证分析［J］.管理世界，2012（1）：33 – 45.

［9］徐倪妮，郭俊华.科技人才流动的宏观影响因素研究［J］.科学学研究，2019，37（3）：414 – 421.

［10］LICHTENTHALER U. Open innovation：past research，current debates， and future directions [J]. Academy of management perspectives, 2011, 25 (1): 75 – 93.

[11] HAMBRICK D C, MASON P A. Upper echelons: the organization as a reflection of its top managers [J]. Academy of management review, 1984, 9 (2): 193 – 206.

[12] 黄越，杨乃定，张宸璐.高层管理团队异质性对企业绩效的影响研究：以股权集中度为调节变量 [J].管理评论，2011 (11): 122 – 127.

[13] 胡望斌，张玉利，杨俊.同质性还是异质性：创业导向对技术创业团队与新企业绩效关系的调节作用研究 [J].管理世界，2014 (6): 92 – 109.

[14] ZHOUK Z, LI C. How knowledge affects radical innovation: knowledge base, market knowledge acquisition, and internal knowledge sharing [J]. Strategic Management Journal, 2012, 33 (9): 1090 – 1102.

[15] LAVIE D, KANG J, ROSENKOPF L. Balance within and across domains: the performance implications of exploration and exploitation in alliances [J]. Organization Science, 2011, 22 (6): 1517 – 1538.

[16] 于飞，胡泽民，董亮，等.知识耦合对企业突破式创新的影响机制研究 [J].科学学研究，2018, 36 (12): 182 – 194.

[17] 张文红.外部关系能否帮助企业从突破式创新中获利？[J].科学学与科学技术管理，2016, 37 (7): 126 – 134.

[18] 党兴华，魏龙，闫海.技术创新网络组织惯性对双元创新的影响研究 [J].科学学研究，2016, 34 (9), 1432 – 1440.

[19] 陈雅兰，韩龙士，王金祥，等.原始性创新的影响因素及演化机理探究 [J].科学学研究，2003, 21 (4): 433 – 437.

[20] 周长辉，曹英慧.组织的学习空间：紧密度、知识面与创新单元的创新绩效 [J].管理世界，2011 (4): 84 – 97.

[21] ROUSSEAU R, GARCÍA – ZORITA C, SANZ – CASADO E. The h-bubble [J]. Journal of Informetrics, 2013, 7 (2): 294 – 300.

[22] GUAN J, ZHANG J, YAN Y. The impact of multilevel networks on innovation [J]. Research Policy, 2015, 44 (3): 545 – 559.

[23] 朱桂龙，李兴耀.AI 领域基础科学网络对技术创新网络影响研究

［J］. 科学学研究，2019，37（3）：517 – 525.

［24］ CANTNER U，RAKE B. International research networks in pharmaceuti-
cals: Structure and dynamics ［J］. Research Policy，2014，43（2）：
333 – 348.

（原载《科学学研究》2020 年第 10 期，与李兴耀、杨小婉合著）

朱桂龙自选集

第六辑

区域创新系统

发达国家构建科技中介服务体系的经验及启示

科技中介服务业起源于西方，并且在国外有一百多年的历史，在我国它还是一个年轻的产业。我国的科技中介服务业是在党的十一届三中全会之后，随着改革开放的逐步深入和经济结构调整，特别是高新技术产业的兴起而产生和发展起来的。这也就决定了研究并借鉴国外科技中介服务体系的意义和必要性。

一、发达国家科技中介服务体系的要素构成

科技中介服务体系作为一个系统具有特定的组成要素，各要素之间存在关联，处在特定的环境当中。科技中介服务的客体是系统存在的前提，科技中介服务主体可以说是这个系统的组成要素，科技中介服务业的组织管理规定了系统中各要素的关联，法律法规政策则为科技中介服务业的发展与完善提供了一个平台。

（一）美国

美国的科技中介服务业极其发达，科技中介服务机构种类繁多，组织形式多样，专业化程度高，活动能力强。其执行主体主要包括五类。

1. 官方组织

美国小企业管理局的职能是实行各种担保和贷款计划，帮助企业获取资金，如贷款担保计划、小额贷款计划和"504"贷款计划等；设立小企业发展中心、退休工商领袖服务团和商务信息中心，提供各种信息、咨询和技术服务；帮助小企业获得政府采购合同。

小企业发展中心得到政府和各方面高度重视和支持，它被明确为非营利性机构，运行经费来自联邦政府、州政府和其他收入，其中不超过50%的经费来自联邦政府，目前已形成庞大的全国性网络，共有57个州中心和950个分中心，成为促进美国科技成果产业化和经济持续增长的重

要社会力量。

2. 半官方性质的联盟和协会组织

这类中介机构由政府和民间合作组建，工作重点是帮助新兴高科技企业争取资金、改进管理、寻找商业合作伙伴和推动新科技发明尽快进入市场。它们还参与政府科技经济发展规划、措施的策划，负责政府部分科技项目的评审管理工作，如旧金山湾区科技联盟就负责加州技术投资合作项目的评审推荐工作。

3. 高科技企业孵化器

美国著名的全企网络公司就是一个高科技企业孵化器。这些孵化器通过提供全面有效的服务，为高科技企业的成长营造一个良好的环境。它们的服务业务有：出租场地、设备；帮助企业进行资金融通和资金管理；提供企业接待、文秘、复印和传真等办公服务，帮助处理大量文书工作；提供法律、会计等专业服务；提供技术咨询、技术转让和技术指导服务；提供各种最新信息；提供"种子基金"，参股新建企业；等等。

4. 特定领域的专业服务机构

圣荷西市软件发展中心属于这样一种专业服务机构，中心的软件测试设备和工具由 IBM 等大型计算机公司赞助。中心帮助小软件开发企业获得专利、资金，免费提供使用软件测试设备，组织企业主与风险投资家见面并举行有针对性的专题讲座。

5. 大学里的技术转移办公室

技术转移办公室的主要工作是进行技术转移，将大学的技术成果转移给合适的企业，同时把社会、产业界的需求信息反馈到学校，推动大学与企业的合作。

（二）日本

战后的日本通过实施"科学技术创造立国"战略，迅速发展成为世界仅次于美国的经济科技强国。其中重要的一点是建立了独特的科技中介服务体系。日本科技中介服务体系的执行主体主要包括五类。

1. 政府认定的事业法人机构

这些由政府认定的法人依法承担中央政府或地方政府委托的事业，主要为中小企业提供全方位的事业支援，并承担政府专项拨款的实施和组织有关的资格认证考试，实际上是行使部分政府职能。（特殊法人）日本中小企业事业团、（社团法人）全日本能率联合会、（社团法人）中小企业诊断协会、日本科学技术振兴事业团等都是这样的机构。

2. 民间科技中介机构

民间科技中介机构包括个人独立开业的咨询公司和各类高校、科研单位和企业创办或从中分离出来的机构，主要针对行业内或相关领域提供多层次的科技服务。如（株式会社）NTT 经营研究所、富士通总研究所和大阪的木村经营研究所等。

3. 外资系统和银行系统的大型咨询机构

这些机构有丰富的咨询实践经验和产业经验，一般都有大型财团、金融机构为后盾，主要为政府各部门、大中型事业集团和跨国集团等提供决策、技术、工程和管理等咨询服务。除此之外，还参与国防与尖端技术的开发研究工作。如野村综合研究所、三菱综合研究所等。

4. 科学城、技术城

科学城、技术城是由中央政府、地方政府支持建立的高科技园区，区内大多建有孵化器、技术中心和信息中心。

5. 技术交易市场

技术交易市场是由通产省设立，主要利用电脑网络提供技术买卖资料，进行中介服务。

（三）德国

行业协会和技术转移中心是德国重要的科技中介组织，是科技中介服务体系主要的执行主体，是使德国科技实力仅次美、日，排世界第三的一个重要原因。

1. 行业协会

德国的行业协会门类多，涉及行业广，组织体系科学完善，而且许多有几百年的发展历史。德国的行业协会由三大类系统组成：第一类是"德国雇主协会"；第二类是"德国工业联合会""手工业联合会""交通运输业联合会"以及其他专业协会；第三类是"工商会"。行业协会依靠会费和自身造血来维持和发展，对政府依赖程度小，主要通过法制渠道来影响政府行政部门的决策过程。政府与协会之间的联络透明度高，协会还依法享有直接参与国家有关立法的权利。

德国行业协会的中介服务功能十分强大，主要体现在信息、咨询、职业教育三个方面。信息服务是行业协会的一项基本职能，行业协会不仅搜集信息，而且在搜集信息的基础上进行分析、评估，然后提供给企业，作为它们决策的依据。咨询是行业协会提供的另一项服务内容，主要面向广大中小企业，根据会员要求出具鉴定报告，举办专业研究讲座和报告会等。

2. 技术转移中心

它是德国的一个全国性组织，原则上德国每个州有一个这样的机构，类似于我国的生产力促进中心。德国的技术转移中心以中小企业作为自己服务的重点，为它们提供技术咨询和科技创新服务、国内外专利信息查询以及申请专利的咨询；还对中小企业的技术创新活动提供财政补助，帮助企业从欧盟申请科技创新补助经费和寻找欧盟范围内的合作伙伴；组织生动活泼的学术报告会、技术洽谈会，帮助研究院所、高校、企业的新技术、新产品进入市场。

二、发达国家科技中介服务体系运作的典型案例

美国农业组织可分三大类：①政府组织，即联邦农业部、各州农业和食品部、各县农业和标准计量局。政府农业组织只负责农业行政管理和农业执法，不负责农业技术推广。②以农场为主体的民间服务组织，主要有三种形式：农会、合作社和专业协会。③中介组织即农业技术合作推广站。

早在 19 世纪 60 年代，为促进西部开发和农业技术进步，美国国会就通过了摩里尔法案，决定将一部分国有土地分配给国会众、参议员，每人 3 万英亩，供拍卖筹集资金，赠予所在州建立赠地大学。1882 年，美国国会通过成立农业部和建立各州农学院的法案。以上两个法案实施后，共有 1300 多万英亩国有土地转到各州手中，先后成立了 69 所赠地大学，每所赠地大学都建有农学院。1914 年，国会又通过了《史密斯 - 利弗法》（*Smith Lever Act*），规定由联邦政府拨款，由农业部与各州赠地大学合作开展农业技术推广，在州农学院的领导下与县合作建立农业推广站并在各县普遍配备农业技术推广员（advisor）。目前，全美共有 130 多所农学院 59 个联邦农业试验站 57 个联邦与州合作建立的地区性推广站。农业技术合作推广体系结构如图 1 所示：

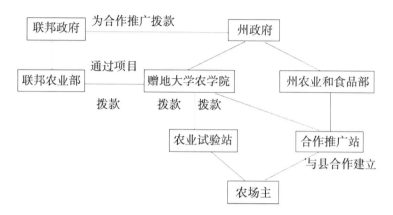

图1 美国农业技术合作推广路径

（1）联邦和州农业部均设有农业技术推广管理机构，负责农业行政管理和合作项目拨款计划。

（2）县农业和技术标准计量局，不负责农业技术推广。县农业技术合作推广站的经费以加州河边县为例，地方政府拨款 10%～15%，主要用于日常办公开支；州立大学（来自州政府的拨款）承担 75%～80%，主要用于人员工资及科研推广活动；联邦拨款 7%～10%，主要用于培训教育试验项目支出。

（3）赠地大学农学院的教授们 50% 的时间从事教学和科研，50% 的时间从事农业推广或实验工作。赠地大学设有推广教授和助理教授。赠地大学既是基础研究的执行主体，一些基础性、前瞻性的理论成果大都出自赠地大学；又是农业人才的培训中心，承担着农业人才培养和职业教育培训的任务；还是农业技术推广的主力，农业科研成果推广应用主要通过赠地大学与县合作建立的农业合作推广站进行。

除合作推广机构外，各类中介服务组织、企业和农业金融机构也为农场主提供良好服务。图 2 介绍了农场主获得服务的路径：

健全的农业推广体系，加上具有吸纳新技术的较高意识和能力的农场主，促进了美国农业科技成果的转化，目前全美农业技术转化率在 85%以上。

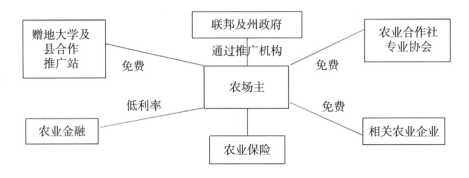

图2 农场主获得服务的路径

三、国外发展经验的启示

"他山之石，可以攻玉。"借鉴发达国家发展与完善科技中介服务体系的成功经验，同时警惕它的特定弊病，结合我国的实际情况，本文总结出如下启示：

1. 科技中介服务体系范畴的启示

目前我国对科技中介服务机构的定义五花八门，对科技中介服务体系的界定也含糊不清。借鉴发达国家的界定，结合我国实际，归纳出如下定义：所谓科技中介服务机构是指从科技成果产生到实现产业化的整个过程中，为科技与经济结合提供必要的信息、资源、服务，以中小企业突出科技型中小企业为服务对象的非政府机构。它主要包括科技咨询类、创业孵化类和科技成果转化类三种机构，涉及的行业包括技术咨询、技术评估、技术交流、技术经纪、信息服务、人才培训、职业经营者市场等众多行业。其内涵是提供科学技术服务和信息服务的以创业孵化与科技成果转化为核心的科技中介机构；其外延是为科技中介服务提供配套需要的机构，包括中小企业金融机构、中小企业信用担保机构、风险投资机构、创业板市场等。而科技中介服务体系作为科技系统的子系统，又由行业体系、组织管理体系、法律法规政策体系组成。科技中介服务的各种行业可以说是这个系统的组成要素，科技中介服务业的组织管理规定了系统中各要素的关联，法律法规政策则为科技中介服务业的发展与完善提供了一个平台。

行业体系、组织管理体系、法律法规政策体系三者相辅相成，共同构成我国科技中介服务体系。我们应以法律法规政策体系为指导，组织管理体系为依托，行业体系为根本，构建和完善我国科技中介服务体系。

2. 科技中介服务体系层次的启示

总体来说我国科技中介服务体系的建设应抓好三个层面的服务。

第一个层面——行政性的政府协调服务。主要标志是以我国"科技中介协调委员会"为牵头单位，按照"不分企业隶属关系、不分企业所有制性质、不分内外资企业、不分企业规模大小"的原则，与相关单位共同负责科技中介服务机构的规划、指导、协调和法规政策制定。

第二个层面——公益性的社会公共服务。主要标志是成立我国及省市科技中介服务机构。加快建设三类科技中介机构，进一步发展科技咨询服务中心、高新技术创业服务中心、技术产权交易所等科技中介服务机构。这些科技中介机构既有合作又有竞争，逐步形成政策指导、信息服务、金融支持、创业导向、市场开拓、技术促进、人才培训、企业诊断、对外交流、法律咨询十大功能。

第三个层面——商业性的社会中介服务。主要标志是调动和整合各类社会资源，为中小企业提供各类专业性的科技中介服务。在服务中心周围加快建立一批热心为中小企业服务的社会科技中介机构。

在整个服务体系中，作为政府架设的连接企业的桥梁——创业服务中心与生产力促进中心起着关键的作用。他们依靠政府部门，依托社会力量，联系中介机构，为企业构筑起一个由政府支持、以市场为导向的社会化服务网络。

3. 科技中介服务体系能力建设与政府作用的启示

人才、信息网络平台、数据库是科技中介服务体系可持续发展的能力基础。人是能动的，是科技中介服务体系能力建设中的首要因素；信息网络平台为人的作用的发挥提供了便捷的方式；数据库则提供了实现科技中介服务的资源。

（1）政府退出微观具体事务的管理，将重心转向环境与机制建设与督导。及时出台政策营造有利于科技中介机构发展的法律、法规、政策环境；借鉴国外成功经验与国内成功范例，适应机构改制对现有人才和资源进行优化配置构建一个统一完善的组织管理体系，规范、促进科技中介服务机构的成长；引导行业体系中三类科技中介机构及其配套机构的发展；最终形成一个较完善的科技中介服务体系，提供高效率、高质量的科技中介服务，促进中小企业的发展，实现对传统产业的改造升级，促进新兴产业的平衡与快速发展。

（2）重视人才，加强人才的培养与选拔。实施人才带动战略，提升科技中介服务机构从业人员的素质对科技中介服务业的发展至关重要。要积极探索人才激励机制，如：为了发挥科技中介机构在市场创业中的特殊作用，允许人力资本、智力成果资本作为资本物化形式，作为资本形式之一进入分配；设立"科技中介服务机构人才培训计划"，对各类紧缺的科技中介服务人才培训给予资助等。要努力调动科技中介人员的积极性和创造性，为科技中介人员的发展营造良好的创新环境。加速培养一大批适应我国经济和科技发展的人才，积极探索人才激励、考核、选拔机制。

（3）加快网络与数据库建设。网络和数据库建设是科技中介服务体系能力建设的重要内容。政府应牵头发动企业和社会力量投资建设，加快形成一个功能强大的网络平台和一个共享的开放型数据库。尤其要加快中小企业信息服务网建设。打破政策部门对公共信息资源的垄断，降低科技中介服务机构获取信息资源的成本。网络与数据库为各类科技中介机构之间、科技机构与政府之间、科技供需方之间提供了一个方便快捷的交流平台。知识经济是以知识的创新及其应用为主要发展动力的经济形态，而信息产业是推动知识经济发展的主要动力。发展中国家能否在全球性的知识经济时代拥有较强的国际竞争力和可持续发展能力，除了加大在建设知识与技术创新体系方面的投资和政策力度之外，还必须有一个高度信息化和社会化的知识生产、传播、扩散基础设施，来保证人们在知识生产、传播、扩散和应用的各个过程中进行有效的社会化合作。世界银行《1998年度世界发展报告》指出，建设这样一个知识基础设施（national knowledge infrastructure，NKI），是发展中国家迅速提高自己的知识创新能力和国民素质，尽快缩小与发达国家之间差距的一个重要途径。

信息网好比平台，数据库好比素材。这是我国目前科技中介服务体系建设的薄弱环节。我国政府应该承担主体地位，切实抓好这两项工作。建立统一的信息网络和开放的共享性数据库有利于完善科技中介服务体系，有利于加快科技成果转化，有利于改造提升我国传统产业。

（4）对科技中介服务机构给予必要的资金支持。给予示范型科技中介服务机构以无偿启动资金，引导社会资金的投入。完善风险投资体系、投融资担保体系、科技转让和退出机制如创业板市场、技术产权交易等机构的建立与完善。

（5）加快推进科研机构改制。进一步加快推进国有、集体科研机构"国退民进"的进程，加大股份合作制科技中介机构规范运作的力度，积极探索科技中介机构激励机制。畅通科技中介机构退出市场的措施，以建立正常的市场退出淘汰机制来增强我国科技中介机构的整体竞争力。

（6）科技中介服务业要向着市场国际化方向发展。在国际、国内经济交往中，企业和项目接受或委托评估与咨询将会是经常的、大量的。在这样的形势下，国内科技中介服务业要积极地参与到国际合作中去，寻找国际知名科技中介机构作为自己的合作伙伴，通过国际合作加强同行间的联系和交流、扩大视野、学习别人的成功经验弥补自身不足。我国加入WTO 以后，科技与经济领域的很多方面都将会与世界更加贴近并按照国际惯例运作，政府应制定相应的政策措施和创造各种机会，鼓励科技中介服务机构开拓国际业务市场。

参考文献

［1］许静.迎接科技中介服务业的春天：访北京科技咨询业协会理事长邹祖烨［J］.科学学与科学技术管理，2001（10）：30 – 34.

［2］蒋爱玲.中介服务机构的体系、功能及其运作特点：从香港的经验谈起［J］.上海经济研究，2001（9）：64 – 70.

［3］道良德，许文祥.上海科技中介机构亟待规范［J］.上海经济，2001（2）：19 – 21.

［4］喻明.英国科技中介服务机构的现状及启示［J］.中国科技产业，2001（7）：60 – 61.

［5］刘景江，许庆瑞.美英日韩政府技术创新推动作用的比较分析及启示［J］.科技管理研究，2001（1）：58 – 63.

［6］陈自芳.区域中小企业技术创新的强大服务器：德国的技术中心对我国的借鉴意义［J］.高科技与产业化，2001（2）：13 – 18.

［7］邵凯旋，吴小波，杨阳，等.发达国家构建创新体系的经验及其对我国的启示［J］.科技管理研究，2001（1）：55 – 58.

［8］徐冠华.2002 年全国科技工作十大任务［J］.中国科技产业，2002

（2）：5-9.

[9] 钟岳桦. 发达国家的技术创新与科技产业化模式 [J]. 科技信息，
2000（2）：21-23.

[10] 王锡南，茅春荣. 加强科技服务体系建设的重点内容与措施 [J].
科学学与科学技术管理，2000（11）：71-73.

（原载《科学学与科学技术管理》2003 年第 2 期，与彭有福合著）

从要素驱动到创新驱动

——广东专业镇发展及其政策取向

20 世纪 80 年代末期，得益于毗邻港澳的地缘优势，在国际、国内产业转移推动下，广东省沿海地区逐步出现规模十亿元、几十亿元甚至上百亿元的产业相对集中、产供销一体化、以镇为地理单元的新型经济形态。[1]这些镇级经济同改革开放初期兴起的村村点火、户户冒烟，遍地开花的乡镇企业最大的不同是，其产业组织与产业形态是在政府推动与市场选择双重作用下形成，产业集中度较高，专业化分工明确，产业链比较完备，创新、营销、信息网络、展览等公共服务体系健全。广东学者和地方政府将这种以镇（区）为基本地理单元，主导产业相对集中，已形成较大经济规模，呈专业化协作配套发展的新型经济形态，称之为"专业镇"。专业镇其本质是一个以乡镇为地理单元的产业集群。经过 20 多年的发展，广东专业镇的产业从传统制造业，扩展到农业、服务业以至高端的创意产业，覆盖了 30 多个产业和产品类别，专业镇的分布从珠三角扩散到东西两翼和粤北地区。截至 2011 年，广东省认定了 325 家省级专业镇，省级专业镇实现地区生产总值（GDP）1.64 万亿元，占全省 GDP 比重的 31.1%，专业镇已成为广东经济发展的一个重要品牌。

一、广东专业镇发展历程与特征

（一）发展历程

广东专业镇发展起步于 20 世纪 80 年代末，其发展经历了四个阶段。[2]

1. 萌芽期

20 世纪 80 年代末，"专业户""专业村"在广东陆续出现。以这些"专业户"和"专业村"为基础，产、供、销一条龙的专业化市场和"专业镇"的雏形逐渐形成。这个阶段可以被称作是专业镇发展的"斯密"阶段。[3]这个时期的中国经济处在转轨初期，商品市场处于短缺状态，此时专业镇生产和交易是其主要的功能，对技术创新、营销的需求几乎没有。

2. 形成期

20世纪90年代，基于农产品加工业、传统手工制造业，"三来一补"制造业发展模式，广东的专业镇经济取得了长足发展，并形成"一镇一品"的格局特色。同时，专业镇也开始突破"农业"领域，逐渐扩展到制造业、商贸和旅游业。专业镇的内企业横向关联也越发的紧密，逐渐形成了围绕区域、产品以及商品流通为核心的产业的集聚。

3. 成长期

进入21世纪以来，随着专业镇经济的深度发展，企业的产品生产和技术发展开始呈现专业化趋势。基于纵向配套的产业整体发展模式，企业间联系变得愈发紧密。伴随着这一联系的发展，以及协作关系不断增强，其社会网络也得到进一步扩展，网络的外部效应和产业的规模经济效应开始显现，呈现出产业集群雏形。专业镇内与制造发展相配套的中介服务机构和行业协会的催生与发展，为专业镇市场规则秩序制定与维护，以及资源共享与优化配置提供了组织保障。

4. 创新期

金融危机后伴随经济转型和结构调整，当广东经济从高速增长转入平稳增长阶段，在市场竞争压力与政府政策引导双重作用下，专业镇开始从短期经济利益、家族利益向创新、可持续发展方向转变。而广东省委、省政府也高度认同专业镇在"推动全省区域经济优化升级、促进区域协调、建设幸福广东"方面的重要作用，并将专业镇转型升级视为"加快转变经济发展方式的重要抓手""促进县域经济发展和区域协调发展的重要途径"。通过建立产学研联合研发机构、企业科技特派员、建立专业镇创新服务平台、制定产业技术路线图等方式企业技术能力显著提升，创新体系得到进一步优化。

2009—2012年，专业镇社会科技投入增加74.4%，年均增长18.6%，其中各级政府科技投入增加76.5%，年均增长19.1%。政府科技投入占全社会科技投入比重年均为14.3%。专业镇研发人员数量年均增长57%，2012年全省342家省级专业镇拥有研发人员21.6万，占全省研发人员总数的53.2%；同期专利申请量与发明专利授权量年均增长幅度分别是21.3%和46.9%，2012年专业镇授权专利51173件，占全省的48.4%；专利授权专业镇拥有"中国名牌"和"驰名商标"总数达到2905个，其中省级以上著名驰名商标数 1609 个；集体商标数和原产地商标数 141 个，在国内外市场具有举足轻重的地位①。在各方共同努力下，专业镇已发展成为广东省经济发展的重要增长极与科技创新的生力军。

表 1　2009—2012 年广东省各地市专业镇主要科技指标概况

年份	专业镇个数	研发（R&D）人员/人	社会科技投入/万元	政府科技投入/万元	专利申请量/件	专利授权量/件	发明专利授权量/件	公共创新服务平台数/个	创新服务机构数/个
2009	296	65858	1096681	152778	39325	26283	1030	196	
2010	309	152809	1466551	207420	54576	44895	1806	285	2623
2011	325	202395	1485627	220338	81361	62180	2403	315	2686
2012	342	216641	1912556	269697	72889	51173	2964	320	2768

资料来源：广东省科技厅专业镇统计资料。

截至 2013 年，广东已形成专业镇 342 个。拥有高新技术企业达 1231 家，占全省的 22.5%；拥有创新机构 2686 个，研发人员 20.2 万，占全省研发人员总数的 53.2%；申请专利 81361 件，占全省的 41.4%；专利授权 62180 件，占全省的 48.4%；专业镇拥有"中国名牌"和"驰名商标"总数达到 2905 个，其中省级以上著名驰名商标数 1609 个；集体商标数和原产地商标数 141 个，在国内外市场具有举足轻重的地位①。在各方共同努力下，专业镇已发展成为广东省经济发展重要增长极与科技创新的生力军。

（二）发展特征

从广东专业镇的演化过程看，专业镇主要有两个方面的特征。[2]

1. 特色产业聚集

广东专业镇具有"小企业、大产业、小产品、大市场"的特征，并以特色产业为主导，通过产业链纵向或横向专业分工与网络化协作，形成企业集聚和产业组织形态。主导产业集聚度高是专业镇发展及其市场影响力的重要标志。如大沥铝型材、西樵布料、小榄五金、古镇灯饰、龙江家

① 参见余健《广东专业镇转型升级的实践与思考》，载《科技日报》2012 年 10 月 15 日第 1 版；《"数"说专业镇》，载《广东科技》2013 年第 5 期，第 14 页。

具、虎门服装、石湾瓷砖、澜石不锈钢，枫溪陶瓷、澄海玩具、狮岭皮具等，已成为全国知名的区域品牌。[4]花都狮岭的皮具已占领欧洲和中西亚中低档皮具市场，其生产占比已达到全国的1/3；增城新塘牛仔服装占有全国市场份额的60%；南海大沥铝型材产量也达全国的35%；罗定附城充电器产量占世界30%以上；中山古镇民用灯具国内市场占有率在60%以上。[4]

2. 在镇级行政区域内逐步形成较为完善的产业生态系统

专业镇是一个行政建制完整的社会单元，政府功能体系完备主导作用明显。在政府主导和市场调节双重机制作用下的区域内产业群落内部、产业群落之间，以及其与行政区内经济社会环境之间形成了动态平衡关系，逐步实现区域创新系统、产业生态系统和资源环境系统的有机统一，为专业镇产业经济可持续发展提供了系统保障。专业镇产业发展相互依存，相互协作，并随着产业发展实现自我优化。

二、广东专业镇技术创新

（一）打造公共创新服务平台

专业镇创新是广东区域创新系统建设的关键节点。基于这一思路，依托镇内龙头企业和行政服务平台，通过产学研合作等方式，专业镇建立了一系列产业创新发展相关的工程技术研发中心、技术中心、公共检验检测平台等创新研发与服务机构，形成纵横相连、资源共享、协同服务的专业镇创新研发与服务体系，为专业镇创新发展提供了强有力的资源保障与体系保证。截至2012年，97%以上专业镇建立公共创新服务平台，全省专业镇拥有创新机构2686个。

（二）"一镇一校""一镇一院"等形式多样的产学研协同创新

以产业发展与转型升级为抓手，在以往常规合作基础上，近年来，广东省探索实践特色产业专业镇同特色产业创新发展密切相关的高校与科研院所开展点对点的深度对接。共建创新平台、产业技术联合攻关、人才引进培养、成果转化，以及派驻科技特派员，组建创新联盟等一系列形式多样的产学研协同创新活动，为专业镇创新发展提供了持续动力。[4]截至2012年，全省专业镇与高校和科研院所共建科技机构数713个，2000多名高校、科研机构的科技特派员扎根广东专业镇企业与创新平台。

（三）延伸产业链推动产业转型升级

相比传统制造业，装备制造业产业水平和附加值高。近年来，广东的一些专业镇在产业转型升级实践中，探索了一条延伸产业链，发展相关产业装备制造业，推动产业转型升级发展之路。以相关产业装备需求为导向，联合外部创新资源，引导传统制造企业从改进与发展装备入手，发展与产业相关联的装备制造业，实现传统产业转型升级。如东莞市寮步镇光电数码产业转型升级就是采用这一路径模式。寮步镇从引导企业改进与发展装备入手，通过发展与光电数码产业相关联的装备制造业，最终实现光电数码产业的转型升级。

三、专业镇发展面临问题

（一）技术发展低端化，要素驱动发展特征显著

广东专业镇发展多依靠"三来一补"加工贸易或承接国际产业转移开始起步，通过技术引进，依靠转轨时期的廉价劳动力及其他要素资源形成强大的制造能力，实现专业镇原始积累。其竞争优势为"低成本制造"。这一发展模式在实现专业镇经济快速发展的同时，也催生了专业镇内企业自主创新的惰性，以及对创新的厌恶。相关的创新活动基本体现为原有技术发展曲线下的小创新，变革型创新少，甚至没有。2011年，326家专业镇经济总量占全省三分之一，但全省专业镇科技经费投入占地区GDP比重仅为1.02%，远低于全省平均水平2.17%。

（二）产学研合作长效机制仍未能建立

由于历史原因，广东专业镇自身创新资源禀赋稀缺，镇内多数企业技术力量薄弱。因此通过产学研合作，引入外部创新资源推动专业镇内企业技术创新就成为专业镇转型升级的重要途径。近年来，广东各级政府投入了大量资源，推动专业镇产学研协同创新。但是由于缺乏相应的制度设计，政府对专业镇产学研的资助，不仅没有发挥杠杆效应，反而成为企

业、高校无偿获取资源的"公共地"。同样，也由于缺乏有效的研发合作和知识转移机制，现有的产学研合作更多体现为各方获取和分割政府资源的同盟。产学研合作陷入低水平均衡陷阱。

（三）支撑专业镇主导产业转型升级的共性技术供给缺失

共性技术创新是产业转型升级，以及企业自主创新能力提升的基础。一直以来，广东专业镇经济走外源型发展模式。企业专注于制造，其创新活动主要体现为对产品和工艺的适应性改进，缺乏共性技术研发创新与积累，自主创新能力严重不足。同时，始于1998年的行业科研机构企业化转制，使得共性技术的社会供给也被大大削弱。总体上，由于缺乏对共性技术创新解决，专业镇产业转型升级难以实现有效突破，产业发展低端化状况也难以有效改变。

四、推动专业镇创新发展的政策思考

（一）创新专业镇政策引导方式，提升专业镇产业发展自主创新能力

经过20多年的发展，广东专业镇已初具规模，继续走低端制造，已无发展空间，难以为继。加强自主创新以推动产业转型升级是专业镇可持续发展的必由之路和必然选择。自主创新投入风险比较大、研发周期长、学科领域广，同时专业镇辖内的企业体小量大，单纯依靠企业很难完成，因此，专业镇自主创新发展离不开政府引导与组织。过去政府对专业镇自主创新的引导更多是以科技项目形式，直接资助企业研发活动或技术改造。但过多关注于具体产品层面的创新活动，很容易造成政府研发资助的"挤出效应"，即企业容易形成对政府研发资助的惰性，陷入"资助创新，不资助不创新"的低水平均衡锁定中。同时，具体项目层面的资助行为也容易造成资助对象的"选择性偏见"，不一定是最需要资助的企业获得资助，更有可能是最主动的企业获取政府资助。这些弊端都有悖于政府财政资金公共属性，同时也会降低政府研发资助活动的效率。

为此，在今后政府对专业镇创新活动资助重点应由从具体项目层面转向提供企业技术创新"公共物品"；由"事前资助"为主转向"事前资助"与"事后资助"并重。一是围绕专业镇产业发展和转型升级需要，

组织制定产业技术路线图与产业发展规划，加强专业镇自主创新在方向和规划上总体设计；二是注重研发经费税前抵扣、加速折旧"创新券"、政府购买、以奖代补等"事后资助方式"的灵活使用，引导企业加大对创新的投入；三是在以往一镇一校合作模式基础上，探索建立依托高校和科研机构，以产业共性技术创新发展为目标的产业共性技术创新发展研究院，不断提高专业镇产业发展自主创新能力。

（二）构建共性技术产学研协同创新长效机制，实现专业镇创新驱动可持续发展

共性技术创新是产业集群整体技术水平提升和可持续发展的基础与前提。专业镇自主创新的发展现实表明，产学研协同创新是专业镇产业共性技术创新发展的必由之路。现阶段我国产学研合作长效机制缺失，其中的一个主要因素是缺乏对合作各方主体属性目标和能力差异的系统认识，以及解决其间差异的制度设计。本质而言，合作主体的能力结构和水平差异，是专业镇共性技术协同创新发展的出发点和落脚点。而只有具有帕累托改进性质的激励与利益分配原则，才能从根本上形成产学研异质性主体的内生性互惠动力。

基于这一认识，一方面，要求我们在政策选择与实施中必须系统认识和充分考虑创新主体目标属性差异及行为特征所表达的政策需求。并以此为基础，进行共性技术协同创新的定位、目标选择及机制设计，使政策成为推进企业、高校和科研院所三大主体进行共性技术协同创新的引导和黏合剂，从而实现异质性合作主体的资源与要素耦合。另一方面，产学研协同创新长效机制的建立还有赖于各方主体切实的投入，尤其是企业的经费投入。但现实情景是企业缺乏必要的投入，更多情况下企业视政府创新的各项支持为一种补助，而非对企业投入的一种引导。企业的创新主体地位要求企业首先是投入主体。企业成为投入主体不仅仅在于增加研发投入，更带来创新合作组织治理机制改善，以及创新效率的提升。

（二）厘清市场与政府的关系，构建符合公共财政原则的多层次政策支持体系

产业集群的创新发展具有从企业专有技术到产业共性技术的层次结构性。其中，共性技术固有的准公共物品属性及其外部性，使其创新的市场

失灵程度较高，是政府应给予支持和关注的重点领域。[5]尽管各级政府部门一直重视共性技术创新，并通过各类科技专项支持共性技术的研发，但与政府支持并不断增大的投入相比，我国共性技术发展绩效与期望目标还存在巨大差异，制约专业镇主导产业发展所必须的基础材料、关键设备、核心元器件及软件工具等关键共性技术，仍未得到根本性的解决。总结现阶段共性技术发展滞后的原因，既有外源型产业发展路径和行业科研院所改制等形成的影响，也有政府对共性技术创新支持政策设计缺乏系统考虑，政府与市场界限不清，以及资源配置方式不合理等政策选择与工具运用等问题。

首先，在厘清政府与市场关系基础上，找准政府政策着力点。基础性共性技术带有领域特征且公共属性较强；应用性共性技术与企业专有技术相连接，可直接支撑企业专有技术发展，因此兼具公共—私有两种属性，且更多表现为私有属性。[6]两类共性技术形态和属性上的差异，决定了政府对其支持方式、组织模式以及主导机制应有所不同。[7]但现阶段，我国对共性技术支持政策的设计与实施却忽略了这些差异，缺乏从技术体系整体发展上去考虑政策支持目标和主导机制，从而使得适应我国国情和共性技术特点、符合公共财政原则的政策支持体系尚未真正建立。更有甚者，在企业一些自有目标发展要求下，政府支持目标呈现不断下移的趋势。这一趋势如进一步延续，一个可能的结果是我们可能解决了个别企业部分产品发展，但却丢失了技术体系的整体发展。

其次，强化政府采购、服务外包等需求型政策工具配套辅助功能。通过对需求型政策工具的重视及政策内容完善，形成对产业集群共性技术发展的直接推动。如，借鉴国外从事共性技术研究的国家研究院（所）组织模式与运行机制，鼓励应用型研究院所的建立，并对其从事的共性技术研发和公益性服务提供财政资金支持，购买其提供的共性技术服务等，引导相关产业的技术创新发展。

最后，突出财政资金的效率与效能。要进一步强调产业导向，集中力量加大对行业关键共性技术创新支持；同时，充分发挥财政资金的杠杆效应，通过对共性技术创新组织模式与运行机制的改革与创新，带动社会资金和私人资本对共性技术的投入。

参考文献

［1］李朝庭.广东专业镇转型升级的战略思考［J］.科技管理研究，2013（8）：26 – 29.

［2］刘朝刚，许上云.专业镇与产业集群的区别［J］.发展研究，2013（4）：70 – 73.

［3］符正平.专业镇成长：从无形走向有形［J］.学术研究，2002（7）：15 – 16.

［4］熊国平.专业镇产业集聚升级的路径选择［N］.南方日报，2009 – 05 – 19（A13）.

［5］朱桂龙.产学研与企业自主创新能力提升［J］.科学学研究，2012，30（12）：1763 – 1764.

［6］李纪珍.产业共性技术：概念、分类与制度供给［J］.中国科技论坛，2006（3）：45 – 47.

［7］李纪珍.共性技术供给与扩散的模式选择［J］.科学学与科学技术管理，2011，32（10）：5 – 12.

（原载《科学学研究》2014 年第 1 期，与钟自然合著）

网络环境下产业集群创新生态系统竞争优势形成与演化：基于生态租金视角

信息网络时代，产业价值链重新构筑，商业模式不断被定义，传统产业集群以要素价格优势、精细化分工等为基础形成的竞争优势将难以为继，不能有效支撑集群产业可持续发展[1-2]。面对新一代信息技术和消费者需求升级对产业集群发展带来的诸多挑战，产业集群竞争优势被赋予新的视角。借助信息网络、组织网络为集群在生产、消费以及创新等方面带来的机遇构筑生态化的集群发展模式，即构筑产业集群创新生态系统，是当前产业集群谋求竞争优势发展的新趋势[3]。宋华和卢强[4]、吴义爽等[5]、吕一博等[6]都认为，集群创新生态系统竞争优势是在集群中具有异质性的企业、社会主体在相互依赖和互惠的基础上形成的共生关系，催生出系统价值大于各企业整体之和的涌现效应，即"1+1>2"。

这种形成系统价值大于各企业整体之和的涌现效应，本质上是企业在系统中获得的超额利润。现代经济学将租金的本质理解为超额利润[7]。很多学者将生态系统或网络组织中的竞争优势用生态租金或网络租金加以概括。李健和金占明提出，生态租金是产业集群生态系统中所有企业个体所实现的超过市场单个企业创造绩效简单相加所得总和的剩余[8]。陈宇菲等指出，生态租金是产业集群作为一个紧密结合的命运共生体，通过跨界融合、全面连接、价值共创等新型手段在信息经济浪潮中所形成的完整价值循环系统[9]。卢福财等提出，在网络组织中，企业不但可以通过重复的关系式交易来降低交易费用，还能够在较高信任度的基础上互相学习和协调生产，形成巨大的网络协同效应获取超额利润[10]。

虽然学术界将产业集群创新生态系统的竞争优势归结为生态租金，但这种超额利润来源可以是多元化的，既可通过占有异质性资源获得，也可以通过创新的超额回报实现，又可以在主体之间相关交往中通过降低交易成本等方式获得。因此，集群创新生态系统中的生态租金应该是具有内在逻辑性的结构化经济租金。当前对集群生态租金的研究多数停留在对生态租金概念的界定，将生态租金作为集群创新生态系统竞争优势的体现，较少关注生态租金结构化的构成要素。仅有少数学者如卢福财等[10]、庄晋财和吴碧波[11]分别从网络租金和集群租金等角度分析了租金的构成。构建产业集群创新生态系统的前提是明晰创新生态系统竞争优势的本质以及竞争优势的形成机制。基于此，本文从生态租金视角理解网络环境下集群生态系统竞争优势的本质，在借鉴相关研究的基础上，结合集群创新生态系统中超额利润（生态租金）不同形成来源，辨析集群创新生态系统中不同类型生态租金的形成机理与路径，分析集群创新生态系统中不同类型生态租金的演化过程，最后通过系统动力学仿真模型验证集群发展不同阶段生态租金演化的阶段性特征，以期为产业集群在网络环境中竞争优势重构提供理论借鉴。

一、网络环境下产业集群生态租金的内涵

本文所称的网络环境包括：①互联网、物联网、大数据、云计算和人工智能等为核心的新一代信息技术形成的信息网络；②经济主体在创新、生产和服务等经营活动中形成的组织网络。信息网络和组织网络是现代企业乃至产业发展的基础环境，对产业集群发展产生了一系列变革性影响，并将继续深刻影响未来产业集群的发展形态。

从生态学角度来看，产业集群可视为一个有机生命体，它是在某一时期内和特定区域中，具有竞争和合作关系的、交互关联的企业、服务供应商、专业供应商、金融机构、相关产业的厂商以及其他相关机构等种群，在共同目标下围绕着一个或多个产业集聚而形成的经济群落。[7]因此，本文将产业集群创新生态系统理解为：在一定区域范围内，具有产业群落特性的产业集群与其所处的外围环境及要素之间的相互作用构成的具有一定结构、层次和功能的生态系统，并通过各物种、群落在供给层、需求层以及创新层的价值协同，获取多主体共生演化和系统间协同发展的生态租金。

产业集群生态系统中的各主体在系统中的共生演化过程中有可能获得超过竞争性的收入，即生态租金是产业集群生态系统中所有企业个体所实现的价值超过所有单个企业创造绩效的简单相加的剩余。从内涵本质看，生态租金是产业集群作为一个紧密结合的命运共生体，通过跨界融合、全面连接、价值共创等手段实现的系统价值。经济学租金理论认为，企业能

否获得租金，关键在于能否获得资源能力上的优势并将之转化为竞争优势。在经济学中，竞争优势被定义为厂商获得超额利润的能力。[12]本文认为，生态租金是网络环境下产业集群竞争优势的根本来源，也是产业集群生态系统形成、演化的基本动力。

二、产业集群创新生态系统中生态租金构成与形成路径

租金最初指那些具有特质性的自然资源所带来的收益。随着对租金认识的加深，其概念的内涵与外延都进一步丰富。现代经济学通常把凡是超过生产要素竞争性收入的部分都称为"租金"。[13]租金作为，超过机会成本的超额利润，来源于创新、承担风险和垄断3个渠道。[1]Teece等认为存在3种类型的租金：①基于受到保护的市场力量而产生的垄断租金（monopoly rents）；②凭借企业独特资源而产生的李嘉图租金（Ricardian rents）；③依靠企业动态能力的熊彼特租金（Schumpeterian rents）。[14]由于租金的起因源自资源供给弹性不足，而企业无形资产的长期供给能力也是弹性不足，这种无形资产取决于企业内部的资源整合能力，经过长时间积累形成，因此也有学者将无形资产的长期供给能力形成的租金称为理查德租金[10]。随着对租金研究的深入，现代经济学认为，租金不仅来自单个生产要素，要素的特定组合，如企业组织、组织间关系，也会产生租金。杨瑞龙和杨其静认为，生产要素相互结合形成了具有特质性能力的组织，这种具有特质性资源和能力的组织也有可能获取超过竞争性的收入。[15]Dyer也指出，"特殊的厂商间联系（idiosyncratic interfirm linkage）"和特定战略联盟伙伴的专用性投资是竞争优势和关系租金的重要来源，关系租金是能从交换关系中共同获得的超额利润，个别厂商无法获得。[16]

从经济学对租金认识的进程来看，租金的内涵经过一系列变迁：地租到生产要素租金，再到组织租金、关系租金，进一步发展到网络租金、系统租金。[17]借鉴上述观点，企业在创新生态系统中获得超额利润的来源可以是多元化的。一方面，企业通过拥有各类稀缺异质性资源可以获得更高的利润；另一方面，企业通过创新可以在一定时期内获得暂时的垄断地位进而获得垄断利润。同时，在集群创新生态系统中，企业之间形成的"特殊的企业间联系"也可能产生大于单个企业收益之和的超额利润，加之集群整体品牌效应也可能让企业获得品牌溢价。邢孝兵和明娟将集群租

金区分为五类租金，即基于异质性资源的李嘉图租金、基于内部资源和能力的彭罗斯租金、基于无形资源长期价值供给能力的理查德租金、基于交易契约的关系租金和基于企业家动态创新能力的熊彼特租金。[18] 基于此，本文认为生态租金的实质就是以异质资源为基础，以动态创新为手段，以合作共生为过程，以品牌生态为导向共同构筑的产业集群竞争优势。结合生态租金形成的来源，本文将集群生态租金在结构上区分为四个维度或四种租金类型，即异质资源维度——获取李嘉图租金；动态创新维度——获取熊彼特租金；合作共生维度——获取关系租金；集群品牌效应——获取理查德租金。

异质资源维度的生态租金，即李嘉图租金，是基于异质性的资源和经营的比较优势而获得的超额利润，是产业集群创新生态系统竞争优势的形成基础。动态创新维度的生态租金，即熊彼特租金，是通过持续的、主动的、多样的创新行为形成创新成果垄断实现的超额利润，是获取和维持产业集群创新生态系统竞争优势的重要手段。合作共生维度的生态租金，即关系租金，是基于互利互惠、共赢共生的各主体通过产生的信任、承诺而创造的超额利润，是实现产业集群创新生态系统竞争优势的核心内容。品牌生态维度的生态租金，即理查德租金，是基于作为无形资本的集群品牌而实现的超额利润，是产业集群创新生态系统竞争优势的最终形态。生态租金的四个租金维度实际上并非相互割裂的，而是存在交互影响和衍化，其中集群品牌生态租金的机制基础来源于产业集群的资质资源、动态创新及合作共生。产业集群创新生态系统生态租金结构形态如图1所示。

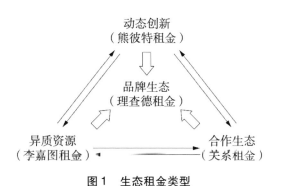

图1 生态租金类型

（一）李嘉图租金的形成路径

李嘉图租金源自异质性资源，产业集群的异质资源可分为两类：一类是集群内生产企业生存发展所形成的根植性资源；另一类是企业在长期生产过程中积累的专有资源。其中，集群根植资源是存在于某一产业集群与集体企业之间、为集群整体所共享的、具有非排他性的产业集群层面的资源，如成员之间的信任、交易规则、集群文化、政府偏好等集群共享的公共资源，集群根植资源有助于集群成员形成信任，形成共同的交易规则，简化集群成员之间的交易程序，减少企业的交易费用。当集群积累一定的根植资源和异质资源时，基于集群中价值网的高效率分工和共同创造，可以显著地降低集群企业的长期平均总成本，从而获取可观的规模经济效益。[19]同时，通过产品需求长尾化分布特征实现的范围经济效应也是网络环境下产业集群的重要特征。借助现代信息技术，集群企业可以提供一些更具个性化的产品或服务内容，形成类型丰富、功能齐全的产品或服务供给体系，提高市场占有率，实现范围经济效益。产业集群创新生态系统中李嘉图租金形成路径，是通过集群内部专有资源与根植资源的优化配置，依靠比较优势下专业化分工推动生产与技术的共同进步，进而实现创新协同效益以及规模经济效益，并在市场利基缝隙中创造基于市场需求的范围经济效益，形成差异化的集群生态位，最终获取产业集群创新生态系统竞争优势。

（二）熊彼特租金的形成路径

在产业集群创新生态系统中，创新不是线性过程，而是各种要素交互整合形成的多节点、多边性、多界面的知识耦合网络，即技术创新个体形式由线性创新范式向生态化范式转变。本质上，产业集群是一个学习型区域创新生态系统。集群创新生态系统中熊彼特租金的形成路径是：在开放式创新范式下，"集群守门人"的边界交互学习有效促进了集群整体的吸收能力，而集群内部的企业、学研、客户与政府"四螺旋"互动结构又极大推进了知识的生产与创新，产业集群知识的内生与外生并存强化了知识的供给，在协同共生的集群网络实现知识外溢。[20]涌现出一批学术企业、创业大学、创新用户等新型的复合主体，通过"四螺旋"互动构建充分共享、跨界融合、连续创造的创新生态[21]，催生集群物种之间产生系列创新连锁反应，通过以跨界创新、利基创新、迭代创新以及商业模式创新为主要表现形式的一系列创新连锁效应，形成了产业集群创新生态系统中的熊彼特租金。

（三）关系租金的形成路径

关系租金源自关系资产。集群生态系统中各主体（各种群）与自然界生态系统一样，在长期的发展过程中形成了一种共生关系或共生网络。这种共生网络中逐步会形成一系列关系资产[1,22]，基于这些关系资产，各主体有可能实现更低的生产成本、更少的产品缺陷、更快的产品开发速度、更低的交易成本，进而获得超额利润，即关系租金。

产业集群生态系统关系租金的形成路径是：产业集群内各主体都拥有专有资源，在集群内部高度专业化分工的条件下，一方面，各企业都会形成战略互补性和组织互补性，进而形成互补性资源的关系资产，而在集群发展中逐步积累的有助于协调行动的体制（如共同交易规则等）和集群文化的作用下，这种互补性资源的关系资产加快了产品生产、研发等方面隐性知识的扩散，又可以使得集群企业实现生产成本降低、产品缺陷更少、产品开发速度更快的目标，进而获得超额利润，即关系租金；另一方面，企业专业资源和产业链的专业化分工，又会使得集群成员企业容易形成长期的重复交易，进而形成了成员之间的信任机制，逐步积累后形成信任关系资产，而这种信任关系资产又逐步引发集群内成员交易的自我实现机制，这种交易的自我实现机制可以在交易过程中省略交易中介或第三方强制执行，进而在自我履约协议的情况下，降低交易成本，获得超额利润，即关系租金。

（四）理查德租金的形成路径

通过产业集群的动态创新和异质资源铸造的集群产品竞争优势，以及合作共生形成的嵌套联动营销网络和集群领导品牌示范[23]，在市场上通过特定的集群品牌生态位占据微笑曲线的右上端，进而获取更高的利润。集群品牌生态位是理查德租金视角下生态租金形成路径的关键节点。本质上看，产业集群品牌生态位是产业集群在其所利用市场资源的综合状态以及生存所依赖的市场环境中所处的相对位置，反映了集群品牌的综合实力。产业集群生态竞争优势的高阶内核是品牌的竞争优势。集群品牌生态位的形成得益于集群产品的竞争优势、嵌套联动的营销网络和集群领导的品牌示范。集群品牌一旦形成，对于客户或社会可以产生晕轮效应并基本定格，在市场中对消费者形成品牌黏性和购买惯性，成为产业集群不可替代、难以模仿的核心竞争优势来源，从而为集群提供稳健、持续的盈利收入，即集群品牌的晕轮效应。集群一旦形成品牌效应，便会对外界资源产生强力吸附，进而获得更多资源，即集群品牌的磁力效应。同时，集群品牌作为公共物品，具有非排他性与非竞争性、共享性和零边际成本性等特征。品牌伞效应使得在生态位上属于跟随或落后的企业也同样有可能通过集群品牌获得一定的品牌溢价，在此基础上形成的品牌晕轮效应、品牌伞效应、品牌磁力效应，实现了集群品牌的特有功能和实现无形资本的经济变现，最终获取基于集群品牌生态的理查德租金。

（五）产业集群各类生态租金内在交互及衍化

生态租金的生成实质上是系统性、结构化的经济租金，以异质资源为基础、合作共生为中介、动态创新为工具、品牌生态为导向形成价值联动共创的自适过程。通过其内在四个租金维度联系与衍化实现生态租金整体功能的涌现，外在表现为通过规模经济、范围经济、长尾经济及创新经济四类经济效益的组合，获取超过市场平均水平的剩余，构筑产业集群竞争优势，所形成的整体机理如图2所示。

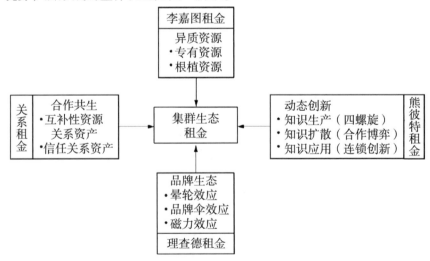

图2　生态租金形成的内在机理

372

李嘉图租金是实现产业集群生态竞争优势的起点，而理查德租金则是实现产业集群生态竞争优势的终点。产业集群企业专有的特质资源形成的比较优势和集群共享的根植资源催生了集群内部专业化分工，形成了以李嘉图租金为主的竞争优势。但市场和技术环境的变化使得企业无法一直保持其竞争优势，因而需要通过合作从外部充分获取知识和技术，进而推动企业转向通过创新获取新的竞争优势，与此同时，长期的共生合作催生了基于信任的关系资本和基于互补性资源的关系资本，一方面激发了集群企业之间的知识扩散和应用触发企业间各类创新模式的连锁反应获取创新收益形成了熊彼特租金；另一方面关系资本的形成刺激集群内容自我实施机制等的形成和集群成员之间互补性资源的充分利用，进而降低生产成本，提高创新速度，减少交易成本，形成了关系租金。在李嘉图租金、熊彼特租金和关系租金的共同作用下，与竞争对手相比，集群主导产品的优势越来越明显，能够以此实现溢价打造产品优势，有助于集群品牌生态的形成。另外，在合作共生状态中，共同生产、共同营销、共享渠道的共生逻辑对集群品牌的形成和巩固也发挥了重要作用，通过龙头品牌主导、跟随品牌学习的品牌协同模式构建产业集群整体品牌的框架和内涵，进而释放品牌晕轮、品牌伞和品牌磁力内在的机制效应，对外界形成具有竞争隔离机制的品牌生态壁垒，最终获取理查德租金。

三、不同发展阶段产业集群创新生态系统生态租金演化特征

从生态租金构成要素来看，资源及其所催生的竞争优势，即李嘉图租金，是推动集群演化的基础性动力机制；集群创新以及集群各主体合作、共生形成的关系租金是集群演化的基本动力。从发展阶段来看，产业集群创新生态系统演化会经历萌芽期、成长期、成熟期、转型期（衰退期）四个阶段，而推动发展阶段的演进根本动力是生态租金种类和规模的变化，即产业集群起因于生产要素对产业集群租金的追逐，租金的耗散导致产业集群的衰败。[41]

（一）萌芽期的生态租金特征

在萌芽期，产业集群创新生态系统经历了一个从无到有的演化过程后逐渐形成。根据 Mytelka 和 Farinelli 对产业集群类型的划分[25]，该阶段属于

非正式产业集群，表现为单个种群的物种在区域基础资源环境下的简单聚集。在这一阶段，集群的特征可归结为少量企业集聚、创造小额红利、形成微弱产业集群租金。在一定的空间区域内，少数具有一定市场竞争力的同类生产企业自发聚集，对区域优越的地理环境、人力资源、产品的初级市场环境等基础资源进行利用，获取丰厚利润，源于基础资源的李嘉图租金因此产生。由于空间要素的黏滞性和自由流动性，越来越多的同类企业受集群租金的驱使，相继迁入该区域，区域内企业数量迅速增加，集群的磁力效应随之初步形成，集群的理查德租金开始显现。此时的集群品牌仅来源于同类企业对集群区域基础资源所带来红利的简单追逐，故产业集群理查德租金仅表现为产品销售利润单方面的磁力效应。这一阶段的产业集群生态系统只是初露端倪，企业数量少、规模小，且种类单一，相互联系少、合作程度低，因此未形成具有专业化分工和协作的生产网络，也没有建立配套的产业链。此外，由于此时市场广阔，利润丰厚，同类企业专注于瓜分和占据市场，创新的主客观氛围均比较薄弱。总体而言，在萌芽阶段，产业集群生态系统空间结构简单、规模小，资源形式单一，创新与合作意识低下，集群总产值不断增加，但其发展速度却相对缓慢，竞争优势微弱。

推论1：萌芽期，李嘉图租金开始积累，熊彼特租金与关系租金尚未出现，理查德租金简单集聚，产业集群创新生态系统生态租金类型不完整，租金数量较少，竞争优势微弱。

（二）成长期的生态租金特征

经历萌芽期的初步发展，产业集群创新生态系统步入成长阶段。这一时期是集群从萌芽期向成熟期过渡的关键阶段，表现为集群内种群数量、类型增多，凝聚力不断增强，在结构上形成以生产企业种群聚集的产业集群核心层。同时，随着生产群落规模的扩大和实力的增强，吸引了大量关联主体在核心层外围聚集，为核心生产企业的专业化分工和生产所需的信息、技术、服务等提供支持。该阶段的集群特征归结为：

大量物种涌入集群，聚集种群的数量和类型增多，分工逐步开展，专业化程度加深，竞争与合作增强，集群红利激增。在成长期，大量提供创新资源和支持服务的物种涌入，为生产群落带来了知识、信息、关系、制度等资源，这些资源在区域基础资源上使得产业集群的资源异质性增强，李嘉图租金得以全面完善。生产群落规模的不断扩大，在增强集群实力的同时，也加剧了集群内企业对资源和市场的竞争，同质企业生态位重叠程度加深，迫使企业为了保持竞争优势而提高创新能力，这一阶段的创新主要表现为企业自身的创新，熊彼特租金也迅猛提升。随着集群租金的不断增长，产业集群整体竞争优势提升，且集群磁力效应的增强进一步提高了理查德租金的效用。然而，成长期生产企业为了谋求更高的利润和市场占有率会引发激烈的竞争，加之集群内部的合作尚不成熟，集群关系租金较弱。成长阶段，产业集群生态系统空间结构趋于完善，核心层形成，辅助层出现，环境层丰富，集群空间规模迅速扩大。同时，集群资源的异质性增强、创新能力提升、竞争激烈且合作显现，推动集群的竞争优势增强，进而带动集群进入快速发展时期。

推论2：成长期，李嘉图租金与熊彼特租金激增，关系租金开始积累，理查德租金逐步完善，集群创新生态系统中生态租金种类趋于完整，租金数量增大，集群竞争优势快速提升。

（三）成熟期的生态租金特征

进入成熟期后，产业集群创新生态系统中种群和物种进入和退出减少，集群发展态势由激增转向平稳。整体上产业集群竞争优势的平稳态势是由不同租金对冲所形成的。一方面，在产业集群创新生态系统走向成熟阶段之后，集群所面临的组织结构僵化、生产成本增加、恶性竞争等问题导致集群凝聚力降低，规模也因此而发生萎缩，李嘉图租金与熊彼特租金呈现出下行的趋势。另一方面，这一阶段的集群内种群数量和种类多，专业化分工程度高，产业链基本形成，同时种群内部、种群之间以及群落间的合作达到峰值，集群生态租金规模达到最大。上一阶段的激烈竞争逐渐演化为这一阶段的竞合，在已形成的产业链上、完善的创新群落支持下，合作使得相关主体间的联系更加密切，信任度提升；同时，主体与区域的根植资源也建立起紧密联系，合作网络至此完善。基于正式契约与非正式契约的经济和社会网络相互嵌套、相互促进，一体化共生帮助产业集群最终获得关系租金。集群中的众多中小企业在经历了成长期的快速发展后，成为区域内的龙头企业[26]，获得了区域内外相当规模的市场份额，形成了集群层面的品牌效应，带动新进和后发企业跟随发展，帮助集群整体获取更高程度的理查德租金。至此，产业集群生态系统在成熟期实现对生态租金整体优势的获取，竞争优势达到局部最高。

推论3：成熟期，李嘉图租金与熊彼特租金开始逐步减少，关系租金与理查德租金继续增长，集群创新生态系统中生态租金规模达到峰值，集群竞争优势保持稳定。

（四）转型期（或衰退期）的生态租金特征

进入成熟期后，集群创新生态系统物种、种群数量物种之间关系和趋于稳定。但当集群产品原有技术轨道发生转化或外部市场环境发生重大变化时，如果集群各主体在路径依赖的作用下对新技术、新市场的重大变化还是不做出调整，则集群创新生态系统可能进入衰退期，集群内各物种、种群开始消亡，生态租金数量开始减少，集群竞争优势难以为继。但如果面临新技术、新市场所带来的创造性破坏，集群内部各主体能抓住危机中的机遇，通过"融合—改造—升级"的渐进式升级路径，则有可能步入转型期，集群开始发展一个新的循环。①以当前"互联网＋"对集群发展模式带来的创造性破坏为例，如果集群内企业将过去建立在有效供应链管理、成本管理的异质性资源转变为关于市场需求、生产过程、创新等的数据化资源，则有可能实现资源利用效率的提升，获取新形势下的李嘉图租金。②在现代信息技术推动产业链跨界重组过程中，集群中新出现的"产品＋服务"的模式，促进企业开展用户导向的研发设计、生产制造等创新策略，促进熊彼特租金的获取。③跨界重组使得集群的共生态势呈现网络化发展，从而带动关系租金经历成熟期平稳后的进一步提高。伴随着集群转型升级的深入，集群品牌优势进一步巩固，理查德租金也可能扩大。集群在经历了转型期"融合—改造—升级"的演化路径后，在集聚和扩散机制的作用下，实现了整体结构的优化再聚集，继续保持集群竞争优势。

推论4：转型期，新技术和新市场带来的创造性破坏，使得李嘉图租金、熊彼特租金、关系租金与理查德租金的内涵发生变化和优化，集群竞争优势出现回升。

四、产业集群创新生态系统生态租金演化的系统动力学检验

（一）研究方法

对产业集群生态系统整体而言，产业集群生态系统竞争优势来源于生

态租金，而生态租金的形成存在多个复杂的子模块，并且影响生态租金的因素可构成回路关系，因此产业集群生态系统是一个非线性的动态反馈系统[27]。问卷调查、二手数据等实证研究方法基于现实数据、现实案例，旨在发现统计学上的规律，但这些实证研究方法对于非线性动态反馈系统的模拟与预测不具备现实可行性。而系统动力学方法正是描述和理解此类复杂非线性系统的工具，作为一门研究信息反馈的学科，特别强调系统的整体性与复杂系统的非线性特征。由于理论模型与实际系统往往存在较大的偏差，因此对偏差的校正有助于提高仿真系统的有效性。本研究构建的系统动力学模型为二阶模型[28]，其效度由理论逻辑推理过程和建模过程共同决定，可以在一定程度上保证理论建模与系统仿真的内部效度[29]。

（二）模型构建

基于上文所构建的理论，本研究对模型的反馈环与总体结构进行了如下设计①。

反馈环1：李嘉图租金→企业专有资源存量（知识资源存量、人力资源存量、信息资源存量）→专业化分工程度→资源配置效率→（范围经济、规模经济）→李嘉图租金；反馈环2：熊彼特租金→（企业研发投入、人力资源存量）→组织学习效用→（技术新知识、市场新知识）→动态创新→熊彼特租金；反馈环3：关系租金→（集群文化、专业化分工程度）→互补性资源关系资产存量→（新产品开发速度提升、产品成本降幅）→关系租金；反馈环4：关系租金→成员之间重复交易频率→信任关系资产存量→自我实施机制→集群交易成本→关系租金；反馈环5：理查德租金→龙头企业品牌投入→集群龙头企业品牌效应→（集群整体品牌效应）→理查德租金。

采用Vensim PLE软件绘制产业集群创新生态系统的系统动力学流图，如图3所示。

（三）有效性检验

模型的有效性检验是为了验证构造模型与现实系统的吻合度，检验模

---

① 囿于篇幅限制，本文略去产业集群生态租金演化模型的变量类型、初始参数、仿真方程与编制依据，仿真方程、初始参数等具体论证过程，如需要可向作者询问索取。

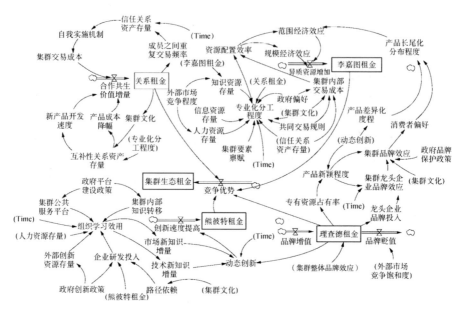

图3 产业集群创新生态系统的系统动力学流图

型所获得信息与行为是否反映了实际系统的特征和变化规律。[30]通过对模型仿真结果与实际系统历史数据拟合度检验发现模型中是否存在问题,是否与实际系统相吻合,从而在一定程度上保证模型的正确性和有效性。[31]本文采用拟合度检验的方法,通过衡量随着时间而变化的参数拟合程度来判断是否有效。[32]

本文选取广州市花都区狮岭镇皮具产业集群为案例,利用产业集群实际数据对前文所述的产业集群创新生态系统中生态租金的形成与演化进行仿真。广东省是中国产业集群最发达的区域之一,狮岭皮具产业集群是中国典型的"轻小集加"(轻工业、小企业、集体企业、加工业)产业集群,是目前国内皮具产业链最完整、集聚度最高的产业聚集区。狮岭皮具产业集群初步形成于20世纪80年代,已经聚集生产型企业8000多家、经营性商户18000多家、从业人员近30万人,皮具箱包营销市场辐射136个国家和地区[33],2016年实现皮革、毛皮、羽毛(绒)及其制品业规模以上工业总产值59.55亿元,出口箱包总值达72.5亿元。过去40年中,狮岭皮具产业集群也在不断探索、升级,并在集群形成初期,抓住国际产业转移契机，依托要素成本等优势快速成长。进入 21 世纪，外部市场竞争压力加剧，集群开始了以提高技术能力为核心的第一次转型升级，通过引入外部创新资源，开展广泛产学研合作，集群企业技术能力显著提升。在"互联网＋"时代，集群转型升级的重点转向构筑产业生态，谋求通过锁定生态系统竞争优势，推动集群的可持续发展。狮岭皮具产业集群近40 年的发展是一个不断塑造集群竞争优势的过程，从最初的依托要素成本优势，到提升技术能力，再到谋求系统优势。由于在不同发展阶段转型升级取得了优异表现，集群获得了"国家外贸转型升级示范基地"国家级荣誉称号。狮岭皮具产业集群对转型升级、竞争优势重塑的种种努力，本质上是一个产业集群逐步生态化的过程，在这一过程中，集群内部各企业建立起紧密的合作、共生关系。因此，本文借助花都狮岭皮具产业集群客观数据对生态租金的理论认识进行仿真。

如前文所述，生态租金的本质是超额利润，本文以 2006—2015 年广州市花都区狮岭镇皮具产业集群企业人均利润与我国皮具行业人均利润之差来衡量产业集群创新生态系统超额利润。其中，人均利润＝行业利润总额/行业用工人数，广州市花都区狮岭镇皮具产业集群企业人均利润数据来源于狮岭镇统计局提供的数据，全国皮具行业人均利润数据来源于相应年份的《中国统计年鉴》，并且用《中国统计年鉴》中皮革、毛皮、羽毛及其制品和制鞋业私营工业企业数据代替，产业集群创新生态系统的系统动力学模型有效性检验结果见表 1。结果显示，该模型中主要变量模拟值与真实值的总体拟合度为 91.94%，各年误差率均在 20% 以内，拟合效果较好。

表 1　模型有效性检验

年份	广州市花都区狮岭镇皮具产业集群企业人均利润/元	我国皮具行业人均利润/元	集群超额利润（集群生态租金）/元	系统动力学模型模拟值	误差率/%
2006	10788.45	10455.44	333.01	364.44	9.44
2007	14998.20	14398.64	599.56	496.57	− 17.18
2008	18359.25	17447.02	912.23	814.14	− 10.75
2009	21803.10	19743.14	2059.96	2147.01	4.23
2010	29336.00	27142.23	2193.77	2419.81	10.30
2011	34161.19	31956.78	2204.41	2609.11	18.36

年份	广州市花都区狮岭镇皮具产业集群企业人均利润/元	我国皮具行业人均利润/元	集群超额利润（集群生态租金）/元	系统动力学模型模拟值	误差率/%
2012	40108.78	36123.06	3985.72	4354.62	9.26
2013	46906.44	41324.18	5582.26	4834.17	-13.40
2014	42296.40	38360.74	3935.66	4298.41	9.22
2015	43023.15	39057.88	3965.27	4414.71	11.33

注：总拟合度 $R^2 = 91.94$。

（四）仿真结果与分析

为了更好地观察产业集群生态租金的长期演化规律，本研究将模型仿真时限设置为 150 个月。根据系统动力学模型的基本构成要素，分别对李嘉图租金、熊彼特租金、关系租金、理查德租金以及 4 个维度所形成的产业集群生态租金进行中长期的仿真模拟分析仿真结果如图 4 所示。

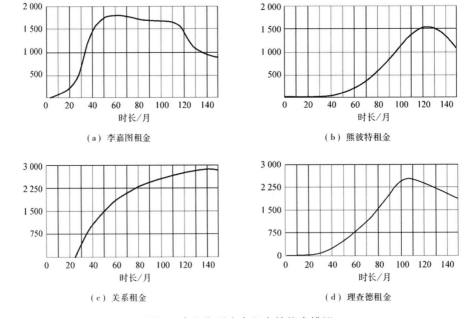

(a) 李嘉图租金   (b) 熊彼特租金

(c) 关系租金   (d) 理查德租金

图 4　产业集群生态租金的仿真模拟

上述仿真结果表明，集群创新生态系统演化，因为不同时期生态租金种类和数量不同，呈现出阶段性的发展特点（见表2）。在初始阶段（第27个月），李嘉图租金最先出现，并且逐步增加，熊彼特租金与关系租金尚未形成，在第14个月理查德租金开始出现，但增长缓慢。表明在初始阶段（萌芽期）李嘉图租金是集群生态租金的主要组成部分，是集群竞争优势的主要来源。在仿真期第28个月关系租金开始出现，第33个月熊彼特租金开始出现，反映了集群发展已经开始不完全依靠异质性资源的李嘉图租金，集群内各主体之间的共生关系开始建立，各主体之间的互动活动开始频繁。同时受到集群外部和内部竞争压力，集群内企业开始通过创新活动谋求新的竞争优势。关系租金和熊彼特租金的出现意味着集群创新生态系统步入成长期。进入成长期后，李嘉图租金依旧快速上升，并且在第52个月达到峰值，关系租金虽然出现，但增长比较缓慢，熊彼特租金也呈现出快速增长态势，理查德租金继续缓慢增长。这表明，在成长期，集群创新生态系统中生态租金的4种类型都基本形成，各类型生态租金的数量也显著高于萌芽期，建立在异质性资源和创新基础上的李嘉图租金和熊彼特租金是成长期生态租金的主要部分。在仿真期第65个月，关系租金数量超过李嘉图租金，标志着集群创新生态系统进入成熟期。建立在异质性资源基础上的李嘉图租金在成长期达到峰值后，开始缓慢下降，而随着集群创新生态系统内部各主体共生关系的日趋成熟，关系租金的数量开始快速上升，并且在数量上超过了李嘉图租金，这表明在成熟期，基于共生、互动基础形成的关系租金成为成熟期竞争优势的重要来源。在仿真期第83个月，建立在集群品牌效应基础上的理查德租金数量也超过了李嘉图租金，并且在仿真期第106个月，理查德租金数量超过了李嘉图租金、熊彼特租金，达到峰值，表明集群品牌效应得到市场的广泛认可。在成熟期，基于创新的熊彼特租金在达到峰值后，开始缓慢下降。在成熟期，4种生态租金数量之和达到最大值，集群竞争优势最强，其中，基于共生、互动基础上的关系租金和基于集群品牌效应的理查德租金成为集群竞争优势的主要来源。在仿真期第116个月和第121个月，李嘉图租金和熊彼特租金下降的速度开始加快，标志着集群创新生态系统开始进入转型期。在转型期，除关系租金数量基本稳定或略有下降外，其余3种生态租金（李嘉图租金、熊彼特租金和理查德租金）都进入了下降通道，下降趋势较为明显，集群创新生态系统中生态租金总量也有所下降，集群竞争优势开始丧失。此时，集群发展进入转型期，需要重修构筑竞争优势。进入转型期，也是公共政策最需要关注的阶段。如果集群能抓住新技术、新市场创造性破坏所带来的机遇，重塑新的异质性资源，强化创新，则有可能遏制集群生态租金下降、竞争优势退化的趋势，实现集群可持续发展。

表2　基于仿真的产业集群创新生态系统演化阶段特征

集群创新生态系统演化阶段	不同阶段划分节点	不同阶段集群生态租金（竞争优势）特征
萌芽期	李嘉图租金和关系租金出现，熊彼特租金和理查德租金尚未显现	李嘉图租金是集群生态租金、竞争优势的主要组成部分，集群形成稳定的生态租金，集群竞争优势开始显现
成长期	关系租金和熊彼特租金出现	生态租金的4种类型都基本形成，李嘉图租金、熊彼特租金是集群生态租金、竞争优势的主要组成部分，集群生态租金数量快速上升
成熟期	关系租金数量超过李嘉图租金	关系租金和理查德租金成为集群生态租金、竞争优势的主要组成部分集群生态租金数量达到最大
转型期	李嘉图租金和熊彼特租金数量加速下降	集群生态租金总量下降李嘉图租金、熊彼特租金内涵还是发生转变

五、结论与启示

中国改革开放40年来，各地尤其是沿海地区利用自身要素禀赋特征，发展形成了许多享誉国内外的产业集群和专业镇。但随着市场竞争加剧以及人口发展红利逐步消失，过去十多年来，产业集群的转型升级或二次创业一直是产业集群发展的核心。在网络环境中，新一代信息技术的广泛采用给产业集群已有发展模式带来巨大冲击，同时也带来了产业集群转型升级的机会窗口。构筑产业集群创新生态系统、获取生态租金，是中国产业集群转型升级的方向，这点已经在学术界基本形成了共识，但理论研究对生态租金的本质与形成路径的认识和理解还存在诸多不足。本文借鉴经济学对经济租金的认识，尝试从逻辑层面揭示集群创新生态系统的竞争优势本质——生态租金的结构与类型以及不同类型生态租金产生的机理，并结合集群创新生态系统发展的生命周期不同阶段，分析不同阶段各类生态租金的演化特点，尝试从逻辑层面揭示生态租金的内涵与结构、形成与演化路径，以期为中国产业集群转型升级提供参考。

本文的主要结论如下。①产业集群的竞争优势主要体现在通过构建产业集群创新生态系统获取生态租金。生态租金的种类和规模是产业集群竞争优势的本质表现。文中将产业集群生态租金理解为产业集群中各主体通过跨界融合、全面连接、价值共创等方式获取的超额利润，并将生态租金区分为4类：通过对异质资源的掌握获取李嘉图租金；通过动态创新获取熊彼特租金；通过集群内各主体之间的合作共生获取关系租金；通过形成集群品牌效应获取理查德租金。②生态租金的生成是一个以异质资源为基础、合作共生为中介、动态创新为工具、品牌生态为导向的价值联动共创的过程，从规模经济、范围经济、长尾经济、创新经济4个方面为产业集群创造了超额利润，从而构筑了产业集群竞争优势。③产业集群创新生态系统不是一成不变，它会初步发展和完善，而集群创新生态系统演化的根本动力以及不同发展阶段的差异表现为生态租金的种类和规模不断发生变化。这种变化是产业集群生态系统从初创期到成长期，再到成熟期和转型期（或衰退期）的根本动力。本文通过广州市花都区狮岭镇皮具产业集群案例，运用系统动力学模型对产业集群创新生态系统演化过程中生态租金变化的理论认识进行仿真。

产业集群创新生态系统的形成与演化是一个市场自发的过程，但并不代表政府在创新生态系统演化的过程中不发挥作用。在转轨期，中国各级政府仍然掌握大量资源，政府适当的干预可以加快产业集群创新生态系统的演化过程。首先需要结合产业集群发展不同阶段不同生态租金发展特点，因势利导制定差异化政策，引导不同类型生态租金的壮大。成长期生态租金主要源自熊彼特租金，该阶段政府应加大对产业集群创新的支持力度，激励集群外部优质创新资源在集群中设立产学研合作平台，与集群企业建立长效合作机制，推动集群动态创新。步入成熟期，关系租金和理查德租金是生态租金的主要来源，这就需要地方政府通过激励型政策、引导型政策加强集群内部各主体之间的联系。同时，集群品牌是一种公共产品，这就需要地方政府投入资源有意识地塑造集群品牌，增大理杳德租金规模。

本研究存在一些不足，因为数据可获得性的制约，文中选用花都狮岭皮具产业集群企业人均利润数据与全国皮具行业人均利润数据差额，作为集群企业整体生态租金的替代指标，仿真检验也只是将不同类型生态租金简单算术之和作为模拟值，对比实际数据进行仿真检验。由于只获得 10 年的实际数据，对比周期较短，对模型有效性检验有待提高。此外，从逻辑上推演，不同类型生态租金在一定程度上可能存在一些交集，如品牌等无形资产本质上属于异质性资源，而文中的仿真检验是将不同类型生态租金的简单求和。不同类型生态租金之间的关系，可以成为本文后续研究的重要方向。

参考文献

［1］罗珉，李亮宇.互联网时代的商业模式创新：价值创造视角［J］.中国工业经济，2015（1）：95－107.

［2］李海舰，田跃新，李文杰.互联网思维与传统企业再造［J］.中国工业经济，2014（10）：135－146.

［3］赵振."互联网＋"跨界经营：创造性破坏视角［J］.中国工业经济，2015（10）：146－160.

［4］宋华，卢强.基于虚拟产业集群的供应链金融模式创新：创捷公司案例分析［J］.中国工业经济，2017（5）：172－192.

［5］吴义爽，盛亚，蔡宁.基于互联网＋的大规模智能定制研究：青岛红领服饰与佛山维尚家具案例［J］.中国工业经济，2016（4）：127－143.

［6］吕一博，蓝清，韩少杰.开放式创新生态系统的成长基因：基于 iOS、Android 和 Symbian 的多案例研究［J］.中国工业经济，2015（5）：148－160.

［7］伊特韦尔.新帕尔格雷夫经济学大词典（第 4 卷）［M］.北京：经济科学出版社，1996：150.

［8］李健，金占明.基于生态学理论的产业集群发展［J］.科学学研究，2006（S2）：431－437.

［9］陈宇菲，丁静，刘志峰.产业集群生态系统的结构、演化及运作机制

研究［J］.科技管理研究，2009，29（10）：396－399.

［10］卢福财，胡平波，黄晓红.交易成本、交易收益与网络组织效率［J］.财贸经济，2005，（9）：19－23.

［11］庄晋财，吴碧波.全球价值链背景下产业集群租金及经济效应分析［J］.金融教学与研究，2008（5）：39－44.

［12］项保华，绍军.企业超常业绩成因试析：基于资源能力观的经济租金理论解释［J］.南开管理评论，2004（2）：18－22.

［13］厉以宁.西方经济学［M］.北京：高等教育出版社，2000：192.

［14］TEECE D J, PISANO B, SHUEN A. Dynamic capabilities and strategic management［J］. Strategic Management Journal, 1997, 18（7）：509－533.

［15］杨瑞龙，杨其静.专用性、专有性与企业制度［J］.经济研究，2001（3）：3－11.

［16］DYER J H, SING H. The relational view：Cooperative strategy and sources of interorganizational competitive advantage［J］. Academy of Management Review, 1998, 23（4）：660－679.

［17］卢福财，胡平波.网络租金及其形成机理分析［J］.中国工业经济，2006（6）：84－90.

［18］邢孝兵，明娟.集群租金视角下的创业企业孵化研究［J］.商业经济与管理，2010（1）：69－75.

［19］WIETHAUS L. Absorptive capacity and connectedness：Why competing firms aslo adopt identical R&D approaches［J］. International Journal of Industrial Organization, 2005, 23（5/6）：467－481.

［20］GIULIANI E. Knowledge in the air and its uneven distribution：A story of a Chilean wine cluster［R］. Aalborg：DRUID's Winter Conference, 2003.

［21］武学超.模式3知识生产的理论阐释：内涵、情境、特质与大学向度［J］.科学学研究，2014，32（9）：1297－1305.

［22］GORDIJIN J, AKKERMANS H. Value based requirements engineering：Exploring innovative e-commerce idea［J］. Requirements Engineering Journal, 2003, 8（2）：114－134.

［23］李明武，綦丹.产业集群品牌生态系统的构成、特征及演化［J］.企业经济，2017，36（3）：23－28.

［24］臧旭恒，何青松.试论产业集群租金与产业集群演进［J］.中国工业经济，2007（3）：5-13.

［25］MYTELKA L，FARINELLI F. Local clusters，innovation systems and sustained competitiveness［J］. UNU-INTECH Discussion Paper Series，2000（4）：561-562.

［26］万方.基于生命周期的产业集群综合竞争力研究［D］.杭州：浙江师范大学，2014.

［27］陈力田，许庆瑞，吴志岩.战略构想、创新搜寻与技术创新能力演化：基于系统动力学的理论建模与仿真研究［J］.系统工程理论与实践，2014，34（7）：1705-1719.

［28］SASTRYM A. Problems and paradoxes in a model of punctuated organizational change［J］. Administrative Science Quarterly，1997，42（2）：237-275.

［29］LOMI A，LARSEN E R. Dynamics of organizations：computational modeling and organization theories［J］. American Journal of Sociology，2002，107（5）：1369-1371.

［30］许治，何悦，王晗.政府 R&D 资助与企业 R&D 行为的影响因素：基于系统动力学研究［J］.管理评论，2012，24（4）：67-75.

［31］何悦，朱桂龙，戴勇.企业创新绩效影响因素的系统动力学研究［J］.软科学，2010，24（7）：19-23.

［32］杨洪涛，左舒文.基于系统动力学的创新投入与区域创新能力关系研究：来自天津的实证［J］.科技管理研究，2017，37（3）：22-28.

［33］狮岭快点.独家对话！花都狮岭打造"世界皮具之都"具体这样走……［EB/OL］.（2017-05-18）［2017-08-27］. http：//www.sohu.com/a/141112284_676897.

（原载《研究与发展管理》2018 年第 4 期，与蔡朝林、许治合著）

中国各省创新水平关键影响因素
及发展路径识别
——基于模糊集定性比较分析

引言

创新是区域经济增长和竞争优势建立的源泉。因此，集聚创新要素资源，提升区域创新能力、创新水平和创新效率始终是区域经济、科技和社会发展的首要任务。[1]随着国家创新驱动发展战略的深入推进，区域对知识、资本、人才和产业等创新要素和创新资源的培育、吸纳和竞争，正在重构中国各区域创新发展新格局。审视我国各区域创新发展水平和发展效率，其中一个值得关注的现象是，各区域创新要素资源集聚能力在同步增长的基础上，其创新产出水平差距却呈现不断扩大趋势。[2]那么，是什么导致这一现象产生？影响区域创新水平的关键因素有哪些？这些影响因素有没有组合形成特定的发展模式和发展路径？不同时间和区位下的区域创新发展模式又有何差异？

系统论认为，区域创新系统发展水平和发展效率受创新主体能力，以及创新主体、创新环境、创新要素之间相互连接作用机制双重影响。[3]其主要表现为：一是主导区域创新系统发展的关键因素；二是这些相关因素组合形成的发展路径或发展模式。因此，识别区域创新系统发展关键因素及其组合形态有助于理解和认识上述现象的形成机理。

基于上述认识，本文拟从组态视角，以2015—2018年中国30个省级行政区为研究对象，基于 Furman 的区域创新能力分析框架，运用 QCA 方法研究创新基础、产业集群、联系质量3个维度下的6个条件的组合形态，并分析组态的时间演变趋势和空间情境差异。通过区分核心与边缘条件，识别影响中国各省区域创新发展的关键因素；通过分析组态中间解与组态的时空差异，探讨各因素组合匹配形成的区域创新发展路径。

一、文献综述

区域创新水平是区域创新能力的外在表现。区域创新能力是区域在长期内产出世界性新技术并使其商业化的能力[4]；是区域以技术能力为基础，实现产品创新和工艺创新的能力[5]。而区域创新水平则体现为区域生产新知识、新技术的产出水平，是一个比较直观具体的可测变量[6]。

关于区域创新的影响因素，较为权威的理论体系是 Furman（2002）建立的区域创新能力概念框架[4]。Furman 认为，内生增长理论、产业集群理论、区域创新系统理论是区域创新能力的理论基础；在这些理论支持下，研究发现创新基础设施、产业集群、产业集群与创新环境之间的联系质量对区域创新能力产生重要影响。

当前学术界对区域创新影响因素的研究也主要从这 3 个维度开展。Fritsch 等（2010）运用德国 93 个区域的专利数据验证了产业集聚程度对区域创新效率的影响。[7] Castellacci 等（2013）发现，研发能力与吸收能力（基础设施、人力资本）的协同演化促进了国家创新能力提升。[8] Crespo 等（2016）以全球创新指数为样本，指出制度、人才、基础设施、市场成熟度等因素是提升国家创新能力的关键。[9] Khedhaouria 等（2017）研究了基础设施、产业状况、人力资本等因素对国家创新能力的作用。[10]上述研究虽选取了不同的变量，但几乎都涵盖了 Furman 框架中的几个维度，说明这些维度对区域创新水平的解释力较强。下文将具体阐释各维度的理论基础和研究进展。

（一）创新基础

内生增长理论指出，区域通过持续研发投入产生的知识存量和知识流量通过生产函数影响区域创新水平。[11]一方面，新增的研发投入能加强创新主体学习效应，提高区域新技术新知识的生产能力。[12]另一方面，由于创新过程的路径依赖性，先前的知识积累会影响之后的创新绩效。[13]知识积累产生"富人更富"的马修效应[14]，知识库较大的区域更可能产生新知识并保持其知识资产丰富性。Asheim 等（2005）通过北欧区域的案例研究，发现区域知识基础对区域产业创新过程有重要影响。综上所述，创新基础是区域创新的基本要素，包括研发投入和知识基础。[15]

创新基础对区域创新的重要性不言而喻，然而现有研究多聚焦于创新基础较好的区域。一些地区研发投入和知识基础较差，但通过与其他条件的协同联动也能达到较高的区域创新水平。QCA 方法是对这种协同联动效应的精准反映，而且能通过核心条件分析识别研发投入与知识基础的相对重要性。

（二）产业集群

产业集群理论指出，产业集群是特定区域中一种重要的空间组织形式，产业集群具有正外部性，能提升区域创新竞争力。[16]产业集群具有规模经济的高收入、低成本优势，有助于企业间知识或技术溢出，从而促进区域创新。[17]产业集群为企业提供良好的创新氛围，通过企业间既竞争又合作的组织方式激发企业的创新动力。[18]集群的地理邻近性以及企业间的认知邻近性，加强了企业间知识扩散、特别是隐性知识的扩散过程。[19]因此，产业集群维度衡量了产业内的竞争性企业以及与这些企业互动的相关企业在特定区域集聚的程度，对区域新知识新技术的产生具有重要影响。

然而，仅凭产业集群这一因素不足以达到高区域创新水平。吴迪（2012）指出，产业集群与区域创新能力之间存在地域、结构、功能和目标 4 个方面的关联性。[20]田颖等（2019）研究发现，产业集群通过与创新网络、政府支持等条件相结合，促进区域创新能力的提升[21]。因此，产业集群作为区域创新的主体，要与区域创新要素和创新环境协同匹配，实现高区域创新水平。

（三）联系质量

区域创新系统是区域内与创新活动相关的组织，以及协调各组织之间关系的政策和制度所组成的网络体系。区域创新系统理论认为，创新活动组织之间的联系与互动推动了区域内新技术、新知识的产生。[3]

在理论指导下，学术界围绕各组织之间联系质量对区域创新的影响进行实证分析。Buesa 等（2006）应用知识生产函数进行分析，指出国家环境、区域环境、创新企业、大学、研发机构对区域创新能力具有重要的影响。[22]Wolfe 等（2011）指出，企业与金融体系、管理劳动力市场的法律制度体系的相互作用，对于创新的产生和传播非常关键。[23]Mitze 等（2019）发现，区域创新系统中高技术企业、知识密集型新创企业等创新主体与区域开放度、就业率等创新环境的交互作用，能通过加强跨区域合作提升区域创新绩效。[24]这些研究都体现了创新活动组织之间联系质量的重要性，但对各种联系之间的协同联动效应关注不足。

建立"以企业为主体、产学研结合的技术创新体系"是国家创新体系建设的一项中心工作[25]。鉴于此，在各省的区域创新系统中，我们将企业视为区域创新的主导者，聚焦于产业集群的主导作用，将企业与高等学校、政府、风险投资的联系质量视为创新环境，为产业集群的发展提供支持。

（四）模型构建

各因素对区域创新水平的影响并不完全独立，其相互协同、组合匹配对区域创新水平产生重要影响。区域创新系统的效率不仅取决于主体能力，更取决于主体间相互联系的方式及主体间的学习效应。[26]案例研究发现，主体能力、主体间协同以及创新政策相互作用，影响区域创新水平。[27]随着区域创新能力提升，条件间组合匹配也可能产生变化，说明实现高区域创新水平的路径并不唯一，前因条件间存在互补性，不同区域的创新发展模式殊途同归。[28]Smith 等（2005）指出，现有知识范围会影响新知识创建，而新创建的知识又成为知识库的一部分，区域通过知识积累建立了动态发展的知识生产系统，体现了知识基础与研发投入的协同联动。[29]高月姣等（2015）研究发现，区域发展水平和企业、大学、政府投入的交互作用对区域创新产生正向影响，体现了知识基础与联系质量间的组合匹配。[30]

从方法上看，针对区域创新的系统性、整体性研究方法还比较缺失。[31]Furman 提出的区域创新框架有较强的理论支撑，具有一定成熟性，故本文用该框架探讨中国各省创新水平的前因。但区别在于，传统的回归方法单独分析各条件对区域创新水平的影响，忽视了因素间的组态效应[28]，而 QCA 方法则以多元、整体视角审视各条件间协同联动对区域创新的影响。其次，现有研究没有充分考虑不同时间、不同区位的组态差异。随着时间变化，条件间的组合也会发生变化；不同的区位情境也可能会改变各因素的相对重要性，进而产生不同的组态。故本文将这一框架引入 QCA 模型中，探讨创新基础、产业集群、联系质量三大维度下 6 个条件间的组态效应。图 1 显示了本文的研究框架。

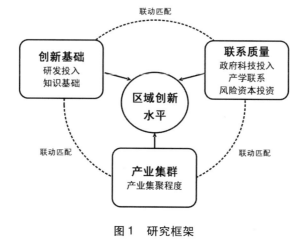

图 1　研究框架

二、研究方法与数据

（一）研究方法

本文使用模糊集定性比较分析（fsQCA，fuzzy-set qualitative comparative analysis）进行数据分析。QCA 由 Ragin 在 20 世纪 80 年代提出，该方法基于组态分析，研究前因条件之间相互作用而对结果产生的影响。[32] 与回归分析相比，定性比较分析充分体现了条件之间的因果复杂性与多重并发机制。[33] 在"因果不对称"的逻辑前提下，导致结果变量出现的条件和导致结果变量"否集"出现的条件可能并不相同。通过 QCA 分析，研究者能比较结果产生与消失的组态，从而深化对研究问题的解释。[34]

模糊集定性比较分析是定性比较分析中应用最广泛的一种方法，能处理连续变量的程度变化或部分隶属问题。对于中小样本量，统计建模和统计推断难以提供有效的分析结论，但却满足模糊集定性比较分析对于样本数量的要求。正因如此，fsQCA 在管理学实证研究中也越来越受到青睐。[35]

（二）数据来源

本研究以 2015—2018 年全国 30 个省级行政区（港澳台、西藏数据严重缺失，故剔除）为研究对象。本研究 30 个样本属于中等样本。对于中等样本研究，理想的条件个数一般在 4～6 或 4～7。[36]因此，本文选择了 6 个前因条件。其中，区域创新水平数据来自《中国科技统计年鉴》（2016—2019 年）；研发投入、产学联系数据来自《中国科技统计年鉴》（2015—2018 年）；产业集聚程度数据来自《中国统计年鉴》（2015—2018 年）；政府科技投入和知识基础数据来自《中国宏观经济统计年鉴》（2015—2018 年）；风险资本投资数据来源于《中国火炬统计年鉴》（2015—2018 年）。

（三）变量测量

1. 结果变量

区域创新水平（innovation）。运用区域每万人国内专利申请数量来度量区域创新水平。专利数据具有易得性和通用性，且与专利申请授权相关的制度在全国范围内保持一致，因此各省的专利数量具有可比性，专利在一定程度上能代表区域创新水平。[37]

2. 前因条件

（1）创新基础维度。

1）知识基础（knowledge）。借鉴 Furman（2002）[4]、李习保（2007）[2]的研究，用人均 GDP 来衡量累积的知识存量。人均 GDP 体现了区域将其知识储备转化为已实现的经济发展状态的能力，是衡量区域知识存量的常见指标[38]。

2）研发投入（money）。区域研发资源的投入量是新知识生产函数的重要投入要素之一。本文运用研究与试验发展（R&D）经费投入强度来度量知识流量。R&D 经费投入强度是 R&D 经费支出与地区生产总值之比，是国际上用于衡量国家、区域在科技创新努力程度方面的重要指标[39]。

（2）产业集群维度。

产业集聚程度（cluster）。区位熵是衡量产业集聚程度的常用指标。本文运用黎杰生等（2017）的方法计算 t 时间区域 i 的产业集聚程度 $cluster_{it}$，该指数代表了某地区的人均产业资源占有量与全国人均产业资源占有量的比值。[40]公式中 S_{it} 表示 i 地区 t 时间规模以上工业企业的主营业务收入，P_{it} 表示 i 地区 t 时间的年末人口数，S_t 表示 t 时间全国规模以上工业企业的主营业务收入，P_t 表示 t 时间全国的年末人口数。

$$cluster_{it} = \frac{S_{it}/P_{it}}{S_t/P_t}$$

（3）联系质量维度。

1）产学联系（*uni*）。区域内企业能否与大学形成不断相互学习的网络，是决定区域创新体系效率的重要因素。借鉴李柏洲等（2007）[41]，本文运用各区域高等学校 R&D 经费内部支出中企业资金所占比例作为产学联系强度的重要标志。

2）政府科技投入（*gov*）。政府在营造创新环境、支持产业集群创新方面的作用不言而喻。由于政府的科技投入主要以科技经费的形式存在，借鉴孟卫东等（2013）[42]，本文运用政府在教育和科学技术上投入资金占一般预算支出的比例来衡量政府对区域创新的影响。

3）风险资本投资（*capital*）。风险投资对科技孵化产业的支持是创新主体与创新环境联系质量的重要体现。借鉴田增瑞等（2019）[43]，本文用各地区科技企业孵化器在孵企业当年获风险投资额与当年获得投融资在孵企业数的比值来度量风险资本投资。

（四）数据校准

本研究采用直接法把变量校准成模糊集。由于外部和理论标准的缺乏，且样本省份具有一定的代表性，故依据案例本身的数据进行校准。参考 Fiss（2011）[44]、Coduras 等（2016）[45]、杜运周等（2020）[46]的研究，将各条件 3 个锚点分别定为样本的上四分位数、下四分位数以及上四分位数与下四分位数的平均值。考虑到创新从投入到产出需要经过一定时期的滞后，本文选择了一年的滞后期。例如，在分析 2018 年区域创新水平的组态时，所有前因条件的校准与建模是基于 2017 年的数据。

在进行演化分析时，如果直接将面板数据全部纳入同一 QCA 模型，会影响各区域的相对排位，无法对指标的高低进行客观的评价。例如，2014 年高绩效的区域可能会由于比 2017 年一般绩效的区域的指标值更低，而被误分类为非高绩效。因此，本文对各年数据分开校准、分开建立 QCA 模型。各条件的描述性统计与校准阈值见表 1。

表1 条件描述性统计与校准阈值

年份	条件	平均值	标准差	最大值	最小值	完全隶属点	交叉点	完全不隶属点
2015	区域创新水平	18.25	18.67	72.02	3.43	21.44	13.44	5.43
	知识基础	51459.13	22088.60	105231.00	26433.00	63471.25	49542.63	35614.00
	研发投入	1.59	1.13	5.95	0.48	2.03	1.46	0.89
	产业集聚程度	0.93	0.55	2.31	0.24	1.19	0.85	0.52
	政府科技投入	0.18	0.03	0.24	0.12	0.21	0.19	0.16
	产学联系	0.27	0.13	0.48	0.05	0.36	0.27	0.19
	风险资本投资	2544.89	2255.28	10272.77	0.00	3015.74	2144.40	1273.06
2016	区域创新水平	22.47	23.15	87.04	3.99	26.24	16.71	7.18
	知识基础	53786.56	23370.45	107960.09	26165.26	66965.85	52163.88	37361.90
	研发投入	1.63	1.16	6.01	0.46	2.13	1.52	0.91
	产业集聚程度	0.91	0.55	2.28	0.23	1.06	0.78	0.50
	政府科技投入	0.18	0.03	0.23	0.12	0.20	0.18	0.17
	产学联系	0.25	0.11	0.45	0.09	0.33	0.25	0.17
	风险资本投资	3357.32	2402.59	9804.25	123.36	4287.43	3105.11	1922.80
2017	区域创新水平	23.33	22.32	85.65	4.63	27.54	17.85	8.16
	知识基础	57485.63	25841.80	118198.00	27643.00	71231.25	55819.63	40408.00
	研发投入	1.68	1.15	5.96	0.54	2.14	1.54	0.94
	产业集聚程度	0.90	0.53	2.34	0.22	1.07	0.78	0.48
	政府科技投入	0.18	0.03	0.23	0.12	0.20	0.19	0.17
	产学联系	0.24	0.10	0.45	0.04	0.32	0.24	0.16
	风险资本投资	3620.59	2725.40	12278.36	994.46	4590.11	3306.57	2023.02
2018	区域创新水平	26.98	26.05	98.06	5.89	30.41	19.89	9.37
	知识基础	61575.39	27747.16	128994.12	28496.50	70546.35	57063.19	43580.03
	研发投入	1.69	1.10	5.64	0.52	2.09	1.50	0.91
	产业集聚程度	0.89	0.50	2.28	0.24	1.13	0.86	0.59
	政府科技投入	0.18	0.03	0.23	0.13	0.20	0.18	0.16
	产学联系	0.24	0.11	0.45	0.04	0.30	0.24	0.18
	风险资本投资	4210.97	3956.53	16863.68	777.27	4571.81	3158.36	1744.92

三、研究结果

首先以2018年模型为例，分析全样本下区域创新水平组态，这些不同的组态表示实现同一结果（高区域创新水平或非高区域创新水平）的不同创新基础、产业集群、联系质量等条件之间组合而成的区域创新生态（杜运周等，2020）。其次，分东部、中西部地区分别校准建模，探究不同区位的组态差异。接着对2015—2018年分别建模，观察组态随时间演变的趋势。最后，引入定基指数方法，结合雷达图对不同区域、不同时段的各指标进行描述性统计，同时考虑时间和空间因素对区域创新的作用。

（一）产生高（非高）区域创新水平的组态

1. 必要条件分析

一个必要条件可被视为结果的一个超集（super set）。如果必要条件被包括在真值表分析中，它可能会在纳入"逻辑余项"的简约解中被化简掉。因此，组态分析前需先进行必要条件检测。

根据表2对高区域创新水平的必要条件分析结果，除了高研发投入以外，各个条件的一致性均低于临界值0.9，说明高研发投入可能是解释高区域创新水平的必要条件。在对非高区域创新水平的必要条件分析中，各条件的一致性均低于0.9，不构成必要条件。

表2 必要条件检测

条件		高区域创新水平	非高区域创新水平
创新基础	知识基础～	0.841	0.229
	知识基础	0.325	0.891
	研发投入～	0.940	0.278
	研发投入	0.206	0.827
产业集群	产业集聚程度～	0.848	0.232
	产业集聚程度	0.324	0.893

条件		高区域创新水平	非高区域创新水平
联系质量	政府科技投入~	0.727	0.416
	政府科技投入	0.365	0.651
	产学联系~	0.724	0.452
	产学联系	0.386	0.628
	风险资本投资~	0.680	0.372
	风险资本投资	0.437	0.712

在必要条件分析基础上，下文将前因条件纳入 fsQCA，进一步探索产生高/非高区域创新水平的组态。杜运周等（2017）[47]指出，案例共属同一结果的一致性应高于可接受的经验临界值 0.85 或 0.8。因此将一致性阈值设定为 0.8，PRI 一致性阈值设定为 0.7，案例数阈值设定为 1，2018年模型保留高、非高区域创新水平案例各 15 个。内生增长理论为高研发投入对高区域创新水平的影响提供了充足的证据，在进行反事实分析时，将高研发投入设置为"存在"，由于其他条件不构成结果的必要条件，假设其单个条件存在与否均可贡献高区域创新水平。依据简单解和中间解区分核心条件和边缘条件，既在中间解又在简单解出现的条件为核心条件，只在中间解出现的为边缘条件。

2. 组态分析

2018 年产生高或非高区域创新水平的组态见表 3。

表 3　产生高区域创新水平和非高区域创新水平的组态（2018 年）

条件	高区域创新水平			非高区域创新水平						
	H1	H2	H3	N1A	N1B	N1C	N2	N3A	N3B	N3C
知识基础	●	•	●	⊗		⊗	•	⊗	⊗	⊗
研发投入	•	●	●	⊗	⊗	⊗	•			⊗
产业集聚程度	●	•	●		⊗	⊗		⊗	⊗	⊗
政府科技投入	•		⊗				•	⊗	⊗	⊗
产学联系		•	•	⊗	⊗	•	•		●	⊗
风险资本投资			⊗		⊗	⊗	●	⊗		⊗

续表

条件	高区域创新水平			非高区域创新水平						
	H1	H2	H3	N1A	N1B	N1C	N2	N3A	N3B	N3C
一致性	0.962	0.997	0.933	0.989	0.991	0.953	0.971	0.998	0.951	0.998
覆盖度	0.540	0.583	0.200	0.529	0.266	0.165	0.076	0.351	0.259	0.259
唯一覆盖度	0.139	0.079	0.037	0.243	0.022	0.059	0.028	0.009	0.087	0.015
解的一致性		0.955					0.966			
解的覆盖度		0.759					0.860			

注：● = 核心条件存在；⊗ = 核心条件缺失；● = 边缘条件存在；⊗ = 边缘条件缺失，下同。

产生高区域创新水平的组态有 3 种，非高区域创新水平的组态有 7 种，一致性均达到 0.9 以上，总体一致性与解的一致性也均高于 0.9，是对应结果的充分条件。高区域创新水平组态的解的覆盖度为 0.759，解释了约 76% 的高区域创新水平的原因。非高区域创新水平组态解释了 86% 非高区域创新水平原因。

上述组态的一致性水平较高，对结果变量的解释较强，为了检验实证结果的稳健性，本文将一致性阈值提升到 0.85，发现组态结果未发生变化，说明组态对结果变量的解释具有一定合理性。

（1）产生高区域创新水平的组态。根据表 3，产生高区域创新水平的组态对应 3 个简约解：高知识基础与高产业集聚程度（组态 H1）；高研发投入与高产业集聚程度（组态 H2）；高研发投入、高知识基础与非高风险资本投资（组态 H3）。三个简约解都包含高研发投入或高知识基础中的至少一个条件，说明知识存量和知识增量对区域创新水平提升起基础性作用，与内生增长理论契合。除了创新基础之外，我们将其他核心条件视为区域创新的关键因素。2018 年高区域创新水平的取得主要有以下三种路径模式：

1）产业主导下的知识基础促进型。H1 显示，对于知识基础较高的区域，在产业集群的主导下，辅之以较高的研发投入和政府支持，就能达到高区域创新水平。组态 H1 的关键因素为产业集群和知识基础，两者都是东部沿海地区的有利条件。东部沿海地区经济与科技发展较快，有较高的知识存量水平。这些地区依靠雄厚的创新基础，加快创新型产业集群的建设，发挥产业的主导作用。同时这些省市的政府也十分重视科技创新，在创新方面加大财政投入力度，对区域创新的发展起到辅助作用。典型区域是产业基础较好、创新政策扶持力度较大的广东、江苏。

2）产业主导下的研发投入促进型。组态 H2 显示，在产业集群的主导下，持续的研发投入带来源源不断的新知识，再加上较高的知识存量、产学联系的辅助，能达到高区域创新水平。与组态 H1 不同的是，组态 H2 更注重研发投入的作用。新知识生产函数指出，研发投入对区域创新的作用更直接更明显，因此这些区域的创新水平可能更好。同时，这些区域的另一优势是产学联系。由于产学合作的深度推进，政府、风险投资支持对该区域的重要程度相对减弱。典型区域是上海、北京。

3）风险投资缺失下的创新要素弥补型。组态 H3 存在一个核心条件缺失，即风险资本投资。对于风险资本投资不足的区域，通过较高的创新要素投入，使知识存量和知识流量处于较高水平，再加上较高的产学联系，一定程度上弥补了风险资本投资和政府科技投入等条件的不足，典型区域是天津、重庆。这些区域亟待加强科技孵化产业的发展，吸引更多风险投资。

（2）产生非高区域创新水平的组态。本文也检验了产生非高区域创新水平的组态，产生非高区域创新水平的组态对应 3 组不同的核心条件。"非高研发投入"为 N1A，N1B，N1C 的核心条件，说明没有充足的研发投入，就不会带来较好的创新产出。同时也注意到这些组态的知识基础也处于较低水平，说明创新基础维度的缺失，对于创新水平有很大的负面影响，在 N1C 当中，即使存在较高的政府科技投入和产学联系，最终也导致非高创新绩效。"非高产业集聚程度"为 N2 的核心条件，说明产业集群的缺失是区域创新水平不高的原因之一，产业集群是区域创新的主体，主体能力不强，会影响区域创新绩效。"非高知识基础、非高政府科技投入"为 N3A，N3B，N3C 的核心条件，说明缺乏创新环境支撑，是区域创新水平不高的可能原因。知识基础偏低的区域，缺乏政府的政策支持和投入，同时伴随而来的是较低的高技术产业集聚程度，最终导致非高区域创新水平。

（二）组态解的空间情境差异

中西部地区和东部地区无论是在资源禀赋、集群环境、网络联系等方面还是在制度环境、开放程度上都存在较大差异。将 30 个区域分为两类分别校准建模，组态结果见表 4。

表 4　不同区位条件下的高区域创新水平组态

条件	东部地区			中西部地区					
	E1	E2	E3	W1A	W1B	W2A	W2B	W3	W4
知识基础	●	●	●	•	•	•	⊗	⊗	⊗
研发投入	•	•	•	•	⊗		⊗	⊗	●
产业集聚程度	•	•	•	●	●	●	•	●	⊗
政府科技投入	●	•	•	•	⊗	●	●	•	⊗
产学联系		•	⊗	•	⊗	•	⊚	■	•
风险资本投资			⊗	●	●		•	⊗	•
一致性	0.954	0.991	0.849	0.978	0.939	0.996	0.963	0.855	0.869
覆盖度	0.508	0.648	0.162	0.409	0.105	0.319	0.116	0.133	0.127
唯覆一盖度	0.051	0.242	0.045	0.135	0.076	0.008	0.077	0.052	0.079
解的一致性		0.965					0.937		
解的覆盖度		0.795					0.754		

根据表 4，东部和中西部组态的核心条件存在明显差异。东部区域的核心条件为知识基础，说明知识存量是促进东部创新水平提升的关键因素。东部地区较高的人均 GDP 为区域创新奠定基础，加上研发投入带来较高的知识流量，再结合较高的产业集聚程度、较高的政府科技投入（E1）或产学联系（E2），都是达到高区域创新绩效的途径。E1 和 E2 的不同点在于，E1 的优势是政府支持，典型区域是江苏、广东；E2 的优势则是产学联系较强，典型区域是上海、北京；E3 通过高知识基础、高产业集群和高政府支持等因素之间的综合作用弥补了产学联系和风险资本投资的不足，典型区域是福建。

中西部地区简约解中，高产业集聚程度出现了 5 次，说明产业集群是中西部创新的关键因素。W1A 显示，在产业集群主导下，风险投资与创新基础、产学联系协同联动，巩固了区域创新的有利条件，从而达到高区域创新水平，典型区域是重庆。W1B 说明，在产业集群主导下，风险投资对科技孵化产业的支持弥补了政府投入、产学联系等条件的不足，典型区域是宁夏。同理，在产业集群主导下，政府科技投入与其他条件的联动，既能巩固区域创新的有利条件（W2A），如湖北、陕西；也能弥补知识基础、产学联系等条件的不足（W2B），如河南。W3 的核心条件知识基础缺失，这条组态描述的是：知识存量较低的地区，发挥产业集群主导作用，通过政府投入与产学联系的协同，实现高区域创新水平，典型区域是江西。W4 是在产业集群、政府支持不足的情况下，通过加大研发投入、协同创新与风险投资的支持，弥补区域创新的短板，典型区域是四川。

综上，东部地区创新的关键因素是知识基础，中西部创新的关键因素是产业集群。中西部创新发展组态中，一些区域知识基础缺失，甚至呈现出核心条件的缺失，它们虽在一定程度上被其他高水平条件替代，但知识基础不足的问题已经越来越突出，并对其创新未来向更高水平发展形成制约。结论与东西部创新发展的现实情况相吻合。

（三）组态解的时间演变趋势

随着时间演变，各条件对区域创新的相对重要性发生改变，为了反映不同时期区域创新发展路径的演变，本文对各年份的数据分别校准，采用多时段定性比较分析（杜运周等，2021）[48] 进行建模，并对组态进行分类命名。

本研究中对组态分类和命名的考虑是既能比较多地提取组态的特征，同时通过对比又能显示出组态间的差异。其中，组态的差异有两个方面表现：一是每个组态的核心条件不同，这代表起主导作用的因素不同，可根据核心条件所属的维度来区分组态；二是每个组态的条件完备性不同，这意味着其他处于高水平的条件在组态中发挥了不同的作用。系统均衡发展是系统整体发展的必然要求。组态条件的完备性是系统是否实现均衡发展的特征体现。因此，在组态分类时应考虑条件的完备性。相关分类思路见表5。

表5　组态分类命名思路

组态类型		根据条件完备性与关键因素作用分类			
		各条件均处于高水平，关键因素的作用是巩固有利条件	边缘条件缺失，关键因素在一定程度上替代缺失条件	核心条件缺失。由于其他条件的水平相对更高，对缺失的条件产生更强的替代作用	
		主导型	促进型	替代型	软化型
根据关键因素所属维度分类	创新主体	产业主导型	—	主体替代型	—
	创新环境	—	环境促进型	环境替代型	环境软化型
	创新要素	—	要素促进型	要素替代型	要素软化型
	综合	综合发展型		综合替代型	—

第一，确定能区分每个组态的关键因素。由于每一条组态的核心条件几乎都至少出现了知识基础（knowledge）和研发投入（money）两者之一，说明区域创新离不开创新要素的高水平投入；同时也说明，这两个核心条件不足以区分组态。因此可以通过其他核心条件来区分组态，将其他核心条件确定为关键因素。如果是创新基础的两个条件（knowledge、money）同时出现，则关键因素为创新基础；如果多个维度下的条件同时出现，说明各维度的综合作用促进区域创新。

第二，确定关键因素所属的层次。分为"创新主体""创新环境""创新要素"三个层次。产业集群属于"创新主体"；产学联系、政府科技投入、风险资本投资属于"创新环境"，为创新主体提供支持；研发投入和知识基础属于微观层面的"创新要素"。

第三，考察各组态的条件特征，进行组态分类。

（1）促进型发展。特征是不存在缺失条件。关键因素的作用是"锦上添花"，进一步巩固有利条件。

（2）主导型发展。如果关键因素是创新主体，又没有条件的缺失，则创新主体所起的作用不仅是巩固有利条件，而且是主导区域创新发展，则为主导型发展。

（3）替代型发展。特征是存在边缘条件缺失。区域之所以能够实现高创新水平，在于关键因素在一定程度上替代了缺失条件。

（4）软化型发展。特征是存在核心条件缺失。区域之所以能够实现高创新水平，关键在于其他条件处于更高的水平，对缺失条件产生强的替代性，弥补了缺失条件的不足。由于创新主体是区域创新的主导者，创新主体软化难以通过其他条件来弥补，因此，不存在主体软化型发展。

最终对组态的命名见表6，"创新要素/创新主体/创新环境/综合"的"主导/促进/替代/软化"型。接下来分析典型区域的创新发展路径演化。

（1）北京、上海、广东、江苏、浙江等几大发达产业区，基本都是不存在缺失条件，通过加大创新要素的投入来带动区域创新。到2018年逐渐呈现产业集群的作用，由要素促进型转变为产业主导型发展。

其中，北京和上海经历了三个阶段：环境促进型→要素促进型→产业主导型。由2015年政府支持作为关键因素，转变为2016—2017年重视创新要素的直接投入，最终于2018年实现了产业集群的主导作用。关键因素从创新环境等支持性因素转向产业集群、研发投入等与创新更直接相关的因素，说明北京、上海的经济活动与创新活动之间的联系越来越紧密，越来越重视科技创新。

浙江、江苏与北京上海的一个区别是起点不同，2015年呈现风险投资促进型，后续也经历了加大要素投入、建设产业集群的过程。广东也经历上述三个阶段，但广东在创新环境支持下持续两年，2015年的关键因素是风险投资，2016年是用政府支持弥补产学联系的不足，直至2017年才转变为创新要素促进型，2018年实现产业主导型。

（2）天津的发展经历四个阶段：环境促进型→要素促进型→要素替代型→环境软化型。2015年政府支持是关键因素，巩固区域创新的有利条件，2016年加大研发投入，突出了创新要素的作用；然而，2017年政府支持却转为缺失的边缘条件，直至2018年，政府支持成为缺失的核心条件。由边缘条件缺失转向核心条件缺失，说明政府科技投入已成为天津创新发展的重要制约因素。尽管创新要素和产业集群的水平相对更高，一定程度上弥补了政府科技投入不足，但政府科技投入不足的制约作用已愈加显现。因此，天津亟待加强政府对科技创新的支持。

表 6 2015—2018 年高区域创新水平组态

年份	组态	关键因素	维度	条件完备性	关键因素作用	发展路径	典型区域
2015	knowledge × **money** × cluster × **gov** × uni	政府科技投入	创新环境	完整	巩固有利条件	创新环境促进型	天津、山东、上海、北京
	knowledge × **money** × cluster × gov × **capital**	风险资本投资	创新环境	完整	巩固有利条件	创新环境促进型	浙江、江苏、广东
	~ knowledge × **money** × ~ gov × uni × **capital**	风险资本投资	创新环境	边缘条件缺失	替代缺失条件	创新环境替代型	四川、陕西
	knowledge × **money** × cluster × uni	创新基础	创新要素	完整	巩固有利条件	创新环境促进型	江苏、天津、浙江、重庆、上海、北京、重庆
2016	**money** × **cluster** × **gov** × ~ uni × capital	综合	综合	边缘条件缺失	替代缺失条件	综合替代型	山东、安徽
	knowledge × cluster × **gov** × ~ uni × capital	政府科技投入	创新环境	边缘条件缺失	替代缺失条件	创新环境替代型	广东、福建
	money × cluster × gov × uni × ~ **capital**	产学联系	创新环境	核心条件缺失	关键因素缺失	创新环境软化型	山东、安徽
2017	**knowledge** × **money** × cluster × gov × uni	创新基础	创新要素	边缘条件缺失	替代缺失条件	创新要素替代型	天津、重庆
	knowledge × **money** × cluster × gov × capital	创新基础	创新要素	完整	巩固有利条件	创新要素促进型	浙江、广东、江苏、福建、北京、上海
	~ knowledge × money × **gov** × uni × **capital**	政府科技投入、风险资本投资	创新环境	边缘条件缺失	替代缺失条件	创新环境替代型	陕西
2018	**knowledge** × money × **cluster** × gov	产业集群	创新主体	完整	主导作用	产业主导型	广东、江苏、山东
	knowledge × **money** × **cluster** × uni	产业集群	创新主体	完整	主导作用	产业主导型	上海、浙江、北京
	knowledge × **money** × gov × uni × **capital**	风险资本投资	创新环境	核心条件缺失	关键因素缺失	创新环境软化型	天津、重庆

注：加粗划线条件为核心条件，~ 为条件缺失。

（3）重庆的发展经历三个阶段：要素促进型→要素替代型→环境软化型。2016年各条件都不缺，运用高研发投入和知识基础带动区域创新；2017年政府投入不足，但政府投入不是核心条件；2018年不仅政府投入不足，风险投资也处于非高水平，且风险投资是核心条件，说明创新环境对区域创新支持不足已在一定程度上限制了区域创新水平的提升。

（4）山东的创新发展经历四个阶段：环境促进型→综合替代型→环境软化型→产业主导型。2015年的关键因素是政府支持和创新基础，2016年产业集群也成为关键因素，在各因素综合作用下弥补产学联系和风险投资的不足，但这两个条件此时仅是边缘条件缺失。2017年产学联系不足，已成为缺失的核心条件，制约了区域创新的发展。2018年产业集群发挥作用，实现产业主导型发展，降低了产学联系等不利因素的相对重要性。

综上所述，发挥产业集群的创新主体作用，不断加大创新要素的投入、辅以产学联系、政府科技投入、风险资本投资等创新环境的支持，是实现高区域创新水平的有效途径。

（四）基于定基指数的区域创新驱动因素时空差异分析

前文分别分析了组态解的空间和时间差异，但如果同时考虑时空差异，则可能产生组态解杂糅的问题，难以从多个组态解之中抽象归纳出区域创新水平组态的一般规律。因此，为了能同时考虑各影响因素在时间和空间上的差异，本文引入了定基指数，对各驱动因素进行描述性统计。以基期年份各指标的最大值为基准值，然后将同一指标下的所有区域、所有年度的数值均用比值法计算定基指数，这样就实现了以基期值为标准、对同一指标的时间、空间差异进行比较。

首先以2015年为基期，将2015年各指标的最大值设为100，然后运用比值法计算各年度、各区域的创新指标定基指数。

$$r_{i,t} = \frac{x_{i,t}}{\max\left(x_{i,2015}\right)} \times 100$$

式中 $x_{i,t}$ 表示第 i 个指标 x_i 在 t 年的数值，分母表示第 i 个指标在2015年的最大值，即选定的基期数值，$r_{i,t}$ 为各指标的定基指数。

定基指数的计算，使得不同区域、不同时段的同一指标可以与基期数值进行比较。而校准则能够进一步消除单位量纲对各指标的影响，实现指标间的比较。因此，接着对上一步求出的指数进行校准，同样以各指标所有数据值的上下四分位数及上下四分位数的平均值为锚点。之后，将30个区域分为东部、中西部地区，求出校准后各指标各年份的均值，绘制雷达图。

如图2所示，从总体上看，一方面，2015—2018年东部地区和中西部地区的区域创新水平指数呈上升趋势；另一方面，区域创新水平的空间差异不断缩小。虽然东部地区的创新水平仍比中西部地区高，但中西部地区的上升趋势更明显。

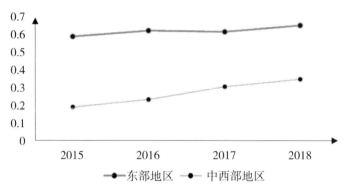

图2　2015—2018年区域创新水平指数比较

若前因条件的变化趋势与区域创新水平定基指数的发展趋势相近，说明这些因素对区域创新水平的提升起到关键的促进作用，因此将其确定为关键因素；而另一些指标不升反降，且在雷达图中呈现凹形，阻碍了区域创新的发展，这些因素是制约因素。

图3、图4分别显示了东部和中西部地区各驱动因素的相对高低。从图3可以看出，东部地区的研发投入、知识基础呈现不断上升趋势，而产学联系和政府科技投入则存在一定的波动性，政府科技投入甚至有逐年下降趋势，在雷达图中呈现凹形。这说明促进东部地区创新水平提升的关键因素是创新基础，而制约因素是联系质量。

对于中西部地区（如图4所示），研发投入、知识基础和产业集群三个指标均呈现逐年上升趋势，与区域创新水平指数的变化趋势一致，因此创新基础和产业集群是促进中西部地区创新水平提升的关键因素。风险资本投资则在一定程度上限制了中西部地区创新水平的上升。

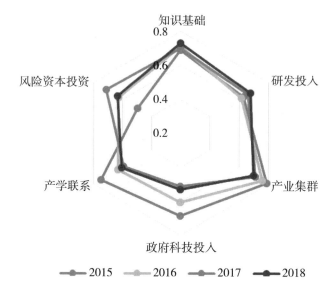

图3　东部地区区域创新影响因素定基指数雷达图

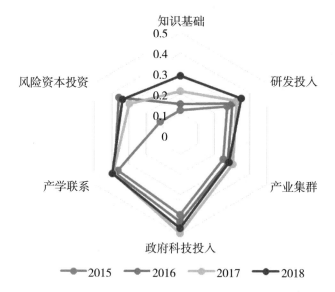

图4　中西部地区区域创新影响因素定基指数雷达图

四、结论与展望

(一)结论

本文以 2015—2018 年省级面板数据为样本,借鉴 Furman 区域创新框架,运用组态思维和 QCA 方法整合三个层面的六个条件,探讨影响区域创新水平的多重并发因素和因果机制,获得以下结论。

根据组态的核心条件所属维度,导致高区域创新水平的组态可以分为四类:要素推动型、产业主导型、环境支持型、综合发展型。与之对应的关键因素涉及创新基础、产业集群、联系质量及其协同匹配。要素推动型是通过加大研发投入、发展区域经济来增加区域的知识存量和知识流量,为发挥产业主导作用和创新环境支撑作用奠定良好基础。产业主导型是以产业集群为主导、配合各种类型的网络联系,激发产业创新的活力。环境支持型的特点是依靠网络联系,为区域创新营造良好的外部环境。综合发展型则是核心条件跨越多个维度,在各条件的协同匹配下实现高区域创新水平。无论何种类型,产业集群的主导作用、创新要素的持续投入、创新环境的大力支持,尤其是创新要素、创新主体、创新环境的协同联动始终是区域创新发展的关键。

根据组态中条件的完备性,导致高区域创新水平的组态可以分为:促进型、主导型、替代型、软化型。促进型当中不存在缺失条件,关键因素起"锦上添花"作用,进一步巩固有利条件。主导型当中不存在缺失条件,且关键因素属于创新主体维度,主导区域创新发展。替代型当中存在边缘条件缺失,但关键因素在一定程度上替代了缺失的条件。软化型当中存在核心条件的缺失,其他处于高水平的条件对缺失条件产生较强的替代性。由于资源禀赋和要素条件差异,创新系统发展的不均衡性始终存在,也是区域创新发展必须面对的问题。促进型、主导型、替代型、软化型四种高区域创新水平的组态正是区域因地制宜、扬长避短选择适合自己创新发展模式和路径的反映,也为同类区域其他地区创新发展提供有益借鉴。

导致非高区域创新水平的原因有三种:一是研发投入、知识基础缺失。这两个条件是创新的基础,高绩效组态都至少具备二者当中的一个,而综合型发展则是两个条件都具备。二是创新主体的主导作用不足。表现为产业创新不足,产业集聚核心条件缺失。三是创新环境对创新支撑不足。表现为政府、风险资本等条件亟待改善，创新系统的联系质量有待加强。

不同地区在资源禀赋、要素协同、制度环境上存在较大差异，导致了组态的差异。东部人均 GDP 水平高，知识基础资源禀赋条件好，是东部地区实现高创新绩效的关键。这从一个侧面解释了当前东部地区创新发展中加强知识基础创新发展的现实情景。中西部地区中，一些区域能够达成高区域创新水平，产业集群发展是关键。这从一个侧面解释了当前中西部地区创新发展中加强产业创新引领作用的现实情景。

通过对不同区域、不同时间、不同指标的定基指数进行比较分析，发现东部地区创新水平提升的关键因素是创新基础，中西部地区创新发展的关键因素是创新基础和产业集群，而联系质量则是限制东部、中西部地区创新发展的制约因素。这表明，当下中国的创新发展水平提升，不仅要关注创新要素条件建设，更要关注其间的联系，唯有这样，创新系统才能实现高质量和高水平发展。

（二）理论与管理启示

加强"要素—主体—环境"建设和协同发展，推动区域向综合发展型道路转变。综合发展型是创新型国家建设与发展的目标。组态分析显示，走综合发展型发展道路，不仅需要我们重视创新要素、创新主体和创新环境的发展，更要重视其间的组态匹配和协同发展。微观层面实现人才、资金、技术等创新要素的集聚；中观层面发挥企业等创新主体的引领作用；宏观层面通过政策营造适合创新的环境。

强化以产业创新带动区域创新功能作用。产业集群在高区域创新水平组态中有重要地位，是创新驱动发展的引擎。因此，要高度重视产业创新在区域创新发展的作用，推动产业链与创新链融合发展；要高度关注新一轮科技革命和产业革命对区域创新发展带来的变革与影响，创造条件，积极发展战略性新兴产业，推动产业结构转型升级。

努力营造良好的创新环境和创新文化氛围，为区域创新发展提供强有力支撑。创新环境在区域创新组态中也是不可或缺的一环，特别是对产业实力不强的区域而言，一定程度上弥补了产业上的不足。要积极发挥政府、金融机构、大学和科研院所在区域创新环境建设与发展中的重要作用，努力营造区域创新发展的政策环境、金融环境和知识环境。

（三）研究不足与展望

本文仍存在如下局限：①由于样本数量限制，提出的前因条件数量受到限制。②运用专利数量来刻画区域创新水平，未充分考虑专利质量问题。③创新过程涉及财务、信息和人员方面的交流，本文主要使用了货币衡量的财务信息，忽略了其他的一些因素。这些问题有待未来研究加以改进。

参考文献

［1］柳卸林，胡志坚.中国区域创新能力的分布与成因［J］.科学学研究，2002，20（5）：550－556.

［2］李习保.中国区域创新能力变迁的实证分析：基于创新系统的观点［J］.管理世界，2007（12）：18－30.

［3］苏屹，姜雪松，雷家骕，等.区域创新系统协同演进研究［J］.中国软科学，2016（3）：44－61.

［4］FURMAN J L，PORTER M E，STERN S. The determinants of national innovative capacity［J］. Research Policy，2002，31（6）：899－933.

［5］黄鲁成.关于区域创新系统研究内容的探讨［J］.科研管理，2000（2）：43－48.

［6］易明，王腾，吴超.外商直接投资、知识溢出影响区域创新水平的实证研究［J］.宏观经济研究，2013（3）：98－105.

［7］FRITSCH M，SLAVTCHEV V. How does industry specialization affect the efficiency of regional innovation systems？［J］. The Annals of Regional Science，2010，45（1）：87－108.

［8］CASTELLACCI F，NATERA J M. The dynamics of national innovation systems：A panel cointegration analysis of the coevolution between innovative capability and absorptive capacity［J］. Research Policy，2013，42（3）：579－594.

［9］CRESPO N F，CRESPO C F. Global innovation index：Moving beyond the absolute value of ranking with a fuzzy-set analysis［J］. Journal of Business Research，2016，69（11）：5265－5271.

［10］KHEDHAOURIA A，THURIK R. Configurational conditions of national innovation capability: A fuzzy set analysis approach [J]. Technological Forecasting and Social Change, 2017, 120 (7): 48 –58.

[11] ROMER P M. Endogenous technological change [J]. Journal of Political Economy, 1990 (98): S71 –S102.

[12] ARTHUR W B. Increasing returns and the new world of business [J]. Harvard Business Review, 1999, 74 (4): 100 –109.

[13] JAFFE A B, RASSENFOSSE G D. Patent citation data in social science research: overview and best practices [J]. Journal of the American Society for Information Science and Technology, 2017, 68 (6): 1360 –1374.

[14] MERTON R K. The Matthew effect in science, II: cumulative advantage and the symbolism of intellectual property [J]. Isis, 1988, 79 (4): 606 –623.

[15] ASHEIM B T, COENEN L. Knowledge bases and regional innovation systems: comparing Nordic clusters [J]. Research Policy, 2005, 34 (8): 1173 –1190.

[16] PORTER M E. Clusters and the new economics of competition [J]. Harvard Business Review, 1998, 76 (6): 77 –90.

[17] 刘军, 李廉水, 王忠. 产业聚集对区域创新能力的影响及其行业差异 [J]. 科研管理, 2010, 31 (6): 191 –198.

[18] 赵运平, 綦良群. 基于竞合的产业集群技术创新系统机理分析 [J]. 系统科学学报, 2016, 24 (1): 112 –116.

[19] 党兴华, 弓志刚. 多维邻近性对跨区域技术创新合作的影响: 基于中国共同专利数据的实证分析 [J]. 科学学研究, 2013, 31 (10): 1590 –1600.

[20] 吴迪. 区域产业集群竞争优势构建: 基于产业集群与区域创新能力互动关系视角 [J]. 企业经济, 2012, 31 (2): 128 –131.

[21] 田颖, 田增瑞, 韩阳, 等. 国家创新型产业集群建立是否促进区域创新? [J]. 科学学研究, 2019, 37 (5): 817 –825, 844.

[22] BUESA M, HEIJS J, PELLITERO M M, et al. Regional systems of innovation and the knowledge production function: the Spanish case [J]. Technovation, 2006, 26 (4): 463 –472.

[23] WOLFE D, VATNE E. Neo-Schumpeterian perspectives on innovation

and growth ［M］ // COOKE P, ASHEIM B, BOSCHMA R, et al. Handbook of regional innovation and growth. Cheltenham：Edward Elgar Publishing, 2011.

［24］ MITZE T, STROTEBECK F. Determining factors of interregional research collaboration in Germany's biotech network：capacity, proximity, policy？［J］. Technovation, 2019（80 - 81）：40 - 53.

［25］ 张永安, 张璐. 以企业为主体产学研结合的技术创新体系系统性分析［J］. 科技进步与对策, 2008（4）：70 - 73.

［26］ NELSON R R. Institutions supporting technical change in the United States ［M］ // Dosi G. Technical Change and Economic Theory. London：Pinter Publishers, 1988.

［27］ TÖDTLING F, TRIPPL M. One size fits all？：towards a differentiated regional innovation policy approach ［J］. Research Policy, 2005, 34（8）：1203 - 1219.

［28］ MAHROUM S, AL-SALEH Y. Towards a functional framework for measuring national innovation efficacy ［J］. Technovation, 2013, 33（10 - 11）：320 - 332.

［29］ SMITH K G, COLLINS C J, CLARK K D. Existing knowledge, knowledge creation capability, and the rate of new product introduction in high-technology firms ［J］. Academy of Management Journal, 2005, 48（2）：346 - 357.

［30］ 高月姣, 吴和成. 创新主体及其交互作用对区域创新能力的影响研究［J］. 科研管理, 2015, 36（10）：51 - 57.

［31］ FAGERBERG J, SRHOLEC M. National innovation systems, capabilities and economic development ［J］. Research policy, 2008, 37（9）：1417 - 1435.

［32］ 里豪克斯, 拉金. QCA 设计原理与应用：超越定性与定量研究的新方法 ［M］. 杜运周, 李永发, 等, 译. 北京：机械工业出版社, 2017.

［33］ 吴菲菲, 童奕铭, 黄鲁成. 组态视角下四螺旋创新驱动要素作用机制研究：基于中国 30 省高技术产业的模糊集定性比较分析 ［J］. 科学学与科学技术管理, 2020, 41（7）：62 - 77.

［34］谭海波，范梓腾，杜运周.技术管理能力、注意力分配与地方政府网站建设：一项基于 TOE 框架的组态分析［J］.管理世界，2019，35（9）：81－94.

［35］张驰，郑晓杰，王凤彬.定性比较分析法在管理学构型研究中的应用：述评与展望［J］.外国经济与管理，2017，39（4）：68－83.

［36］程建青，罗瑾琏，杜运周，等.制度环境与心理认知何时激活创业？：一个基于 QCA 方法的研究［J］.科学学与科学技术管理，2019，40（2）：114－131.

［37］魏守华，吴贵生，吕新雷.区域创新能力的影响因素：兼评我国创新能力的地区差距［J］.中国软科学，2010（9）：76－85.

［38］陈凯华，寇明婷，官建成.中国区域创新系统的功能状态检验：基于省域 2007－2011 年的面板数据［J］.中国软科学，2013（4）：79－98.

［39］邹文杰.研发要素集聚投入强度与研发效率：基于空间异质性的视角［J］.科学学研究，2015，33（3）：390－397.

［40］黎杰生，胡颖.金融集聚对技术创新的影响：来自中国省级层面的证据［J］.金融论坛，2017，22（7）：39－52.

［41］李柏洲，朱晓霞.区域创新系统（RIS）创新驱动力研究［J］.软科学，2007（6）：108－111，115.

［42］孟卫东，王清.区域创新体系科技资源配置效率影响因素实证分析［J］.统计与决策，2013（4）：96－99.

［43］田增瑞，田颖，吴晓隽.科技孵化产业协同发展对区域创新的溢出效应［J］.科学学研究，2019，37（1）：57－69.

［44］FISS P C. Building better causal theories：A fuzzy set approach to typologies in organization research［J］. Academy of Management Journal，2011，54（2）：393－420.

［45］CODURAS A，CLEMENTE J A，RUIZ J. A novel application of fuzzy-set qualitative comparative analysis to GEM data［J］. Journal of Business Research，2016，69（4）：1265－1270.

［46］杜运周，刘秋辰，程建青.什么样的营商环境生态产生城市高创业活跃度？：基于制度组态的分析［J］.管理世界，2020，36（9）：141－155.

［47］杜运周，贾良定.组态视角与定性比较分析（QCA）：管理学研究的一条新道路［J］.管理世界，2017（6），155－167.

［48］杜运周，李佳馨，刘秋辰，等.复杂动态视角下的组态理论与 QCA 方法：研究进展与未来方向［J］.管理世界，2021，37（3）：180－197，12－13.

（原载《科学学与科学技术管理》2021 年第 9 期，与赛夫、秦梓韬合著）

附录

朱桂龙主要著述目录

一、专著

[1]《科学选择的理论、方法及应用》(陈玉祥、朱桂龙),机械出版社1994年版。

[2]《跨国公司在华技术转移》(朱桂龙),中国财政经济出版社2007年版。

[3]《智慧城市建设理论与实践》(朱桂龙、樊霞),科学出版社2015年版。

[4]《2017珠三角企业创新发展报告》(郑佳欣、朱桂龙、鲍杰汉、黄颖川、曾玲燕),南方日报出版社2017年版。

[5]《大湾区视野下的珠三角企业创新报告》(郑佳欣、朱桂龙、黄建伟、王越),广东南方日报出版社2018年版。

[6]《变局·新局:2020粤港澳大湾区企业创新报告》(郑佳欣、朱桂龙、黄建伟、黄颖川),南方日报出版社2020年版。

二、学术论文

[1]《生命科学学科组织管理结构的设置探讨》(朱桂龙、朱东华),载《科学学研究》1994年第3期。

[2]《NSFC材料与工程科学学科组织管理结构的探讨》(朱桂龙、韩培立),载《科学学与科学技术管理》1995年第6期。

[3]《试析我国科技规划中的科学选择》(朱桂龙、吴锋),载《科学学与科学技术管理》1996年第1期。

[4]《对NSFC鼓励学科交叉研究的政策认识》(朱桂龙、赵学文、刘作仪),载《科学学与科学技术管理》1997年第12期。

[5]《科学交叉在当代科学、国民经济和社会发展中的作用》(朱桂龙、杨永福、海峰),载《科技导报》1997年第5期。

[6]《浅谈高校制造技术研究现状及发展对策》(朱桂龙、许海力、寿志

勤），载《科研管理》1997年第2期。

[7]《刍议跨学科研究的界定》（朱桂龙、毛家杰、杨永福、海峰），载《科学学研究》1998年第3期。

[8]《加拿大优秀网络中心及对我国科技管理工作的启示》（朱桂龙、王国美、杨永福），载《科学学与科学技术管理》1998年第5期。

[9]《跨学科研究发展状况评估体系初探》（孙萍、朱桂龙、赵荣举），载《中国科技论坛》2001年第1期。

[10]《虚拟科研组织的管理模式研究》（朱桂龙、彭有福、杨飞虹），载《科学学与科学技术管理》2002年第6期。

[11]《产学研合作创新网络组织模式及其运作机制研究》（朱桂龙、彭有福），载《软科学》2003年第4期。

[12]《发达国家构建科技中介服务体系的经验及启示》（朱桂龙、彭有福），载《科学学与科学技术管理》2003年第2期。

[13]《我国区域科技计划体系发展研究》（朱桂龙、卫丹），载《中国科技论坛》2003年第4期。

[14]《国际技术在中国技术转移影响因素分析》（朱桂龙、李卫民），载《科学学与科学技术管理》2004年第6期。

[15]《外商在华直接投资技术转移价值实证分析》（朱桂龙、张华、周全），载《科学学与科学技术管理》2005年第4期。

[16]《基于技术创新的企业核心能力构建》（朱桂龙、黄金胜），载《科技管理研究》2006年第7期。

[17]《技术整合与跨国公司竞争力的提升》（朱桂龙、胡军燕），载《科技进步与对策》2006年第12期。

[18]《论企业突破性技术创新的战略风险管理》（朱桂龙、周莲子、胡剑锋），载《科技进步与对策》2006年第11期。

[19]《企业技术创新战略选择机理与模式研究》（朱桂龙、周全），载《科技管理研究》2006年第3期。

[20]《产学研合作创新分析——以广东温氏食品集团有限公司为例》（李奎艳、朱桂龙、王建兵），载《科技管理研究》2007年第8期。

[21]《基于适合度景观的企业技术创新绩效管理》（樊霞、朱桂龙），载《科学学与科学技术管理》2007年第10期。

[22]《外商直接投资，垂直联系与技术溢出效应——来自中国工业部门

的经验证据》（姜瑾、朱桂龙），载《南方经济》2007 年第 2 期。

[23] 《外商直接投资行业间技术溢出效应实证分析》（姜瑾、朱桂龙），
载《财经研究》2007 年第 1 期。

[24] 《大学—企业合作创新绩效影响因素分析》（朱桂龙、李奎艳），载
《科技管理研究》2008 年第 4 期。

[25] 《基于小世界模型的企业创新网络研究》（樊霞、朱桂龙），载《软
科学》2008 年第 1 期。

[26] 《基于知识结构的 RD 投入与技术创新绩效关系的实证分析》（丁宝
军、朱桂龙），载《科学学与科学技术管理》2008 年第 9 期。

[27] 《企业技术创新过程中的组织学习机制和能动效应研究》（朱桂龙、
徐艳晓），载《科技管理研究》2008 年第 1 期。

[28] 《企业外部知识获取路径与企业技术创新绩效关系实证研究》（朱桂
龙、李汝航），载《科技进步与对策》2008 年第 5 期。

[29] 《区域创新网络的结点联结及其创新效率评价——以广东省为例》
（樊霞、朱桂龙），载《工业技术经济》2008 年第 12 期。

[30] 《区域创新网络与广东省产学研合作对策研究》（樊霞、朱桂龙），
载《科技管理研究》2008 年第 12 期。

[31] 《产学研合作绩效的测量研究》（邓颖翔、朱桂龙），载《科技管理
研究》2009 年第 11 期。

[32] 《基于 DEA 的区域创新网络创新效率评价——以广东省为例》（樊
霞、朱桂龙），载《科技管理研究》2009 年第 5 期。

[33] 《基于专利数据的中国产学研合作研究》（邓颖翔、朱桂龙），载
《科学学与科学技术管理》2009 年第 12 期。

[34] 《吸收能力在创新过程中的中介作用研究——来自珠三角企业的经
验证据》（邓颖翔、朱桂龙），载《科学学与科学技术管理》2009
年第 10 期。

[35] 《创新是组织公民行为影响绩效的中介变量吗？——基于高科技行
业的实证研究》（马文聪、朱桂龙、蒋峦），载《科学学研究》
2010 年第 2 期。

[36] 《企业创新绩效影响因素的系统动力学研究》（何悦、朱桂龙、戴
勇），载《软科学》2010 年第 7 期。

[37] 《RD 投入与产学研绩效关系的实证研究》（肖丁丁、朱桂龙、戴

勇），载《管理学报》2011 年第 5 期。

[38]《国外产学研合作研究述评、展望与启示》（刁丽琳、朱桂龙、许治），载《外国经济与管理》2011 年第 2 期。

[39]《国外企业吸收能力的研究述评和展望》（刁丽琳、朱桂龙、许治），载《中国科技论坛》2011 年第 12 期。

[40]《环境动态性对技术创新和绩效关系的调节作用》（马文聪、朱桂龙），载《科学学研究》2011 年第 3 期。

[41]《开放式创新下产学研合作影响因素的系统动力学分析》（胡军燕、朱桂龙、马莹莹），载《科学学与科学技术管理》2011 年第 8 期。

[42]《内部社会资本、知识流动与创新——基于省级技术中心企业的实证研究》（戴勇、朱桂龙、肖丁丁），载《科学学研究》2011 年第 7 期。

[43]《新产品开发视角的跨职能整合：案例研究》（丁宝军、朱桂龙），载《科技进步与对策》2011 年第 24 期。

[44]《以吸收能力为调节变量的社会资本与创新绩效研究——基于广东企业的实证分析》（戴勇、朱桂龙），载《软科学》2011 年第 1 期。

[45]《影响我国产学研合作创新绩效的行业特征》（马莹莹、朱桂龙），载《科技管理研究》2011 年第 4 期。

[46]《政府 RD 资助对企业研发投入的影响——基于 Meta 分析的综述》（锁颖馨、朱桂龙），载《科技进步与对策》2011 年第 8 期。

[47]《RD 合作中知识窃取和知识保护的博弈分析》（刁丽琳、朱桂龙、许治），载《科学学与科学技术管理》2012 年第 4 期。

[48]《产学合作中的知识生产效率——基于"模式 II"的实证研究》（肖丁丁、朱桂龙），《科学学研究》2012 年第 6 期。

[49]《产学研与企业自主创新能力提升》（朱桂龙），载《科学学研究》2012 年第 12 期。

[50]《高校科研团队核心能力构建研究——以团队心智模型为中介变量》（肖丁丁、朱桂龙），载《科学学与科学技术管理》2012 年第 1 期。

[51]《基于投入产出表的我国产业关联与产业结构演化分析》（刘佳、朱桂龙），载《统计与决策》2012 年第 2 期。

[52]《新能源汽车产业产学研合作专利分析》（王静、朱桂龙），载《中国科技论坛》2012 年第 1 期。

[53]《产学研合作创新效率及其影响因素的实证研究》（肖丁丁、朱桂龙），载《科研管理》2013 年第 1 期。

[54]《供应商和客户参与技术创新对创新绩效的影响》（马文聪、朱桂龙），载《科研管理》2013 年第 2 期。

[55]《技术联盟中企业学习对创新绩效的影响研究》（付敬、朱桂龙），载《科技管理研究》2013 年第 4 期。

[56]《企业合作创新模式与能力的协同演化研究》（付敬、朱桂龙、樊霞），载《中国科技论坛》2013 年第 8 期。

[57]《政府科技投入对企业 RD 支出影响的再审视——基于分位数回归的实证研究》（肖丁丁、朱桂龙、王静），载《研究与发展管理》2013 年第 3 期。

[58]《产学研合作中的契约维度、信任与知识转移——基于多案例的研究》（刁丽琳、朱桂龙），载《科学学研究》2014 年第 6 期。

[59]《产学研合作中社会资本对学者绩效的影响研究》（陈彩虹、朱桂龙），载《科学学与科学技术管理》2014 年第 10 期。

[60]《从要素驱动到创新驱动——广东专业镇发展及其政策取向》（朱桂龙、钟自然），载《科学学研究》2014 年第 1 期。

[61]《区域产学研合作活跃度的空间特征与影响因素》（刁丽琳、朱桂龙），载《科学学研究》2014 第 11 期。

[62]《我国产学研成果转化政策主体合作网络演化研究》（朱桂龙、程强），载《科学学与科学技术管理》2014 年第 7 期。

[63]《行业因素如何影响产学研合作倾向——基于国家科技进步奖的数据分析》（蒋展鸿、朱桂龙、曹浩生），载《中国科技论坛》2014 年第 2 期。

[64]《知识源化战略、吸收能力对企业创新绩效产出的影响研究》（付敬、朱桂龙），载《科研管理》2014 年第 3 期。

[65]《产学研合作国际研究：研究现状与知识基础》（张艺、朱桂龙、陈凯华），载《科学学与科学技术管理》2015 年第 9 期。

[66]《产学研合作国际研究的演化》（朱桂龙、张艺、陈凯华），载《科学学研究》2015 年第 11 期。

[67]《产学研联盟契约和信任对知识转移的影响研究》（刁丽琳、朱桂龙），载《科学学研究》2015 年第 5 期。

[68] 《知识接收方视角下社会资本对知识转移的影响研究》（李梓涵昕、朱桂龙、吕凤雯、唐勇），《管理科学》2015 年第 3 期。

[69] 《中韩两国技术创新政策对比研究——政策目标、政策工具和政策执行维度》（李梓涵昕、朱桂龙、刘奥林），载《科学学与科学技术管理》2015 年第 4 期。

[70] 《创新政策工具分类选择与效应评价》（黄曼、朱桂龙、胡军燕），载《中国科技论坛》2016 年第 1 期。

[71] 《基于活动理论视角的企业技术能力结构剖析》（黄曼、朱桂龙、胡军燕），载《科学学与科学技术管理》2016 年第 3 期。

[72] 《跨界搜寻对组织双元能力影响的实证研究——基于创新能力结构视角》（肖丁丁、朱桂龙），载《科学学研究》2016 年第 7 期。

[73] 《双元性视角下的企业技术能力动态成长过程研究》（肖丁丁、朱桂龙），载《管理学报》2016 年第 11 期。

[74] 《忘却学习对突破性创新的影响——基于关系型社会资本与冗余资源的调节作用》（李梓涵昕、朱桂龙），载《科学学与科学技术管理》2016 年第 6 期。

[75] 《产学研合作对共性技术研发创新影响的实证检验——以生物技术领域为例》（朱桂龙、黄妍），载《科技进步与对策》2017 年第 11 期。

[76] 《基于专利数据的产学研合作及政策演变研究》（朱桂龙、杨东鹏），载《科技管理研究》2017 年第 23 期。

[77] 《跨界搜寻、双元能力结构与绩效的关系研究——基于创新能力结构视角》（肖丁丁、朱桂龙），《经济管理》2017 年第 3 期。

[78] 《层面 – 目标 – 工具三维框架下我国协同创新政策变迁研究》（朱桂龙、杨小婉、江志鹏），载《科技进步与对策》2018 年第 13 期。

[79] 《产学研组织间二元网络联结类型与演变》（陈彩虹、朱桂龙），载《科技管理研究》2018 年第 1 期。

[80] 《集群网络结构与技术创新绩效关系研究：吸收能力是中介变量吗?》（戴勇、朱桂龙、刘荣芳），载《科技进步与对策》2018 年第 9 期。

[81] 《团队锦标赛视角下心智模型质量对团队创造力的影响研究》（肖丁丁、朱桂龙），载《暨南学报》（哲学社会科学版）2018 年第 3 期。

[82]《网络环境下产业集群创新生态系统竞争优势形成与演化：基于生态租金视角》（朱桂龙、蔡朝林、许治），载《研究与发展管理》2018 年第 4 期。

[83]《协同创新中心组建特征及结构分析》（王萧萧、朱桂龙、许治），载《科技进步与对策》2018 年第 1 期。

[84]《责任式创新的多过程理论框架：价值冲突转化链》（刘文杰、朱桂龙），载《科学学研究》2018 年第 3 期。

[85]《AI 领域基础科学网络对技术创新网络影响研究》（朱桂龙、李兴耀），载《科学学研究》2019 年第 3 期。

[86]《产学合作提升专利质量了吗？》（王萧萧、朱桂龙），载《科学学研究》2019 年第 8 期。

[87]《产学合作助推大学生"双创"升级》（朱桂龙），载《中国科技论坛》2019 年第 3 期。

[88]《产学研合作中的主体差异性对知识转移的影响研究》（李梓涵昕、朱桂龙），载《科学学研究》2019 年第 2 期。

[89]《大学视角下的产学研合作动机研究评述——层次、分类与框架》（朱桂龙、杨小婉），载《华南理工大学学报（社会科学版）》2019 年第 5 期。

[90]《企业的知识披露策略对产学研合作的影响研究》（朱桂龙、杨小婉），载《科学学研究》2019 年第 6 期。

[91]《声誉积累优势还是绩效积累优势？政府 RD 补贴分配中"粘性"效应探究》（朱桂龙、蔡朝林、陈朝月），载《科学学与科学技术管理》2019 年第 3 期。

[92]《学术和商业激励作用下的高校 RD 活动影响研究》（朱桂龙、王萧萧、杨小婉），载《科研管理》2019 年第 3 期。

[93]《责任与利益：基础研究政策的府际关系演化》（朱桂龙、杨小婉、许治），载《中国科技论坛》2019 年第 6 期。

[94]《知识扩散视角下共性技术的商业化评价——基于多层网络的反向识别方法》（朱桂龙、朱明晶、尹潇），载《科学学与科学技术管理》2019 年第 2 期。

[95]《专利质量影响因素分析——基于专利引文结构新视角》（朱桂龙、王萧萧），载《中国科技论坛》2019 年第 9 期。

［96］《从创意产生到创意实施：创意研究评述》（朱桂龙、温敏瑢），载《科学学与科学技术管理》2020 年第 5 期。

［97］《合作网络视角下国际人才对组织知识创新影响研究——以人工智能领域为例》（朱桂龙、李兴耀、杨小婉），载《科学学研究》2020 年第 10 期。

［98］《产学研合作如何提升高校科研团队学者的学术绩效？——基于行为视角的多案例研究》（杨小婉、朱桂龙、吕凤雯、戴勇），载《管理评论》2021 年第 2 期。

［99］《从创意产生到创意采纳：员工创意过程分析框架构建》（朱桂龙、温敏瑢、王萧萧），载《外国经济与管理》2021 年第 4 期。

［100］《促进还是抑制：多重绩效反馈与企业创新》（朱桂龙、邱榕新），载《华南理工大学学报（社会科学版）》2021 年第 1 期。

［101］《中国各省创新水平关键影响因素及发展路径识别——基于模糊集定性比较分析》（朱桂龙、赛夫、秦梓韬），载《科学学与科学技术管理》2021 年第 9 期。

［102］《科技援疆战略提高了新疆创新能力吗?》（吴正平、朱桂龙、付霞），载《科学学研究》2022 年第 4 期。

后　记

　　20 世纪 90 年代以来，蓬勃发展的中国科技创新实践，为科技管理与科技政策研究提供了一系列理论课题。与时代相应，从服务于创新发展需要出发，我的学术研究始终坚持将理论研究与中国现实情景结合。这本文集收入的文章，是从我 30 余年来发表在国内学术期刊的论文中挑选出来的，共 28 篇。文集中的论文按跨学科研究、国际技术转移、企业技术创新、产学研合作创新、创新网络和区域创新系统六辑进行编排，既体现了我的学术足迹，也反映了中国科技创新发展的历史印记。论文大都来自我主持的科研项目研究成果，借此机会，特别感谢论文合作者和我的研究团队，谢谢大家一直以来对我的支持。本书的编选和校阅，得到了佛山大学温敏瑢博士的大力协助，广东省社会科学界联合会汪虹希和中山大学出版社嵇春霞老师对文集的编选给予了悉心的指导，在此，对她们的悉心付出表示感谢。

　　衷心感谢中共广东省委宣传部、广东省社会科学界联合会对"广东省优秀社会科学家文库"的精心策划编辑，以及中山大学出版社为文集的出版付出的努力。